24-25年版

1級ファイナンシャル・プランニング技能士・CFP®
高山一恵 監修
オフィス海 著

史上最強の FP2級 AFP テキスト

ナツメ社

本書は、以下の試験に早く確実に合格するための教材です。

- FP2級学科試験
- FP2級実技試験
  - 「個人資産相談業務」（金財）→「個人」
  - 「生保顧客資産相談業務」（金財）→「生保」
  - 「資産設計提案業務」（日本FP協会）→「資産」

▼FP2級試験に関わる法改正のポイント

●2024年4月1日までに施行された法改正（2024年9月以降の試験に対応）

- **国民年金保険料**：国民年金保険料が月額16,980円（2024年度）となった。▶p.51
- **産前産後期間の保険料の免除**：出産予定日または出産日が属する月の前月から4カ月間は、国民年金保険料に加えて、国民健康保険料も免除されることとなった。▶p.53
- **年金額の改定**：老齢基礎年金、障害基礎年金、遺族基礎年金の満額の年金額が816,000円（2024年度：月額68,000円）となった。▶p.58、p.70、p.74
- **在職老齢年金**：60歳以上の就労者は、「年金の基本月額と総報酬月額相当額との合計額」が50万円を越えると、老齢厚生年金が減額や支給停止となることとなった。▶p.67
- **金融サービス提供法**：「金融サービスの提供に関する法律」が、「金融サービスの提供及び利用環境の整備等に関する法律」に改称された。▶p.163
- **新NISA**：2024年1月より新NISAが始まった。▶p.208
- **住宅借入金等特別控除**：原則として、2024年1月以降に建築確認を受けて新築する住宅は、省エネ基準に適合することが必須要件となった。▶p.269
- **相続登記の申請義務化**：2024年4月1日以降、相続により不動産を取得した相続人は、取得を知った日から3年以内に、相続登記の申請を義務付けられることとなった。また、正当な理由のない申請漏れには過料の罰則が科されることとなった。▶p.300
- **空き家に係る譲渡所得の特例**：空き家の譲渡後に、買主がその家屋の耐震改修工事等を行う場合も特例の適用対象となる。▶p.340
- **相続時精算課税制度**：新たに「基礎控除（年間110万円）」が創設された。▶p.360
- **生前贈与加算**：2024年1月1日以降の贈与に対して、相続税に加算される期間が最長7年まで順次延長された。▶p.381

●2024年10月1日までに施行予定の法改正（2025年1月以降の試験に対応）

- **雇用保険**：専門実践教育訓練給付金の給付率が最大80%となる。▶p.46
- **社会保険**：短時間労働者を除く被保険者の総数が常時51人以上（従前は101人以上）の事業所が特定適用事業所となる。▶p.53

※本書は、2024年9月試験（法令基準日2024年4月1日）、2025年1月・5月試験（法令基準日2024年10月1日）に対応しています。2級試験は、2025年4月1日からCBT方式により通年（休止期間を除く）で実施（2025年5月は紙試験と並行実施）されます。

※2025年6月～2026年5月実施分の法令基準日は2025年4月1日です。2024年10月1日時点での「法改正情報」は2024年11月に、2025年4月1日時点での「法改正情報」は2025年4月にナツメ社Webサイトに掲載予定です。

※2024年6月より、所得税について定額による所得税額の特別控除（定額減税）が実施されますが、本書では考慮しておりません。

合格を保証できる唯一の教材!!

本書は、**過去14年間のFP技能検定（学科、個人、生保、資産）の全問題をデータ化**し、テーマ・論点ごとに問題と解答を分類・分析して、出題される**ほとんどの問題に正解できる情報・知識をテキスト**にした教材です。

FP教材の中でもNo.1のカバー率【直近3年間の過去問題の97.4%に正解】を誇っており、本書の習得によって**確実な合格**を目指すことができます。

FP教材と出題される情報との関係

小さな文字がぎっしりと詰まっていて、非常に詳しそうな教材の中には、**試験に出題されない情報が満載という本**もあります。そうした本で学習をすると、せっかくの努力が報われません。また、**情報量の多い本はどこを覚えたらよいのかが不明確**で、出題されない知識を学習することになりがちです。

逆に、図解やイラストが多くて、とてもわかりやすそうな教材でも、**出題される問題に正解できる情報自体が少ない本では合格点に届きません。**

ムダのない学習でスピード合格!!

本書は、FPが身に付けておくべき基礎知識と試験に正解できる情報が覚えやすいように整理されています。**「正解情報」は、赤下線・赤囲み**にしてあり、**覚えるべきポイントが一目でわかります。**

赤下線・赤囲みの情報を覚えるだけで、確実にFP試験の合格点が取れるように設計されていますから、その意味でも、本書は市販されているFP教材の中で**最も学習効果が高い本**であると断言できます。

最短・最速の合格を実証した本書で学習することによって、**あなたがFP検定に合格されること**を心より信じ、願っております。

オフィス海 一同

本書の4つのこだわり

史上最強のFP教材!!

私たちは、学習教材制作のプロです。30年以上にわたって、学習参考書・問題集、各種資格試験の教材を企画執筆してきました。

本書の制作にあたっては、FP検定の問題を市販の教材・問題集と照らし合わせて、徹底的な事前調査を行いました。

具体的には、

- **市販対策本を暗記しても解けない過去問題はないか。**※
- **試験の用語と市販対策本の用語の表記は同じか。**
- **過去問題の頻出事項は、どの対策本でも目立つ扱いになっているか。**

といったことを過去問題と各種対策本を照合しながら、市販の本よりも役立つ本はできるのかという調査、検討を重ねたのです。

※例えば、ほとんどの対策本に掲載されていない「FPと社会保険労務士法」が実際の試験では過去14年間で19回出題、「児童手当」が3回出題されているなど。
試験で出題されるが、市販の対策本に掲載されていない知識は意外なほど多い。

高校・大学の受験参考書の分野は、長い歴史の中で熟成されて良書でないと書店の棚に残れない構造になっています。しかし、FP教材はまだそこまでは成熟していない分野でした。検討の結果、私たちが新しい対策本を作る意味があることが確信できました。

もっと良い本ができる。**「史上最強のFP教材を作る!!」**を合言葉に制作がスタートしました。

そして、日本でいちばん学習しやすく、点数が取りやすいFP教材を目指して、以下にあげる4点にこだわって制作を行いました。

カバー率No.1!!

本書のFP2級試験のカバー率は97.4％！

これは、市販されている**FP教材・問題集の中でダントツNo.1**です。

FP検定の場合、少なくとも、直近５年間の過去問題を解ける実力をつけておけば、ほぼ確実に合格できることがわかっています。

本書は、過去14年間の学科試験と実技試験３科目「個人」「生保」「資産」の全問題を、テーマ・論点ごとに集約して、**正解するための情報をもらさないように執筆・制作**されています。※

合格ラインは60％ですから、**赤い箇所（出題される情報）の約７割を覚えれば合格**できる目安となっています。

ことば

カバー率：その本で試験の単語や問題などをどの程度カバー（正解・的中）しているかという割合。単語集や問題集の信頼性を表す指標。

※過去14年間で1回のみの出題で、FP関連資料にも掲載がないような知識は、割愛したため、100％ではない。

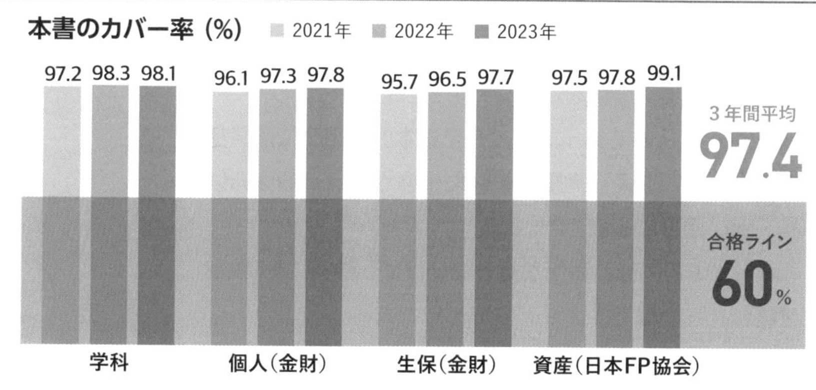

照合対象：2021年から2023年まで計９回の学科試験と実技試験の問題を１問ずつ本書と照合しています。１・５・９月のカバー率の平均値を該当年のカバー率としています。

正解判定：選択問題では、正答に必要な情報が掲載されていれば正解（１点）。計算問題では必要な式、計算手順が掲載されていれば正解。また、一般常識で考えれば正解できると考えられる問題は正解。正答に必要な情報が入っていても、表現が試験と違うなどの理由から、正解できるかどうか判断がつかない場合は0.5点を加算して、正解率を測定しました。計算ミス、勘違いはないものとして判定したため、実際の試験で同じ点数が取れるとは限りません。

なお、今後の試験で同じカバー率を約束するものではありません。

2 覚えるべき箇所が明確!!

本書ほど、覚えるべき情報、覚えなくてもよい情報の区別が明確な本はほかにありません。

情報を増やせば増やすほど、カバー率自体は上がります。しかし、試験の出題傾向を精査しないまま、情報量だけを増やしていくと、文字量・情報量に比べて、実際に試験に出る情報は少ない、**ヒット率**の低い本（つまり学習効果が低い本）になります。

ことば

ヒット率：掲載情報に対する試験問題に出現した情報の割合。単語集や問題集の信頼性を表す指標。

また、「FPとしての常識」「試験に出る内容」「ほとんど出ない内容」が、区別なく紙面に混在していると、学習者にとってどこを覚えればよいのかが非常にわかりづらくなってしまいます。

そこで、本書は、過去問題の分析をもとに、1項目ずつ、できる限り出題されている情報は漏らさないようにして、

- **FPの基礎情報だが、暗記までは必要ない情報**
- **試験に出る、必ず覚えるべき情報**

を区別しながら、原稿を執筆していきました。

そして、FPとして知っておくべき**基本的な用語には黄色い下線**を引いたうえ、**実際の試験に出題される情報は赤い下線**※**・赤い囲み**にまとめました。

つまり、本書の**赤い箇所を覚えていけば、確実にFP検定に合格**できるわけです。

また、試験で提示されるため暗記の必要がない表、式、数字などには、その都度「覚えなくてよい」というコメントを入れてあります。

本書なら、ムダな勉強いっさいなし。最短・最速で合格を目指すことができます。

※赤い下線は、過去に出題された情報のほか、出題が予想される重要な法改正にも引いてあります。

出題問題が直接解ける情報!!

「出題問題が直接解ける情報」とは、何のことでしょう。実技試験の「資産」で毎年のように出題されるキャッシュフロー表とバランスシートの問題を例に説明します。

過去の検定では、キャッシュフロー表は「基本生活費」「年間収支」「金融資産残高」の計算、バランスシートは「純資産」の計算問題が頻出しています。しかし、この4つすべての**直接的で具体的な計算方法**が掲載されている対策本はまず見つかりません。[※1] これらの計算はそう難しくはないので、試験会場で考えれば解ける人もいるでしょう。しかし、ほかの情報に比べて圧倒的に頻出している問題の解法が掲載されていないのは論外だと考えます。

また、実際の試験で、例えば「日射病は補償対象外か？」と出題されていれば、「病気は補償対象外」に加え「日射病」という**出題された具体例を加えて解説**をしました。[※2]

本書には、**問題を直接解ける情報が掲載**されています。

検定試験の用語・表現に完全対応！

「試験と対策本の用語が違う」というケースもあります。

例えば、試験ではキャッシュフロー表の最下段は「金融資産残高」ですが、対策本の多くは「貯蓄残高」です。試験では日銀短観の正式名称は「全国企業短期経済観測調査」ですが、対策本の多くは「企業短期経済観測調査」です。[※3]

こうした表現の違いは、試験会場で問題を前にしたときに迷いの原因、間違える原因となります。

試験との表記・表現の違いで解答に迷うことがないよう、本書では**一つひとつの表記・表現まで試験に完全に対応させる配慮**がされています。

※1 個々の計算ではなく応用ができる基本的な計算式を掲載、あるいは3つのうちのどれかを掲載している本はある。

※2 例えば医療保険では人間ドック検査や正常分娩は補償対象かどうか。過去に何回か出題されているが、「医療保険は病気やケガが対象」という記載のみで具体例の記載がない本がほとんど。

※3 市販対策本と試験との用語の違い、表現のズレはほかにもたくさんあった。なお試験の種類等によって違う用語（学資保険とこども保険等）、送り仮名が異なる語句（見込額と見込み額等）は、学科試験、または多い方にそろえた。

本書の利用方法

1　1回目はどんどん読み進める

FP検定は、金融、保険、税務、不動産、相続など、幅広い分野から出題されます。また、特に実務試験などでは複数分野にまたがった情報が必要な問題も出題されます。

全体のつながりを把握するためにも、**最初はざっくり全体を通して読む**ことをお勧めします。「例題」や「過去問トレーニング」にはまだ手をつけません。

2　2回目は赤い箇所を覚える

過去14年間で出題された情報は、赤い下線・赤い囲みの中にまとめられています。

2回目の学習では、**赤い箇所を重点的に覚える**ようにします。なお、「覚えなくてもよい」というコメントがある式や数値は、読み飛ばしてかまいません。

赤い囲みの中の赤い下線や赤い色をふせた箇所は、特に頻出している情報だよ。

3　例題と過去問トレーニングをやる

本書「例題」には、掲載項目の理解の助けになる過去問題を選出しました。「過去問トレーニング」には、頻出情報、頻出パターンの過去問題を精選しました。間違えた場合には、本文の該当箇所を復習してください。

また、過去問トレーニングの問題番号には、チェック欄を入れました。正解なら○、間違ったら×などでチェックしておくと、復習するときの目安になります。

問1

□ □ ←チェック

4 付録「頻出問題チェック集」で復習

FP別冊付録は、試験に出る重要事項を一問一答のチェックテストにまとめた問題集です。

本書を2回読んで、ある程度マスターできた段階になってから、取り組みましょう。解けなかったり、間違えたりしたら、本書の該当箇所に戻って復習してください。

試験直前には、**過去問トレーニングとこの別冊付録を活用すると同時に、本書の赤い箇所を暗記するつもりでもう一度読んでおくと万全**です。

本書によって、確実な合格を目指しましょう！

※姉妹版『史上最強のFP2級AFP問題集』では、実際の学科試験・各実技試験に対応した問題演習を行うことができます。ご活用いただければ幸いです。

【凡例】

黄色い下線 ▶ FPとして覚えておくべき基本用語は、黄色い下線で強調しました。

赤い下線 ▶ 試験に出る情報・知識は、赤い下線で強調しました。

出る▶赤い囲み ▶ 試験の頻出事項は「出る」マークの赤い囲みにまとめました。

ことば ▶ 基本用語を説明しました。

スピード理解!! ▶ 頻出知識を理解する助け、暗記方法などをコメントしてあります。

例題 ▶ 過去問題のうちの代表的なもの、項目理解の助けになる問題を掲載。

過去問トレーニング ▶ 頻出知識、頻出パターンの過去問題を精選。

※例題、過去問トレーニングでは、法律の改正等によって内容が古くなった問題に関しては、本年度に対応するように改変した問題があります。その場合は、◀2017年5月学科（改）のように、末尾に（改）を入れてあります。

2級の受検概要

◇ 実施団体

FP技能検定は、次の2つの団体が実施しています。

- **一般社団法人金融財政事情研究会**（以下、金財）
  URL https://www.kinzai.or.jp　☎03-3358-0771（検定センター）
- **NPO法人日本ファイナンシャル・プランナーズ協会**（以下、日本FP協会）
  URL https://www.jafp.or.jp　☎03-5403-9890（試験業務部）

◇ 受検資格

2級を受験するためには、次のいずれかに該当する必要があります。

●3級技能検定の合格者／●FPの実務経験が2年以上の者／●日本FP協会が認定するAFP認定研修を修了した者／●厚生労働省認定金融渉外技能審査3級の合格者

◇ 試験科目

学科試験は金財と日本FP協会で共通、実技試験は5科目から**1科目を選択**します。学科試験と実技試験の両方に合格する必要があります。

等級	試験科目		実施機関
2級	◎学科試験		共通
	実技試験	◎個人資産相談業務	金財
		◎生保顧客資産相談業務	
		・損保顧客資産相談業務	
		・中小事業主資産相談業務	
		◎資産設計提案業務	日本FP協会

※本書は、◎印のある試験に対応しています。

学科試験・実技試験で出題される分野は、次の通りです。

↓学科試験の出題分野	個人（金財）	生保（金財）	資産（日本FP協会）
ライフプランニングと資金計画	○	○	◎
リスク管理	×	◎	○
金融資産運用	○	×	○
タックスプランニング	○	○	○
不動産	○	×	○
相続・事業承継	○	○	○

※○は出題される分野、◎は頻出分野、×は出題されない分野です。

◆ 出題形式・合格基準

全科目とも、**60%の得点が合格ライン**です。

等級	科目	出題形式（筆記）	問題数	制限時間	合格基準
2級	学科	マークシート形式	60問	120分	36点以上（60点満点）
	実技	記述式	15問〈金財〉	90分	30点以上（50点満点）
			40問〈日本FP協会〉		60点以上（100点満点）

◆ 法令基準日と一部合格による試験免除

２級試験は、９月、１月、５月に実施されます。**2024年９月試験の法令基準日は2024年の４月１日、2025年１月試験・５月試験の法令基準日は、2024年の10月１日**です。なお、２級試験は、2025年４月１日からCBT方式（テストセンターのパソコンに表示される試験問題にマウスやキーボードを使って解答する方式）により通年（休止期間を除く）で実施（2025年５月は紙試験との並行実施）されます。

一部合格（学科試験のみの合格、または実技試験のみの合格）は、合格した学科試験または実技試験の実施日の翌々年度末までに行われる技能検定に限り、当該合格した学科試験または実技試験が、**申請により免除**されます。

◆ 受検手数料

受検手数料は、以下のとおりです（学科または実技のみの受検も可能）。

等級	学科	実技	学科と実技
2級	5,700円	6,000円	11,700円

◆ 受検申請方法

試験実施団体のホームページ経由、または郵送で申請します。

※最新の情報は、金財または日本FP協会のホームページで確認してください。

CONTENTS

Part 1 ライフプランニングと資金計画

Part 2 リスク管理

Part 3
金融資産運用

Part 4
タックスプランニング

Part 5
不動産

Part 6
相続・事業承継

【復興特別所得税の扱い】

2013年から復興特別所得税として、「所得税額×2.1%」が課されています。例えば、所得税15%は、15%に2.1%を乗じた復興特別所得税0.315%が加算されて15.315%の徴収となります。本書の本文中では、「20.315%(所得税15%＋復興特別所得税0.315%＋住民税5%)」のように、復興特別所得税の税率を明記したうえで、税率、税額を記載しております。

なお、本試験では、復興特別所得税を含めた税率・税額を求める問題と、復興特別所得税を含めない税率・税額を求める問題とが混在しています。

Part 1

ライフプランニングと資金計画

Contents ここで学習すること

1 FP業務と関連法規

「FPがしてはいけないこと」を問う問題が超頻出！

- 無償でも、他の関連業務の領域を侵してはいけない。
- 法律、税務、投資、保険等について、「個別の具体的助言、手続き」はできない。一般的な話題、仮定の話はOK。

1 FPに求められる職業倫理

FP（ファイナンシャル・プランナー）には、次のような職業倫理が求められます。

FPが守るべき主な倫理

- **顧客利益の優先**

顧客の利益を最も優先すること。FP自身や第三者の利益を優先してはいけない。

- **守秘義務の厳守**※

顧客の許可、承諾なく、第三者に顧客の個人情報を漏らしてはいけない。

- **説明義務（アカウンタビリティ）**

作成したライフプランニングの内容や意図について、顧客に対して十分に説明する必要がある。

- **顧客の同意（インフォームド・コンセント）**

プランニングを顧客の立場で十分に説明し、本当に理解したうえで同意したことを確認する必要がある。

- **自己研鑽（けんさん）**

ファイナンシャル・プランニングについて常に専門知識、技能、能力の向上に努めなければならない。

※FPなど、個人情報を取り扱う事業者は、個人情報取扱事業者として個人情報保護法の規制対象となる。顧客の個人情報（生存する個人が特定できる情報）を取得する際は、契約締結前に、個人情報の利用目的を明示しなければならない。

具体的に、次のことは禁じられているよ。

- 顧客情報を引出し等に施錠せずに保管。
- 承諾のない顧客に、メール広告を発送。

2 FPと関連法規

FPは、関連法規に抵触しないよう、他の専門家の独占業務の領域を侵さないことが求められます。✕「できない」で挙げた行為は、**無償であっても行ってはいけません**。

FPが「できること」と「できないこと」

● FPと弁護士法

弁護士、司法書士でなければ、具体的な法律相談、法律事務、登記手続きなど、法的な手続きを行ってはならない。

- 顧客の任意後見受任者となる
- 遺言の証人・遺言執行者となる

- 遺言書の作成指導
- 法律判断に基づく和解案の提案

● FPと税理士法

税理士でなければ、顧客の税務書類の作成や、個別具体的な税務相談を行ってはならない。

- 一般的な税務の解説
- 仮定の事例についての税額計算

- 納税額の計算、確定申告書類の作成、税務に関する個別の相談

● FPと金融商品取引法

金融商品取引業者として内閣総理大臣の登録を受けていないFPは、具体的な投資の助言や代理、運用業務を行ってはならない。

- 景気、企業業績の予想、過去の株価の推移など、一般的な話題

- 顧客の資産運用、個別の株式の売買、具体的な投資の助言

● FPと保険業法

保険募集人として内閣総理大臣の登録を受けていないFPは、保険商品の募集や販売を行ってはならない。

- 保険の相談・提案・商品説明
- 保険契約の内容についての説明

- 保険商品の募集、販売、勧誘

● FPと社会保険労務士法

社会保険労務士でなければ、顧客の社会保険に関して具体的な手続きを行ってはならない。

- 公的年金制度の一般的な説明
- 公的年金の受給見込額の計算

- 裁定請求書の作成など、顧客の公的年金に関する具体的手続き

過去問トレーニング

適切なものには○、不適切なものには×をしなさい。

問1 FPの職業倫理に関する次の記述の正誤を答えなさい。

◀2017年5月資産・2023年1月学科

❶ 顧客から住宅ローンについて相談を受けたFPのAさんは、顧客から預かった給与所得の源泉徴収票のコピーを、顧客に紹介する予定の不動産会社の担当者に顧客の同意を得ないまま渡した。

❷ 保険代理店業務を行うFPが、過去に家計相談を受けた顧客に対し、保険営業目的で顧客の承諾なくダイレクトメールを発送した。

問2 FPがファイナンシャル・プランニング業務を行ううえでは、「関連業法」を順守することが重要である。FPの行為に関する次の記述の正誤を答えなさい。

◀2019年1月・2020年1月学科

❶ FPのAさんは、顧客から上場投資信託（ETF）に関する相談を受け、商品の概要を説明したうえで、元本保証がないことを説明した。

❷ FPのBさんは、顧客から公正証書遺言の作成時の証人になることを要請され、証人としての欠格事由に該当しないことを確認したうえで、適正な対価を受けて証人になった。

❸ FPのCさんは、賃貸アパートの建設に関する相談を受け、顧客から預かったデベロッパーの事業計画書を、顧客の同意を得ることなく、紹介予定の銀行の担当者に融資の検討資料として渡した。

❹ 税理士の資格を有しないFPのDさんは、顧客から不動産の贈与契約書に貼付する印紙について相談を受け、印紙税法の課税物件表を示し、印紙税額について説明した。

❺ 社会保険労務士の資格を有しないFPのEさんは、顧客から老齢厚生年金の繰下げ支給について相談を受け、有償で老齢厚生年金の支給繰下げ請求書を作成し、請求手続きを代行した。

❻ 司法書士の資格を有しないFPのFさんは、後期高齢者となった顧客から財産の管理について相談を受け、有償で任意後見受任者となることを引き受けた。

問3 FPの顧客に対する行為に関する次の記述の正誤を答えなさい。

◀2017年1月学科・2021年9月資産

❶ 宅地建物取引業者ではないファイナンシャル・プランナーが、土地の売却を検討している顧客から相談を受け、顧客の代理人となって業として当該土地の売買契約を締結した。

❷ 税理士資格を有していないFPが、公民館主催の無料相談に訪れた相談者に対し、相続人の具体的な相続税額を計算した。

❸ 投資助言・代理業の登録を受けていないFPが、特定の顧客に対し、特定企業の公表されている決算報告書を用いて、その特定企業の株式に関する具体的な投資時期等の判断や助言を行った。

答え

問1

❶ × 顧客の同意なく第三者に顧客の個人情報を漏らしてはいけない。

❷ × オプトイン規制により、顧客の請求・承諾なしに電子メール広告、ショートメールサービス（SMS）の広告を送付することはできない。

問2

❶ ○ 商品説明は一般的な話題なので、できる。

❷ ○ 特別な資格がなくても、公正証書遺言の証人になれる。証人としての欠格事由（未成年者、推定相続人等）に該当しなければよい。

❸ × 顧客の許可、承諾のないまま、第三者に顧客の個人情報を漏らしてはいけない（守秘義務の厳守）。

❹ ○ 印紙税に関する説明は一般的な話題なので、できる。

❺ × 年金制度や受給申請に関する一般的な説明や年金の受給見込額の計算などはできるが、公的年金の請求手続きの代行といった個別案件の作業代行には、社会保険労務士の資格が必要である。

❻ ○ 特別な資格がなくても、任意後見受任者（任意後見人）になれる。FPが有償で引き受けてもかまわない。公正証書で任意後見契約を締結しておくことが必要である。

問3

❶ × 宅地建物取引業の免許を受けていないFPは、業として宅地・建物の売買・賃貸借の仲介・代理を行うことはできない。

❷ × 税理士資格を持たないFPは、有償無償を問わず、納税額計算など、個別具体的な税務相談を行うことはできない。

❸ × 金融商品取引業として、投資助言・代理業の登録をしていないFPは、特定の有価証券に係る動向や投資判断についての助言を行うことはできない。

2 ライフプランニングの考え方

計算問題は、必ず試験用の電卓で練習しておくこと！

- キャッシュフロー表は可処分所得、将来価値で記入。
- バランスシートは時価で記入。
- 6つの係数の使い方は必ず出題される！

1 ライフプランニングの手順

FPが顧客に行う**ライフプランニング**は、一般的に次のようなステップで行うものとされています。

ライフプランニングの手順

Step 1 ▶ 顧客との関係を確立する

サービス内容の説明、責任の明確化、信頼関係の構築を行う。

Step 2 ▶ 顧客データを収集し、顧客の目標・希望を明確化する

顧客の家族構成、年収、将来の希望、価値観、**財政的な目標を明確**にする。

Step 3 ▶ 顧客の財務状況の分析・評価をする

キャッシュフロー表などを作り、顧客の**資産と負債の状況を把握**する。

Step 4 ▶ プランの作成と提示をする

ライフプランに関する**提案書の作成と提示**を行う。原則として、**高いリスクのある金融商品の購入は不適切**とされる。

Step 5 ▶ プラン実行の支援を行う

顧客が決定したプランに従い、取引やサービスの**紹介、実行の支援**を行う。

Step 6 ▶ プランの定期的な見直しをする

ライフステージや経済状況に合わせて**ライフプランを見直していく**。

2 FPが活用できる資料

FPが活用できる資料には、次のようなものがあります。

FPが調査で用いる主な資料

- **男女別·年齢別の平均余命** ➡ 厚生労働省の「簡易生命表」
- **1世帯当たりの1カ月間の収入と支出** ➡ 総務省の「家計調査」
- **家計の金融資産の保有額や借入金残高の統計値**
  ➡ 金融広報中央委員会の「家計の金融行動に関する世論調査」
- **教育費用総額についての統計値** ➡ 文部科学省の「子供の学習費調査」
- **国民生活の階層別·地域別の所得や消費内容** ➡ 内閣府の「国民生活白書」

新聞、雑誌、書籍の引用を配付資料などに使用する場合には、著作権法により新聞社や出版社の**許諾が必要**です。

また、公表された他人の著作物を自分の著作物に引用する場合は、**内容的に自ら作成する部分が「主」で引用部分が「従」**でなければなりません。

スピード理解!!
国や公共団体の調査統計資料等に許諾は不要！

3 情報の種類と収集方法

顧客情報、収集方法には、次の2つがあります。

出る

情報の収集方法

定量的情報…顧客の収入・支出、預貯金残高、保険金額など、**数字で表せる情報・評価**。住所・氏名・年齢・家族構成・勤務先等も定量的情報に含まれる。定量的情報は、**質問紙方式**での情報収集が適している。

定性的情報…顧客の価値観、**生活目標**、性格、運用方針など、**数字で表せない情報・評価**。定性的情報は、**面談方式**での情報収集が適している。

4 ライフイベント表

ライフイベント表は、将来の予定や希望する計画を時系列で表し、**主な支出と収入の額**をまとめた表です。

〈ライフイベント表の記入例〉

年	家族の年齢				ライフイベント	支出
	夫	妻	長男	次男		
2024	46	42	16	14	長男高校入学・学資保険100万円満期	60万円
2025	47	43	17	15		
2026	48	44	18	16	次男高校入学・学資保険100万円満期	60万円
2027	49	45	19	17	長男大学入学・学資保険100万円満期	150万円

5 キャッシュフロー表

キャッシュフロー表は、今後の収支状況や金融資産残高（貯蓄残高）などの推移を表形式にまとめたものです。

〈浜松家のキャッシュフロー表〉

（単位：万円）

経過年数			基準年	1年	2年	3年	4年
西暦（年）			2024	2025	2026	2027	2028
家族構成／年齢	浜松　賢人	本人	32歳	33歳	34歳	35歳	36歳
	未来	妻	32歳	33歳	34歳	35歳	36歳
	菜々	長女	3歳	4歳	5歳	6歳	7歳
	竜太郎	長男	0歳	1歳	2歳	3歳	4歳
ライフイベント		変動率		菜々 幼稚園入園	住宅購入		菜々 小学校入学 竜太郎 幼稚園入園
収入	給与収入(夫)	1%	468				
	給与収入(妻)	0%	80	80	80	80	80
	収入合計	－	548				
支出	基本生活費	1%	204				（ ❶ ）
	住居費	－	102	102	168	168	167
	教育費	－	35	40	40	40	60
	保険料	－	48	40	40	40	40
	一時的支出	－			1,000		
	その他支出	1%	30	30	31	31	31
	支出合計	－	419	418	1,487	489	
年間収支		－	129	135	▲930	73	56
金融資産残高		1%			171	（ ❷ ）	

キャッシュフロー表の注意点

●収入は「可処分所得」で記入

収入は可処分所得（手取り）で記入する。可処分所得は、年収から所得税、住民税、社会保険料を引いた額。

可処分所得＝年収－（所得税＋住民税＋社会保険料）

●「変動率」がある欄は「将来価値」を記入

物価変動、定期昇給などがある場合には、その変動率（変化の割合）を考えた将来価値を計算して記入する。

n年後の額＝今年の額×（1＋変動率)^n

●電卓の累乗計算例
4^2は、4 ×＝16
4^3は、4 ××＝64
$(1+0.02)^2$は、
1.02×＝1.0404
$(1+0.02)^3$は、
1.02×＝＝1.061208
×を2度押す電卓もあるので、試験用の電卓で計算方法を確認しておくこと。

例題

❶　浜松家のキャッシュフロー表の空欄（❶）に入る数値を計算しなさい。なお、計算過程においては端数処理をせず計算し、計算結果については万円未満を四捨五入すること。

❷　浜松家のキャッシュフロー表の空欄（❷）に入る数値を計算しなさい。なお、計算過程においては端数処理をせず計算し、計算結果については万円未満を四捨五入すること。

◀2021年1月資産

※試験場で電卓使用可。ただし、関数計算、複利計算、ローン計算機能のある電卓は持ち込めない。

例題の答え

❶　212
2024年の基本生活費が204万円。変動率1%で4年後を複利計算する。
$204\times(1+0.01)^4$
=212.2…≒212万円

❷　246
2026年の金融資産残高171万円に、変動率１%の増加分と、2027年の年間収支73万円を加える。
171×(1+0.01)+73
=245.7≒246万円

6 バランスシート

バランスシートは、現状の資産と負債のバランスを見る表です。資産には預貯金のほか、株式、不動産、自動車などの**時価（売る、もしくは売った場合の金額）を記入**し、負債には借金（主にローン残額）を記入します。

参考までに、家計の金融資産の比率は、日本では現金・預金が最も高く、アメリカでは株式等の比率が最も高くなっています※。

※日本銀行「資金循環の日米欧比較」（2019年8月29日）より

〈○○家のバランスシート〉(単位:万円)

[資産]		[負債]	
預貯金等	1,500	住宅ローン	1,500
株式	560	自動車ローン	160
投資信託	100	**負債合計**	1,660
生命保険(解約返戻金相当額)	120		
自宅	3,800	**純資産**	4,870
動産等	450		
資産合計	6,530	負債・純資産合計	6,530

バランスシートの注意点

- **資産と負債は「時価」で記入する**

不動産、自動車などは取得金額ではなくて、時価(現時点で売る、もしくは売った場合の金額)で記入する。

「純資産」=「資産合計」-「負債合計」
「負債・純資産合計」=「負債合計」+「純資産」

- **「生命保険」は解約返戻金相当額で記入する。**
- **家賃、教育費等の年間の支出見込額は、負債ではないので記入しない。※**

「純資産」を求める計算問題が頻出!

※その年の支出見込額は、キャッシュフロー表に記入する。

7 6つの係数

資金計画には**係数表**を使います。検定試験では係数早見表として数値が提示されますから、覚える必要はありません。次ページの係数の使い方を覚えておきましょう。

係数:積(かけ算の結果)によって表された式における定数因子(決まった数)。

〈係数早見表〉(年利2.0%)

期間	終価係数	現価係数	減債基金係数	資本回収係数	年金終価係数	年金現価係数
1年	1.020	0.980	1.000	1.020	1.000	0.980
2年	1.040	0.961	0.495	0.515	2.020	1.942
3年	1.061	0.942	0.327	0.347	3.060	2.884
4年	1.082	0.924	0.243	0.263	4.122	3.808
5年	1.104	0.906	0.192	0.212	5.204	4.713

6つの係数と使い方

出る

【例】年利２％の係数は、前ページ〈係数早見表〉の「5年」の欄に掲載。

●終価係数

現在の元本（元金）を複利運用した場合の、元利合計（終わりの価）を計算する。

【例】100万円を年利2％で複利運用すると５年後の元利合計はいくらか。
→100×終価係数1.104＝110.4万円

●現価係数

複利運用しながら目標額にするために必要な元本（現在の価）を計算する。

【例】年利2％で複利運用して５年後に100万円にするための元本はいくらか。
→100×現価係数0.906＝90.6万円

●減債基金係数

目標額にするために必要な毎年の積立金額（積み立てる基金）を計算する。

【例】毎年一定額を積み立てながら、年利2％で複利運用して５年後に100万円にしたい。毎年の積立金はいくら必要か。
→100×減債基金係数0.192＝19.2万円

●資本回収係数

現在の元本を複利運用しながら取り崩す場合の毎年の受取額（資本の回収額）を計算する。利息を含めた毎年の元利均等返済額を計算する際にも用いる。

【例】100万円を年利2％で複利運用して５年間で取り崩したい。毎年受け取れる年金はいくらか。
→100×資本回収係数0.212＝21.2万円

●年金終価係数

毎年の積立金を複利運用した場合の、元利合計（終わりの価）を計算する。

【例】毎年100万円積み立てて年利2％で複利運用する。５年後の元利合計はいくらか。
→100×年金終価係数5.204＝520.4万円

●年金現価係数

目標額の年金を毎年受け取るために必要な元本（現在の価）を計算する。

【例】年利2％で複利運用して５年間にわたって100万円ずつ年金を受け取りたいときに必要な元金はいくらか。
→100×年金現価係数4.713＝471.3万円

過去問トレーニング

次の質問に答えなさい。

問1 ファイナンシャル・プランナーがライフプランニングに当たって作成する一般的な各種の表に関する次の記述のうち、最も不適切なものはどれか。

◀ 2017年5月学科

ア ライフイベントごとの予算額は現在価値で見積もり、キャッシュフロー表の作成においてはその価額を将来価値で計上する。

イ ライフプランニング上の可処分所得は、年間の収入金額から社会保険料、所得税、住民税および生命保険料を差し引いた金額を使用する。

ウ キャッシュフロー表の作成において、収入および支出項目の変動率や金融資産の運用利率は、作成時点の見通しで設定する。

エ 個人の資産や負債の状況を表すバランスシートの作成において、株式等の金融資産や不動産の価額は、作成時点の時価で計上する。

問2 ライフプランを作成するうえで活用する主なデータに関する次の記述の正誤を答えなさい。

◀ 2013年5月学科

❶ 男女別・年齢別の平均余命についての統計値は、内閣府の「国民生活白書」に記載されている。

❷ 幼稚園から高等学校卒業までの教育費用総額についての統計値は、文部科学省の「子どもの学習費調査」に記載されている。

❸ 1世帯当たりの1カ月間の収入と支出の金額の統計値は、総務省の「家計調査」に記載されている。

❹ 家計における金融資産の保有額や借入金残高の統計値は、金融広報中央委員会の「家計の金融行動に関する世論調査」に記載されている。

問3 収入が公的年金と企業年金だけである夫婦（共に65歳）の〈表1：キャッシュフロー表（抜粋）〉に関する次の記述のうち、最も不適切なものはどれか。なお、解答に当たっては、表2も参考にすること。

◀2010年9月学科（改）

〈表1：キャッシュフロー表(抜粋)〉

(単位：千円)

		2024年	2025年	…	2033年
収入	夫	3,600	3,600	…	3,600
	妻	700	700	…	700
	＜収入合計＞	4,300	4,300	…	4,300
支出	税・社会保険料	400	400	…	400
	基本生活費	3,200	3,200	…	3,200
	その他支出	1,300	1,300	…	1,300
	＜支出合計＞	4,900	4,900	…	4,900
可処分所得		3,900	3,900	…	3,900
年間収支		▲600	▲600	…	▲600

注1：金融資産は元本割れのない預貯金等であり、2023年末の残高は5,000千円である。
注2：上表は、今後収支が一定で、物価上昇率をゼロと仮定して作成している。
注3：収入については、金融資産の運用益を考慮していない。
注4：年間収支の赤字は、金融資産の取崩しのみで補てんすることとする。

〈表2：期間９年の資本回収係数〉

年1%	年2%	年3%
0.1167	0.1225	0.1284

ア 仮に、年間の基本生活費とその他支出の合計金額を、年間の可処分所得の金額を下回るまで抑制すれば、年間収支はマイナスにならない。

イ 仮に、2025年以降の毎年の物価上昇率を２％とする場合、2033年の基本生活費は「3,200千円＋（3,200千円×２%）×９年＝3,776千円」となる。

ウ 仮に、2025年に自宅のリフォーム費用として1,000千円の追加的支出が発生した場合、2030年中に金融資産残高がゼロになる。

エ 仮に、2024年の年初から2032年の年末までの９年間は、金融資産を年２％（税引前）で複利運用できれば、金融資産を取り崩すことで年間収支の赤字額を補てんすることができる。

問4 下記の係数早見表を乗算で使用し、各問について計算しなさい。なお、税金は一切考慮しないこととする。 ◀2019年9月・2020年9月資産

❶ 山岸さんは、有料老人ホームへの入居を検討しており、そのための資金として、5年後に1,500万円を準備したいと考えている。5年間、年利1.0%で複利運用する場合、現在いくらの資金があればよいか。

❷ 小田さんは、住宅の購入準備として新たに積立てを開始する予定である。毎年年末に60万円を積み立てるものとし、15年間、年利1.0%で複利運用しながら積み立てた場合、15年後の合計額はいくらになるか。

❸ 中井さんは、独立開業の準備資金として、10年後に800万円を用意しようと考えている。1年利1.0%で複利運用しながら毎年年末に一定額を積み立てる場合、毎年いくらずつ積み立てればよいか。

❹ 杉野さんは、現在、老後の生活資金として2,000万円を保有している。これを25年間、年利1.0%で複利運用しながら毎年1回、年末に均等に取り崩すこととした場合、毎年年末に取り崩すことができる最大金額はいくらになるか。

〈係数早見表〉(年利1.0%)

期間	終価係数	現価係数	減債基金係数	資本回収係数	年金終価係数	年金現価係数
1年	1.010	0.990	1.000	1.010	1.000	0.990
2年	1.020	0.980	0.498	0.508	2.010	1.970
3年	1.030	0.971	0.330	0.340	3.030	2.941
4年	1.041	0.961	0.246	0.256	4.060	3.902
5年	1.051	0.951	0.196	0.206	5.101	4.853
6年	1.062	0.942	0.163	0.173	6.152	5.795
7年	1.072	0.933	0.139	0.149	7.214	6.728
8年	1.083	0.923	0.121	0.131	8.286	7.652
9年	1.094	0.914	0.107	0.117	9.369	8.566
10年	1.105	0.905	0.096	0.106	10.462	9.471
15年	1.161	0.861	0.062	0.072	16.097	13.865
20年	1.220	0.820	0.045	0.055	22.019	18.046
25年	1.282	0.780	0.035	0.045	28.243	22.023
30年	1.348	0.742	0.029	0.039	34.785	25.808

※記載されている数値は正しいものとする。

問5 ライフプランの作成の際に活用される各種係数に関する次の記述の正誤を答えなさい。 ◀2021年5月学科

❶ 余裕資金300万円を20年間、年率2.0%で複利運用する場合、20年後の元利合計額を計算するには、終価係数を使用する。

❷ 年率2.0%で複利運用しながら、5年後に自家用車を買い替える資金300万円を準備したい場合、必要な毎年の積立額を計算するには、資本回収係数を使用する。

❸ 退職してから30年間、年率1.5%で複利運用しながら、毎年50万円ずつ受け取りたい場合、退職時点で必要な金額を計算するには、年金現価係数を使用する。

答え

問1 イ 可処分所得は、年収から所得税、住民税、社会保険料を引いた額。

問2 ❶ × ❷ ○ ❸ ○ ❹ ○

問3 イ 正しくは「3,200千円×$(1+0.02)^9$ ≒ 3,824千円」

問4 各種係数に関する頻出問題。

❶ （14,265,000円）

年利1.0%で複利運用しながら目標額1,500万円にするために必要な元本（現在の価）を計算するので、現価係数を使用する。

1,500万円×0.951 = 1,426.5万円

❷ （9,658,200円）

毎年の積立金60万円を年利1.0%で複利運用した場合の、15年後の元利合計（終わりの価）を計算するので、年金終価係数を使用する。

60万円×16.097 = 965.82万円

❸ （768,000円）

10年後に目標額800万円にするために必要な毎年の積立金額（積み立てる基金）を計算するので、減債基金係数を使用する。

800万円×0.096 = 76.8万円

❹ （900,000円）

元本2,000万円を年利1.0%で複利運用しながら、25年間で取り崩す場合の毎年の受取額（資本の回収額）を計算するので、資本回収係数を使用する。

2,000万円×0.045 = 90万円

問5 ❶ ○ ❷ ×

❸ ○ 元本を一定利率で複利運用しながら目標額の年金を毎年受け取るために必要な現在の元本を計算するので、年金現価係数を使用する。

3 住宅取得のプランニング

住宅ローンは毎回必ず出題される重要分野！

- 財形住宅融資とフラット35の特徴を覚える。
- ローン金利と返済方法の特徴を覚える。
- ローン返済額・借入可能額の計算方法を覚える。

1 住宅取得資金

住宅の購入には、「物件価格の約３割」の自己資金を見込んでおくことが望ましいとされています。住宅取得資金では、勤労者が住宅購入に必要な資金を貯める制度である**財形住宅貯蓄**を覚えておきましょう。

財形住宅貯蓄の出題ポイント

自分の居住用の住宅の取得、または住宅の増改築のための資金を５年以上積み立てる制度。

- 申込時の年齢が55歳未満の勤労者で、１人１契約。
- 財形住宅貯蓄（貯蓄型）を目的以外で解約した場合は、過去５年間に生じた利息にさかのぼって課税される。
- 財形住宅貯蓄を非課税で払い出すには、床面積50㎡以上の住宅の購入、またはリフォームが必要。
- 貯蓄型と保険型があり、利息等に次の非課税枠がある。

貯蓄型	●財形住宅と財形年金を合わせて、元利合計550万円まで非課税
保険型	●財形年金は払込保険料385万円まで非課税 ●財形年金と財形住宅を利用している場合、合算して元利合計550万円まで非課税

ことば

財形貯蓄：勤労者の給与から天引きされる貯蓄制度。
積立ての目的別に、
・財形住宅貯蓄…住宅取得、増改築資金
・一般財形貯蓄…教育資金等、制約なし
・財形年金貯蓄…老後の資金。申込時年齢は55歳未満。60歳以降に年金受取り
の３種類がある。
一般財形だけ非課税措置がない（利息に20.315％課税）。

スピード理解!!
「5年」「55歳未満」「550万円」
財形住宅貯蓄には、「5」が多い！

2 住宅ローンの種類

住宅ローンには、**民間住宅ローン**、**財形住宅融資**、**フラット35**があり、いずれも**併用可能**です。

財形住宅融資とフラット35

●財形住宅融資

財形貯蓄を1年以上積み立てている人を対象とする公的ローン。

融資条件	申込時の年齢が**70歳未満**。財形貯蓄残高が**50万円**以上
融資額	財形貯蓄残高の**10倍以内で最高4,000万円**まで。住宅、土地、整備、住宅の改良に要する費用など、所要額の**9割まで**
適用金利	**5年固定金利**（5年毎に適用金利を見直す）
融資対象	新築住宅、中古住宅、増改築も対象。**借換えは対象外**

●フラット35

住宅金融支援機構が、民間金融機関と提携して提供する**最長35年の固定金利型住宅ローン**。**住宅金融支援機構**が、融資を実行する金融機関から住宅ローン債権を買い取り、対象となる住宅の**第1順位の抵当権者**となる。

融資条件	申込時の年齢が**70歳未満**。年収に占める借入金の年間合計返済額の割合（総返済負担率）が、**年収400万円未満なら30%以下**で、**年収400万円以上なら35%以下**。保証料、保証人は不要
融資額	100万円以上**8,000万円以下**で、**建設費または購入価額以内**
適用金利	**金融機関ごとに金利を決めている**。**融資実行時点での金利**を適用
融資期間	**下限：原則15年**（申込者が満60歳以上の場合は10年） 上限：申込者が80歳になるまでの年数と**35年**の、いずれか短い方
融資対象	新築住宅では、2023年4月設計検査申請分より省エネ基準への適合が必要。**中古住宅**、**借換えも対象**。**増改築は対象外** 床面積：一戸建て・連続建て・重ね建ては70㎡以上 **共同住宅（マンションなど）は30㎡以上**
繰上返済	**手数料無料**。インターネットサービスである**「住・My Note」では10万円以上から繰上げ返済できる**

3 夫婦で住宅ローン

夫婦で住宅ローンを組むには、以下の方法があります。

ペアローンと収入合算

ペアローン：持ち分や負担額に応じて夫婦それぞれが住宅ローン契約をする。団体信用生命保険（団信）も住宅ローン控除の適用もそれぞれが受けられる。

連帯債務方式の収入合算：連帯債務者は、主債務者と同等の返済義務を負う。住宅ローン控除の適用をそれぞれが受けられる。主債務者だけが団信に加入できるローンと、夫婦2人ともが団信に加入できるローンがある。

連帯保証方式の収入合算：連帯保証人は、債務者が住宅ローンの返済ができない場合に返済義務が生じ、住宅ローン控除の適用や団信の加入ができない。

4 住宅ローン金利

銀行が取り扱う住宅ローンの金利には、**固定金利型**、**変動金利型**、**固定金利選択型**の３つがあります。

※５年間は返済額が変わらないよう、返済額に占める利息と元金の割合を調整。

住宅ローン金利は３種類

固定金利型住宅ローン

- 当初決められた金利が返済終了まで一定なので、総返済額が変わらない。
- 金利が低いときは固定金利が有利とされている。

変動金利型住宅ローン

- 市場金利が変われば金利も変わるので、総返済額が変わるリスクがある。
- 固定金利型より申込時の適用金利が低い。
- 金利の見直しは年２回（半年ごと）、返済額の見直しは５年ごと。※
- 金利に変動があった場合、返済額の増加は直前の毎月返済額の25%が上限。
- 適用金利は短期プライムレートを基準にする金融機関が主流である。

固定金利選択型住宅ローン

- 当初一定期間の固定金利が過ぎると、固定金利か変動金利かを選択できる。
- 固定金利期間が長いほど金利は高くなる。

5 住宅ローンの返済方法

元利均等返済、**元金均等返済**の２つがあります。

返済方法は元利均等と元金均等

元利均等返済

- 毎回の返済額が一定。
- 当初は利息部分の返済額が多くて、後になるほど元金の返済部分が多くなる。
- 元金均等返済に比べて、当初の返済額は少ないが、返済総額（総支払利息）は多くなる。

返済額は一定
利息は減っていく
元金部分の返済額が増えていく
返済期間

元金均等返済

- 元金の返済額が一定。
- 利息は元金の残高に対してかかるので、後になるほど返済する利息が減っていく。
- 元利均等返済に比べて、当初の返済額は多いが、返済総額（総支払利息）は少なくなる。

返済額は減っていく
利息が減っていく
元金部分の返済額は一定
返済期間

6 住宅ローンの借換え

住宅ローンの**借換え**とは、今の住居に住み続けることを条件に、返済中の住宅ローンをより有利な住宅ローンに変更することです。金融機関によって担保評価基準は異なるため、借換え融資が受けられない場合もあります。また、**民間住宅ローンやフラット35への借換えはできます**が、**財形住宅融資への借換えはできません**。借換えでは、新たな抵当権設定のための登録免許税等の費用が発生します。

担保評価基準：担保（不動産）を評価する基準。金融機関によって路線価の何％として評価するなどの基準が違うため、融資額も違ってくる。

7 住宅ローンの繰上げ返済

繰上げ返済とは、元金残高の全額または一部を返済することをいいます。利息は元金に対してかかるため、**繰上げ返済の時期が早い**ほど**総返済額が減少**します。繰上げ返済には、**返済期間短縮型**、**返済額軽減型**の２つがあります。

繰上げ返済には2種類ある

返済期間短縮型：返済期間を短縮する。毎回の返済額は変わらない。

● 返済期間短縮型は、返済額軽減型より利息軽減効果が大きい。

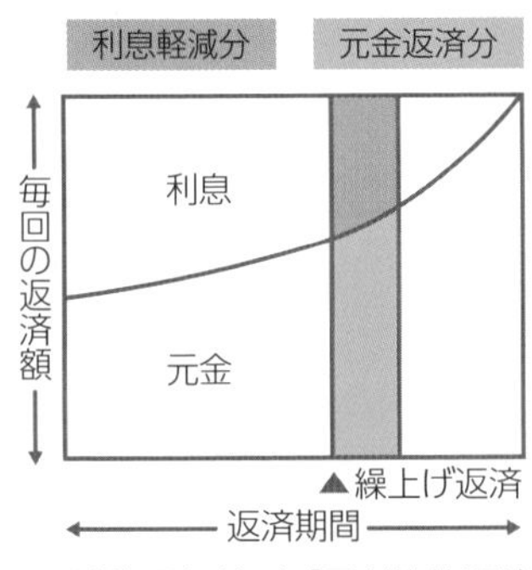

返済期間短縮型「元利均等返済」

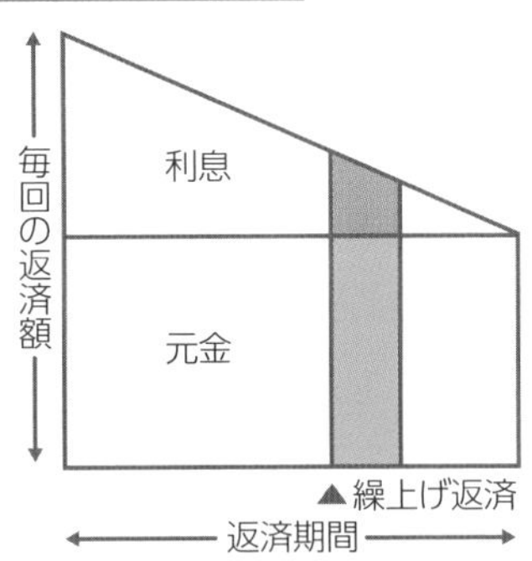

返済期間短縮型「元金均等返済」

返済額軽減型：毎回の返済額を減らす。返済期間は変わらない。

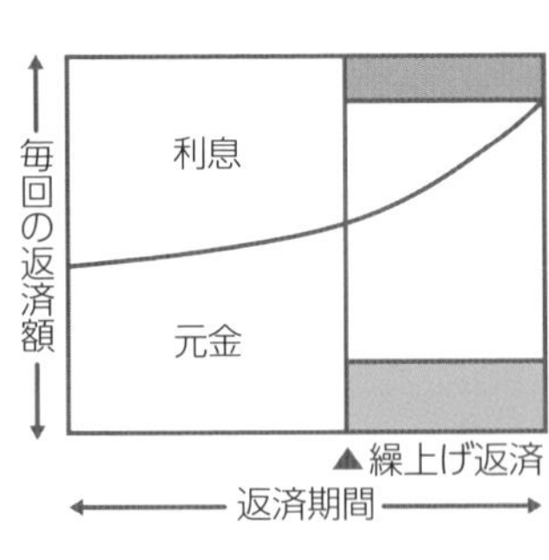

返済額軽減型「元利均等返済」

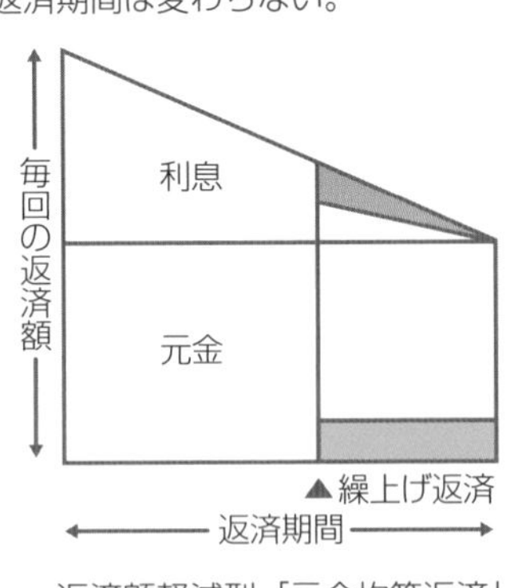

返済額軽減型「元金均等返済」

8 団体信用生命保険

団体信用生命保険（団信）※は、住宅ローンの**債務者が死亡・高度障害状態**になったとき、生命保険会社が**住宅ローン残債を債権者（銀行などの金融機関）に支払う保険**です。

※ほとんどの民間住宅ローンで加入が義務づけられている。フラット35では任意加入。

団体信用生命保険の出題ポイント

- **住宅ローン残高が減少すると、受け取る保険金額が減少**する。
- **がん、脳卒中、心筋梗塞の3大疾病**にかかった場合にも保険金が支払われるなどの**特約つき団信**もある。
- 契約者と保険金受取人は金融機関なので、**保険料は生命保険料控除の対象外**。また、**死亡保険金は相続税の課税対象外**。
- 一般に、被保険者が病気などで**就業不能の場合については給付の対象外**。
- 夫婦などが**連帯保証方式である収入合算**で住宅ローンを契約した場合、**団体信用生命保険に加入できるのは主債務者だけ**である。
- 契約者は金融機関なので、借り換えると新たに入り直すことになる。

9 返済額・借入可能額の計算方法

FP協会の実技「資産設計提案業務」で頻出。

返済額・借入可能額の計算方法を覚えておきましょう。

出る

返済額・借入可能額の計算方法

▼ 期間30年、金利2.5%（全期間固定）、100万円当たりの毎月返済額3,951円

- **住宅ローンで3,000万円借り入れる場合の年間返済額**

  100万円で毎月3,951円返すので、30倍の3,000万円では（3,951 × 30）円返す。**年間返済額は、（3,951 × 30）× 12カ月＝1,422,360円**

- **住宅ローンの毎月返済額を10万円以内に抑えたい場合の借入可能額**

  毎月の返済額に対する借入金100万円の割合は、（1,000,000 ÷ 3,951）。
  毎月の返済額を100,000円以内にしたいので、
  借入可能額は、100,000×（1,000,000÷3,951）≒2,531万円

過去問トレーニング

次の質問に答えなさい。

問1 フラット35、財形住宅貯蓄、財形住宅融資、一般財形に関する次の記述の正誤を答えなさい。 ◀2013年1月・2013年9月学科・2023年5月学科

❶ フラット35の利用者向けインターネットサービスである「住・My Note」を利用して繰上げ返済する場合、一部繰上げ返済の最低返済額は100万円である。

❷ 財形貯蓄積立保険（一般財形）や財形住宅貯蓄積立保険（財形住宅）には、いずれも運用益が非課税となる税制上の優遇措置がある。

❸ 財形住宅融資は、財形貯蓄の積立期間が1年に満たない場合、利用することができない。

❹ 住宅ローンを新規に借り入れるときに、住宅金融支援機構が直接融資を行う財形住宅融資を利用する場合、フラット35と併用して利用することはできない。

❺ 会社員Aさん(26歳)は、住宅取得資金づくりに利子非課税制度を活用しようと考え、勤務先で取り扱う財形住宅貯蓄の積立てを開始した。

❻ フラット35の融資期間は、申込者が80歳になるまでの年数と35年のうち、いずれか短い年数が上限となるが、下限は設けられていない。

問2 一般的な全期間固定金利型住宅ローンの返済方式ならびに繰上げ返済に関する次の記述の正誤を答えなさい。 ◀2012年1月学科

❶ 借入金額や返済期間等の他の条件が同一であれば、元利均等返済方式は、元金均等返済方式よりも返済初回の元金部分の返済額が少ない。

❷ 借入金額や返済期間等の他の条件が同一であれば、元利均等返済方式は、元金均等返済方式よりも、利息の支払総額が多い。

❸ 繰上げ返済を行う場合、繰上げ返済額が一定額であれば、繰上げ実行時期が早ければ早いほど、利息の軽減効果が大きい。

❹ 繰上げ返済額等の他の条件が同一であれば、返済期間を変えずに各回の返済額を少なくする返済額軽減型は、各回の返済額は変えずに返済期間を短縮する返済期間短縮型よりも、利息の軽減効果が大きい。

問3 Ｚ銀行の住宅ローン（変動金利型）を利用し返済中であるＡさんが、Ｚ銀行以外から住宅ローンを借り換える場合に関する次の記述の正誤を答えなさい。 ◀2018年5月学科

❶ Ａさんが全期間固定金利型の住宅ローンに借り換えた場合、返済期間中に市中金利が上昇すると、金利の上昇分に相当する額の返済負担は増加する。

❷ Ａさんが住宅の床面積や収入等の融資条件を満たせば、借換先の住宅ローンとして「フラット35」を利用することは可能である。

❸ ＡさんがＺ銀行以外の金融機関に住宅ローンの借換えを申し込んでも、借換先の金融機関の担保評価基準によっては融資を受けられないことがある。

❹ ＡさんがＺ銀行以外の金融機関の住宅ローンに借り換えた場合、Ｚ銀行の抵当権の抹消および借換先の金融機関の抵当権の設定が必要となるため、登録免許税等の諸費用が必要となる。

問4 住宅ローン（全期間固定金利、返済期間30年、元利均等返済、ボーナス返済なし）を120回返済後に、100万円を超えない範囲での最大額で期間短縮型の繰上げ返済をする場合、短縮される返済期間は何年何カ月か。計算に当たっては、〈資料〉を使用し、繰上げ返済に伴う手数料等は考慮しないものとする。 ◀2021年9月資産（改）

〈資料：住宅ローンの償還予定表の一部〉

返済回数（回）	毎月返済額（円）	うち元金（円）	うち利息（円）	残高（円）
120	115,050	65,283	49,442	21,124,151
⋮	⋮	⋮	⋮	⋮
132	115,050	67,469	47,581	20,324,815
133	115,050	67,626	47,424	20,257,189
134	115,050	67,784	47,266	20,189,405
135	115,050	67,942	47,108	20,121,463

答え

問1 ❶ × ❷ × ❸ ○ ❹ × ❺ ○ ❻ ×

問2 ❶ ○ ❷ ○ ❸ ○ ❹ ×

問3 ❶ × ❷ ○ ❸ ○ ❹ ○

問4 （1年2カ月）120回返済後の残高21,124,151円から、繰上げ分の100万円を引くと20,124,151円。134回返済後の残高が20,189,405円（120回との差額934,746円）なので、134回目の返済分までの繰上げ返済となる。134−120＝14月回なので、1年2カ月分短縮される。

4 教育資金のプランニング

出題される内容は、毎回ほとんど同じ！

- 学資保険の解約返戻金が既払込保険料を下回ることがある。
- 教育一般貸付は、学業成績には関係のない教育ローン。
- 教育一般貸付と日本学生支援機構の奨学金は重複利用可能。

1 学資(こども)保険

学資（こども）保険では、使い道が自由な満期祝金や入学祝金を受け取ることができます。15歳、17歳、18歳、22歳満期タイプがあり、生まれる前から加入できる出生前加入特例もあります。中途解約した場合の**解約返戻金が既払込保険料総額を下回る**ことがあるので注意が必要です。

学資(こども)保険は、**クーリング・オフ制度の対象**です。

ことば

クーリング・オフ：契約申込日または契約申込みの撤回等について記載した書面を交付された日のいずれか遅い日から、その日を含めて8日以内に契約解除できる。

学資(こども)保険の特徴

契約者（親）が死亡、高度障害：契約者死亡以降の保険料払込みが免除される。満期祝金や入学祝金は契約のとおりに受け取ることができる。ただし死亡保険金（死亡給付金）は支払われない。※2

被保険者（子）が死亡：死亡保険金が受取人に支払われ、保険契約は消滅する。

※2 契約者が死亡したときに、後継保険契約者等が育英（養育）年金や一時金を受け取る育英（養育）年金特約もある。

2 教育一般貸付(国の教育ローン)

日本政策金融公庫の**教育一般貸付**は、中学校卒業以上の子の学校納付金、受験料、学生の住居費、通学費等、幅広い用途に使うことができる貸付です。

教育一般貸付の特徴

原則、**保護者が申込人**だが、本人が申込人になることも可能。募集期間はなく**いつでも申込**ができる。子の数に応じて**世帯年収の制限**あり。**子の学業成績は問わない**。進学前に貸付金受取りができる。申込には、**連帯保証人または教育資金融資保証基金による保証**が必要となる。

融資限度額：中学校卒業以上の子１人につき一括で**350万円**（一定要件[※1]で450万円）。

金利と返済期間：固定金利で**18年以内**に返済。**在学中は利息のみの返済**が可能。

※1 自宅外通学、修業年限5年以上の大学（昼間部）、大学院、海外留学など。

3 日本学生支援機構の奨学金

日本学生支援機構（JASSO（ジャッソ））の奨学金は、**教育一般貸付との重複利用**が可能です。使用用途の制約はありません。

奨学金制度の特徴

原則、**学生本人が申込人**で、**募集期間内**に申し込む。**進学前に奨学金の受取りはできない**。**第一種奨学金**は、**学業優秀**[※2]で経済的理由で修学困難な学生に**無利息**で貸与。**第二種奨学金**は、**在学中は無利息**、**卒業後に利息**（**年利3%が上限**）が付く。**第一種と第二種の併用**もでき、**卒業後**に返済する。定額で返還する**定額返還方式**と、所得に応じて毎月の返還額が決まる**所得連動返還方式**がある。返済が遅れると**延滞金**が発生する。**返還期間の延長申請**ができる。

給付型奨学金：住民税非課税世帯、または児童養護施設退所者等の社会的養護が必要な者で一定の基準を満たす学生に給付される返済不要の奨学金。

※2 第一種奨学金の学力基準は、住民税非課税世帯については問われない。

4 高等学校等就学支援金制度

高等学校等就学支援金制度は、学校設置者（都道府県や学校法人など）が生徒本人に代わって支援金を受け取り、授業料に充てる制度です。申請が必要で、所得判定基準が**304,200円未満**（年収約910万円未満）なら、**公立高校授業料相当額が支給**されます。

過去問トレーニング

適切なものには○、不適切なものには×をしなさい。

問1 学資（こども）保険に関する次の記述の正誤を答えなさい。

◀2013年9月学科・2023年9月学科

❶契約者が死亡した場合、あらかじめ指定された受取人に死亡給付金が支払われる。

❷ 加入後いつでも解約することができ、解約返戻金は払込保険料総額を下回ることはない。

❸ 契約者が保険期間内に死亡し、以後の保険料の払込みが免除されても、被保険者である子が所定の時期に生存していれば、祝金や満期祝金は支払われる。

❹ 被保険者となる子の年齢に応じて支給される祝金や満期祝金は、子の教育費用に充当しなければならない。

問2 教育資金に関する次の記述の正誤を答えなさい。

◀2021年5月学科

❶ 日本学生支援機構の給付奨学金を申し込む者は、一定の基準を満たせば、併せて貸与型の第一種奨学金および第二種奨学金を申し込むこともできる。

❷ 日本学生支援機構の貸与奨学金の返還が困難となった場合、毎月の返還額を減額して返還期間の延長を申請することができる。

❸ 日本政策金融公庫の教育一般貸付（国の教育ローン）の申込人は、学生等の保護者に限られる。

❹ 日本政策金融公庫の教育一般貸付（国の教育ローン）の資金使途には、入学金・授業料等の学校納付金や教材費だけではなく、自宅外から通学する学生等の住居費用等も含まれる。

答え

問1 ❶ × ❷ × ❸ ○ ❹ ×

問2 ❶ ○ ❷ ○ ❸ × 独立して生計を営む学生は申込人となれる。
❹ ○

5 社会保険の概要

FPの常識だが、検定での出題は少ない。

- 社会保険には５つの制度がある。
- 医療保険には３つの制度がある。
- 健康保険の被扶養者は、原則として年収130万円未満。

1 社会保険（公的保険）

公的な保険を**社会保険**といいます。

社会保険には、**医療保険**、**介護保険**、**労働者災害補償保険（労災保険）**、**雇用保険**、**年金保険**という５つの制度があります。

ことば

社会保険：「会社に勤めている人が加入する健康保険」の意味で使われる場合が多いが、本来の意味では、国や地方公共団体といった公の機関が管理・運営している保険をいう。

※健康保険を「社保」、国民健康保険を「国保」ということがあるが、検定では「社保」「国保」という語句は使われない。

2 医療保険の全体像

公的な医療保険には、**健康保険**、**国民健康保険**[※] **後期高齢者医療制度**という３つの制度があります。

公的な医療保険

健康保険[※] 協会けんぽ＆組合健保	国民健康保険	後期高齢者医療制度
企業の従業員・役員と被扶養者が加入。協会けんぽの保険料は労使折半	農林水産業従事者、自営業者、無職者、学生などが加入	75歳以上の者、65歳以上の障害者が加入

※出題されませんが、公務員や私立学校の教職員が加入する共済組合もあります。

3 健康保険の概要

健康保険には、**全国健康保険協会管掌健康保険（協会けんぽ）**と**組合管掌健康保険（組合健保）**があります。

保険料は、**標準報酬月額・標準賞与額**※に保険料率を乗じた額（厚生年金や介護保険の保険料も同様）で、全国健康保険協会の保険料率は**都道府県ごと**に異なります。

また、健康保険では被保険者の**被扶養者**も加入できます。

被扶養者：国内居住者で、被保険者に生計を維持されている家族は被保険者の健康保険に加入できる。後期高齢者医療制度の対象者となる75歳以上の加入は不可。

健康保険の被扶養者となる条件

- 年収130万円未満（公的な年金や手当金も含む）
- 60歳以上または障害年金受給者の場合は年収180万円未満

▲被扶養者となる日以降１年間の年収の見込み（年金を含む）

- 同居（同一世帯）の場合：年収が被保険者の年収の２分の１未満
- 別居の場合：年収が援助額（仕送り額）より少ないこと

▼被扶養者の範囲

1　被保険者の直系尊属、配偶者（内縁[戸籍上婚姻の届出はしていないが事実上婚姻関係と同様の人] 含む)、子、孫、弟妹、兄姉（同居でなくてもかまわない)。

2　被保険者と同居している以下の者

① 被保険者の三親等以内の親族（１に該当する者を除く）

② 被保険者の配偶者（内縁含む）の父母および子

③ ②の配偶者が亡くなった後における父母および子

4 国民健康保険の概要

国民健康保険には、健康保険の被保険者およびその被扶養者等を除いて、すべての人が加入します。

国民健康保険には、都道府県・市町村（特別区）が共同保険者となるものと、国民健康保険組合が保険者となるものがあります。

保険料は前年の所得に基づいて**世帯単位**で計算されるため、**世帯主**がその世帯の被保険者全員分の保険料の**納付義務者**となります。また、保険者によって保険料の計算方法が違うため、地域によって保険料が異なります。

健康保険と違って、国民健康保険には被扶養者という制度はありません。加入者全員が被保険者となります。

※標準報酬月額は、被保険者の給料などの報酬の月額を区切りのよい等級で区分した額（第50級の139万円が上限)。標準賞与額は、税引前の賞与総額から千円未満を切り捨てたもの。

6 健康保険の給付内容

高額療養費の給付金額を計算する問題が頻出。

- 小学校入学前の医療費の一部負担（自己負担）割合は２割。
- 傷病手当金は連続３日以上休んだ４日目から支給。
- 出産時の手当金は標準報酬日額の３分の２。

健康保険の主な給付には、**療養の給付**、**高額療養費**、**傷病手当金**、**出産育児一時金**、**出産手当金**、**埋葬料**の６つがあります。

1 療養の給付

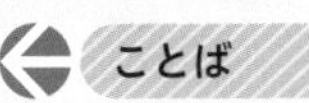

療養：病気やケガの手当てをし、体を休めて健康の回復をはかること。

療養の給付とは、日常生活での**病気やケガ**の医療費に対しての給付（労災保険から給付がある業務災害以外の病気、ケガに給付）をいいます。健康保険では、被保険者の扶養家族も同様の給付を受けることができます。

医療機関の窓口で医療費を支払うときは、健康保険の一部負担（自己負担）割合の金額を支払うことになります（国民健康保険も同じ割合）。

出る

医療費の一部負担（自己負担）割合

小学校入学前	70歳未満	70歳～74歳	75歳以上
2割	3割	原則2割※	原則1割※

※ 70歳以上の現役並み所得者は３割負担。75歳以上で一定以上の収入がある者は２割（37ページ）。

2 高額療養費

医療機関の窓口では、一部負担割合を支払いますが、同じ月に同じ医療機関の窓口で支払う1カ月の支払額が自己負担限度額を超えると、事後申請により**高額療養費**が給付[※1]されます。高額療養費は**外来・入院ともに対象**になります。

ただし、食費、差額ベッド代、先進医療などの**保険外併用療養費は対象外**です。当然ながら、保険適用外の診療は高額療養費の対象外です。

なお、70歳未満は、事前申請で交付される**健康保険限度額適用認定証**[※2]を医療機関の窓口に提示すれば、**窓口での支払いが自己負担限度額まで**となります。70歳以上75歳未満の人は、高齢受給者証を窓口で提示（一定の現役並み所得者は限度額適用認定証が必要）すれば、窓口での支払いが自己負担限度額までとなります。

※1 医療保険には高額療養費が、介護保険には高額介護サービス費（38ページ）がある。これらを利用してもなお、1年間にかかる医療費と介護費用の合計額が一定の基準額を超える世帯に対して、「高額医療・高額介護合算制度」が適用される。

※2 マイナンバーカードや保険証を用いたオンライン資格確認システムの導入された医療機関等では、本人同意があれば限度額適用認定証は不要となる。

〈70歳未満の者／医療費の自己負担限度額（1カ月当たり）〉

所得区分	自己負担限度額（月額）	多数該当※
年収約1,160万円～ 健保：標準報酬月額83万円以上 国保：年間所得901万円超	252,600円+（総医療費－842,000円）×1%	140,100円
年収約770～約1,160万円 健保：標準報酬月額53～79万円 国保：年間所得600～901万円	167,400円+（総医療費－558,000円）×1%	93,000円
年収約370～約770万円 健保：標準報酬月額28～50万円 国保：年間所得210～600万円	80,100円+（総医療費－267,000円）×1%	44,400円
年収～約370万円 健保：標準報酬月額26万円以下 国保：年間所得210万円以下	57,600円	44,400円
住民税非課税者等	35,400円	24,600円

※多数該当：高額負担が直近12カ月で3月以上ある場合の4月目以降の自己負担限度額。

表の区分や数値は、問題で提示されている。
例外的に、実技試験の「資産」で、表内の赤い下線部の数値を語群から選ぶ問題が出題されたことがあるが、2015年1月に3区分から5区分に変更されたため、今後も同じように出題されるかどうかは不明。

3 傷病手当金

傷病手当金は、業務外の事由による病気やケガの療養のため仕事を休んだ日から連続して3日間（待期）の後、**休業4日目以降**の給与の支払いがない日に対して支給されます。なお、国民健康保険では傷病手当金はありません。[※1]

傷病手当金の支給

支給条件	病気やケガで会社を**連続3日間（自宅療養も含む）**休んだ後、**4日目以降の給与が支給されない日から支給**。給与が一部支給の場合は、傷病手当金の額から給与支給分を減額した**差額分を支給**
支給期間	**支給開始日から通算して1年6カ月**
支給額	休業1日に対し**1日当たりの額の3分の2**[※2]

※1 国民健康保険でも傷病手当金という制度自体はあるが、任意給付で実際に実施している市区町村はない（新型コロナウイルス感染症に係る支給を除く）。

※2 傷病手当金の1日当たりの支給額の計算方法（出産手当金と同様）。
支給開始日以前の継続した12カ月間の各月の標準報酬月額の平均額÷30日×2/3

4 出産育児一時金

被保険者（企業の従業員や役員）が出産すると**出産育児一時金**が、被保険者の被扶養者（配偶者）が出産すると**家族出産育児一時金**が、**1児につき50万円**（産科医療保障制度に加入していない医療機関での出産では48.8万円）が支給されます。これには本人が受け取る以外に、医療機関等が受け取ることで窓口負担を軽減できる制度（**直接支払制度**と**受取代理制度**）[※3]があります。また、出産育児一時金が支給されるまでの間に出産費用が必要となった場合、一定の要件のもとに全国健康保険協会の**出産費貸付制度**を利用できます。この制度では、出産育児一時金支給見込額の**8割相当額**を限度に無利子で資金の貸付を受けることができます。

※3 受取代理制度の方が病院への入金が早い。

5 出産手当金

被保険者（企業の従業員）が、出産のために会社を休んで、給与が支給されない場合に、**出産手当金**が支給されます。[※1]

出る

出産手当金の支給

支給対象期間：出産前の42日間＋出産後の56日間

▲42 + 56 = 98日間のうち仕事を休んだ日数分（産前産後休業期間）について支給される。

支給額：休業１日に対して１日当たりの額の３分の２[※2]

6 埋葬料

被保険者や被扶養者が死亡した場合に、申請により**埋葬料として５万円**を限度に実費額が支給されます。[※3]

7 児童手当

子の中学校修了時（15歳以後最初の年度末）までは、自治体に申請をすれば、**児童手当**が支給されます。

なお、児童手当は社会保険制度ではありません。

※１ 出産手当金と傷病手当金が併給される場合は、出産手当金は全額支給、傷病手当金は出産手当金の額を超える部分だけが支給される。なお、国民健康保険でも出産手当金という制度自体はあるが、任意給付で、実際に実施している市区町村はない。

※２ 支給開始日以前の継続した12カ月間の各月の標準報酬月額の平均額÷30日×2/3

※３ 国民健康保険のでは、葬祭費として７万円を限度に支給される。

※４ 夫婦どちらかの所得が所得上限限度額以上の場合、児童手当・特例給付の対象外となる。

支給対象年齢	支給額（児童１人につき１月）：非課税所得
0歳～3歳未満	**15,000円**
3歳～小学校修了前	10,000円（第2子まで）、15,000円（第3子以降）
中学生	10,000円
所得制限限度額以上「特例給付」	5,000円（一律）[※4]

▲2024年10月分から児童手当の支給期間が中学校修了までから高校生年代までに延長され、支給額については3歳になるまでが月15,000円、3歳～高校生年代が月10,000円、第3子以降が月30,000円に引き上げられ、所得制限が撤廃される予定。

過去問トレーニング

次の質問に答えなさい。

問1 全国健康保険協会管掌健康保険（協会けんぽ）における子どもの医療費の自己負担割合などに関する下表の空欄❶～❸にあてはまる語句の組み合わせとして、最も適切なものはどれか。 ◀2014年5月資産

自己負担割合	・小学校入学前の子：医療費の（❶）を負担 ・小学校入学以後の子：医療費の（❷）を負担
高額療養費	・医療費の自己負担額が１カ月に一定額（自己負担限度額）を超えたときに給付される。 ・（❸）対象とされる。

ア ❶ １割　❷ ２割　❸ 外来・入院ともに
イ ❶ １割　❷ ３割　❸ 入院に限り
ウ ❶ ２割　❷ ２割　❸ 入院に限り
エ ❶ ２割　❷ ３割　❸ 外来・入院ともに

問2 剛さんは、病気療養のため2024年4月に５日間入院した。剛さんの2024年4月の1か月間における保険診療分の医療費（窓口での自己負担分）が18万円であった場合、下記〈資料〉に基づく高額療養費として支給される額はいくらか。なお、剛さんは全国健康保険協会管掌健康保険（協会けんぽ）の被保険者であって標準報酬月額は34万円であるものとする。また、「健康保険限度額適用認定証」の提示はしておらず、オンライン資格確認システムの導入された医療機関での入院ではなかったものとする。 ◀2022年1月資産（改）

〈医療費の１カ月当たりの自己負担限度額（70歳未満の人）〉

所得区分	自己負担限度額（月額）
標準報酬月額：83万円以上	252,600円＋（総医療費－842,000円）×1％
標準報酬月額:53～79万円	167,400円＋（総医療費－558,000円）×1％
標準報酬月額:28～50万円	80,100円＋（総医療費－267,000円）×1％
標準報酬月額:26万円以下	57,600円
住民税非課税者等	35,400円

※多数該当および世帯合算については考慮しない。

問3 理恵さんは、先月、病気療養のために仕事を休んだ。傷病手当金の支給開始時期や支給額などに関する次の記述の空欄❶～❸に入る適切な語句を**ア**～**ケ**の中から選びなさい。なお、理恵さんは全国健康保険協会管掌健康保険（協会けんぽ）の被保険者である。 ◀2013年1月資産（改）

〈理恵さんの休業期間〉 出：出勤した日

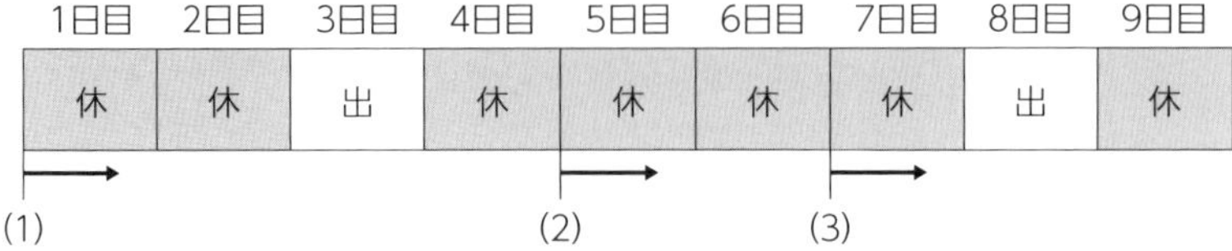

傷病手当金は上記の図の（ ❶ ）支給が開始され、支給期間は支給開始日から通算して（ ❷ ）を限度とし、支給額は休業1日につき「支給開始日以前の継続した12カ月間の各月の標準報酬月額の平均額÷30日」の（ ❸ ）相当額です。

ア (1) から	**イ** (2) から	**ウ** (3) から
エ 6カ月	**オ** 1年6カ月	**カ** 2年
キ 3分の2	**ク** 4分の3	**ケ** 5分の4

問4 健康保険の被保険者Aさんの妻Bさんの出産・育児等に関する社会保険制度等について説明した以下の文章の空欄❶～❸に入る最も適切な語句または数値を**イ**～**リ**の中から選びなさい。 ◀2017年1月個人（改）

ⅰ）全国健康保険協会管掌健康保険の被保険者である妻Bさんは、出産のために休業し、その期間について事業主から給与の支払を受けられない場合、所定の手続きにより、出産の日（出産の日が出産の予定日後であるときは出産の予定日）以前42日（多胎妊娠の場合は98日）から出産の（ ❶ ）日後までの間における休業した日について、出産手当金を受給することができます。

ⅱ）妻Bさんは、2024年9月に出産した場合、所定の手続きにより、出産育児一時金を受給することができます。出産育児一時金の額は、産科医療補償制度に加入している医療機関で出産した場合は1児につき（ ❷ ）、産科医療補償制度の対象外となる出産の場合は1児につき48万8,000円です。

iii）出産育児一時金が支給されるまでの間に出産費用が必要となった場合には、一定の要件のもとに、全国健康保険協会の出産費貸付制度を利用することができます。この制度では、出産育児一時金支給見込額の（❸）相当額を限度に無利子で資金の貸付を受けることができます。

イ．42日	**ロ**．56日	**ハ**．63日
ニ．50万円	**ホ**．52万円	**ヘ**．55万円
ト．6割	**チ**．7割	**リ**．8割

答え

問1 エ

小学校入学前は2割負担。

問2 96,570円

窓口負担額18万円は総医療費×3割に当たるので、総医療費は、
18万円÷0.3＝60万円
標準報酬月額は34万円なので、表より、
自己負担限度額＝80,100円＋（600,000円－267,000円）×1％
＝80,100円＋3,330円
＝83,430円
高額療養費は、「窓口負担額－自己負担限度額」なので、
高額療養費＝180,000円－83,430円＝96,570円

問3 傷病手当金に関する問題。

❶ **ウ**　傷病手当金は、ケガや病気で休んだ日が「3日間連続すること（待期）」が必要で、4日目以降から手当が支給される。

❷ **オ**

❸ **キ**

問4

❶ **ロ**　出産手当金の対象期間は、出産前の42日間＋出産後の56日間。

❷ **ニ**　出産育児一時金は、1児につき50万円（産科医療保障制度に加入している医療機関での出産。加入していない医療機関での出産では48万8,000円）支給される。

❸ **リ**　出産費貸付制度では、出産育児一時金支給見込額の8割相当額を限度に無利子で資金の貸付を受けることができる。

7 後期高齢者医療制度と公的介護保険

公的介護保険に関する問題が超頻出！

- 退職後の任意継続被保険者の申請期限は20日以内。
- 後期高齢者医療制度は75歳以上（障害認定者は65歳以上）。
- 介護保険の第1号被保険者の保険料は年金から天引き。

1 退職後の公的医療保険

退職後にも公的医療保険に入らなければいけません。その際には、次の３つの方法があります。

❶ 健康保険の**任意継続被保険者**となる。→**最長２年間**

❷ 都道府県・市町村が実施する**国民健康保険に加入**する。国民健康保険料は前年の所得等によって計算する。
→**75歳**になるまで

❸ 子や配偶者の健康保険の**被扶養者**となる。
→**75歳**になるまで

出る

健康保険の任意継続被保険者

退職後に任意継続被保険者となるための条件
- 継続して2カ月以上の被保険者期間があること。
- 退職日の翌日（資格喪失日）から20日以内に「任意継続被保険者資格取得申出書」を提出すること。

加入期間：最長２年間。

保険料：全額自己負担となる。退職時の標準報酬月額と、健康保険組合の全被保険者の標準報酬月額の平均額の、いずれか少ない方の額をもとに算出。

ことば

任意継続被保険者：
高額療養費の支給、被扶養者制度（28ページ）なども含めて、在職時と同様の保険給付を受けることができるが、資格喪失後の継続給付を除き、傷病手当金や出産手当金はない。

スピード理解!!

2カ月、20日、2年間
ニンイは「2」が多い。

2 後期高齢者医療制度

75歳になると、健康保険や国民健康保険から脱退、または被扶養者の資格がなくなり、都道府県単位で設立された**後期高齢者医療広域連合**が運営主体の**後期高齢者医療制度**に自動加入することになります。また、**後期高齢者になった者の被扶養者**だった75歳未満の者は、**国民健康保険の被保険者となる**か、違う者の被扶養者になる必要があります。

スピード理解!!
75歳になると、被扶養者でいられなくなる！

後期高齢者医療制度の出題ポイント

対象者	①75歳以上の人 ②65歳以上75歳未満で一定の障害認定を受けた人
保険料	個人単位で納付。都道府県ごとに保険料率が異なる
納付方法	特別徴収（公的年金からの引き落とし）、または普通徴収（口座振替・銀行振込等）の方法により市区町村が徴収
自己負担割合	**1割**（**現役並み所得者は3割**、一定以上の収入※があれば2割）

※課税所得が28万円以上かつ「年金収入＋その他の合計所得金額」が単身世帯の場合で200万円以上、複数世帯の場合で320万円以上あれば、自己負担割合は2割。

3 介護に係わる住宅施設

介護に係わる高齢者の住宅施設に次のものがあります。

介護に係わる住宅施設の出題ポイント

介護老人福祉施設（特別養護老人ホーム）	入浴や食事などの日常生活上の支援や療養上の世話を提供する施設。**要介護3以上の者が入所**できる
介護老人保健施設（老健）	**リハビリテーションを中心**とした医療サービスを提供する施設。**要介護1以上の者**がサービスを受ける
サービス付き高齢者向け住宅	高齢者の居住の安定を確保するための賃貸住宅制度。**国からの家賃補助等はない**

4 公的介護保険

介護保険は、介護が必要になった場合、**市町村（または特別区）から認定**を受けて給付が受けられる制度です。

受給者の段階によって、次のサービスが受けられます。

- **要支援者**は**予防給付**として在宅サービス
- **要介護者**は**介護給付**として施設サービスと在宅サービス。

なお、手すりの取付けや床段差の解消など、介護のための住宅改修を行った場合、所定の要件を満たせば、公的介護保険から一定の限度額内で改修費用の**9割**を限度に、**要支援者には介護予防住宅改修費**が、**要介護者には居宅介護住宅改修費**が支給されます。

スピード理解!!
要支援者は、
予防給付として
在宅サービス

公的介護保険の出題ポイント

	第1号被保険者	第2号被保険者
保険者	市町村（または特別区）	
対象者	**65歳以上**の人	**40歳以上**65歳未満の人
受給に必要な認定	申請後、調査と主治医の意見書をもとに判定（認定審査）。 ・要支援者（1～2段階） ・要介護者（1～5段階） **原因を問わず支給**	初老期認知症、末期ガン、脳血管疾患など、**加齢を原因とする特定疾病**によって要介護者、要支援者と認定された場合のみ支給（交通事故は不可）
保険料の納付方法	**原則、（公的年金額が18万円以上の場合）公的年金から天引き（特別徴収）**	健康保険（国民健康保険）の保険料と併せて徴収。**被扶養者は納める必要なし**
自己負担割合（支給限度基準額内）	・**65歳以上の第1号被保険者は、1割または一定以上の所得のある場合は2割、特に所得の高い場合は3割。** ・**40歳以上65歳未満の第2号被保険者は、1割。** ● 介護支援専門員（ケアマネージャー）が作成するケアプランの作成費は無料（**ケアプランは被保険者本人が作成してもよい**） ● 介護保険施設での食事や居住費用は全額自己負担	

※介護サービスで**1カ月の自己負担上限額を超えた額は、申請により高額介護サービス費が支給**される。ただし支給限度基準額を超えた分は全額自己負担となる。
※協会けんぽの被保険者の介護保険料は健康保険料・厚生年金保険料と同様事業主と折半。

過去問トレーニング

次の質問に答えなさい。

問1 下記〈資料〉に係る退職後の公的医療保険に関する次の記述の正誤を答えなさい。 ◀2014年9月資産

〈資料：退職後の公的医療保険の選択〉

・正社員として再就職する———	再就職先の健康保険に加入する
・再就職をしない、または短時間勤務で再就職する ———	1 協会けんぽの任意継続被保険者になる 2 家族の健康保険の被扶養者になる 3 国民健康保険に加入する

❶ 再就職をしないで1を選択する場合、加入の申出は退職日の翌日（資格喪失日）から10日以内に行う必要がある。

❷ 再就職をしないで2を選択する場合、一定の年収要件等を満たしていれば、原則として70歳に達するまで被扶養者とされる。

❸ 再就職をしないで3を選択する場合、保険料は退職時（資格喪失時）の標準報酬月額に保険料率を乗じて算出される。

❹ 再就職をしないで1～3のいずれを選択しても、医療費の自己負担割合は、原則として70歳に達するまで3割である。

問2 退職者および高齢者の公的医療保険制度に関する次の記述の正誤を答えなさい。 ◀2013年5月学科

❶ 健康保険の被保険者である子に生計を維持されている者は、子と同居していない場合、他の要件にかかわらず、その子の加入する健康保険の被扶養者になることはできない。

❷ 国民健康保険の退職者医療制度の被保険者と国民健康保険の一般被保険者を比べた場合、保険給付の内容および一部負担金について差異はない。

❸ 日本国内に住所を有する75歳以上の者は、原則として、後期高齢者医療制度の被保険者となる。

問3 全国健康保険協会管掌健康保険（協会けんぽ）の任意継続被保険者に関する次の記述の空欄❶～❸に入る最も適切な語句を**ア**～**ク**の中から選びなさい。

◀2013年9月資産

・健康保険では、一定の要件に該当する場合、資格喪失後も引き続き（❶）は健康保険の被保険者になることができる。これを任意継続被保険者という。協会けんぽの任意継続被保険者の保険料は、「資格喪失時の標準報酬月額」または「協会けんぽにおける全被保険者の標準報酬月額の平均額」の（❷）をもとに算出され、その全額が自己負担となる。仮に、夫が定年後再就職をせず、所定の期間内に申出をして任意継続被保険者になった場合、被扶養者である妻は引き続き被扶養者になることが（❸）。

ア 1年間　**イ** 1年6カ月間　**ウ** 2年間
エ いずれか少ない方の額　**オ** いずれか多い方の額
カ できる（保険料加算なし）　**キ** できる（保険料加算あり）　**ク** できない

問4 公的介護保険に関する次の記述のうち、最も不適切なものはどれか。

◀2020年1月学科

ア 公的介護保険の保険給付は、保険者から要介護状態または要支援状態にある旨の認定を受けた被保険者に対して行われるが、第1号被保険者については、要介護状態または要支援状態となった原因は問われない。

イ 公的介護保険の第2号被保険者のうち、前年の合計所得金額が220万円以上の者が介護サービスを利用した場合の自己負担割合は、原則として3割である。

ウ 要介護認定を受けた被保険者の介護サービス計画（ケアプラン）は、一般に、被保険者の依頼に基づき、介護支援専門員（ケアマネジャー）が作成するが、所定の手続きにより、被保険者本人が作成することもできる。

エ 同一月内の介護サービス利用者負担額が、所得状況等に応じて定められている上限額を超えた場合、所定の手続きにより、その上限額を超えた額が高額介護サービス費として支給される。

問5 高齢者の住まいに関する次の記述のうち、最も適切なものはどれか。

◀2014年9月学科

ア 要支援者と認定された者が居宅に手すりの取付けや床段差の解消などの住宅改修を行った場合は、所定の要件を満たせば、公的介護保険から介護予防住宅改修費の支給を受けることができる。

イ 介護老人保健施設は、入浴や食事などの日常生活上の支援や療養上の世話などを提供する施設であり、要介護者と認定された者が終生入所することができる施設として機能している。

ウ 介護老人福祉施設（特別養護老人ホーム）は、リハビリテーションを中心とした医療サービスを提供する施設であり、要支援者と認定された者がその施設サービスを受けることができる。

エ サービス付き高齢者向け住宅は、高齢者の居住の安定を確保するために創設された賃貸住宅制度であり、その入居者は、同制度に基づき、家賃について国の補助を受けることができる。

答え

問1 退職後の公的医療保険に関する問題。

❶ × 加入の申出は退職日の翌日（資格喪失日）から20日以内。

❷ × 後期高齢者医療制度に自動加入する75歳に達するまで被扶養者。

❸ × 保険料は前年の所得によって計算。

❹ ○ 70歳までの医療費の自己負担割合は3割（29ページ）。

問2 退職者および高齢者の公的医療保険制度に関する問題。

❶ × 子と同居していない場合でも、条件を満たせばよい。

❷ ○ 保険給付の内容や自己負担割合に一般被保険者との違いはない。

❸ ○ 後期高齢者医療制度は、75歳以上が加入対象。

問3 任意継続被保険者に関する問題。

❶ ウ 任意継続被保険者は、健康保険に最長で2年間加入できる。

❷ エ いずれか少ない方の額をもとに算出される。

❸ カ 任意継続被保険者にも、被扶養者の制度がある。

問4 イ 公的介護保険の第2号被保険者は1割負担。第1号被保険者は、前年の合計所得金額が220万円以上の場合などに3割負担になる。

問5 ア イの介護老人保健施設は、リハビリテーションを中心とした医療サービスを提供する施設で、要介護1以上の者がサービスを受ける。ウの介護老人福祉施設は、入浴や食事などの日常生活上の支援や療養上の世話を提供する施設で、要介護3以上の者が入所できる。エのサービス付き高齢者向け住宅の入居者に国からの家賃補助はない。

8 労災保険と雇用保険

雇用保険の基本手当、高年齢雇用継続給付が頻出！

- 労災保険の治療費は全額給付なので自己負担なし。
- 雇用保険の基本手当は自己都合と会社都合で異なる。
- 高年齢雇用継続給付は賃金75％未満で支給。

1 労働者災害補償保険（労災保険）

労働基準監督署が管轄する**労働者災害補償保険（労災保険）**は、原則として**1人以上の労働者（アルバイト、パートタイマー含む）**を使用する全事業所が加入する制度です。経営者や役員を除く、全労働者が対象になります。

保険料は**全額が事業主負担**です。

保険料率は**業種**により異なり、労災事故の可能性の高い事業ほど保険料率が高く設定されています。

また、**治療費**は**全額が労災保険**から療養補償給付として支給されるため、自己負担はありません。

スピード理解!!
労災は全労働者の味方。
全額事業主が負担！

2 労災保険の特別加入制度

経営者や役員は労災保険の対象になりませんが、次の人は任意に加入できます。これを**特別加入制度**といいます。

- **常時使用する労働者数が一定数以下**の**中小事業主**
- 日本国内の事業主から派遣されて海外の事業所で働く者
- 個人タクシー業者や大工など（いわゆる一人親方）

など※。

※そのほか、芸能関係作業従事者／アニメーション制作作業従事者／柔道整復師／創業支援等措置に基づき事業を行う者／自転車を使用して貨物運送事業を行う者／ITフリーランス

労災保険の出題ポイント

業務災害：業務上（出張中含む）のケガ、障害、病気、死亡が対象。

通勤災害：通勤途中でのケガ、障害、病気、死亡が対象（**日用品の購入**、**選挙権の行使**、**病院での診察**、**親族の介護**等、逸脱・中断が日常生活上で必要な行為の場合は、逸脱・中断の間を除き「通勤」となる）。

保険料：**事業主負担**。保険料率は**労災事故の可能性の高い事業ほど高い**。

〈労災保険の給付の種類〉

休業補償給付	業務上の負傷または疾病で休業し賃金が支払われなくなった場合、通算３日の休業のあと、**休業４日目から**給付基礎日額の60%を給付
療養補償給付	業務上の負傷または疾病により、労災指定病院等で治療を受けた場合、**治療費を全額給付（一部負担金なし）**
遺族補償年金	労働者が死亡した場合、業務上災害では遺族補償年金、通勤災害では遺族年金を給付。支給額は**受給資格者の人数等に応じて異なり、最も先の順位の人（受給権者）にだけ支給**される。受給資格は、労働者に生計を維持されていた配偶者、子、父母、孫、祖父母、兄弟姉妹の順番
傷病補償年金	療養開始から**１年６カ月**を経過しても治癒せず、障害の程度が傷病等級に該当する場合、業務上災害では傷病補償年金、通勤災害では傷病年金を給付
障害補償給付	業務上の負傷等で障害が残った場合、**障害等級に応じて年金または一時金**を給付。障害年金との併給調整あり
介護補償給付	一定の障害に該当し、介護を受けている場合に給付
葬祭料	遺族、友人など、労働者の**葬祭を行う者**に一定額を給付

例題

・**正しければ○、誤っていれば×をつけなさい。**

◀2022年5月・2023年1月学科

❶　労働者が業務上の負傷または疾病による療養のために労働することができず、賃金の支給を受けられない場合、賃金の支給を受けられない日の１日目から休業補償給付が支給される。

❷　同一の事由により、障害厚生年金と労働者災害補償保険法に基づく障害補償年金が支給される場合、障害補償年金は全額支給され、障害厚生年金は所定の調整率により減額される。

例題の答え

❶　×
休業４日目から支給。

❷　×
障害補償年金の方が減額調整される。

3 雇用保険の概要

雇用保険は、政府が管掌する強制保険制度です。常用、非常用にかかわらず、次の要件を満たす労働者が加入対象です（法人の役員や個人事業主とその家族を除く）。

・１週間の所定労働時間が**20時間以上**であること。

・同一の事業主の適用事業に継続して**31日以上**雇用される見込みがあること。

〈雇用保険の給付〉

基本手当	求職者給付の基本。**求職の申込み**をした失業者に支給される。いわゆる**失業保険**のこと
就職促進給付	基本手当支給期間に再就職した場合に支給される
教育訓練給付	厚生労働大臣指定の教育訓練を受ける際に支給される
雇用継続給付	高齢者や育児休業取得者に支給される

ことば

求職の申込み：労働の意思と能力はあるが「失業の状態」であるという失業の認定を受けるために、原則として4週間に1回、公共職業安定所に離職票を提出して求職の申込みをすることが必要。

4 雇用保険の基本手当

基本手当の給付には**公共職業安定所（ハローワーク）に求職の申込み**をすることが必要です。

基本手当の受給期間は離職した日の翌日から**１年間**です。病気、出産・育児、介護等で30日以上継続勤務できなくなった場合は**最長３年延長**でき、本来の受給期間１年を含めると受給期間は**最長４年間が限度**になります（受給日数が増えるわけではない）。**基本手当日額**は離職日の**直前６カ月（180日）**に毎月支払われた賃金（賞与等は除く）の合計を**180で割った賃金日額に給付率を掛けたもの**です。

高年齢被保険者（65歳以上の雇用保険加入者）※には、求職活動中に**高年齢求職者給付金**が支給されます。

なお、65歳未満の者が基本手当を受給する場合、特別支給の老齢厚生年金は支給停止となります。

※65歳以上の兼業・副業者で、2つの事業所における1週間の合計労働時間が20時間以上かつ31日以上雇用見込みの者は、労働者からの申し出によって、特例的に雇用保険の被保険者となることができる。

雇用保険の基本手当の出題ポイント

受給資格

離職の日以前２年間に雇用保険の一般被保険者であった期間が通算して１年（12カ月）以上（倒産・解雇では離職の日以前１年間に６カ月以上）あること。

給付日数（基本手当がもらえる日数）：被保険者期間によって異なる。

被保険者期間	１年未満	１年以上 10年未満	10年以上 20年未満	20年以上
一般受給資格者 （自己都合・定年退職）	支給なし	90日	120日	150日
特定受給資格者 （会社都合：倒産・解雇）	90日	90～270日※		最長で 330日※

※特定受給資格者の給付日数は、年齢と被保険者期間によって異なる。なお、会社募集（会社都合）の希望退職者は特定受給資格者となる。

待期期間と給付制限期間

- 雇用保険の基本手当は「退職後７日間の待期期間」の経過後に給付される。
- 正当な理由がない自己都合退職の場合は「退職後７日間の待期期間＋２カ月間（最長３カ月間）の給付制限期間」の経過後に給付される。

・**正当な理由がない自己都合退職**の場合、給付制限期間は**５年間のうち退職２回目までは２カ月**（退職３回目から３カ月）。なお、重責解雇の給付制限期間は３カ月である。

例題

・雇用保険の基本手当に関する次の記述の正誤を答えなさい。

◀2013年1月学科

❶　基本手当の受給資格者は、労働の意思および能力を有するにもかかわらず、職業に就くことができないという「失業の状態」になければ、基本手当を受給することはできない。

❷　基本手当の所定給付日数は、離職理由や被保険者期間、離職時の年齢等に応じて定められており、就職困難者等を除く一般の離職者の場合、最長で300日である。

❸　自己都合退職の者に対する基本手当は、原則として、待期期間満了後、公共職業安定所長の定める一定の期間は支給されない。

例題の答え

❶ ○

❷ ×
一般の離職者の場合、最長150日。

❸ ○
自己都合退職では待期期間に加えて２カ月または３カ月の給付制限期間がある。

5 雇用保険の就職促進給付

就職促進給付は、失業者の早期の就職を目的とした給付です。**再就職手当**などの制度があります。

再就職手当

雇用保険の基本手当支給期間に、支給日数を**3分の1以上**残して、安定した職業に就き、一定要件を満たした場合に**再就職手当**が支給される。また再就職後の賃金が離職前の賃金より低下した場合、**就業促進定着手当**が支給される。

6 雇用保険の教育訓練給付

教育訓練給付は、厚生労働大臣指定の教育訓練を修了した場合に、経費の一定割合の給付金が支給される制度で、**一般教育訓練**と**特定一般教育訓練**、**専門実践教育訓練**があります。支給対象者は一定要件を満たす雇用保険被保険者（離職者は離職日翌日から受講開始日まで1年以内[※1]）です。

専門実践教育訓練は、厚生労働大臣が専門実践教育訓練に指定した講座が対象となります。

※1 出産・疾病・負傷などの理由により適用対象期間の延長を行った場合は最大20年以内。

〈雇用保険の教育訓練給付金〉

	一般教育訓練	専門実践教育訓練
給付率	訓練経費の20% （特定一般教育訓練は40%）	訓練経費の50%（資格を取得して就職をした場合は20%を追加給付→最大70%[※2]）
上限額（年間）	10万円 （特定一般教育訓練は20万円）	1年40万円→2年80万円→3年120万円 （上記20%追加給付の場合は56万円/年）
支給期間	最長1年間	最長3年間
対象になる被保険者期間	通算3年以上 （初回は通算1年以上）	通算3年以上 （初回は通算2年以上）
申請期限	受講修了日の翌日から1カ月以内に、本人の住所を管轄する公共職業安定所（ハローワーク）所長に申請書を提出	

※2 2024年10月から最大80%。

7 雇用保険の雇用継続給付

雇用継続給付は、雇用の継続を促すことを目的とする、雇用保険加入者への給付で、**高年齢雇用継続給付金**、**育児休業給付金**、**介護休業給付金**等があります。

出る

雇用継続給付の出題ポイント

● **高年齢雇用継続給付金**

① **高年齢雇用継続基本給付金**

受給資格：**60歳到達月から65歳到達月まで**の一般被保険者で、**被保険者期間が通算5年以上**あること、また60歳到達時の賃金月額より**75%未満**であること

支給額：**60歳以後の賃金×15%相当額（上限）**

② **高年齢再就職給付金**…雇用保険の基本手当を受給後、**受給日数を100日以上残して60歳到達月から65歳到達月までに再就職**した一般被保険者に支給。※1

● **育児休業給付金**※2

育児休業を取った一定要件を満たす者に支給。

子の年齢：原則は**満1歳未満**。▶パパママ育休プラス制度を利用すると**1歳2カ月未満**。▶支給対象期間延長に該当する場合は**1歳6カ月または2歳未満**

主な支給要件：原則として産前休業開始日等の前2年間に、**みなし被保険者期間が通算で12カ月以上**あること。休業中の月々の**賃金が休業前の80%未満**であること。

支給額：原則として、休業開始**180日目**までは、**休業開始時賃金日額×支給日数（原則30日）の67%**※3、**それ以降は50%**を支給（休業中の賃金により減額あり）。なお、休業開始時賃金日額には**上限額と下限額がある**。

● **介護休業給付金**

介護休業は**介護対象家族1人につき通算93日**まで、**3回を上限**に分割して取得できる。

介護対象：配偶者・父母・子・**配偶者の父母**。同居していれば、祖父母・兄弟姉妹・孫まで。

主な支給要件：育児休業給付金と同様。

支給額：休業開始時賃金日額の**67%を支給**（休業中の賃金により減額あり）。

※1　1年を超える雇用で、賃金が75%未満に低下などの要件がある。

※2　子の出生後8週間内に合計4週間分（28日）を限度として、産後パパ育休（出生時育児休業）を取得した場合、一定要件を満たすと、出生時育児休業給付金の支給を受けることができる。育児休業も産後パパ育休も2回まで分割取得可能。

※3　政府は180日目までの支給率を67%から80%に引き上げる方向で見直しを検討中（2024年4月現在）。

ことば

支給対象期間延長：預けられる保育所がないなどの場合に延長が認められる。

みなし被保険者期間：基本給の支払日数（賃金支払基礎日数）が11日以上ある月。

過去問トレーニング

次の質問に答えなさい。

問1 労働者災害補償保険に関する次の記述の正誤を答えなさい。

◀2021年9月学科

❶ 業務上の負傷または疾病が治癒したときに身体に一定の障害が残り、その障害の程度が労働者災害補償保険法に規定する障害等級に該当する場合、障害補償給付が受けられる。

❷ 労災保険の適用事業所の事業主は、その営む事業において使用する労働者数の多寡にかかわらず、労災保険の特別加入の対象となる。

❸ 労災保険の保険料を計算する際に用いる保険料率は、適用事業所の事業の種類による差異はない。

問2 雇用保険の基本手当等に関する次の記述の正誤を答えなさい。

◀2012年5月学科

❶ 基本手当を受給するためには、原則として、離職の日以前2年間に被保険者期間が通算して12カ月以上必要である。

❷ 基本手当の受給期間は、原則として離職の日の翌日から2年間である。

❸ 基本手当の受給期間内に出産、疾病などの理由で引き続き30日以上職業に就くことができない場合は、所定の期間内に申出をすることにより、受給期間を延長することができる。

❹ 基本手当の所定給付日数を3分の1以上残して安定した職業に就き、一定の要件を満たした場合、再就職手当が支給される。

問3 雇用保険の雇用継続給付に関する次の記述の正誤を答えなさい。

◀2019年5月学科

❶ 高年齢雇用継続基本給付金の支給を受けるためには、原則として60歳到達時に雇用保険の一般被保険者であった期間が通算して3年以上あること等の要件を満たすことが必要である。

❷ 高年齢再就職給付金の支給を受けるためには、再就職した日の前日における基本手当の支給残日数が100日以上あること等の要件を満たすことが必要である。

❸ 育児休業給付金の支給額は、原則として、育児休業給付金の支給に係る休業日数が通算して180日に達するまでの間は、1支給単位期間当たり、「休業開始時賃金日額×支給日数×67%」相当額とされる。

❹ 介護休業給付金の支給において介護の対象となる家族には、雇用保険の被保険者の配偶者の父母も含まれる。

問4 産前産後休暇および育児休業を取得したときの社会保険からの給付に関して説明した以下の文章の空欄❶～❸に入る最も適切な語句を**ア～ク**の中から選びなさい。 ◀2012年1月個人

・出産手当金の額は、1日につき標準報酬日額の（ ❶ ）に相当する金額である。

・出産育児一時金は、被保険者本人が受け取る以外に、医療機関等が受け取ることにより被保険者が支払う出産費用の負担を軽減できる制度がある。この制度には、直接支払制度および（ ❷ ）がある。

・子を養育するために育児休業を取得し、その期間について会社から給与が支給されない場合、所定の手続きにより、雇用保険から育児休業給付金の支給を受けることができる。その場合、育児休業期間中に支給される育児休業給付金の額は、暫定措置の適用により1支給単位期間（支給日数30日）当たり、「休業開始時賃金日額×30日」の（ ❸ ）相当額（休業開始から180日目までは67%）である。

ア 3分の1	**イ** 3分の2	**ウ** 4分の3
エ 受取代理制度	**オ** 出産費用貸付制度	**カ** 産科医療補償制度
キ 30%	**ク** 50%	

答え

問1 ❶ ○
❷ × 特別加入の対象は労働者数が一定数以下の中小事業主等。
❸ × 保険料率は、労災事故の可能性の高い事業ほど高い。

問2 ❶ ○ ❷ × 原則として離職の日の翌日から1年間。
❸ ○ ❹ ○

問3 ❶ × 被保険者期間が通算5年以上あることが必要。
❷ ○ ❸ ○（80%への引き上げを検討中。47ページ） ❹ ○

問4 社会保険の出産と育児に関する給付の問題。
❶ イ 出産手当金は1日につき標準報酬日額の3分の2（32ページ）。
❷ エ 出産育児一時金には受取代理制度がある（31ページ）。
❸ ク 休業開始から180日目までは67%、それ以降は50%を支給。

公的年金制度の概要

公的年金の基礎知識。出題例は多くない。

- 第２号、第３号被保険者から第１号被保険者になるには種別変更の手続きが必要。
- 学生は本人の年収額が一定以下なら納付を猶予できる。

年金制度には、公的年金（**国民年金・厚生年金・共済年金**）と、私的年金（会社が任意で加入する企業年金・個人が任意で加入する個人年金）があります。

1 公的年金制度

日本国内に住所がある**20歳以上60歳未満の人**は、すべて**国民年金（基礎年金制度）**に強制加入となります。

企業の従業員で原則70歳未満の人は、**国民年金に加えて厚生年金（被用者年金制度）**に加入します。これを「２階建て」の構造といいます。また、**企業年金**まで含めた場合に「３階建て」の構造といいます。

国民年金制度または被用者年金制度に初めて加入する人には、**基礎年金番号通知書**が発行されます。

3階	企業年金 ▲会社が任意で加入	
2階	厚生年金（被用者年金制度） ▲第２号被保険者	公的年金
1階	国民年金（基礎年金制度） ▲第１号・第２号・第３号被保険者	公的年金

ことば

厚生年金：法人は、従業員がいない場合でも常勤の社長が１人いれば強制適用。個人事業所は、厚生年金保険法に定める業種で常時５人以上の従業員を使用していれば強制適用。

共済年金：常勤の国家公務員、地方公務員や私立学校教職員などを加入対象とした年金制度。2015年10月に「被用者年金一元化法」が施行され、共済年金は厚生年金に統一された。なお、一元化によって「共済年金」の名称や組合がなくなったわけではない。

2 国民年金の被保険者

国民年金の被保険者には、第１号～第３号まであります。

国民年金の被保険者資格

	第１号被保険者	第２号被保険者	第３号被保険者
対象者	20歳以上60歳未満で第2号、第3号以外の者※1	厚生年金保険の加入者※2	**20歳以上60歳未満**で第２号被保険者の被扶養配偶者
国内居住要件	あり※3	なし	あり（特例除く）

※１　**60歳に達したその日に被保険者資格を失う**。任意加入（次ページ）あり。

※２　ただし、65歳以上で**老齢年金受給権がある人は第２号被保険者としない**。なお、**厚生年金の年齢制限は70歳未満**だが、70歳以上で老齢年金の受給資格期間を満たせない在職者は、期間を満たすまで高齢任意加入被保険者（第２号被保険者）として厚生年金に任意加入できる（本人が保険料全額負担。事業主が同意している場合は保険料を折半）。

※３　**日本国籍がある20歳以上65歳未満の人が国外に在住する場合は、国民年金をやめるか、任意加入するかを選択**できる。

被保険者資格の取得と種別変更

- 20歳になって第１号被保険者になる場合：日本年金機構から「基礎年金番号通知書」、「国民年金加入のお知らせ」等が送付されてくる。手続き不要。
- 第２号被保険者が退職などによって第１号被保険者になる場合：住所地の市町村窓口で資格喪失日から**14日以内に種別変更の手続きをする**。
- **第２号被保険者が退職や死亡した場合、扶養されていた配偶者**は、国民年金の第３号被保険者資格を喪失するため、**第３号から第１号への種別変更が必要**。その際、**国民年金保険料は翌月末日まで**に納めることになる。
- 第３号被保険者となる場合：**配偶者（第２号被保険者）が事業主に伝える。事業主が、事業所を管轄する年金事務所に届け出る**。

3 国民年金の保険料

国民年金の保険料は、本人の所得にかかわらず定額（2024年度は**月額16,980円**）です。厚生年金保険料を納付す

出る

国民年金保険料の出題ポイント

納付期限：第１号被保険者となった月の翌月末日。

納付義務：第１号被保険者が納付すべき保険料について、その者の配偶者やその者が属する世帯の世帯主は、当該保険料を被保険者本人と連帯して納付する義務を負う。

納付方法：口座振替、納付書での支払い（現金、電子納付、Pay-easy（ペイジー））、クレジットカード納付が可能。

割引制度：前納（最大２年分）、早割（納付期限より１カ月早く口座振替）などにより、国民年金保険料、付加保険料が割引される。

滞納と後納：保険料を滞納した場合、過去２年分までの後納が可能。２年を超えると時効で納入できない。

任意加入：老齢基礎年金額※を増やしたい者は60歳以降65歳になるまで国民年金に任意加入できる。受給資格期間を満たしていない者は70歳になるまで加入できる。

れば国民年金保険料も納付したものとみなされます。

第２号被保険者の配偶者である**第３号被保険者**は、国民年金保険料を払ったものとみなされ、老齢基礎年金を受給できます。第2号被保険者の配偶者でも、雇用されていて一定の要件を満たせば第2号被保険者となります。

4 保険料の免除と猶予

第１号被保険者には、保険料の免除や猶予があります。

● **法定免除**：障害基礎年金、障害等級１級または２級の障害厚生年金を受給している者、生活保護受給者などに対する制度で、**全額が免除**される。

● **申請免除**：所得が一定以下で保険料の納付が困難な場合などは、申請により４分の１～全額が免除される。

● **納付猶予制度**：20歳以上**50歳未満**で本人・配偶者の所

ことば

クレジットカード：代金後払いやキャッシングができるカード。1回・2回払いでは手数料はない。

・借入(キャッシング)は、何回の支払（返済）方法でも、金利が発生する。また年収の3分の1までが限度（貸金業法の総量規制）。

・第三者に貸与、譲渡できない。また、カード裏面に署名がない場合、不正使用されても損害が補償されないことがある。

・クレジットカード会社は利用者の支払可能見込額を調査しなければならない。

・リボルビング払い方式は、代金の支払回数を決めず、毎月の支払額のみ確定させる方式。返済していない分の残高に対して利息（手数料）が発生するので注意が必要である。

※老齢基礎年金の額は20歳～60歳の40年間に保険料を納付した場合に、満額になる。任意加入はこの満額（480月）に近づけるための制度。

得が一定以下の場合に、保険料の納付が猶予される。

●**学生納付特例制度**：20歳以上の学生で、**学生本人**の前年の所得が一定以下の場合に保険料納付が猶予される。なお、免除・猶予期間の保険料は、**10年以内**ならば**追納**できる。[※1]

※1 免除・猶予を受けた期間の翌年度から起算して、3年度目以降に保険料を追納する場合には、承認を受けた当時の保険料額に経過期間に応じた加算額が上乗せされる。

学生納付特例の出題ポイント

条件：第1号被保険者で、本人の前年の所得が一定以下。

適用期間中の障害：学生納付特例の適用期間中でも障害基礎年金の支給を受けることができる。

●保険料を追納しなかった場合、納付猶予期間は、老齢基礎年金の受給資格期間に算入されるが、年金額の計算（58ページ）には反映されない。

●**産前産後期間の免除**：**出産予定日または出産日が属する月の前月から4カ月間の国民年金保険料・国民健康保険料が免除**される。なお、**産前産後休業**、また**満3歳未満の子**を養育するための**育児休業期間**は、事業主が申出をすれば、**健康保険・厚生年金保険の保険料（被保険者分と事業主分）が免除**され、**保険料を納めた期間**として算入される。

5 厚生年金の保険料

労働時間・労働日数が**常時雇用者の4分の3以上**の就業者は、健康保険・厚生年金保険の加入対象です。[※2]

厚生年金の保険料は、標準報酬月額（第32級の65万円が上限）と**標準賞与額**（1カ月あたり上限150万円）に**保険料率（18.3%）**を乗じて算出されます。**70歳以上**になると、被保険者ではなくなるため**保険料負担もなくなります**。

協会けんぽの健康保険の保険料は、都道府県ごとに異なり、事業主と被保険者が**労使折半**で負担します。

※2 4分の3未満の就業者でも、勤務先が厚生年金保険の適用事業所で、以下の要件をすべて満たせば加入対象となる。
・週の所定労働時間が20時間以上
・雇用期間が2か月を超えて見込まれる
・賃金月額が8.8万円以上
・学生でない
なお、短時間労働者を社会保険に加入させる義務が強制的に適用される「特定適用事業所」は、短時間労働者を除く被保険者の総数が常時101人（2024年10月からは51人）以上の事業所とされている。

過去問トレーニング

適切なものには○、不適切なものには×をしなさい。

問1 国民年金の被保険者に関する次の記述の正誤を答えなさい。

◀ 2013年5月学科

❶ 第1号被保険者は、原則として、日本国内に住所を有する20歳以上60歳未満の者で、第2号被保険者および第3号被保険者でない者である。

❷ 第3号被保険者は、第2号被保険者の被扶養配偶者で、20歳以上60歳未満の者である。

❸ 第3号被保険者は、その配偶者が第2号被保険者に該当しなくなった場合、原則として、一定期間内に第1号被保険者への種別変更の届出をしなければならない。

❹ 第3号被保険者の届出は、その者の配偶者が市町村（特別区を含む）に直接提出しなければならない。

問2 国民年金の保険料に関する次の記述の正誤を答えなさい。

◀ 2022年9月学科

❶ 国民年金の付加保険料は、将来の一定期間の保険料を前納することができ、前納する期間に応じて所定の額が控除される。

❷ 第1号被保険者で障害基礎年金または障害等級1級もしくは2級の障害厚生年金を受給している者は、原則として、所定の届出により、保険料の納付が免除される。

❸ 第1号被保険者が出産する場合、所定の届出により、出産予定月の前月から4ヵ月間（多胎妊娠の場合は出産予定月の3ヵ月前から6ヵ月間）、保険料の納付が免除される。

❹ 保険料免除期間に係る保険料を追納する場合、追納保険料は、追納する時期にかかわらず、免除された時点における保険料の額となる。

問3 国民年金の保険料免除制度に関する次の記述の正誤を答えなさい。

◀2020年1月学科

❶ 産前産後休業を取得している厚生年金保険の被保険者の厚生年金保険料は、所定の手続きにより、被保険者負担分と事業主負担分がいずれも免除される。

❷ 厚生年金保険の適用事業所に常時使用される者のうち、65歳以上の者は、厚生年金保険の被保険者とならない。

❸ 国民年金の保険料免除期間に係る保険料のうち、追納することができる保険料は、追納に係る厚生労働大臣の承認を受けた日の属する月前10年以内の期間に係るものに限られる。

❹ 日本国籍を有するが日本国内に住所を有しない20歳以上65歳未満の者は、国民年金の第2号被保険者および第3号被保険者に該当しない場合、原則として、国民年金の任意加入被保険者となることができる。

問4 厚生年金保険の保険料に関する次の記述の正誤を答えなさい。

◀2011年9月学科・2019年5月資産（改）

❶ 月々の保険料額は、被保険者の標準報酬月額を用いて算出されるが、その標準報酬月額の上限は65万円である。

❷ 賞与から徴収される保険料額は、標準賞与額を用いて算出されるが、その標準賞与額の上限は、1回の支払いにつき100万円である。

❸ 保険料率は段階的に引き上げられ、2017年9月に18.3%に到達し、同率で固定された。

❹ 満3歳未満の子を養育するための育児休業等期間に係る健康保険・厚生年金保険の保険料は、所定の手続きにより、事業主負担分、被保険者負担分ともに免除されるが、この免除期間は被保険者の年金額を計算する際は、保険料を納めた期間に算入される。

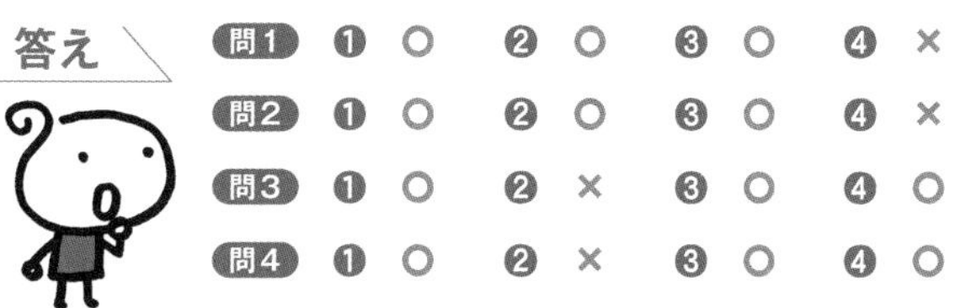

答え

	❶	❷	❸	❹
問1	○	○	○	×
問2	○	○	○	×
問3	○	×	○	○
問4	○	×	○	○

10 老齢給付①
老齢基礎年金

老齢基礎年金の年金額を算出する問題が頻出。

- 公的年金の年金受給権の時効は５年。
- 「年金額の計算」に用いる月数に、保険料免除期間は入るが、追納していない猶予期間や未納期間は入らない。

1 公的年金の給付概要

公的年金には、老齢給付、障害給付、遺族給付があります。

- **老齢給付**：65歳になったときに給付される年金です。国民(基礎)年金の給付は**老齢基礎年金**です。会社員は国民年金と厚生年金に同時加入しているため、老齢基礎年金と**老齢厚生年金**が給付されます。

67歳以下の年金の受給権者を新規裁定者、68歳以上の年金の受給権者を既裁定者といいます。※

- **障害給付**：障害の状態になったときに給付される年金です。国民年金の給付は**障害基礎年金**です。会社員の場合は、障害基礎年金に加えて**障害厚生年金**が給付されます。
- **遺族給付**：遺族に給付される年金です。国民年金の給付は**遺族基礎年金**です。会社員の場合は、遺族基礎年金に加えて**遺族厚生年金**が給付されます。

公的年金の**年金請求**は、支給開始年齢の誕生日前日から行うことができます。**年金受給権の時効は５年**なので、さかのぼって請求できるのは原則５年分です。例えば、65歳で請求を行わなかった人が68歳で請求を行う場合には、繰下げて増額した年金を68歳から受給するか、増額なしで65歳にさかのぼって受給するかを選ぶことができます。

※新既裁定者（昭和32年4月2日以後生まれ）は名目手取り賃金変動率ベース、既裁定者（昭和32年4月1日以前生まれ）は物価変動率ベースで年金額が改定されるため、それぞれの年金額が異なる場合がある（58ページ）。

ことば

年金請求：受給開始年齢の約3カ月前に日本年金機構から送られてくる「年金請求書」と年金の請求手続きの案内にそって手続きを行う。

年金は、受給権発生月の翌月から消滅日の月まで、**偶数月の15日**(15日が金融機関の休業日なら直前の営業日)に前月分および前々月分の**2カ月分ずつ支給**されます。

● **年金生活者支援給付金**：**老齢基礎年金・障害基礎年金・遺族基礎年金のいずれかの受給者**が、所得が基準額以下などの一定要件を満たす場合、年金同様、**偶数月に年金生活者支援給付金が支給**されます。基準支給額(2024年度)は**月額5,310円(年額63,720円)**です。

2 老齢基礎年金の受給資格期間

老齢基礎年金は、原則、受給資格期間（保険料納付済期間＋保険料免除期間＋合算対象期間）が**10年以上**の人が**65歳**になったときから支給される終身型の年金です。

年金額の計算には、「保険料納付済期間と保険料免除期間」だけを使います。学生納付特例制度などで猶予されていた期間は、追納をしていなければ年金額の計算には入りません。

受給資格期間の計算

保険料納付済期間		保険料免除期間		合算対象期間（カラ期間）
第１号～第３号被保険者として保険料を納付した期間	＋	第１号被保険者で保険料を免除されていた期間	＋	受給資格期間には入るが、年金額の計算には入らない

保険料納付済期間：第３号被保険者は自身では保険料を納付していないが、保険料納付済期間に算入される。
保険料免除期間：法定免除と申請免除の期間。
合算対象期間：任意加入時期の未加入（保険料未納）期間。

※学生納付特例制度などで、猶予されていた期間（53ページ）も受給資格期間に入る。

ことば

任意加入時期：1986年4月から国民年金が強制加入になった。それ以前、任意加入だった時期の未加入期間は合算対象になる。

3 老齢基礎年金の年金額の計算

保険料納付済月数：保険料を納付した月数。追納、後納を済ませた月数を含む。

保険料納付済月数が480月を満たしていれば、**老齢基礎年金は新規裁定者（67歳以下）で816,000円〈月額68,000円〉**、既裁定者（68歳以上）は813,700円〈月額67,808円〉。480月に満たない場合は次のように算出します。

老齢基礎年金の年金額の計算式

$$816{,}000円 \times \frac{保険料納付済月数 + 半額免除月数 \times \frac{2}{3} + 全額免除月数 \times \frac{1}{3}}{480月^{※1}}$$

・1/4免除期間の月数は**5/6**（**2009年4月以降の期間**については**7/8**）で計算。
・**半額免除期間の月数は**2/3（**2009年4月以降の期間**については6/8）で計算。
・**3/4免除期間の月数は**1/2（**2009年4月以降の期間**については5/8）で計算。
・**全額免除期間の月数は**1/3（**2009年4月以降の期間**については1/2）で計算。

●学生納付特例制度などの猶予**期間は保険料納付済月数には含めない。**

※1　1941年4月1日以前に生まれた人の加入可能年数は480月を下回る。

4 老齢基礎年金の繰上げと繰下げ

老齢基礎年金の受給開始年齢は**65歳**ですが、受給年齢の繰上げ（早くもらう）、繰下げ（遅くもらう）ができます。

●**繰上げ受給**：**60歳～64歳に受給を開始**することです。**繰上げした月数×0.4%が減額**[※2]されて、一生涯続きます。

●**繰下げ受給**：**66歳～75歳に受給を開始**[※3]することです。**繰下げした月数×0.7%が増額**されて、一生涯続きます。繰下げ支給の申出は66歳到達日以降に行います。

繰上げ、繰下げをした場合、**取消し**や受給開始年齢の**変更はできません**。**繰上げ**は老齢基礎年金と老齢厚生年金を**同時**にしなければいけませんが、**繰下げ**は老齢基礎年金と老齢厚生年金の**どちらか一方**だけでもできます。

65歳到達日前日～66歳到達日前日に、**障害給付や遺族**

※2　1962年4月1日以前生まれの人は0.5%の減額。

※3　1952年4月1日以前生まれの人、または2017年3月31日以前に老齢基礎（厚生）年金を受け取る権利が発生している人の繰下げの上限年齢は70歳。

給付の受給権があるとき、繰下げ受給はできません。※

繰上げ受給と繰下げ受給

60歳 繰上げ受給 65歳	65歳 繰下げ受給 75歳
繰り上げた月数×**0.4%減額**	繰り下げた月数×**0.7%増額**
5年繰上げで5×12×0.4＝24%	10年繰下げで10×12×0.7＝84%

※障害基礎年金のみ受給権者は、老齢厚生年金の繰下げ受給はできる。

5 付加年金

付加年金は、**月額400円**を国民年金保険料に上乗せして納付すると、付加年金納付月数×**200円**が老齢基礎年金に増額される**第1号被保険者だけの制度**です。

年金の繰上げ・繰下げをすると、**付加年金も連動して繰上げ（減額）・繰下げ（増額）支給**されます。

なお、付加年金と国民年金基金の併用はできません。

6 ねんきん定期便とねんきんネット

日本年金機構から、**ねんきん定期便**が、毎年1回、国民年金と厚生年金の加入者の誕生月（1日生まれの者には誕生月の前月）に送付されます。また、**ねんきんネット**で年金記録や年金見込額の確認をすることもできます。

ことば

ねんきんネット：インターネットで年金情報を確認できる日本年金機構のサービス。利用登録後に年金加入記録（加入履歴、厚生年金保険の標準報酬月額等）の確認、老齢基礎年金・老齢厚生年金の年金見込額の試算等ができる。

ねんきん定期便の出題ポイント

- 国民年金と厚生年金の被保険者期間が記載されている。
- 50歳未満の人…加入実績に応じた年金額が記載されている
- 50歳以上の人…定期便作成時の加入制度において、60歳まで加入した場合の将来の年金見込み額が記載されている

過去問トレーニング

次の質問に答えなさい。

問 1 Aさん夫婦が原則として65歳から受給することができる、老齢基礎年金の年金額を〈資料〉を基に計算過程を示して求めなさい。計算結果は円未満を四捨五入し、〈答〉は円単位とする。なお、Aさん夫婦は、60歳まで国民年金の保険料を納付するものとし、保険料の免除期間は2009年4月より前のものとする。 ◀2014年9月生保（改）

〈Aさんに関する資料〉

・公的年金加入歴：下記のとおり（見込みを含む）

20歳 60歳

国民年金				
任意 未加入期間	保険料 未納期間	保険料 全額免除期間	保険料 納付済期間	保険料 納付予定期間
24月	36月	51月	194月	175月

〈妻Bさんに関する資料〉

・公的年金加入歴：下記のとおり（見込みを含む）

20歳 31歳（結婚） 60歳

厚生年金保険	国民年金		
被保険者期間	保険料 半額免除期間	保険料 納付済期間	保険料 納付予定期間
99月	24月	122月	235月

〈資料：老齢基礎年金の年金額〉（2024年度価額）

$$816{,}000円 \times \frac{保険料納付済月数 + 半額免除月数 \times \frac{○}{□} + 全額免除月数 \times \frac{△}{□}}{(加入可能年数 \times 12)}$$

※問題の性質上、明らかにできない部分は「○」「△」「□」で示してある。

❶ Aさんが、原則として65歳から受給することができる老齢基礎年金の年金額はいくらか。

❷ 妻Bさんが、原則として65歳から受給することができる老齢基礎年金の年金額はいくらか。

問2 国民年金の第1号被保険者の幸恵さんは、老齢基礎年金の受給資格期間は満たしているが、20歳から7年間、国民年金保険料の未納期間がある。このため、60歳になるまで国民年金保険料の納付を続けても満額の老齢基礎年金を受けることができないので、FPの安藤さんに年金額を増やす方法について相談した。幸恵さんの老齢年金に関する次の記述の空欄❶～❸に適切な数値を入れなさい。 ◀2014年5月資産

幸恵さんが老齢年金の額を増やすためには、下記の方法などが考えられます。

・60歳から（ ❶ ）歳になるまでの間、国民年金に任意加入をする。

・国民年金保険料に加えて付加保険料を納付し、付加年金を受給する。
　→ 付加年金の受給額＝（ ❷ ）円×付加保険料納付月数

・老齢基礎年金を繰り下げて受給する。
　→ 繰下げ受給増額率＝（ ❸ ）％×繰り下げた月数

答え

問1 2024年度の年金額として改題。

❶ $816{,}000\text{円}\times\dfrac{194+175+51\times\frac{1}{3}}{(40\times12)}=656{,}200\text{円}$

❷ $816{,}000\text{円}\times\dfrac{99+122+235+24\times\frac{2}{3}}{(40\times12)}=802{,}400\text{円}$

問2

❶ （65） 老齢基礎年金の受給資格期間を満たしている場合、任意加入ができるのは65歳まで（52ページ）。

❷ （200） 付加年金の受給額は「200円×付加保険料納付月数」。

❸ （0.7） 支給繰下げでは、年金は1カ月当たり0.7%増額される。

11 老齢給付② 老齢厚生年金

老齢厚生年金の受給と計算式が頻出。

- 厚生年金に１カ月以上入れば老齢厚生年金が支給される。
- 男性「1961年4月2日生まれ」から特別支給なし。
- 加給年金には厚生年金の加入期間が20年以上必要。

1 老齢厚生年金の受給要件

厚生年金には、60～64歳までに支給される**特別支給の老齢厚生年金**と65歳から国民年金の**老齢基礎年金に加えて支給される老齢厚生年金**があります。老齢厚生年金は、65歳到達時における厚生年金保険の被保険者記録を基に計算されます※。受給には、老齢基礎年金の受給資格期間10年を満たしていること、**厚生年金保険の被保険者期間**が、

・65歳未満の**特別支給の老齢厚生年金**の受給では**１年以上**、

・65歳以上の**老齢厚生年金**の受給では**１カ月以上**

であることが必要になります。

※65歳以上70歳未満の就業者の場合は、在職定時改定によって、毎年9月1日を基準日として再計算され、10月に老齢厚生年金の額が改定されていく。

老齢厚生年金の出題ポイント

	60歳～65歳	65歳～死亡時
	特別支給の老齢厚生年金	老齢厚生年金
支給時期→	60～64歳まで支給	65歳から死亡時まで支給
受給資格→	厚生年金加入期間１年以上	厚生年金加入期間１カ月以上
	老齢基礎年金の受給資格期間（10年）を満たしていること	

2 特別支給の老齢厚生年金

特別支給の老齢厚生年金は、加入期間によって計算される**定額部分**と、平均標準報酬額によって計算される**報酬比例部分**の２つから構成されます。

生年月日によって支給開始年齢が以下のように段階的に引き上げられ、いずれ廃止されることになります。

●定額部分の男性の支給開始年齢（女性は各５年遅れ）

・1941年4月1日以前の生まれ……60歳
・1941年4月2日～1943年4月1日生まれ……61歳
・1943年4月2日～1945年4月1日生まれ……62歳
・1945年4月2日～1947年4月1日生まれ……63歳
・1947年4月2日～1949年4月1日生まれ……64歳

※男性は1949年4月2日、女性は1954年4月2日以降の生まれは定額部分がなくなり、報酬比例部分のみとなる。

65歳未満の定額部分をもらえる世代の問題は、検定では出ない。

●報酬比例部分の男性の支給開始年齢（女性は各５年遅れ）

・1953年4月1日以前の生まれ……60歳
・1953年4月2日～1955年4月1日生まれ……61歳
・1955年4月2日～1957年4月1日生まれ……62歳
・**1957年4月2日～1959年4月1日生まれ……63歳**
・**1959年4月2日～1961年4月1日生まれ……64歳**

※**男性は1961年4月2日以降、女性は1966年4月2日以降の生まれ**から、特別支給の老齢厚生年金がなくなる。

◀検定に出題されるのは、男性1957年以降の生まれがほとんど。

なお、特別支給の老齢厚生年金を受給しても、65歳から受給する老齢厚生年金の繰下げ受給ができます。

スピード理解!!
男性は、1961年4月2日以降の生まれから、特別支給の老齢厚生年金なし。
特別支給なくなり苦(9)労(6)する人(1)。

3 老齢厚生年金の年金額の計算

老齢厚生年金は次のように計算しますが、計算式や数値、乗率は検定試験で提示されます。

- 定額部分＝1,701円×生年月日に応じた率×被保険者期間の月数
  ※67歳以下が1,701円、68歳以上は1,696円。　←定額部分は上限480月
- 報酬比例部分（老齢厚生年金）＝①＋②　←報酬比例は480月を超えてもよい

① 2003年3月以前の加入月数分※

$$平均標準報酬月額\times\frac{乗率}{1{,}000}\times 2003年3月以前の加入月数$$

② 2003年4月以後の加入月数分※

$$平均標準報酬額\times\frac{乗率}{1{,}000}\times 2003年4月以後の加入月数$$

※「総報酬制」の導入（2003年4月）があったため、2003年3月以前と2003年4月以後を分ける。総報酬制の導入以後は、賞与にかかる保険料についても給与と同様の保険料率となったため、乗率（生年月日に応じた率）が異なる。

4 経過的加算

65歳になると、これまで特別支給の定額部分だった分が老齢基礎年金になります。老齢基礎年金が定額部分よりも低い金額になる場合、それを老齢厚生年金で補てんする意味で**経過的加算**という調整をします。

定額部分をもらえない世代（男性は1949年4月2日、女性は1954年4月2日以降の生まれ）でも、経過的加算は無関係ではありません。経過的加算には、老齢基礎年金に反映されない厚生年金の分を補てんするという意味があります。

検定では、20歳未満、および60歳以上の厚生年金加入期間は、老齢基礎年金の額には反映されないため、それが経過的加算として厚生年金の額に加算されるという出題がありました。ただし、1946年4月2日以降に生まれた人は、厚生年金加入期間のうち老齢基礎年金に反映される期間と合わせて**480**月が経過的加算の上限。例えば、20歳〜60歳まで厚生年金に加入していれば480月なので、20歳未満、

60歳以降に厚生年金の加入期間があっても経過的加算はゼロです。なお、経過的加算の計算式や数値は、試験で提示されるので覚えなくても大丈夫です。

●経過的加算＝1,701円×生年月日に応じた率×被保険者月数（上限480月）

$$ -816{,}000円\times\frac{1961年4月以後で20歳以上60歳未満の厚生年金保険の被保険者期間の月数}{加入可能年数\times12（上限480月）} $$

●1961年4月以前や20歳前、60歳以降の厚生年金保険の被保険者期間については、定額部分の被保険者期間の上限に達していなければ、経過的加算部分に反映される。

5 加給年金と振替加算

加給年金は、厚生年金保険の被保険者期間が**20年以上**[※1]ある加入者に、加入者によって生計を維持されている**65歳未満の配偶者（事実婚含む）**[※2]または**18歳の年度末（3月末日）までの子**[※3]がいるときに、加入者本人の65歳以降の老齢厚生年金（または特別支給の老齢厚生年金の定額部分）の支給開始時から支給されます。

〈加給年金の受給額〉（2024年度）

配偶者	234,800円（受給権者の生年月日に応じて特別加算あり。加算額上限173,300円がプラスされると408,100円）[※4]
子	・第1子と第2子は各234,800円 ・第3子以降は各78,300円

厚生年金加入者に支給されていた加給年金は、配偶者が65歳になって老齢基礎年金が支給されるようになると終了し、代わりに、配偶者の**老齢基礎年金に振替加算**が上乗せ給付されます。振替加算額は、老齢基礎年金の受給権者である**配偶者の生年月日**に応じて決められます。1966年4月2日以降生まれの人は振替加算の対象外です。

※1 中高齢の資格期間の短縮の特例を受ける加入者は、厚生年金保険（一般）の被保険者期間が15～19年。

※2 配偶者が、被保険者期間が20年以上ある老齢、退職を支給事由とする年金の受給権を有する場合、その支給の有無にかかわらず加給年金は支給停止となる。

※3 または20歳未満で障害等級1級または2級の未婚の子。

※4 1943年4月2日以降の生まれの場合。

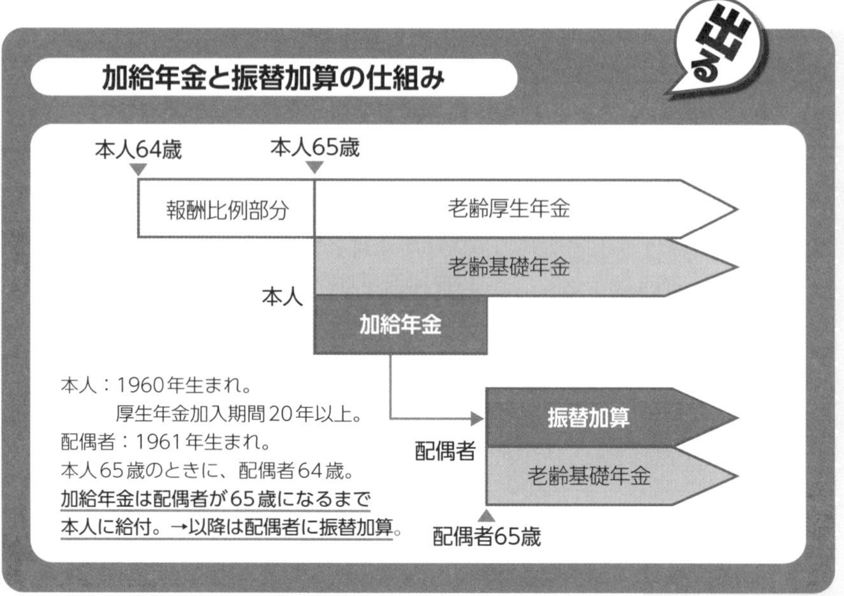

6 老齢厚生年金の繰上げと繰下げ

老齢厚生年金も、老齢基礎年金（58ページ）と同様に、繰上げ、繰下げ受給ができ、増減率[※1]も同様です。

老齢厚生年金の繰上げをしても、**加給年金と振替加算**については**減額も支給時期（65歳）の繰上げもありません**。

老齢厚生年金の繰下げをすると、**加給年金や振替加算の増額はありません**が、**支給時期は同時に繰下げ**となります。

※1 繰上げは、60歳～64歳に受給開始。繰上げ月数×0.4%の減額なので、最大24%の減額となる。
繰下げは、66歳～75歳に受給開始。繰下げ月数×0.7%の増額なので、最大84%の増額となる。
繰下げは老齢厚生年金だけでもできる。
繰上げ・繰下げの取消・変更はできない。

7 厚生年金の長期加入者の特例

長期加入者の特例は、**厚生年金加入期間44年以上**で、**特別支給の老齢厚生年金（報酬比例部分）を受給**できる人[※2]が、退職などにより**65歳未満で被保険者でなくなった場合**、**特別支給の老齢厚生年金（報酬比例部分）に加えて厚生年金の定額部分を早期に受け取る**ことができる制度です。また、要件を満たす配偶者がいれば、**加給年金も支給**されます。

※2 男性では1961年4月1日、女性では1966年4月1日以前に生まれた人が、44年特例に該当する可能性がある。

8 在職老齢年金

在職老齢年金は、**60歳**以降も企業（厚生年金適用事業所）で働いている人の**老齢厚生年金**のことをいいます。

60歳以上の就労者は、**「年金の基本月額と総報酬月額相当額との合計額」が50万円（2024年度）を超える**と、**老齢厚生年金の一部または全部が支給停止**※になります。65歳未満の場合、「特別支給の老齢厚生年金」が在職老齢年金の対象となります。

なお、**老齢基礎年金**は、**在職老齢年金の支給停止の対象ではないので、全額支給**されます。

※在職老齢年金による調整後の年金支給停止額＝（総報酬月額相当額＋基本月額－50万円）÷2

9 離婚時の年金分割制度

離婚した場合、婚姻期間中の**厚生年金保険の保険料納付記録を按分（分割）**することができます。

離婚時の厚生年金の分割制度

合意分割	●日本年金機構に対して離婚成立の日の翌日から**2年以内に請求**。 ●按分割合は、**離婚当事者双方の合意、または裁判手続きにより決定**。合意のための協議ができないとき、調わないときは、当事者の一方が裁判所に按分割合を定めるよう申し立てることができる。 ●離婚時に分割を受けた厚生年金の保険料納付期間は、**老齢基礎年金の受給資格期間には算入されない**。
3号分割	●2008年5月1日以後の離婚で、2008年4月以後の特定期間（被扶養配偶者が国民年金第3号被保険者であった期間）が対象。 ●第3号被保険者からの請求で、厚生年金の2分の1が分割できる。

過去問トレーニング

適切なものには○、不適切なものには×をしなさい。

問1 老齢厚生年金に関する次の記述の正誤を答えなさい。

◀2021年1月学科・2021年5月資産（改）

❶ 厚生年金保険の被保険者期間を有する者は、国民年金の保険料納付済期間、保険料免除期間および合算対象期間の合計が10年以上あれば、原則として65歳から老齢基礎年金および老齢厚生年金を受給することができる。

❷ 厚生年金保険の適用事業所に常時使用される者のうち、70歳以上の者は、原則として厚生年金保険の被保険者とはならない。

❸ 加給年金額が加算されるためには、原則として、老齢厚生年金の受給権者本人の厚生年金保険の被保険者期間が25年以上あることが必要である。

❹ 婚姻の届出をしていない者は、老齢厚生年金の受給権者と事実上の婚姻関係にある者であっても、加給年金額対象者となる配偶者には該当しない。

❺ 加給年金額が加算される老齢厚生年金の繰下げ支給の申出をした場合、加給年金額については、繰下げ支給による増額の対象とならない。

❻ 老齢基礎年金と老齢厚生年金の繰上げ請求は、異なる時期に別々に行うことができる。

❼ 老齢基礎年金と老齢厚生年金の繰下げ申出は、異なる時期に別々に行うことができる。

❽ 老齢基礎年金または老齢厚生年金の支給の繰下げによる年金額の増額率は、最大で30％となる。

❾ 老齢基礎年金と併せて付加年金が受給できる場合であっても、付加年金については繰上げ受給により減額されることはなく、繰下げ受給により増額されることもない。

問2 在職老齢年金に関する次の記述の正誤を答えなさい。

◀2013年1月学科（改）

❶ 65歳未満の厚生年金保険の被保険者に支給される特別支給の老齢厚生年金は、基本月額と総報酬月額相当額の合計が50万円を超えた場合、年金額の全部または一部が支給停止となる。

❷ 65歳以上の厚生年金保険の被保険者が老齢基礎年金の受給権者である場合、当該受給者の老齢厚生年金が在職支給停止の仕組みにより支給停止されたとしても、老齢基礎年金は全額支給される。

❸ 適用事業所に使用される70歳以上の者に支給される老齢厚生年金は、在職支給停止の仕組みが適用されることはなく、全額支給される。

答え

問1 老齢厚生年金に関する問題。

❶ ○

❷ ○ 厚生年金保険の被保険者は70歳未満の者なので、70歳以後も厚生年金のある会社に勤務する場合、厚生年金保険料の負担はない。

❸ × 加給年金を受けるには、受給権者本人の厚生年金の被保険者期間が20年以上あることが必要。

❹ × 加給年金や遺族年金では、事実婚の配偶者も支給対象。

❺ ○ 老齢厚生年金の繰下げをすると、加給年金や振替加算も同時に支給時期が繰下げとなるが、加給年金額や振替加算額の増額はない。

❻ × 老齢基礎年金と老齢厚生年金の繰上げは、同時に請求しなければならない。

❼ ○ 老齢基礎年金と老齢厚生年金の繰下げは、別々にできる。

❽ × 繰下げによる年金額の増額率は、最大で84%となる。

❾ × 年金の繰上げ・繰下げをすると、付加年金も同時に繰上げ・繰下げとなり、付加年金額も減額・増額される。

問2 在職老齢年金に関する問題。

❶ ○

❷ ○ 60歳以上の就労者は、「年金の基本月額と総報酬月額相当額との合計額」が50万円を超えると、老齢厚生年金が支給停止の対象になる。65歳未満の支給停止の対象は、特別支給の老齢厚生年金。

❸ × 70歳以上でも、「年金の基本月額と総報酬月額相当額との合計額」が50万円を超えると、老齢厚生年金が支給停止になる。

12 障害給付

障害給付の受給要件は初診日に被保険者であること。

- 障害基礎年金２級は816,000円＋子の加算額。
- 障害厚生年金２級は報酬比例部分＋配偶者の加給年金額。
- 障害認定日は、初診日から起算して１年６カ月。

1 障害基礎年金

障害基礎年金は、障害認定日に障害等級表の1級または2級に該当している場合に支給されます。

障害基礎年金の出題ポイント

受給要件

- 初診日に国民年金の被保険者であること。または年金に加入していない期間（20歳未満[※1]、60歳～65歳）にあって、国内に住んでいる間に初診日があること。
- 初診日前日において、前々月までの被保険者期間のうち「保険料納付済期間＋保険料免除期間」が３分の２以上あること。あるいは、初診日に65歳未満で、前々月までの１年間に保険料の未納がないこと。
- 老齢基礎年金を繰上げ受給すると、65歳になったものとみなされて、障害認定を受けても原則として障害基礎年金は受給できない。

年金額…新規裁定者（67歳以下）

２級	816,000円[※2] ＋子の加算額
１級	816,000円[※2]× 1.25倍＋子の加算額
子の加算	第１子、第２子は各234,800円 第３子以降は各78,300円

※1 20歳前に傷病を負った人の障害基礎年金については、所得制限がある。

※2 既裁定者（68歳以上）は、813,700円。

2 障害厚生年金

障害厚生年金の**障害等級２級、１級**となった場合、**障害基礎年金と障害厚生年金が併せて支給**され、また国民年金の保険料免除の対象となります。**障害等級３級**は、**障害厚生年金が支給**されますが、障害基礎年金は支給されません。

障害厚生年金の出題ポイント

受給要件

- 初診日に厚生年金の被保険者であること。
- 初診日前日において、前々月までの被保険者期間のうち「保険料納付済期間＋保険料免除期間」が３分の２以上あること。あるいは、初診日に65歳未満で、前々月までの１年間に保険料の未納がないこと。

年金額…新規裁定者（67歳以下）

級	年金額
３級	報酬比例部分（64ページ）と同額※1
２級	報酬比例部分＋配偶者の加給年金額※2
１級	報酬比例部分×1.25倍＋配偶者の加給年金額※2
障害手当金	障害の状態が３級よりも軽い場合、報酬比例部分の２倍の額を一時金として支給

なお、障害基礎年金も障害厚生年金も、**障害認定日**に、各障害等級に該当することが受給要件となっています。

障害認定日

- 障害認定日とは、原則として障害の原因となった傷病の初診日から起算して１年６カ月を経過した日をいう。
- １年６カ月以内に傷病が治った場合には、傷病が治って障害が残った日が障害認定日となる。

スピード理解!!
障害の原因となった傷病の初診日に厚生年金に入っていれば受給可。

※１ 厚生年金の報酬比例部分の計算において、被保険者期間が300月に満たない場合には、一定の要件の下に300月として計算する。また、障害基礎年金の４分の３相当額の最低保障がある。

※２ ２級・１級の障害者に生計同一で65歳未満の配偶者がいる場合には、障害厚生年金に加えて配偶者加給年金234,800円（2024年度）が支給される。

過去問トレーニング

次の質問に答えなさい。

問1 障害基礎年金および障害厚生年金に関する次の記述の正誤を答えなさい。

◀2014年9月学科・2021年1月学科

❶ 障害基礎年金および障害厚生年金における障害認定日とは、障害の原因となった傷病の初診日から起算して1年を経過した日とされる。

❷ 国民年金の被保険者ではない20歳未満の期間に初診日および障害認定日があり、20歳に達した日において障害等級1級または2級に該当する程度の障害の状態にある者には、その者の所得にかかわらず、障害基礎年金が支給される。

❸ 障害等級1級に該当する程度の障害の状態にある者に支給される障害基礎年金の額は、障害等級2級に該当する程度の障害の状態にある者に支給される障害基礎年金の額の100分の150に相当する額である。

❹ 障害等級2級に該当する程度の障害の状態にある障害厚生年金の受給権者が、所定の要件を満たす配偶者を有する場合、その受給権者に支給される障害厚生年金には加給年金額が加算される。

問2 公的年金制度からの障害給付について、ファイナンシャル・プランナーが説明した以下の文章の空欄❶～❸に入る最も適切な語句を**ア～ク**の中から選びなさい。

◀2011年9月個人

障害基礎年金は、原則として、国民年金の被保険者または被保険者であった者で日本国内に住所を有する60歳以上65歳未満の者が、当該期間中に（❶）のある傷病により、障害認定日に国民年金法に規定する障害等級の1級または2級に該当する程度の障害の状態にあり、その傷病に係る（❶）の前日において、当該（❶）の属する月の（❷）までに国民年金の被保険者期間があり、かつ、当該被保険者期間に係る保険料納付済期間と保険料免除期間とを合算した期間が当該被保険者期間の3分の2以上である場合、その者に支給される。

なお、障害厚生年金における障害等級は1級から（❸）までとなっている。仮に、Aさんが厚生年金保険の被保険者期間中に（❶）のある傷病により、65歳に達する日の前日までの間において障害等級の１級または２級の障害厚生年金の受給権を取得した場合、Ａさんは、障害基礎年金および障害厚生年金を受けることができる。

ア 初診日	**イ** 発病日	
ウ 前々月	**エ** 前月	**オ** 翌月
カ ３級	**キ** ７級	**ク** 14級

答え

問1

❶ × 障害認定日は、初診から１年６カ月経過した日、もしくはその期間内で傷病が治って障害が残った日。

❷ × 20歳前に傷病を負った人の障害基礎年金については、受給者本人に一定額以上の所得があると障害基礎年金の支給が停止される。

❸ × 障害等級２級の場合は満額の老齢基礎年金と同額。１級の場合は満額の老齢基礎年金の1.25倍、つまり100分の125相当額。

❹ ○ 障害厚生年金では、１級・２級の障害者に生計同一で65歳未満の配偶者がいる場合、配偶者加給年金が支給される。

問2

❶ ア 発病日ではなく、初診日。

❷ ウ 前々月までの国民年金の被保険者期間。

❸ カ １級から３級までとなっている。そのほか年金ではなく、一時金として障害手当金がある。

13 遺族給付

夫死亡時の遺族給付の種類を問う問題が頻出！

- 遺族基礎年金は子が18歳の3月31日まで支給される。
- 寡婦（かふ）年金と死亡一時金はどちらかを選択する。
- 子のない妻には中高齢寡婦加算→経過的寡婦加算。

1 遺族基礎年金

遺族基礎年金は、国民年金の被保険者が死亡した場合に、**子、または子のある配偶者（事実婚含む）**に支給されます。

遺族基礎年金の出題ポイント

受給要件	①保険料納付済期間（保険料免除期間を含む）が加入期間の**3分の2以上ある国民年金の被保険者**が死亡。ただし、65歳未満の死亡の場合には、死亡日の月の前々月までの1年間に**保険料の滞納がなければ受給**できる（2026年4月1日以前）。 ②**受給資格期間が25年以上ある老齢基礎年金の受給権者**が死亡。
対象者	死亡した者に生計を維持されていた**子のある配偶者**（妻または夫）、または子。配偶者（親）と子が生計同一の場合は配偶者が受給。生計同一でない場合は子が受給。条件を満たす妻や子が結婚したり、子が養子※になったりした場合は受給資格を失う。子とは、 ①**18歳到達年度の末日（3月31日）まで**の子 ②**20歳未満で障害等級1級、2級該当者**。 ●**年収850万円以上**（所得655.5万円以上）の者は受給できない。受給権確定後に年収850万円を超えた場合は失権しない。
年金額	新規裁定者（67歳以下）…**816,000円**＋子の加算額 既裁定者（68歳以上）…813,700円＋子の加算額 子の加算額…第1子と第2子は各234,800円、第3子以降は各78,300円

※ただし、**直系血族や直系姻族の養子になった場合には失権しない。** 例えば、子が親の再婚相手の養子や祖父母の養子になった場合、子の遺族年金の受給権は継続する。

2 寡婦年金と死亡一時金

遺族への給付に、**寡婦年金**と**死亡一時金**があります。どちらの受給条件も満たしているとき、両方受給することはできないため、**どちらか一方**を選ばないといけません。※

※寡婦年金は妻が60歳から65歳になるまでの間、夫の基礎年金の4分の3の額を受給できる。死亡一時金は夫の死後2年以内に一度だけ受給できる。一般的に寡婦年金の方が合計受給金額は高くなる。

寡婦年金と死亡一時金

出る

寡婦年金：夫が死亡した妻に支給。

- 国民年金の第1号被保険者としての「納付済期間＋免除期間」が10年以上ある夫が、年金を受け取らずに死亡した場合、10年以上婚姻関係（事実婚含む）があった妻に支給される。
- 支給期間は、60歳から65歳（老齢基礎年金の支給開始年齢）になるまで。ただし、老齢基礎年金の繰上げ支給の請求をした場合、寡婦年金の受給権は消滅する。

死亡一時金：遺族基礎年金を受給できない遺族に支給。

- 国民年金の第1号被保険者としての納付済期間が36月（3年）以上ある者が年金を受給しないで死亡したとき、子のない妻など、遺族が遺族基礎年金を受給できない場合に支給される。
- 死亡した被保険者が生前において障害基礎年金の支給を受けたことがある場合、他の要件にかかわらず、遺族に死亡一時金は支給されない。

スピード理解!!

国民年金の遺族給付は、
- 遺族基礎年金→子のある「配偶者」、または子
- 寡婦年金→60～65歳未満の「妻」
- 死亡一時金→遺族基礎年金がない場合の「遺族」

ただし、寡婦年金と死亡一時金はどちらか一方だけ。

3 遺族厚生年金

遺族厚生年金は、厚生年金加入者が死亡したとき遺族に支給される年金で、遺族基礎年金に上乗せして受給できます。

なお、**子がない配偶者**は、遺族基礎年金が受給できませんが、**遺族厚生年金は受給**できます。

遺族厚生年金の出題ポイント

受給要件	①保険料納付済期間（保険料免除期間を含む）が加入期間の**3分の2以上ある厚生年金の被保険者**が死亡。ただし、65歳未満の死亡の場合には、死亡日の月の前々月までの1年間に**保険料の滞納がなければ受給**できる（2026年4月1日以前）。 ②1級・2級の障害厚生（共済）年金の受給権者が死亡。 ③**受給資格期間が25年以上ある老齢厚生年金の受給権者**が死亡。
対象者	●死亡した者に生計を維持されていた①～④の者のうち、受給順位が高い者にだけ支給。受給権発生後に先順位者が受給権を失った場合、**後順位者が受給権を取得することはできない**。 受給順位…① 妻・夫※1・子※2 ② 父母※1　③ 孫※2　④ 祖父母※1 ※1 夫、父母、祖父母は55歳以上に限る。支給は60歳から（ただし、夫は遺族基礎年金を受給中なら、遺族厚生年金も合わせて受給できる）。 ※2 子、孫は18歳到達年度の末日（3月31日）を経過していない者。または20歳未満の障害等級1級、2級該当者。 ●**年収850万円以上**（所得655.5万円以上）の者は受給できない。受給権確定後に年収850万円を超えた場合は失権しない。 ● 30歳未満の子のない妻は、5年間の有期給付となる。
年金額	老齢厚生年金の**報酬比例部分の4分の3**。被保険者期間の月数が300月に満たない場合は、一定要件の下に**300月として計算**する。

4 中高齢寡婦加算

夫の死亡時に子がない妻は、遺族基礎年金が受給できません。その救済として**40歳～65歳未満の子のない妻**（または遺族基礎年金を失権した妻）の遺族厚生年金に**中高齢寡婦加算**※が上乗せされます。

※中高齢寡婦加算は、遺族基礎年金額（子の加算額を除く）の4分の3相当額。

ただし、長期要件※による遺族厚生年金については、死亡した夫の厚生年金保険の被保険者期間が原則として**20年以上**なければ、中高齢寡婦加算は加算されません。

※老齢厚生年金の受給権者または受給資格期間を満たしている夫が死亡の場合が長期要件。

妻が65歳になると自分の老齢基礎年金が支給されるようになります。そこで中高齢寡婦加算は打ち切られますが、1956年4月1日以前に生まれた妻は、年金水準を維持するため、**65歳以降**は**経過的寡婦加算**が加算されます。

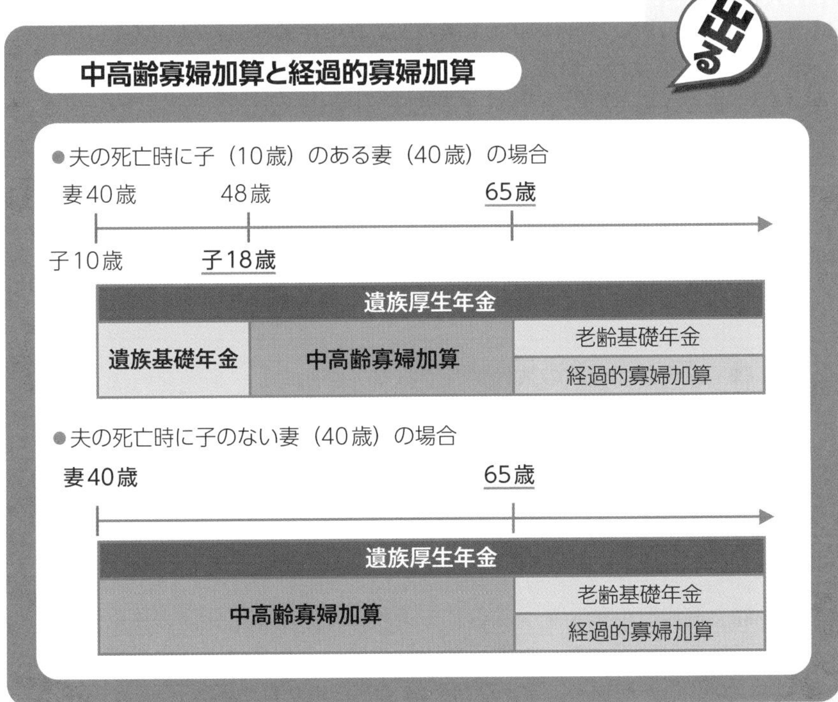

5 公的年金への課税制度

公的年金の保険料は、全額が**社会保険料控除**の対象です※。

公的年金は公的年金等控除額を控除した額が、**雑所得**として所得税の課税対象になります。控除額は、収入のあった年の12月31日現在の受給者の年齢と支給額に応じて判定されます。ただし、**障害年金、遺族年金**は**非課税**です。

※納税者が、生計を一にする配偶者その他の親族の公的年金保険料を支払った場合、支払った納税者の控除対象となる。

過去問トレーニング

次の質問に答えなさい。

問1 公的年金の遺族給付に関する次の記述の正誤を答えなさい。

◀2019年9月・2020年1月学科

❶ 夫の死亡当時に60歳未満の妻が寡婦年金の受給権を取得した場合、寡婦年金は、原則として、妻の60歳到達月の翌月から65歳到達月まで支給される。

❷ 遺族基礎年金を受給することができる遺族は、国民年金の被保険者等の死亡当時その者によって生計を維持し、かつ、所定の要件を満たす「子のある配偶者」または「子」である。

❸ 遺族厚生年金の年金額は、原則として、死亡した者の厚生年金保険の被保険者記録を基に計算された老齢厚生年金の報酬比例部分の３分の２相当額である。

❹ 厚生年金保険の被保険者である夫が死亡し、子のない30歳未満の妻が遺族厚生年金の受給権を取得した場合、その妻に対する遺族厚生年金の支給期間は、最長で５年間である。

問2 遺族厚生年金に関する次の記述の正誤を答えなさい。

◀2011年1月・2019年5月・2023年5月学科

❶ 遺族厚生年金を受けられる遺族は、厚生年金保険の被保険者または被保険者であった者の死亡の当時、その者によって生計を維持されていた配偶者、子、父母、孫または祖父母である。

❷ 遺族基礎年金および遺族厚生年金は、所得税の課税対象とならない。

❸ 厚生年金保険の被保険者が死亡したことにより支給される遺族厚生年金の年金額は、死亡した者の厚生年金保険の被保険者期間の月数が300月未満の場合は、300月とみなして計算する。

❹ 厚生年金保険の被保険者である夫が死亡し、夫と生計維持関係にあった、子のない35歳の妻に支給される遺族厚生年金の額には、中高齢寡婦加算額が加算される。

問3 幸枝さんは、仮に夫の優介さんが在職中の38歳で死亡した場合の公的年金の遺族給付について、FPの井上さんに相談をした。幸枝さんが65歳になるまでに受給できる遺族年金に関する次の記述のうち、最も適切なものはどれか。なお、優介さんは大学卒業後の22歳から死亡時まで厚生年金保険に加入しているものとし、家族に障害者に該当する者はいないものとする。また、遺族給付の額の計算においては下記〈資料〉の金額を使用することとし、記載以外の遺族給付の受給要件はすべて満たしているものとする。

◀2013年9月資産（改）

〈資料〉 年齢は2024年1月1日時点

大津優介（本人）1984年5月11日生（39歳）、会社員（正社員）
幸枝（妻）1985年8月30日生（38歳）、会社員（正社員）
優也（長男）2013年7月14日生（10歳）、小学校4年生
美幸（長女）2016年4月12日生（7歳）、小学校1年生

・遺族厚生年金の額：490,000円
・中高齢寡婦加算額：612,000円
・遺族基礎年金の額：816,000円
・遺族基礎年金の子の加算額
　第1子・第2子（1人当たり）：234,800円
　第3子以降（1人当たり）：78,300円

ア 優介さんの死亡時点において、幸枝さんが受給できる遺族年金の額は「2,338,600円」である。

イ 優也さんが18歳に達した日以後の最初の3月31日を終了すると、幸枝さんが受給できる遺族年金の額は「2,109,900円」に改定される。

ウ 美幸さんが18歳に達した日以後の最初の3月31日を終了すると、幸枝さんが受給できる遺族年金の額は「1,086,300円」に改定される。

エ 幸枝さんが55歳に達すると、幸枝さんが受給できる遺族年金の額は「490,000円」に改定される。

答え

問1 ❶ ○ ❷ ○ ❸ × 報酬比例部分の4分の3相当額。 ❹ ○

問2 ❶ ○ ❷ ○ ❸ ○ ❹ × 中高齢寡婦加算は40歳から。

問3 ウ 遺族厚生年金490,000円+中高齢寡婦加算612,000円=1,102,000円。
ア 正しくは490,000+816,000+234,800×2＝1,775,600円
イ 正しくは1,775,600−234,800＝1,540,800円
エ 正しくは55歳ではなく65歳。65歳になると中高齢寡婦加算が終了。

14 公的年金の併給調整

65歳以上の併給調整を問う問題が頻出！

- 遺族基礎年金は、遺族厚生年金とだけ併給できる。
- 遺族厚生年金は、老齢厚生年金相当額の分だけ支給停止。
- 基本手当受給中は、特別支給の老齢厚生年金は支給停止。

1 併給調整の概要

公的年金では、原則として1人が1種類の年金しか受給できません。複数の年金が重なる場合は、選択、または金額の調整が行われます。これを**併給調整**といいます。

老齢基礎年金と老齢厚生年金など、同じ種類の年金は受け取ることができます。また、違う種類の年金でも**65歳以降は併給**される年金があります。

公的年金が併給できる組み合わせ

	老齢厚生年金	障害厚生年金	遺族厚生年金
老齢基礎年金	○ 併給される	× 併給されない	65歳以降併給
障害基礎年金	65歳以降併給	○ 併給される	65歳以降併給
遺族基礎年金	× 併給されない	× 併給されない	○ 併給される

○同じ種類の基礎年金と厚生年金は併給される。

■遺族厚生年金、障害基礎年金は、繰上げ支給や64歳までの特別支給の老齢厚生年金とは併給されない（いずれか一方を選択）。

×遺族基礎年金と老齢・障害厚生年金は併給されない。

2 遺族厚生年金と老齢年金の併給調整

遺族厚生年金を受給している者が、65歳以降の老齢年金を受給するときには、次のようなルールがあります。

遺族厚生年金と老齢年金の併給調整

65歳以降の遺族厚生年金と老齢年金は、次のように調整される。

A 老齢基礎年金と老齢厚生年金は全額支給される。

B 遺族厚生年金は、老齢厚生年金相当額の分だけ支給停止。老齢厚生年金を上回る分は支給される。

C 遺族厚生年金（支給額＋支給停止額）は、❶または❷のどちらか高い方

❶ 65歳前の遺族厚生年金と同額

❷ 65歳前の遺族厚生年金と同額×$\frac{2}{3}$＋65歳からの老齢厚生年金の額×$\frac{1}{2}$

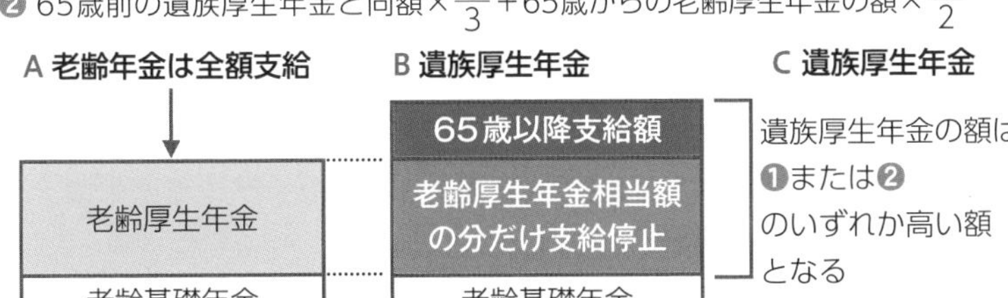

3 雇用保険と老齢年金の併給調整

雇用保険と老齢年金にも、併給調整があります。

雇用保険と老齢年金の併給調整

- 雇用保険の基本手当（失業保険）を受給している間は、特別支給の老齢厚生年金（65歳未満）は支給停止。
- 雇用保険の高年齢雇用継続基本給付を受給している間は、老齢厚生年金（在職老齢年金）は減額（支給停止率の上限は標準報酬月額の6%）。

過去問トレーニング

次の質問に答えなさい。

問1 公的年金の併給調整等に関する次の記述の正誤を答えなさい。

◀2015年9月学科

❶ 遺族厚生年金を受給している者が、65歳以降に老齢基礎年金の受給権を取得した場合、遺族厚生年金と老齢基礎年金は併給される。

❷ 障害基礎年金を受給している者が、65歳以降に老齢厚生年金の受給権を取得した場合、障害基礎年金と老齢厚生年金は併給される。

❸ 障害基礎年金を受給している者が、65歳以降に遺族厚生年金の受給権を取得した場合、障害基礎年金と遺族厚生年金は併給される。

❹ 障害厚生年金を受給している者が、65歳以降に老齢基礎年金の受給権を取得した場合、障害厚生年金と老齢基礎年金は併給される。

問2 Mさんは、Aさん（1960年10月8日生まれ。厚生年金保険、全国健康保険協会管掌健康保険、雇用保険に加入中。受給要件を満たしている）が定年退職後も継続雇用制度を利用してX社に勤務し、厚生年金保険からの老齢給付を受給する場合について説明した。空欄❶～❸に入る最も適切な語句を**ア**～**ク**の中から選びなさい。 ◀2014年5月個人（改）

Aさんは、特別支給の老齢厚生年金（以下「年金」）を（ ❶ ）から受給することができます。ただし、Aさんが（ ❶ ）以後もX社で厚生年金保険の被保険者として勤務している場合、年金は（ ❷ ）と基本月額との合計額が支給停止調整開始額を超えるときに、年金額の一部または全部が支給停止となります。また、Aさんが、年金と雇用保険の高年齢雇用継続基本給付金とを同時に受けられる場合は、年金と雇用保険との調整が行われ、年金額の一部が支給停止となります。支給停止される年金額（月額）は、最高で標準報酬月額の（ ❸ ）相当額です。

ア 62歳	**イ** 63歳	**ウ** 64歳
エ 標準報酬	**オ** 総報酬月額相当額	
カ 6％	**キ** 7％	**ク** 8％

問3 和代さん（52歳）の会社員の夫が昨年死亡した。和代さんに65歳以後支給される老齢年金と遺族厚生年金の合計額はいくらか。なお、下記〈資料〉に基づいて解答することとし、遺族厚生年金の加算額については考慮しないものとする。

◀2014年1月資産

〈資料〉

[和代さんの年金額]

・65歳前の遺族厚生年金の額：90万円
・65歳からの老齢厚生年金の額：50万円
・65歳からの老齢基礎年金の額：70万円

[65歳以後の遺族厚生年金の額]

①または②のどちらか高い方となる。

①65歳前の遺族厚生年金と同額

②65歳前の遺族厚生年金と同額×2/3+65歳からの老齢厚生年金の額×1/2

[65歳以後の老齢年金と遺族厚生年金との支給調整]

・老齢厚生年金および老齢基礎年金は全額支給される。
・遺族厚生年金は、老齢厚生年金相当額が支給停止され、老齢厚生年金を上回る額が支給される。

答え

問1 ❶ ○ ❷ ○ ❸ ○ ❹ ×

障害厚生年金と老齢基礎年金は併給されない。

問2

❶ ウ　1960年10月生まれの男性は、報酬比例部分の支給が64歳から開始される（63ページ）。

❷ オ　60歳台前半の「在職老齢年金」の仕組みによって、総報酬月額相当額（賞与を含む賃金）と基本月額（月額換算の年金）の合計額に応じて、年金の一部または全部が支給停止となる（67ページ）。

❸ カ　高年齢雇用継続基本給付金と特別支給の老齢厚生年金（在職老齢年金）を同時に受給する場合、標準報酬月額の6%を限度に在職老齢年金が支給停止される。

問3 （160万円）

遺族厚生年金90万円、老齢厚生年金50万円なので、①は90万円、②90万円×2/3+50万円×1/2=85万円となり、①の方が高い。

次に、遺族厚生年金のうち老齢厚生年金相当額50万円が支給停止されるため、90万円−50万円=40万円。老齢年金と遺族厚生年金の合計額は、50万円＋70万円＋40万円=160万円

15 企業年金と企業の資金調達

自営業者等の年金制度が超頻出！

- 確定拠出年金の掛金は小規模企業共済等掛金控除の対象。
- 小規模企業共済の加入条件は、従業員数が20人以下。
- 第三者割当増資は既存株主以外にも新株を割り当てる。

1 企業年金の概要

企業年金は、企業が従業員の退職後に支給する年金です。

企業年金には、給付される額が確定している確定給付型と、掛金の額が確定している確定拠出型があります。

確定給付年金（DB：Defined Benefit Plan） 日本では、確定給付企業年金法に基づく確定給付企業年金（Defined Benefit Corporate Pension）を指す。

2 確定給付型企業年金

確定給付型企業年金（DB）には、厚生年金基金と確定給付企業年金があります。老齢給付と脱退一時金のほか、障害給付や遺族給付を行うことも可能です。給付される**年金は公的年金等控除の対象**※となります。**事業主の掛金**は経費として**全額損金算入**できます。

- **厚生年金基金**：厚生年金の上乗せを目的にする年金ですが、2014年4月1日以降、新設は認められません。加入者（従業員）の負担した**掛金は社会保険料控除の対象**です。
- **確定給付企業年金**：**規約型**と**基金型**があります。掛金は企業（事業主）が負担しますが、規約に定めれば加入者（従業員）も負担できます。加入者（従業員）の負担した**掛金は生命保険料控除の対象**となります。老齢給付金の支給開始年齢は60歳以上70歳以下です。

※税の優遇設置
老齢給付の年金は、公的年金等控除の対象。老齢給付の一時金は、退職所得控除となる。また、障害給付金は非課税、死亡一時金は相続税、脱退一時金は所得税の対象。

確定給付企業年金の出題ポイント

規約型企業年金	労使合意の年金規約に基づき、事業主が契約した資産管理運用機関（信託銀行や生保など）が資産の管理、運用、給付を行う
基金型企業年金	企業とは別の法人格を持つ基金を設立して年金資産の管理を行う。積立金額の不足分が出た場合、事業主が補てんする義務がある

3 確定拠出年金

確定拠出年金（DC）には、**企業型年金（企業型DC）**と**個人型年金（iDeCo）**（イデコ）があります。**事業主の掛金**は全額を経費として**損金算入**でき、**加入者の掛金**は全額が**小規模企業共済等掛金控除**の対象となります。

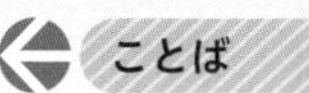

確定拠出年金（DC：Defined Contribution Plan）

※1 第1号・第3号被保険者は60歳未満。

確定拠出年金の出題ポイント

	企業型年金（企業型DC）	個人型年金（iDeCo）
加入者	70歳未満の厚生年金被保険者（資格は企業により異なる）	65歳未満の国民年金被保険者[※1] ※加入手続き時に保険料を納付している者
掛金の月額上限 ※年間計画届出のうえ、12カ月を区分した期間ごとに拠出できる。契約途中の掛金の変更可。	企業型DCのみに加入 … 5.5万円（年額66万円） DB等の他制度に加入… 2.75万円[※]（年額33万円） ・従業員が上乗せするマッチング拠出では加入者の掛金は事業主の掛金以下で合計は拠出限度額まで。	第1号被保険者…付加年金・国民年金基金と合算で6.8万円（年額81.6万円） 第2号被保険者、第3号被保険者… 2.3万円（年額27.6万円） 企業型DCに加入…「5.5万円－企業型DCの事業主掛金額」上限2万円 企業型DCとDB等の他制度に加入、公務員…「2.75万円－企業型DCの事業主掛金額」上限1.2万円[※2]
拠出者	事業主（加入者が上乗せ可）	加入者（中小事業主が上乗せ可）
運営主体	事業主（企業）	国民年金基金連合会

※2 2024年12月より、企業型DCとDB等の他制度に加入する場合の企業型DCの事業主掛金の月額上限は、「5.5万円－DB等の他制度掛金相当額」となる。また、企業型DCやDB等の他制度に加入している場合のiDeCoの掛金の月額上限は、一律で「5.5万円－（企業型DCの事業主掛金額＋DB等の他制度掛金相当額）〈上限2万円〉」となる。

- 運営管理機関によって、**口座管理手数料や運用できる金融商品は異なる**。
- 運用商品は、預貯金、保険商品、**投資信託等**で、3つ以上提示される。
- 運用商品の中から、**加入者本人が運用指図**を行い運用リスクを負う。
- 企業型年金の加入者が、確定給付型企業年金だけがある企業に転職、または退職して国民年金の第1号または第3号被保険者となった場合は、**年金資産を国民年金基金連合会に移し、個人型年金に移管できる**。
- 原則として、**60歳まで引出し、脱退不可**（例外あり）。
- **通算加入者期間が10年以上で、60歳～75歳に老齢給付金（年金・一時金）の受給を開始**できる。10年に満たなければ開始年齢は段階的に先延ばし。
- **老齢給付の年金は公的年金等の雑所得として公的年金等控除の対象**。**一時金として受給した老齢給付金は退職所得として分離課税（所得税の課税対象）**。障害給付金は非課税、死亡一時金は相続税、脱退一時金は所得税の対象。

4 自営業者等の年金制度

自営業者等の年金制度には、**付加年金**、**国民年金基金（付加年金との同時加入不可）**、**小規模企業共済（iDeCoとの同時加入可）**、**中小企業退職金共済（中退共）**があります。

自営業者等の年金制度

	国民年金基金	小規模企業共済	中小企業退職金共済
加入対象	国民年金第1号被保険者、**国内外の国民年金の任意加入者**。任意の脱退不可	従業員20人以下の**個人事業主または会社の役員**。従業員は加入不可	**常用従業員数50人以下**等の中小企業の**全従業員**。事業主・役員は加入不可
掛金（月額）	確定拠出年金と合算して上限**6.8万円**。**1口目は終身年金**（2口目から確定年金選択可）	千円～**7万円**。増額も減額も可能	5千円～**3万円**。新規加入後4カ月目から1年間、**掛金の2分の1を国が助成**※
掛金全額の税法上の取扱い	**社会保険料控除として所得控除の対象**	**小規模企業共済等掛金控除として所得控除の対象**	福利厚生費として、**損金（または必要経費）**に算入
掛金負担者	加入者本人	加入者本人	**企業（事業主）**

- **中退共の退職金**は**直接従業員に支払われる**（要件を満たせば**分割受取可能**）

※被共済者1人ごとに5千円が上限。また、1.8万円以下の掛金月額を増額変更する場合は、増額分（増額前と増額後の掛金月額の差額）の**3分の1を国が1年間助成**。

5 企業の資金調達

企業の資金調達には、株式の発行等によって投資家等から資金を調達する**直接金融**と、金融機関等からの借入れによって資金を調達する**間接金融**があります。

金融機関からの借入れは、キャッシュフロー計算書のうち、財務活動によるキャッシュフローに反映されます。

直接金融と間接金融

直接金融による資金調達

●**株式発行**

株主割当増資	既存の株主に、新株を買う権利を割り当てる
第三者割当増資	**既存の株主に限らず、取引先など特定の第三者に**新株を買う権利を割り当てる
公募増資	不特定多数の投資家に対して、新しい株式を発行する

●**社債発行**：株式会社、特例有限会社、合名会社、合資会社、合同会社も可能

公募債	不特定多数の投資家を対象として募集する社債
私募債	特定少数の投資家が直接引き受ける社債。 **親族、取引先などの縁故者（50人未満）**が直接引き受ける無担保の私募債を**少人数私募債**という

間接金融（金融機関からの融資）による資金調達

証書貸付（証書借入）	借用証書を用いて、融資を受ける
手形貸付（手形借入）	金融機関宛の約束手形を振り出して、融資を受ける
当座貸越（当座借越）	**当座預金残高が不足**していても、企業が振り出した手形・小切手の支払いに応じてもらえる融資
インパクトローン	**外貨建ての借入れ**で、**資金使途は限定されていない**。 先物為替予約によるリスクヘッジをした融資形態を「**先物予約付インパクトローン**」という
ABL（アセットベーストレンディング）	企業の売掛金等の債権や在庫（農畜産物、食料在庫、知的財産等）の資産を担保として、融資を受ける

●**日本政策金融公庫**：法人に無担保・代表者のみの保証での融資、個人に無担保・無保証人での融資を行っている。

過去問トレーニング

次の記述の正誤を答えなさい。

問1

❶ 確定拠出年金の個人型年金は、いずれの運営管理機関であっても口座管理手数料や運用できる金融商品は同一である。

❷ 確定拠出年金の個人型年金の加入者期間が10年以上ある者が、老齢給付金の支給を受けることができるのは、原則として、65歳からである。

❸ 確定拠出年金の個人型年金の加入者が国民年金の第3号被保険者である場合、原則として、掛金の拠出限度額は年額240,000円である。

❹ 確定拠出年金の個人型年金の加入者が国民年金の第1号被保険者である場合、原則として、掛金の拠出限度額は年額816,000円である。

◀ 2020年1月学科

問2

❶ 中小企業退職金共済の掛金は、法人の場合、その全額を損金に算入する。

❷ 小規模企業共済の掛金は、月額7万円が上限であり、その全額が所得税・住民税における小規模企業共済等掛金控除の対象となる。

❸ 新たに中小企業退職金共済に加入する事業主は、原則として、加入後の一定期間、国による掛金の一部助成を受けることができる。

❹ 小規模企業共済に加入することができるのは、常時使用する従業員が20人以下（商業・サービス業は5人以下）の小規模企業の従業員、個人事業主等である。

◀ 2013年1月学科

答え

問1

❶ × 証券会社や銀行等の運営管理機関によって、口座管理料や運用できる金融商品は異なる。

❷ × 加入者期間が合算して10年以上あれば、60歳から老齢給付金を受給できる。

❸ × 国民年金第3号被保険者の拠出限度額は年額276,000円まで。

❹ ○ 国民年金第1号被保険者の拠出限度額は年額816,000円まで。

問2 ❶ ○ ❷ ○ ❸ ○ ❹ × 従業員は加入不可。

Part 2

リスクク管理

赤い下線と赤い囲みに
注目して覚えていけば
必ず合格できるよ!!

ここで学習すること

1 保険法と保険契約者の保護

保険契約者保護機構に関する問題が頻出！

- 保険契約者保護機構にはかんぽ生命や外資も加入する。
- 生命保険は破綻時の責任準備金の90％までを補償する。
- 自賠責保険、地震保険は保険金を100％補償する。

1 保険法

保険法は、保険契約上の関係者の権利義務等、保険契約に関する一般的なルールを定めた法律です。

保険法の出題ポイント

- 生命保険、損害保険のほか、**第三分野（傷害疾病保険等）、共済契約、少額短期保険にも適用**される。
- 保険金の支払時期に関する規定は、**保険法施行日以前の保険契約にも適用**される。
- 契約時の**告知義務**や**保険会社が保険契約を解除できる規定**が定められている。
- 保険法の規定よりも、保険契約者、被保険者、保険金受取人に**不利な内容の約款の定めは無効**となる（海上保険契約等は適用除外）。これを片面的強行規定（へんめんてききょうこうきてい）という。

2 保険契約者保護機構

保険会社が破綻したときに契約者を保護する法人が**保険契約者保護機構**です。保険契約者保護機構には、**生命保険契約者保護機構**と**損害保険契約者保護機構**※があります。

ことば

保険法：2010年4月1日施行。商法の中に定められていた保険契約に関する規定を独立した法律として制定。なお「保険業法」は保険会社に対する監督（免許、業務内容の規制、罰則）について定めたもの。

保険契約者保護機構：救済保険会社が保険契約を引き継ぐ場合、資金援助等も行う。

※損害保険契約者保護機構は、法人の保険契約者も補償対象。ただし、火災保険、海上保険、賠償責任保険、運送保険などは、個人、小規模法人、マンション管理組合のみが対象。

国内で営業する生命・損害保険会社は、かんぽ生命※や外資も含めて**保護機構への加入**（財源負担）が義務付けられています。しかし、**少額短期保険業者（保険金上限1,000万円）**や共済（JA共済等）に加入義務はありません。

※郵政民営化後の契約が生命保険契約者保護機構の補償対象。かんぽ生命保険加入限度額は2,000万円。

保険契約者保護機構の保護内容

保険の種類		保険会社破綻時の補償割合
生命保険（高予定利率契約は除く）		破綻時の責任準備金の90%補償
損害保険	自賠責保険、地震保険	保険金100%補償
	自動車保険、火災保険、海上保険※、短期傷害保険、海外旅行傷害保険	破綻後3カ月以内は保険金100%補償。3カ月経過後は80%補償
	年金払積立傷害保険など、上記以外の疾病・傷害保険	保険金90%補償

※法人契約の火災保険と海上保険は補償対象外（自動車保険は補償対象内）。

3 ソルベンシー・マージン比率

大災害など、通常の予測を超えるリスクに対する保険会社の支払能力を見る指標を**ソルベンシー・マージン比率**といいます。ソルベンシー・マージン比率は、**200%以上**であれば**健全性が高い**とされており、200%未満になると金融庁から早期是正措置が発動されます。

スピード理解!!
銀行は代理店なので、銀行の窓口で契約した保険でも、保険契約者保護機構が補償する。

4 クーリング・オフ制度

クーリング・オフ※は、消費者から契約の撤回、解除ができる制度。契約申込日か契約申込みの撤回等に関する事項を記載した書面を受け取った日（交付日）のいずれか遅い方の日から**8日以内**に書面（消印の残る封書、ハガキまたは電磁的記録）で行います。

※法人契約の保険や事業に対する保険契約、保険期間1年以下の保険契約等は、クーリング・オフの対象外。

過去問トレーニング

問1、問2のそれぞれの記述のうち、最も不適切なものはどれか。

問1

ア 保険法では、保険金等の支払時期に関する規定が設けられており、同法の施行日後に締結された保険契約に限って適用される。

イ 保険法では、告知義務に関して、同法の規定よりも保険契約者、被保険者にとって不利な内容である約款の定めは、適用除外となる一部の保険契約を除き、無効となる旨が定められている。

ウ 保険法は、保険契約と同等の内容を有する共済契約についても適用対象となる。

エ 保険契約者と被保険者が異なる死亡保険契約は、その加入に当たって、被保険者の同意が必要である。

◀2018年5月学科

問2

ア 保険業法で定められた保険会社の健全性を示すソルベンシー・マージン比率が200%を下回った場合、監督当局による業務改善命令などの早期是正措置の対象となる。

イ 日本国内で事業を行う生命保険会社が破綻した場合、生命保険契約者保護機構による補償の対象となる保険契約については、高予定利率契約を除き、原則として、破綻時点の責任準備金等の90%まで補償される。

ウ 少額短期保険業者が引き受ける保険契約は、被保険者の死亡を保険金の支払い事由とするものであっても、生命保険契約者保護機構による補償の対象外である。

エ 契約者が法人である自動車保険契約は、損害保険契約者保護機構による補償の対象外である。

◀2012年1月・2021年1月学科

答え

問1 ア　保険金の支払時期に関する規定は、保険法施行日以前の保険契約にも適用される。

問2 エ　自動車保険契約は、損害保険契約者保護機構による補償の対象内である。

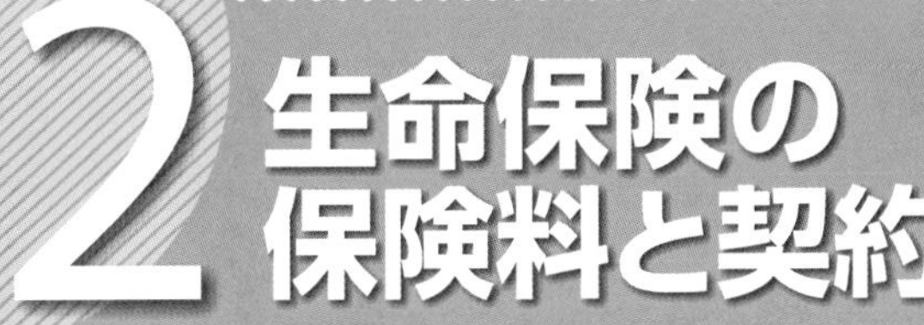

2 生命保険の保険料と契約

FPが身につけておくべき常識問題がほとんど。

- 保険料は、純保険料と付加保険料に分けられる。
- 月払いの保険料の猶予（ゆうよ）期間は、払込日の翌月中。
- 払済保険では保険期間は変えないで保険金額を下げる。

1 生命保険の基本用語

最初に、生命保険の基本用語を覚えておきましょう。

契約者	契約を結ぶ人。保険料を支払う人
保険者	保険金を支払う者。主に保険会社
被保険者	その人の生死・病気・ケガなどが保険の対象となっている人
受取人	保険金や給付金、年金などを受け取る人
諾成契約（だくせい）	当事者双方の合意だけで成立する契約。生命保険契約は諾成契約
解約返戻金	保険を中途解約したとき、保険会社から契約者に払い戻されるお金
特約	主契約（基本となる契約）に付加して契約する保険
生存保険	被保険者が満期時まで生きていたときに支払われる保険。年金保険など
生死混合保険	死亡・高度障害では死亡保険金・高度障害保険金が、満期まで生存していた場合は生存保険金が支払われる保険。養老保険など
予定死亡率	過去の統計に基づく男女別、年齢別の死亡率。**予定死亡率が高いほど、保険料は高くなる**。ただし、個人年金保険では、予定死亡率が低いほど年金支払い期間が長くなるため、保険料は高くなります。
予定利率	保険会社が見込む運用利回り。予定利率が高いほど、保険料は安くなる
予定事業費率	保険会社が事業を運営するのに必要な費用の保険料に対する割合。予定事業費率が高いほど、保険料は高くなる
前納払い	保険料支払い期日より前に何カ月分かをまとめて払うこと
一時払い	全期間の保険料を契約時に一括で払うこと。**保険料を払った年に1回だけ、生命保険料控除の対象**となる
平準払方式（へいじゅんばらい）	払込期間を通じて保険料が変わらない方式。これに対し、当初の保険料を低く、その後の保険料を高くするものを「ステップ払方式」という

2 生命保険料算定の原則

生命保険の保険料は、大数の法則と**収支相等の原則**に基づいて、３つの予定基礎率（予定利率、予定死亡率、予定事業費率）で算出されます。

●**大数の法則**：少ないケースでは見いだせないが、数多くのケースを見れば一定の法則があること。

●**収支相等の原則**：保険会社の収入（保険料、運用益など）と、保険会社の支出（保険金、運営費など）が等しくなるように保険料を算定すること。

大数の法則：例えばサイコロを数多くふれば１～6が均等に出る法則が見いだせる。男女別死亡率、年代別死亡率などを大数の法則で予測して保険料を算定する。

契約者配当金：契約期間中に受け取る場合は、生命保険料控除の対象金額から控除され非課税となる。保険金と一緒に受け取る場合は一時所得（個人年金では雑所得）として課税対象。

3 契約者配当金

保険会社では保険料の収入が実際の支出を上回った場合、下表のような**3つの差益（3利源）**が出ることがあります。これを契約者に還元するのが**契約者配当金**です。

死差益	実際の死亡率が、予定死亡率より低くなった場合に生じる利益
利差益	運用による実際の運用収益が、予定利率に基づく収益より多くなった場合に生じる利益
費差益	実際の事業費が、予定事業費率によって見込まれた事業費を下回った場合に生じる利益

配当金の有無からいうと、保険には、**有配当保険**（死差益、利差益、費差益から配当が支払われる）、**準有配当保険**（利差益のみから５年ごとに配当が支払われる）、**無配当保険**（配当金がない）があります。

4 保険料の構成

保険料は、**純保険料**と**付加保険料**に分けられます。また、純保険料には、**死亡保険料**と**生存保険料**があります。

保険料の構成

営業保険料※

純保険料	付加保険料
保険金を支払う財源 ▲予定死亡率、予定利率をもとに算出	保険の運営・維持費用 ▲予定事業費率をもとに算出

死亡保険料	生存保険料
死亡保険金を支払う財源	満期保険金を支払う財源

※営業保険料＝契約者が保険会社に払い込む保険料。通常、保険料とは営業保険料のことを指す。

5 告知義務と責任開始期

契約者や被保険者は健康状態などの重大な事実について、保険会社の質問に答えなければいけません。これを**告知義務**といい、違反すると保険会社は契約を解除できます。

保険会社に契約上の履行義務（保険金・給付金の支払等）が発生する時期を**責任開始期（日）**といいます。責任開始期は、保険会社の承諾を前提として、**申込み、告知（診査）、第１回保険料払込み**の３つが完了した時とされています。

ことば

告知義務：告知義務は、自発的申告ではないので保険会社が質問しなかったことは告知しなくてよい。告知は口頭ではなく、告知書の記入、医師の診査、健康診断書の提出等、所定の方法で行う。

告知義務違反による契約解除

- 保険会社は告知義務違反を知ってから１カ月以内なら契約を解除できる。１カ月を経過しても解除しない場合、解除権は消滅する。
- 保険法では契約締結から５年を経過しても契約が継続していれば、解除権は消滅するとしているが、多くの保険約款では５年を２年に短縮している。
- 生命保険募集人が契約者や被保険者の告知を妨害した場合や事実でない告知をすることを勧めた場合、保険会社は契約を解除することができない。
- 契約解除では解約返戻金相当額が支払われる（保険金、給付金はなし）。

6 保険料払込猶予期間

保険料の払込みについては、一定の**猶予期間**があります。

猶予期間中に保険事故が発生した場合は、未払込保険料を差し引いて保険金や給付金が支払われます。

保険料払込猶予期間

払込方法	猶予期間（保険金は支払われる）
月払い	払込日の翌月初日～**翌月末**　← 払込日が4/25なら、5/1～**5/31**
半年・年払い	払込日の翌月初日～**翌々月の応当日**※ ← 払込日が4/25なら、5/1～**6/25**

※応当日とは、各月・半年ごとの契約日に当たる日付。

7 生命保険の貸付制度

保険料の払込みがない場合や資金が必要な場合、保険会社が**解約返戻金の一定範囲内**で貸付けをする制度に、**自動振替貸付**と**契約者貸付**があります。

生命保険の貸付制度

自動振替貸付制度	払込猶予期間に払込みがなかった場合、保険会社が解約返戻金の範囲内で**自動的に保険料を立て替えて契約を持続させる制度**。ただし、**振り替えられた保険料（貸付金）には利息が付く**ため、後日保険料を払い込む場合は、**未払い分＋利息の払込みが必要**
契約者貸付制度	**解約返戻金の一定範囲内**（通常70～90%）で、**保険会社から融資を受けられる制度**。所定の利息がかかる。法人の場合、**貸付金は借入金として負債に計上**する

8 保険継続のための制度

保険料の払込みが難しくなった場合、保険料の払込みを中止して、**解約返戻金**をもとに契約を継続できる制度に、**払済保険**と**延長（定期）保険**があります。このとき契約は継続しますが、**特約は消滅**します。

払済保険と延長（定期）保険

払済保険	解約返戻金をもとに一時払保険（一時払養老保険）に変更する。 保険期間を変えないで、保険金額（保障額）は下げる
延長（定期）保険	解約返戻金をもとに一時払定期保険に変更する。 保険金額は元の契約と同じ。保険期間は通常短くなる

●払済保険

契約　▼払済保険に変更　満期

元の契約の保険金額 → 保険金額を下げる　変更後の保険金額

保険期間は変えない

●延長（定期）保険

契約　▼延長（定期）に変更　満期

元の契約の保険金額　変更後の保険金額

元の契約の保険期間

保険期間は短くなる

例題

・（　）内に適切な語句を入れなさい。

◀2013年5月資産

・払込期日までに保険料の払込みがなかった場合でも、（❶）期間中に払込みがあれば契約は有効に継続する。また解約返戻金がある保険の場合、保険料の払込（❶）期間が過ぎても、（❷）によって契約が継続することがある。

・保険料の払込みを中止して契約を継続させる方法として、保険期間を変えずに保障額を下げる（❸）や、一般に、保障額を変えずに保険期間を短くする（❹）への変更がある。

例題の答え

❶ 猶予
❷ 自動振替貸付
❸ 払済保険
❹ 延長（定期）保険

9 保険契約の見直し

ライフサイクルの変化や経済状況により、保険の内容を見直したい場合に利用できる制度に次のものがあります。

契約転換制度と保険金減額制度

契約転換制度	現在の保険の責任準備金と積立配当金を「転換（下取り）価格」として、新しい契約の一部に充てる方法 ●保険料は転換時の年齢・保険料率により新たに計算されるので保険料が高くなることもある ●契約転換には医師の診査・告知が必要 ●契約転換後の保険もクーリング・オフ制度の対象。ただし、保険会社指定の医師による診査を受けた場合は、クーリング・オフの対象外
保険金減額制度	保険金を減額して保険料を減らす方法。減額部分は解約扱いで、解約返戻金があれば受け取ることができる

ことば

責任準備金：保険会社が保険金等の支払いのため保険数理に基づいて積み立てる準備金。「責任準備金－保険会社のコスト等＝解約返戻金」。

10 保険契約の失効と復活

猶予期間を過ぎても、保険料の払込みがなく、自動振替貸付もできない場合は、保険契約が失効します。

ただし、失効しても一定の期間内に、所定の手続きを行うことで契約を復活できます。

保険契約復活のポイント

- 契約失効中の保険料・利息を一括して払い込むことで、保険契約を継続できる。
- 保険料率や契約内容は失効前の保険契約と同じ（復活時の年齢計算ではない）。
- 契約復活には医師の診査・告知が必要。
- 保険契約を解約してしまった場合は復活できない。

過去問トレーニング

次の質問に答えなさい。

問1 生命保険の保険料等の一般的な仕組みに関する次の記述の正誤を答えなさい。

◀ 2022年9月資産

❶ 保険料は、大数の法則および収支相等の原則に基づき、予定死亡率、予定利率および予定事業費率の3つの予定基礎率を用いて算定される。

❷ 保険料は、将来の保険金・給付金等の支払い財源となる純保険料と、保険会社が保険契約を維持・管理していくために必要な経費等の財源となる付加保険料で構成される。

❸ 所定の利率による運用収益をあらかじめ見込んで保険料を割り引く際に使用する予定利率を低く設定した場合、新規契約の保険料は高くなる。

❹ 保険会社が実際に要した事業費が、保険料を算定する際に見込んでいた事業費よりも多かった場合、費差益が生じる。

問2 生命保険の保険料の払込みが困難になった場合に、保険契約を有効に継続するための方法に関する次の記述の正誤を答えなさい。

◀ 2019年9月学科

❶ 保険金額を減額することにより、保険料の負担を軽減する方法がある。

❷ 保険料を払い込まずに保険料払込猶予期間が経過した場合、保険会社が解約返戻金の範囲内で保険料を自動的に立て替えて、契約を有効に継続する自動振替貸付制度がある。

❸ 保険料の払込みを中止して、その時点での解約返戻金相当額を基に、元の契約の保険金額を変えずに一時払定期保険に変更する延長保険がある。

❹ 保険料の払込みを中止して、その時点での解約返戻金相当額を基に、元の契約よりも保険金額が少なくなる保険（元の主契約と同じ保険または養老保険）に変更する払済保険があり、特約はすべて継続される。

問3 下記❶～❸は、養老保険について、従来の保険料を払い続けることが困難になった場合に、解約をせずに保険契約を継続する方法の仕組みを図で表したものである。❶～❸の仕組み図と契約継続方法の組み合わせとして、正しいものはどれか。 ◀2013年1月資産

❶
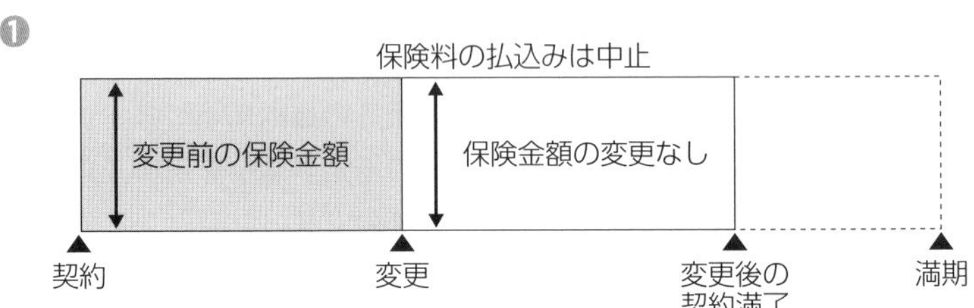

❷
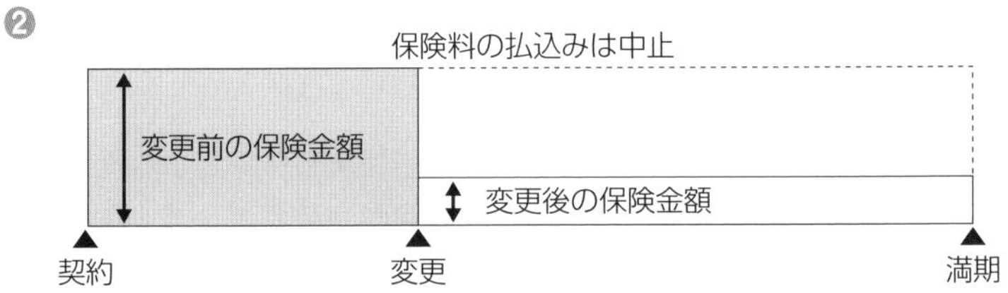

❸
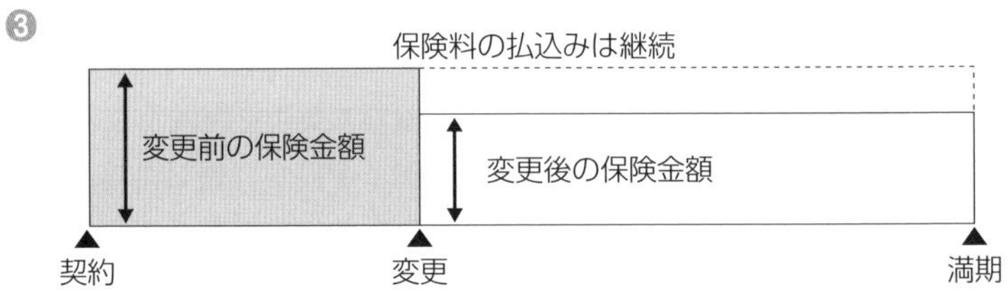

ア ❶ 払済保険 ❷ 延長（定期）保険 ❸ 自動振替貸付
イ ❶ 延長（定期）保険 ❷ 払済保険 ❸ 減額
ウ ❶ 延長（定期）保険 ❷ 払済保険 ❸ 自動振替貸付
エ ❶ 払済保険 ❷ 延長（定期）保険 ❸ 減額

問4 Mさんは、Aさんに対して、生命保険の見直しについてアドバイスをした。次の記述の正誤を答えなさい。　◀2011年9月・2023年5月生保

❶ 現在加入している定期保険特約付終身保険を見直す方法として、契約転換制度の活用が考えられます。契約転換時の告知や医師の診査は不要で、健康状態にかかわらず、保障内容を見直すことができます。
❷ 終身医療保険は、保障内容を変更しなければ、主契約の保険料は保険期間の途中で上がることはありません。
❸ 現在加入している契約を払済終身保険に変更した場合、付加されている入院特約や家族定期保険特約等は消滅するため、医療保障やご家族の保障等の準備を検討する必要があります。

答え

問1

❶ ○　❷ ○　❸ ○

❹ ×　費差益は、実際の事業費が、予定事業費率によって見込まれた事業費を下回った場合に生じる。

問2

❶ ○　保険金を減額して保険料を減らす保険金減額制度がある。

❷ ○　払込猶予期間に払込みがなかった場合、保険会社は解約返戻金の範囲内で自動的に保険料を立て替えて契約を持続させる。

❸ ○　延長（定期）保険は、解約返戻金をもとに、保険金額は変えないで一時払定期保険に変更する。

❹ ×　払済保険や延長（定期）保険では、付加している特約は消滅する。

問3 イ

❶ 延長（定期）保険：生命保険の保険料の払込みを中止し、解約返戻金をもとに保険金額を変えないで、定期保険に変更する。保険期間は通常短くなる。

❷ 払済保険：保険料の払込みを中止し、解約返戻金をもとに保険期間は変えないで、同じ種類の一時払保険等に変更する。保険金額は下がる。

❸ 減額：保険料の払込みを継続しながら、保険の一部を解約して保険金額を減らす。保険料も下がる。

問4

❶ ×　契約転換時は告知や医師の診査が必要。

❷ ○　終身医療保険は、保障内容を変更しなければ保険料が一定です。

❸ ○　払済保険では、付加している各種特約は消滅する（無料で自動付加できるリビング・ニーズ特約だけは継続）。

3 生命保険の種類

基本的な保険の種類と保障内容が頻出！

- 定期保険は、掛捨てで満期保険金がない。
- 養老保険の解約返戻金は満期保険金と同額まで増えていく。
- 個人年金保険の種類別の特徴を覚えておく。

1 終身保険

終身保険は、死亡・高度障害状態の保障が一生涯続く保険です。**解約返戻金が一定額まで増えていく**ので、法人では役員の死亡退職や退職金の準備として活用できます。

保険料は**一時払い**、一定期間で終わる**有期払い**、一生涯続く**終身払い**があります。**一時・有期払い**でも、保険料払込が終われば**一生涯保障**が続きます。払込み1回当たりの保険料の金額は、終身払いがいちばん安くなります。

一般に、男性より**女性**の方が保険料は**低額**となります。[※1]

保険料払込期間等だけ解約返戻金額が低くなる低解約返戻金型の終身保険もある。払込期間経過後は、従来型の終身保険と同程度の解約返戻金額だよ。

※1 女性の方が平均余命が長く（予定死亡率が低く）、死亡するまでに保険料を払い込む期間が長くなる可能性が高いため、一般的に同じ年齢での終身保険の保険料は女性の方が男性より安い。

2 定期保険

定期保険は、定められた期間中に死亡または高度障害状態になった場合に保険金が支払われる保険です。いわゆる掛捨ての保険で、一般に解約返戻金は少なく、[※2]満期保険金（保険期間終了まで生存した場合の保険金）はありません。

定期保険には、次の３タイプがあります。

- 保険金が一定の**平準定期保険**
- 保険金が増えていく**逓増定期保険**
- 保険金が減っていく**逓減定期保険**

支払保険料は増減なし！

※2 長期平準定期保険や逓増定期保険では、解約時期により解約返戻金が多くなることもある。

3 養老保険

養老保険は、死亡・高度障害状態になると死亡保険金・高度障害保険金が、保険期間満了まで生存すると**満期保険金**が支払われる保険です。一度死亡保険金・高度障害保険金が支払われると契約は終了するため、満期保険金は支払われません。このタイプの保険を**生死混合保険**といいます。

期間の経過に従って、**解約返戻金が満期保険金と同額**まで増えていくため、貯蓄性の高い保険といえます。

生命保険の3つのタイプ

終身保険

- 保障が一生涯続くので満期はない。
- 払込期間終了後、保険料負担なしで保障が続き、死亡保障に代えて介護補償や年金受取りへ変更可能。
- 期間の経過に従って、解約返戻金が一定額まで増えていく。
- 掛金が安い一時払終身保険もあるが、短期間で解約すると元本割れする。

定期保険

- 保障が一定期間続く。
- 掛捨てで満期保険金はない。
- 解約返戻金は少ない。
- 保険料が安い。

養老保険

- 保障が一定期間続く。
- 保険期間満了後の満期保険金は死亡・高度障害保険金と同額。
- 解約返戻金は満期保険金（死亡保険金）と同額まで増えていく。

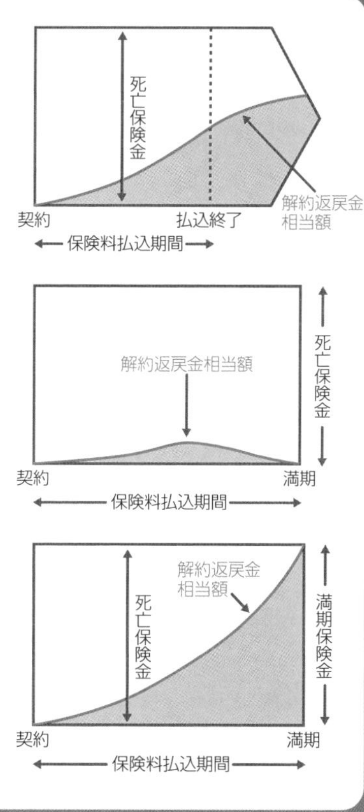

4 収入保障保険

収入保障保険は、掛捨ての定期保険の一種で、世帯主などの被保険者が**死亡・高度障害状態**となった場合、一定期間、**年金として毎月定額の給付金**が受取人に支払われる保険です。死亡時から契約時に定めた満期まで年金が受け取れて、死亡する時期によって年金の受取総額が変わります。

年金形式でなく一時金で受け取ることもできます。ただし、一時金は年金形式で受け取る総額より少なくなります。

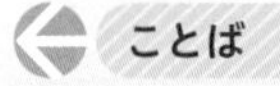

収入保障保険：
生活保障保険、家族収入保険などの名称でも販売されている。収入保障特約もある。

収入保障保険の2つのタイプ

確定年金タイプ	・保険期間中、いつ死亡しても年金が一定期間支払われる ・被保険者の死亡時期に関係なく決まった額の年金が入る
歳満了（さいまんりょう）年金タイプ	・一定年齢を満期とし、死亡後～満期まで年金が支払われる ・年金総額は、**被保険者の死亡時期が早いほど多く、満期に近付くほど少なくなる**。**年金総額（保険金）が逓減**するため、死亡保障が一定額の定期保険より**保険料が割安**

5 利率変動型積立終身保険

利率変動型積立終身保険（アカウント型保険）では、契約者が積立金部分を口座（アカウント）から引き出したり、一時金として積み立てたり、保障内容を変更する際の保険料に充てたりすることができます。※

医療保障や死亡保障など、保障部分はすべて特約で、更新のたびに保険料が上がっていき、積立金も減っていく可能性があります。主契約の適用利率が市場金利に応じて一定期間ごとに見直されますが、最低保証利率は設定されています。

※保障部分と積立金部分に分かれた設計になっていて、毎回一定額の保険料を支払い、そのうちのいくらかを保障部分に充当し、残りを積立金として貯蓄する。

6 積立利率変動型終身保険

積立利率変動型終身保険は、積立利率（最低保証あり）が市場金利に応じて定期的に見直され、積立利率が高くなると、**基本保険金額を上回る保険金額**を受け取ることができる保険で、外貨建てや一時払い商品が主流です。[※1]

※1 外貨建ての場合、保険金や解約返戻金を受け取る時に円高になっていると保険料の総額より受け取る金額の方が少なくなる「元本割れ」を起こす可能性がある。

7 定期保険特約付終身保険

定期保険特約付終身保険には、定期保険期間が終身保険の保険料払込期間と同じ**全期型**と、保険料払込期間より短い**更新型**があります。更新型では、**更新時の診査や告知は不要**ですが、**保険料が再計算されて高く**なります。

定期保険特約の期間は、**主契約の終身保険の保険料払込期間**が上限で、それ以降の更新はできません。

8 無選択型終身保険

無選択型終身保険は、**告知や診査が不要**な**死亡保険**（高度障害になっても保険金はない）です。[※2] 健康状態にかかわらず加入できるので、他の保険より保険料は割高です。

※2 死亡保険契約は、保険法により被保険者の同意がなければ無効とされている。ただし、被保険者が保険金受取人の場合は、同意不要である。

9 変額保険

変額保険は、保険料が**特別勘定（ファンド）で運用**され、保険会社の運用実績で死亡保険金や解約返戻金の金額が変動します。終身型と有期型があり、一般に、死亡、または高度障害の場合に支払われる保険金や給付金には、**基本保険金額が最低保証**されています。しかし、**解約返戻金や満期保険金には最低保証がない**ので、運用実績によっては基本保険金額や払い込まれた保険料を下回ることがあります。

ことば

基本保険金額：契約時に取り決めた保険金額。死亡保険金として基本保険金額が最低保証されている。

10 個人年金保険

個人年金保険は、一定年齢に達すると、年金の支払いが開始される保険です。年金額は、契約時に定めた**基本年金**、年金支払い開始前の配当金を原資とする**増額年金**、年金支払い開始後の配当金を原資とする**増加年金**の合計となります。被保険者が年金受取開始前に死亡すると、遺族にはすでに払い込んだ**保険料相当額の死亡給付金**が支払われます。**受取開始時**になってからでも、一時金や夫婦年金に変えるなど、**年金の種類や受取方法は変更可能**です。

なお、予定死亡率が低くなると年金の支払い期間が長くなるため、個人年金保険の保険料は高くなります。

個人年金保険の種類

終身年金	被保険者生存中は年金が続く。遺族に年金はない。終身年金なので一般に寿命が長い女性の方が保険料が高い
保証期間付終身年金	被保険者生存中は年金が続く。**保証期間中は被保険者が死亡しても遺族に年金（または一時金）が入る**。毎年一定額を受け取る定額型と一定時期から増加する逓増型がある
確定年金	契約時に定めた年金受取期間中、**被保険者の生死にかかわらず、被保険者（または遺族）に年金が入る**
有期年金	契約時に定めた年金受取期間中、被保険者が生きている限り年金が入る。死亡すると年金終了。遺族に年金はない
保証期間付有期年金	一定期間内で被保険者に年金が入る。死亡すると年金終了。**保証期間中なら遺族に年金（または一時金）が入る**
夫婦年金	夫婦どちらかが生きていれば年金が入る
定額個人年金保険	一般勘定で運用し、定められた利率で運用するため、契約時に年金額（年金原資）が確定する
変額個人年金保険	特別勘定における運用実績によって、将来受け取る年金額等が変動する。年金総額や年金原資額が最低でも既払込保険料相当額になるタイプと、最低保証がないタイプがある。年金受取開始前に被保険者が死亡した場合に支払われる**死亡給付金については、基本保険金額が最低保証**されている

11 外貨建て保険

外貨建て保険は、米ドル・豪ドル・ユーロなどの外貨で保険料を払い込み、外貨で保険金を受け取る保険です。保険料を払い込む時点で日本円を外貨に換え、保険金や解約返戻金を受け取る時点で外貨を日本円に換えます。終身保険、養老保険、個人年金保険、変額個人年金保険など、様々な種類があり、一般的に、外貨建て保険の方が円建て保険より予定利率が高いことから需要が増えています。

外貨建て保険は、為替レートの影響を受けるという特徴があります。例えば、10,000米ドルを日本円で受け取る場合、1米ドル100円では100万円、1米ドル150円では150万円です。保険金等を受けとる時点で、払込時より円安になっていると為替差益、反対に払込時より円高になっていると為替差損が発生します。従って、外貨と円貨との為替レートの変動によっては、**保険金・年金や解約返戻金の受取総額が払込保険料相当額を下回るリスク**があります。

円換算支払特約は、外貨建て保険の保険金を円貨で受け取るための特約です。この特約を付けていても契約時の為替相場ではなく、受け取り時の為替レートで円換算されますから、為替リスクを回避することはできません。

外貨建て保険のなかには、**MVA（市場価格調整）機能**といって、市場金利に応じた**運用資産（債券など）の価格変動に伴って解約時の解約返戻金額が増減**する仕組みを有するものがあります。一般的に債券の価格は市場金利が高くなると下がり、市場金利が低くなると上がるため、市場金利の変動によっては、解約返戻金が払込保険料相当額を下回るリスクがあります。

なお、外貨建て保険も、円貨建ての保険と同様の条件で**生命保険料控除の対象**になります。

過去問トレーニング

適切なものには○、不適切なものには×をしなさい。

問1 生命保険の一般的な商品性に関する次の記述の正誤を答えなさい。

◀2022年1月・5月・9月学科

❶ 終身保険の保険料は、保険料払込期間が終身払いと有期払いを比較すると、他の契約条件が同一の場合、終身払いの方が払込み1回当たりの金額が高い。

❷ 保険期間の経過に伴い保険金額が増加する逓増定期保険は、保険金額の増加に伴い保険料も増加する。

❸ 定期保険特約付終身保険において、定期保険特約の保険金額を同額で更新した場合、更新後の保険料は更新前の保険料に比べて高くなる。

❹ 定期保険では、保険期間中に所定の支払事由が発生すると、死亡保険金や高度障害保険金が支払われるが、保険期間満了時に満期保険金は支払われない。

❺ 変額保険（終身型）では、契約時に定めた保険金額（基本保険金額）が保証されており、運用実績にかかわらず、死亡保険金の額は基本保険金額を下回らない。

❻ 収入保障保険の死亡保険金を一時金で受け取る場合の受取額は、年金形式で受け取る場合の受取総額よりも少なくなる。

❼ 定期保険特約付終身保険（更新型）の定期保険特約を同額の保険金額で更新する場合、更新に当たって被保険者の健康状態についての告知や医師の診査は必要ない。

❽ 養老保険では、被保険者が高度障害保険金を受け取った場合、保険契約は消滅する。

❾ 積立利率変動型終身保険では、契約後に積立利率が高くなった場合、契約時に定めた保険金額（基本保険金額）を上回る保険金額を受け取れることがある。

問2 Aさんが提案を受けている収入保障保険の概要についてMさんが説明した次の記述の正誤を答えなさい。 ◀2013年1月生保（改）

〈Aさんが提案を受けている収入保障保険に関する資料〉
保険の種類：収入保障保険（無配当）
契約年月日：2024年10月1日（加入時年齢：38歳0カ月）
契約者（＝保険料負担者）：Aさん
被保険者：Aさん
収入保障年金受取人：妻Bさん
保険期間・保険料払込期間：60歳満了
年金額：240万円（月額20万円）
月払保険料（口座振替）：9,300円
年金の最低支払保証期間：5年
※40歳（保険期間満了まで20年0カ月）で死亡した場合の年金受取総額：4,800万円
※50歳（保険期間満了まで10年0カ月）で死亡した場合の年金受取総額：2,400万円

❶ 収入保障保険は、被保険者が死亡または所定の高度障害状態となった場合に、所定の期間、収入保障年金または高度障害年金が毎年（毎月）支払われる生命保険であり、現在のところ、年金支払に代えて年金の一括支払を選択できる商品はありません。

❷ 提案を受けている収入保障保険に加入した後、仮にAさんが57歳（保険期間満了まで3年0カ月）で死亡した場合の年金受取総額は、720万円となります。

❸ 収入保障保険は、保険期間の経過とともに年金受取総額が逓減しますので、収入保障保険の加入時点の年金受取総額と定期保険（平準定期保険）の保険金額が同額で、保険期間等の他の条件も同一である場合は、通常、定期保険の保険料に比べて収入保障保険の保険料の方が割安になります。

問3 個人年金保険の一般的な商品性に関する次の記述の正誤を答えなさい。

◀2021年9月学科

❶ 確定年金は、10年、15年などの契約時に定めた年金支払期間中に被保険者が死亡した場合、その時点で契約が消滅して年金支払いは終了する。

❷ 外貨建て個人年金保険は、円換算支払特約を付加することで、為替変動があっても、円貨で受け取る年金受取総額が既払込保険料総額を下回ることはない。

❸ 変額個人年金保険は、特別勘定による運用実績によって、将来受け取る年金額や解約返戻金額が変動する。

❹ 夫婦年金は、夫婦が共に生存している場合に年金を受け取ることができ、夫婦のいずれか一方が死亡した場合、その時点で契約が消滅して年金支払いは終了する。

答え

問1 生命保険の商品性に関する問題。

❶ × 終身保険の保険料は一時払い、有期払い、終身払いがあり、払込み1回当たりの保険料の金額は、終身払いがいちばん安い。

❷ × 逓増定期保険では、期間の経過に応じて死亡・高度障害保険金が逓増（徐々に増える）するが、支払保険料は一定である。

❸ ○ ❹ ○ ❺ ○ ❻ ○ ❼ ○
❽ ○ ❾ ○

問2 収入保障保険に関する問題。

❶ × 被保険者が死亡・高度障害状態となった場合の保険金は、年金形式か一時金のどちらかを選択できる。

❷ × 収入保障保険の年金には最低保証期間がある。問題文の資料に「年金の最低支払保証期間：5年」とあるので、年金の受取総額は、最低保証期間5年分で、240万円×5年分=1,200万円。

❸ ○ 収入保障保険は、通常の定期保険よりも、保険料が割安。

問3 個人年金保険に関する問題。

❶ × 年金支払（受取）期間中に被保険者が死亡した場合、遺族に年金が支払われる。

❷ × 円換算支払特約は、外貨建て保険の保険金・年金等を円貨で受け取る特約だが、為替変動による損失を回避することはできない。

❸ ○

❹ × 夫婦の一方が生存している限り、年金を受け取ることができる。

4 生命保険と税金

2012年以降に契約した保険から控除額変更！

- 契約者＝受取人の保険金には所得税・住民税がかかる。
- 入院や障害等に対する給付金、保険金は非課税。
- 個人年金保険の一時金受取は一時所得、年金受取は雑所得。

契約者が払い込む保険料に対する控除と、受取人に支払われる保険金に対する税金について出題されます。

ことば

所得控除：配偶者控除など、所得額から一定金額を控除できる制度。これに対して税額控除は、住宅ローン控除など、税額から、直接一定金額を控除できる制度。

1 生命保険料を支払ったときの控除

生命保険料控除には、「一般の生命保険」、「個人年金保険」、「介護医療保険」という３つの区分があります。

生命保険料控除は、その３つの区分ごとに、その年に払い込んだ保険料に応じた額がその年の所得から差し引かれる**所得控除**となっています。

生命保険料控除の出題ポイント

- 一般の生命保険料控除と介護医療保険料控除は、「保険金受取人が契約者本人・配偶者・その他の親族」である生命保険や医療保険の保険料が対象。
- 保険期間５年未満のもの（少額短期保険契約等）や外国保険会社等と国外で締結した保険の保険料は控除の対象外。外貨建て保険は控除の対象。
- 生命保険料控除の対象は、その年に払い込んだ保険料の合計額。ただし、契約者配当金や割戻金を受け取った場合は、生命保険料控除を計算する際の支払保険料から差し引かれる。
- 生命保険料控除は、会社員などの場合、年末調整の際に勤務先に生命保険料控除証明書を提出することで適用されるため、確定申告は不要。

生命保険料の控除は、契約時期が2011年以前か2012年以後かで、控除最高額と区分が異なります。

● 2011年12月31日以前の契約（旧契約）の控除最高額

	各払込保険料	一般の生命保険	個人年金保険	介護医療保険	控除合計上限
所得税	**10万円超**	50,000円	50,000円	—	100,000円
住民税	7万円超	35,000円	35,000円	—	70,000円

● 2012年1月1日以後の契約（新契約）の控除最高額

	各払込保険料	一般の生命保険	個人年金保険	介護医療保険	控除合計上限
所得税	**8万円超**	40,000円	40,000円	40,000円	120,000円
住民税	5.6万円超	28,000円	28,000円	28,000円	70,000円

※各払込保険料は、各保険の年間保険料。例えば、2012年1月1日以後の契約の個人年金保険の払込保険料が8万超なら、所得税の控除額は4万円。

※2011年12月31日以前の保険契約でも、**2012年1月1日以後に契約更新・転換や特約の更新・中途付加を行うと、更新した月以後の保険契約全体の保険料に対して、新契約での生命保険料控除制度が適用される。**

※保険料の払込みがないために自動振替貸付となった場合、**自動振替貸付によって立て替えられた金額も、生命保険料控除の対象**となる。

● 新契約での区分

一般の生命保険料控除	**生存・死亡に基因**した保険金・給付金に係る保険	終身保険、定期保険特約、**変額個人年金保険**など
個人年金保険料控除	公的でない、個人で加入している年金保険	終身年金、確定年金、保証期間付有期年金、夫婦年金など
介護医療保険料控除	介護と医療（入院・通院等の給付部分）に係る保険	**入院特約**、**先進医療特約**、**所得補償保険**、医療保険、介護保険など。傷害特約や災害割増特約は対象外※

※新契約では、身体の傷害のみに基因して保険金が支払われる**傷害特約や災害割増特約などの保険料は、生命保険料控除の対象とはならない。**

検定試験では、源泉徴収票の問題で、所得税の控除限度額がよく出るよ。

2 旧契約と新契約の保険の申告方法

同じ区分[※1]の保険で旧契約と新契約の両方がある場合には、次のうちいずれかを選択することができます。

※1 違う区分の保険なら、旧契約と新契約で、別々の控除ができる。

旧契約と新契約の申告方法

申告する保険	控除額の上限
旧契約の保険料だけを申告	所得税5万円、住民税3.5万円
新契約の保険料だけを申告	所得税4万円、住民税2.8万円
旧契約と新契約の両方を申告	**合計で所得税4万円、住民税2.8万円**

※上記は一般の生命保険の上限額。個人年金保険、介護医療保険もそれぞれ同額の控除ができる。

3 個人年金保険料控除の要件

個人年金保険料は、要件を満たせば一般の生命保険とは別枠で**個人年金保険料控除**が受けられます。

ただし、**変額個人年金保険は一般の生命保険料控除**の対象です。

※2 個人年金保険料税制適格特約は、契約中でも無料で付加できる。ただし特約のみを解約することはできない。

出る

個人年金保険料控除の要件

- 以下を満たすと個人年金保険料税制適格特約が付く。[※2]
- ・**保険料の払込期間が10年以上**あること。
  ※**一時払い保険料は一般の生命保険料控除**の対象。
- ・**終身年金**、または被保険者の**年金受取り開始時の年齢が60歳以上**で、かつ**年金受取り期間が10年以上の確定年金・有期年金**であること。
- ・**年金受取人が、契約者またはその配偶者**で、かつ**被保険者（保障の対象者）と同一人**であること。

スピード理解!!
個人年金保険料控除の対象となる契約は、
①契約者＝被保険者＝年金受取人。
②契約者＝本人、被保険者＝年金受取人＝配偶者。

4 保険金を受け取ったときの税金

保険金の種類や契約者と保険金受取人（以下、受取人）の関係によって、課税される税金が異なってきます。

●**死亡保険金**：**契約者（受取人）と被保険者が異なる場合、所得税・住民税が課税**されます。契約者（被保険者）と受取人が異なる場合、相続税が課税されます。契約者、被保険者、受取人が全て異なる場合、贈与税が課税されます（116ページ）。

●**解約返戻金**：契約者が受け取る**解約返戻金**は、**払込保険料との差益が一時所得**として所得税・住民税の課税対象となります。基本的に解約返戻金が払込保険料より少なければ課税されません。

●**満期保険金**：契約者が受取人と同じ場合、所得税・住民税が課税されます。契約者と受取人が異なる場合、贈与税が課税されます（115ページ）。

●**個人年金保険金**：契約者と受取人が同じ場合、**年金**は、**雑所得**として所得税・住民税が課税されます。契約者と受取人が異なる場合、年金受給権（年金を受け取る権利）が契約者から受取人に贈与されたものとみなされるため、年金受取開始時に年金受給権の評価額に贈与税が課税されます（2年目以降は所得税・住民税が課税）。

●**生存給付金・祝金**：生命保険の保険期間中、一定期間ごとに受け取ることができる生存給付金や、学資保険の満了時に受け取ることができる祝金は、一時所得として所得税・住民税が課税されます。

●**非課税になるもの**：被保険者や配偶者等※が受け取る通院・手術・入院など、**身体の傷害に基因する給付金、保険金は非課税**になります。なお、リビング・ニーズ特約保険金などで受け取った非課税の保険金でも、保険金を使い切らずに死亡した場合の未使用分は相続税の課税対象となります。

※支払を受ける者と身体に傷害を受けた者とが異なる場合は、その支払を受ける者がその身体に傷害を受けた者の配偶者、直系血族または生計を一にするその他の親族であれば非課税。

非課税となる給付金・保険金

●非課税の給付金

入院給付金・手術給付金・通院給付金・疾病（災害）療養給付金・がん診断給付金・障害給付金・先進医療給付金など。

※医療費控除を受ける場合、入院給付金など、保険で補填された金額は医療費から差し引く必要がある。

●非課税の保険金

高度障害保険金・特定疾病（三大疾病）保険金・リビング・ニーズ特約保険金・介護保険金（一時金・年金）など。

5 満期保険金への課税

満期保険金には、所得税・住民税、または贈与税が課税されます。

	契約者	被保険者	受取人	税金の種類
満期保険金	Aさん	誰でも	Aさん	所得税・住民税
	Aさん	誰でも	Aさん以外	贈与税

一時金で受け取る場合は**一時所得**となり、これまでに支払った保険料と特別控除額（最高50万円）を差し引いた金額の２分の１が課税対象となります。年金で受け取る場合は年金年額から必要経費※を差し引いた額が**雑所得**として課税対象となります。

所得税がかかる満期保険金や解約返戻金のうち、**保険期間が５年以下**（５年以内の解約を含む）の**一時払いの養老保険・損害保険・個人年金保険**などの**払込保険料との差益**については、**金融類似商品**の収益とみなされて**20.315%**（所得税15%＋復興特別所得税0.315%＋住民税5%）の**源泉分離課税**となります。なお、満期がない**終身保険**は、一時払いでも金融類似商品とはみなされません。

スピード理解!!
一時金は一時所得、年金は雑所得！

※必要経費＝公的年金以外の年金年額×払込済保険料÷年金の総支給(見込)額

ことば

金融類似商品：預貯金ではないが、預貯金と同じように利用される商品。

6 死亡保険金への課税

死亡保険金は、次のように課税されます。

	契約者	被保険者	受取人	税金の種類
死亡保険金	Aさん	Aさん	Aさん以外	相続税
	Aさん	Bさん	Aさん	所得税・住民税
	Aさん	Bさん	Cさん	贈与税

契約者と死亡した被保険者が同一で、保険金の受取人が法定相続人（配偶者や子）の場合、**500万円×法定相続人の数**の金額が**非課税**となります※。相続人以外の者が受け取った場合は、この規定の適用を受けることはできません。

※少額短期保険の死亡保険金も非課税枠の適用対象となる。

7 収入保障保険の税金

収入保障保険（104ページ）は、被保険者の死亡時、給付金を受け取る権利の評価額に相続税（契約者＝被保険者で受取人が他の親族の場合）または贈与税（契約者・被保険者・受取人がそれぞれ異なる場合）が課税されます。分割で受け取る年金には所得税・住民税が課税されます。

収入保障保険に関する税金

- 個人年金保険と同様、被保険者の死亡で取得した年金受給権の相続税評価額は、解約返戻金相当額、一時金相当額および予定利率等をもとに算出した額のうち、いずれか多い金額となる。
- 取得した年金受給権の相続税評価額については、相続税に係る死亡保険金の**非課税金額の適用を受けられる**。
- 被保険者の死亡時に**一時金として受け取ると相続税の課税対象**。
- **毎年受け取る年金は雑所得として所得税・住民税の課税対象**（相続税の課税対象部分を除く）、年金の受取期間中に、残りの期間の**年金を一括して一時金として受け取ると一時所得として所得税・住民税の課税対象**となる。

8 保険契約者が夫の場合の課税

保険金を受け取ったときの税金（114ページ）について試験で出題されるのは、保険契約者が夫の場合がほとんどです。下に挙げた頻出パターンを覚えておきましょう。

保険契約者が夫の場合の課税

例

	契約者（保険料負担者）	被保険者	受取人		税金の種類
満期保険金	夫	夫	夫	→	**所得税・住民税** （一時所得として総合課税もしくは源泉分離課税） ●契約者（夫）が受取人
満期保険金	夫	妻	妻または子	→	**贈与税** ●妻または子が受取人
死亡保険金	夫	妻	夫	→	**所得税・住民税** （一時所得として総合課税） ●契約者が受取人
死亡保険金	夫	夫	妻または子	→	**相続税** ●契約者＝被保険者（死亡）で、受取人が妻か子
死亡保険金	夫	妻	子	→	**贈与税** ●契約者、被保険者、受取人がそれぞれ異なる
年金	夫	夫	夫	→	**年金…所得税・住民税** （雑所得として総合課税） ●契約者が受取人
年金	夫	妻	妻	→	**年金開始時だけ…贈与税** **年金…所得税・住民税** （雑所得として総合課税） ●妻が受取人

過去問トレーニング

次の質問に答えなさい。

問1　2012年1月1日以後に締結した保険契約の保険料に係る生命保険料控除に関する次の記述の正誤を答えなさい。

◀2022年1月・5月・9月学科

❶ 終身保険の月払保険料のうち、2022年1月に払い込まれた2021年12月分の保険料は、2021年分の生命保険料控除の対象となる。

❷ 特定疾病（三大疾病）保険金保障定期保険の保険料は、介護医療保険料控除の対象となる。

❸ 一般の生命保険料控除、個人年金保険料控除および介護医療保険料控除の控除限度額は、所得税では各5万円である。

❹ 生命保険契約に付加された傷害特約の保険料は、介護医療保険料控除の対象となる。

❺ 変額個人年金保険の保険料は、個人年金保険料控除の対象とはならず、一般の生命保険料控除の対象となる。

❻ 少額短期保険の保険料は、一般の生命保険料控除や介護医療保険料控除の対象となる。

❼ 終身保険の月払保険料について、保険料の支払いがなかったため自動振替貸付により保険料の払込みに充当された金額は、生命保険料控除の対象となる。

問2　契約者（＝保険料負担者）と保険金受取人が同一人（個人）である生命保険契約に基づき受け取った給付金の課税関係に関する次の記述の正誤を答えなさい。

◀2012年9月学科

❶ 入院したことにより被保険者が入院給付金を受け取った場合、その給付金は、一時所得として所得税・住民税の課税対象となる。

❷ 被保険者がケガをしたことにより被保険者の配偶者が受け取った手術給付金は、一時所得として所得税・住民税の課税対象となる。

❸ リビング・ニーズ特約に基づき被保険者が受け取った生前給付金は、一時所得として所得税・住民税の課税対象となる。

❹ 被保険者が不慮の事故で死亡したことにより、契約者（＝保険料負担者）が受け取った災害死亡給付金は、一時所得として所得税・住民税の課税対象となる。

問3 生命保険の税務に関する次の記述の正誤を答えなさい。なお、契約者と保険料負担者は同一人であり、契約者は個人であるものとする。

◀ 2011年1月・2020年9月学科

❶ 一時払定額個人年金保険（10年確定年金）を、契約から５年以内に解約した場合、当該解約返戻金は一時所得の収入金額として総合課税の対象となる。

❷ 一時払終身保険を契約から５年以内に解約したことにより契約者が受け取る解約返戻金は、一時所得として総合課税の対象となる。

❸ 個人年金保険の契約者が夫、年金受取人が妻の場合、年金支払い開始時に妻が年金受給権を贈与により取得したものとみなされ、年金受給権の評価額が贈与税の課税対象となる。

問4 下記の生命保険契約について、保険金・給付金が支払われた場合の課税に関する次の記述の空欄（❶）～（❸）に入る適切な語句を語群の中から選び、その番号のみを解答欄に記入しなさい。なお、同じ語句を何度選んでもよいこととする。

◀ 2015年5月資産（改）

	保険種類	保険料払い込み方法	保険契約者（保険料負担者）	被保険者	死亡保険金受取人	年金受取人
契約A	終身保険	年払い	夫	夫の父	夫	—
契約B	定期保険	月払い	夫	夫	子	—
契約C	個人年金保険	年払い	妻	妻	夫	妻

・契約A：夫が受け取った死亡保険金は（❶）の課税対象となる。
・契約B：子が受け取った死亡保険金は（❷）の課税対象となる。
・契約C：妻が受け取った年金は（❸）の課税対象となる。

1 相続税　**2** 贈与税　**3** 所得税（一時所得）
4 所得税（雑所得）

問5 室井武史さんが2024年中に支払う予定の生命保険料等は下記〈資料〉のとおりである。室井さんの2024年分の所得税の計算における生命保険料控除の金額として、正しいものはどれか。なお、下記〈資料〉の保険について、これまでに契約内容の変更は行われていないものとする。

◀2014年9月資産（改）

〈資料〉

[終身保険（無配当）]
契約日：2010年3月1日
保険契約者：室井武史
被保険者：室井武史
死亡保険金受取人：室井幸子（妻）
2024年の年間支払保険料
：102,000円

[個人年金保険（税制適格特約付）]
契約日：2013年12月1日
保険契約者：室井武史
被保険者：室井武史
年金受取人：室井武史
2024年の年間支払保険料
：120,000円
2024年の配当金：なし

【参考：所得税の生命保険料控除額の速算表】

〈2011年12月31日以前に締結した保険契約（旧契約）等に係る控除額〉

[一般生命保険料控除、個人年金保険料控除]

年間の支払保険料の合計		控除額
	25,000円以下	支払保険料等の全額
25,000円超	50,000円以下	支払保険料等×1/2+12,500円
50,000円超	100,000円以下	支払保険料等×1/4+25,000円
100,000円超		一律50,000円

〈2012年1月1日以後に締結した保険契約（新契約）等に係る控除額〉

[一般生命保険料控除、個人年金保険料控除、介護医療保険料控除]

年間の支払保険料の合計		控除額
	20,000円以下	支払保険料等の全額
20,000円超	40,000円以下	支払保険料等×1/2+10,000円
40,000円超	80,000円以下	支払保険料等×1/4+20,000円
80,000円超		一律40,000円

1 50,000円　**2** 80,000円　**3** 90,000円　**4** 100,000円

答え

問1 新契約の生命保険料控除に関する問題。

❶ × 前年分の保険料を今年払い込んだ場合、前年分ではなく、今年分の生命保険料控除の対象となる。

❷ × 特定疾病（三大疾病）保険金は、特定疾病が原因でなくても死亡・高度障害状態に陥った際に保険金が支払われる（145ページ）ので、生存・死亡に基因した契約として、一般の生命保険料控除の対象となる。

❸ × 保険料控除の控除額（上限）は、一般の生命保険・個人年金・介護医療それぞれで4万円、合計で12万円。

❹ × 身体の傷害のみに基因して保険金が支払われる傷害特約や災害割増特約などの保険料は、生命保険料控除の対象とはならない。

❺ ○ 変額個人年金保険の保険料は、一般の生命保険料控除の対象。

❻ × 保険期間5年未満の貯蓄保険や少額短期保険契約等の保険料は生命保険料控除の対象外。

❼ ○ 保険料の払込みがないために自動振替貸付となった場合、自動振替貸付によって立て替えられた金額も、生命保険料控除の対象となる。

問2 給付金の課税に関する問題。

❶ × 入院や障害等に対する給付金、保険金は非課税。

❷ × 手術給付金は非課税。

❸ × 非課税。ただし保険金の未使用分は相続税の課税対象。

❹ ○ 保険料負担者と保険金受取人が同じなので、支払われる給付金・保険金は一時所得として所得税・住民税の課税対象。

問3 生命保険の税務に関する問題。

❶ × 一時払の養老保険や個人年金保険などを契約から5年以内に解約した場合は、金融類似商品として受取差益に20.315%の源泉分離課税。

❷ ○ 終身保険は、一時払いでも金融類似商品とはみなされない。

❸ ○ 夫から妻への贈与とみなされて贈与税の課税対象。

問4 生命保険の税務に関する問題。

❶ 3 契約者自身が保険料を負担していた保険から給付金や保険金を受け取るので、一時所得として所得税・住民税の課税対象。

❷ 1 みなし相続財産として、相続税の課税対象。

❸ 4 雑所得として所得税・住民税の課税対象。

問5 3 「一般の生命保険料控除」と「個人年金保険料控除」の対象なので、それぞれの控除額の合計が生命保険料控除額となる。2010年契約の終身保険で年間10.2万円支払っているので、控除額は「旧契約の一般の生命保険料控除」で5万円。2013年契約の個人年金保険で年間12万円支払っているので、控除額は「新契約の個人年金保険料控除」の4万円。生命保険料控除額は、5万円+4万円=9万円。なお、新契約も旧契約も同じ控除枠の終身保険の場合なら、控除の上限は旧契約だけの5万円となる。

5 法人契約の生命保険

「生保顧客資産相談業務」（金財）で仕訳が超頻出！

- 終身保険の保険料は保険料積立金として資産計上。
- 定期保険の保険料は定期保険料として損金算入。
- 保険差益がプラスなら「雑収入」、マイナスなら「雑損失」。

1 事業保障資金

法人（会社）が契約者となる生命保険は、役員・従業員の退職金の準備、万一に備えての遺族への保障、経営者が死亡した場合の**事業保障資金**の確保などが目的となります。

事業保障資金の額＝短期債務額※＋全従業員の１年分の給与総額

※短期債務額 ＝短期借入金＋買掛金＋支払手形。

なお、法人が役員や従業員にかけた生命保険は、退職時に受取人を役員・従業員本人やその遺族に**名義変更**して、**退職金の一部として現物支給**することができます。

2 保険に関する経理処理（仕訳）

ことば

仕訳：借方（左に資産増加・負債減少）と貸方（右に資産減少・負債増加）に分けて図式化した、簿記で使用する取引の記録。FP検定の仕訳は、実技試験「生保」で、保険料と保険金の仕訳が出題されるだけ。

- **法人が支払った保険料**：**保険金受取人が法人**の終身保険、養老保険等の保険料は「**保険料積立金**」として【**借方**】に**資産計上**します。**被保険者・保険金受取人が特定の役員や従業員（または遺族）**の場合は、「**給与**」として【**借方**】に**損金算入**します。保険料を一括前払いしても、**支払った年度**で**損金算入**できるのは、**その年度分の保険料**だけです。

最高解約返戻率50%以下の定期保険・第三分野の保険の**保険料は【借方】に全額を損金算入**します。

支払った保険料の経理処理(仕訳)

保険の種類	支払った保険料の経理処理
終身保険・養老保険・年金保険で、保険金受取人が法人	貯蓄性があるため、【借方】に「保険料積立金」として資産計上
終身保険・養老保険・年金保険で、保険金受取人が被保険者（または遺族）	【借方】に「給与」として損金算入
最高解約返戻率が50%以下の定期保険・第三分野の保険で、保険金受取人が法人	貯蓄性がないため、【借方】に「支払保険料」として全額損金算入※

●**仕訳の具体例：終身保険（保険金受取人が法人）の保険料**

借　方		貸　方	
保険料積立金	120万円	現金・預金	120万円

▲左側【借方】に積み立てている保険料。保険料は現金か預金から支払うので、右側【貸方】に現金・預金。【借方】と【貸方】は同じ金額になる。

※保険金受取人が従業員の遺族で、被保険者が全従業員なら、「福利厚生費」、特定の者のみが被保険者なら「給与」として損金算入。

●**法人が受け取った保険金**：死亡保険金、満期保険金、解約返戻金等は、**事業資金として活用**できます。

仕訳では、保険金額を「**現金・預金**」として資産計上し、「**現金・預金**」と「**保険料積立金額**」(＝払込保険料総額)との差益を「**雑収入**」として【貸方】に益金算入します。

受け取った保険金の経理処理(仕訳)

●**終身保険（保険金受取人が法人）の保険金を受け取った場合の仕訳**
【払込保険料総額400万円、保険金8,000万円の場合】

借　方		貸　方	
現金・預金	8,000万円	保険料積立金	400万円
		雑収入	7,600万円

▲左側【借方】に現金・預金として、保険会社から支払われた保険金8,000万円。右側【貸方】に保険料積立金400万円と雑収入（8,000－400=）7,600万円。

3 定期保険の保険料の経理処理

定期保険は原則、貯蓄性がないものとして、全額を損金算入できます。しかし、**長期平準定期保険**や**逓増定期保険**等、節税目的の保険が問題となり、2019年6月28日に法人契約の保険料の経理処理に関して、下表のような改正が行われました。これは、**2019年7月8日以後の契約にかかる、保険期間3年以上で最高解約返戻金率が50%を超える定期保険・第三分野の保険の保険料**について適用されます。**2019年7月7日以前の契約は従前の取扱い**となります。

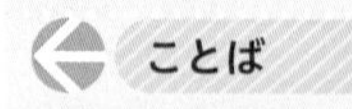

長期平準定期保険：保険期間満了時70歳を超え、かつ、「加入時年齢＋保険期間×2＞105」となる定期保険。

逓増定期保険：死亡保険金額が増加（保険料は一定）する定期保険。

保険料の経理処理（2019年7月8日以後の契約）

● **最高解約返戻率50%超70%以下の定期保険・第三分野の保険**

前半4割に相当する期間の保険料	4割超7.5割に相当する期間の保険料	後半2.5割に相当する取崩期間の保険料
40%を資産計上。60%を損金算入	全額を損金算入	全額を損金算入＋資産計上額を取り崩し

● **最高解約返戻率70%超85%以下の定期保険・第三分野の保険**

前半4割に相当する期間の保険料	4割超7.5割に相当する期間の保険料	後半2.5割に相当する取崩期間の保険料
60%を資産計上。40%を損金算入	全額を損金算入	全額を損金算入＋資産計上額を取り崩し

● **最高解約返戻率85%超の定期保険・第三分野の保険**

原則として開始日から、最高解約返戻率となる期間の終了日まで		最高解約返戻率となる期間の終了日以降
当初10年間の保険料	11年目以降の保険料	取崩期間の保険料
支払保険料×最高解約返戻率の90%を資産計上。残り10%を損金算入	支払保険料×最高解約返戻率の70%を資産計上。残り30%を損金算入	全額を損金算入＋資産計上額を取り崩し

▲取崩期間は、保険料の全額を損金算入するとともに、資産計上されている「前払保険料」の累計額を取崩期間で均等に取り崩して損金の額に算入。

● **最高解約返戻率50%以下の定期保険・第三分野の保険※は、全額損金算入。**

※保険期間3年未満、最高解約返戻率が50%超70%以下かつ1被保険者あたりの年換算保険料相当額が30万円以下（全保険会社の契約を通算）の保険も損金算入ができる。

長期平準定期保険や逓増定期保険は、高い返戻率の解約返戻金を事業資金として活用できる保険でしたが、前ページの改正によって損金算入額の割合が規制されました。

長期平準定期保険（2019年7月7日以前の契約）

●**保険期間30年で、年間保険料240万円の保険料の場合の例**

・**前半6割に相当する期間**（30年×0.6＝前半18年の仕訳）
2分の1（120万円）は「定期保険料」として損金算入
2分の1（120万円）は「前払保険料」として資産計上

借　方		貸　方	
定期保険料	120万円	現金・預金	240万円
前払保険料	120万円		

・**後半4割に相当する期間**（30年×0.4＝後半12年の仕訳）
保険料全額の240万円を「定期保険料」として損金算入
前半で「前払保険料」として資産計上した分を取り崩して損金算入

借　方		貸　方	
定期保険料	240万円	現金・預金	240万円
定期保険料	180万円	前払保険料	180万円

▲120万円×18年=2,160万円を12年で取り崩すので、2,160÷12=180万円。

逓増定期保険（2019年7月7日以前の契約）

・**前半6割の期間**

満了時年齢および条件	経理処理：借方（貸方は現金・預金）
❶45歳超 ❷❸に該当しないもの	2分の1を「定期保険料」として損金算入。 2分の1は「前払保険料」として資産計上
❷70歳超、かつ 契約時年齢＋保険期間×2>95	3分の1を「定期保険料」として損金算入。 3分の2は「前払保険料」として資産計上
❸80歳超、かつ 契約時年齢＋保険期間×2>120	4分の1を「定期保険料」として損金算入。 4分の3は「前払保険料」として資産計上

・**後半4割の期間**
保険料全額を「定期保険料」として損金算入。
前半で「前払保険料」として資産計上した分を取り崩して損金算入。

4 ハーフタックスプラン

法人契約の養老保険のうち、

- **被保険者＝全役員・全従業員（普遍的加入が条件）**
- **死亡保険金受取人＝被保険者の遺族**
- **満期保険金受取人＝法人**

とするタイプを**ハーフタックスプラン（福利厚生プラン、福利厚生保険）**といいます。ハーフタックスプランでは、

・**支払保険料の２分の１を保険料積立金として資産計上**、
・**残りの２分の１を福利厚生費として損金算入**します。※

なお、従業員が中途退職した場合の**解約返戻金**は契約者である**法人**が受け取ります。また、**死亡保険金**は生命保険会社から被保険者の**遺族**へ直接支払われます。その際、法人側では資産計上していた保険料積立金と配当金積立金を取り崩して、同額を雑損失として損金に算入します。

※被保険者が満期まで生きていれば満期保険金が会社に入るので資産とみなして２分の１を資産計上。被保険者が死亡すれば死亡保険金は遺族にいき、会社に入らず資産とみなされないため、２分の１は損金算入。

出る

ハーフタックスプランの仕訳

● **年間保険料200万円を支払った場合の仕訳**
２分の１（100万円）は「保険料積立金」として資産計上
２分の１（100万円）は「福利厚生費」として損金算入

借　方		貸　方	
保険料積立金	100万円	現金・預金	200万円
福利厚生費	100万円		

● **満期保険金3,000万円を受け取った場合の仕訳**【払込保険料総額2,800万円】
これまでの資産計上額は、2,800万円×1/2=1,400万円
保険差益は、満期保険金3,000万円－1,400万円=雑収入1,600万円

借　方		貸　方	
現金・預金	3,000万円	保険料積立金	1,400万円
		雑収入	1,600万円

※左側【借方】に現金・預金として、保険会社から支払われた満期保険金3,000万円。
右側【貸方】に保険料積立金1,400万円と雑収入1,600万円。

5 個人年金保険

法人契約の個人年金保険で、

- **被保険者＝全役員・全従業員**
- **死亡保険金受取人＝被保険者の遺族**
- **年金受取人＝法人**

とした場合は、

- ・**支払保険料の10分の9を保険料積立金（または年金積立金）として資産計上**、
- ・**残り10分の1を給与・報酬（または福利厚生費）として損金算入**します。※

※個人年金保険でも、
・保険金、年金の受取人を「法人」とした場合は、保険料全額を保険料積立金として資産計上する。
・保険金、年金の受取人を「被保険者（または遺族）」とした場合は、保険料全額を給与として損金算入する。

●年間保険料100万円を支払った場合

借　方		貸　方	
保険料積立金	90万円	現金・預金	100万円
給与・報酬	10万円		

6 総合福祉団体定期保険

総合福祉団体定期保険は、**契約者が法人、被保険者を役員を含む全従業員、保険金受取人を遺族または法人**として、従業員の死亡・高度障害の際の退職金に備える一年更新の定期保険です。企業が支払う**保険料は全額損金算入**できます。定年退職した場合には保険金の支払いはありません。

ことば

団体定期保険：企業が掛金を支払うAグループ（総合福祉団体定期保険）と、各従業員が任意加入（個人加入より割安）するBグループがある。

総合福祉団体定期保険

- 保険加入時には、**医師による審査は原則不要**。**保険約款に基づく告知、被保険者本人の同意**は必要。法人の保険金請求時は**被保険者の遺族の了知**が必要。
- **ヒューマンバリュー特約**は、従業員の死亡・高度障害に伴う諸費用（代替雇用者採用・育成費等）を保障するもので、この**保険金は法人が受け取る**。
- **災害総合保障特約**は、交通事故などの不慮の事故による災害時に障害・入院給付金が支払われる特約で、**給付金の受取人は原則として従業員**である。

過去問トレーニング

次の質問に答えなさい。

問1 □□ 契約者（＝保険料負担者）を法人、被保険者をすべての役員・従業員とする生命保険契約の保険料（毎月平準払い）の経理処理に関する次の記述の正誤を答えなさい。 ◀2020年9月学科

❶ 被保険者が役員・従業員全員、死亡保険金受取人が被保険者の遺族、満期保険金受取人が法人である養老保険の支払保険料は、その2分の1相当額を資産に計上し、残額を損金の額に算入することができる。

❷ 被保険者が役員、死亡保険金受取人が法人である終身保険の支払保険料は、その全額を資産に計上する。

❸ 被保険者が役員、死亡保険金受取人が法人で、最高解約返戻率が80％である定期保険（保険期間10年）の支払保険料は、保険期間の前半4割相当期間においては、その40％相当額を資産に計上し、残額を損金の額に算入することができる。

❹ 被保険者が役員、給付金受取人が法人である解約返戻金のない医療保険の支払保険料は、損金の額に算入することができる。

問2 □□ 次の生命保険に係るX社の経理処理（仕訳）について、空欄❶～❹に入る最も適切な語句または数値を**ア**～**ス**の中から選びなさい。問題の性質上、明らかにできない部分は□□□で示してある。◀2013年1月生保（改）

保険の種類	無配当定期保険
契約年月日	2019年7月1日（加入時年齢：45歳）
契約者（＝保険料負担者）	X社
被保険者	Aさん（社長）
死亡保険金受取人	X社
保険期間・保険料払込期間	98歳満了
死亡保険金額	1億円
年払保険料	270万円

〈条件〉・Aさんが65歳のときに解約するものとする。
・解約返戻金の額：5,000万円
・解約時までにX社が払い込んだ保険料の総額：5,400万円

第１回保険料払込時の経理処理（仕訳）

借　　方		貸　　方	
定期保険料	135万円	現金・預金	270万円
（　❶　）	135万円		

解約時の経理処理（仕訳）

借　　方		貸　　方	
現金・預金	□□□	（　❶　）	（　❷　）万円
		（　❸　）	（　❹　）万円

ア 支払保険料　**イ** 前払保険料　**ウ** 雑収入　**エ** 雑損失　**オ** 400　**カ** 1,400
キ 1,800　**ク** 2,300　**ケ** 2,700　**コ** 3,200　**サ** 3,600　**シ** 5,000　**ス** 5,400

問3　ハーフタックスプランに関する次の記述の正誤を答えなさい。

◀2014年9月生保

❶　保険料は、保険期間の当初６割相当期間は２分の１の金額が資産に計上され、残りの２分の１の支払保険料は損金に算入される。その後の４割相当期間は支払保険料の全額を損金の額に算入するとともに、資産に計上されている支払保険料の額を期間の経過に応じて取り崩し、損金の額に算入する。

❷　加入時の役員・従業員だけでなく、プラン導入後に入社する従業員に対しても、当該プランの趣旨を周知徹底するとともに、プラン導入後に加入漏れ等が生じないように留意する必要がある。

❸　被保険者が保険期間中に退社し、保険契約を解約した場合、その時点での解約返戻金相当額が被保険者本人に直接支払われる。

答え

問1　❶ ○　❷ ○　❸ ×　60%を資産に計上する。❹ ○

問2　期間満了時98歳で、加入時年齢45歳＋保険期間53年×２＞105なので「長期平準定期保険」で、契約日が2019年７月７日以前。第１回保険料払込時は、定期保険料として135万円の損金計上、前払保険料として135万円の資産計上。65歳解約時までの払込済保険料5,400万円。資産計上額は135万×20年＝2,700万円（前半６割期間）。解約返戻金5,000万円との差額2,300万円を雑収入として益金算入。

❶ イ（前払保険料）❷ ケ（2,700）❸ ウ（雑収入）❹ ク（2,300）

問3　❶ ×　❷ ○　❸ ×　法人が受け取る。

6 損害保険

火災、地震、自動車、傷害保険のいずれも超頻出！

- 火災保険では自宅車庫内の自動車は補償対象外。
- 地震保険の保険金額は火災保険の30～50%の範囲。
- 機械保険では火災による機械の損害は対象外。

1 損害保険の基本用語

最初に、損害保険の基本用語を覚えておきましょう。

保険者	保険金を支払う者。主に保険会社
契約者	契約を結ぶ人。保険料を支払う者。契約者＝被保険者のこともある
被保険者	保険事故（保険の対象となる事故）が起きたときに、補償を受ける人
保険の目的	保険をかける対象。火災保険での建物・家財、自動車保険での自動車
保険料	契約者が保険会社に払い込むお金
保険金額	契約時に決める保険金の額。保険事故で支払われる最高限度額
保険価額	保険の対象の評価額。保険事故が生じたときに、被保険者が被ることになる損害の最高見積額のこと
保険金	保険会社から被保険者に支払われるお金
実損てん補	実損払いともいう。実際の損失額の全額を保険金として支払うこと
比例てん補	実際の損失額に保険金額と保険価額との一定割合を乗じて支払うこと
再調達価額	保険の対象と同等のものを再築または再取得するために必要な金額
給付・反対給付均等の原則	保険料は、被保険者のリスクの大きさや事故発生の確率に応じたものでなければならないという原則（例えば、危険な職業ほど保険料が高くなる）
利得禁止の原則	被保険者が保険金の受取りによって利益を得てはならないという原則
全部保険	保険金額と保険価額が等しい保険。実損てん補
超過保険	保険金額の方が保険価額より大きい保険。実損てん補
一部保険	保険金額の方が保険価額より小さい保険。比例てん補
失火責任法	軽過失による失火は、「失火ノ責任ニ関スル法律」（失火責任法）によって、隣家を全焼させても、失火者は隣家に対して損害賠償責任を負わない
自動車損害賠償保障法	この法律では、運行供用者に、故意・過失がなくても損害賠償責任を負う無過失責任に近い賠償責任を課している

2 火災保険

住宅用建物の火災保険は、居住用の建物と建物内の家財を対象に火災や自然災害の損害を補償します。火災保険の保険料は、住宅用建物の構造により、**M構造、T構造、H構造の3つに区分**されて算定されます。建物のみ、家財のみ、建物と家財の両方、などを選択することもできます。

火災保険では、保険金額が保険価額の**80%以上なら実損てん補**となります。**80%未満なら比例てん補**となり、次の公式によって保険金が支払われます。

$$保険金＝損害額 \times \frac{保険金額}{保険価額 \times 80\%}$$

スピード理解!!
保険金額が保険価額の80%以上なら、保険金額を限度として、実際の損害額が支払われる！

火災保険の出題ポイント

住宅火災保険 火・風 雪・雷	火災（消火活動の水ぬれ損害含む）、風災（突風・竜巻等）、雪災、ひょう災、落雷、爆発、破裂などが補償される。 ✕ 自然災害でも、**水災と地震・噴火・津波は補償対象外**
住宅総合保険  火・風・雪・雷・盗難・飛来・外出中	住宅火災保険の補償範囲に加えて、水災（洪水による浸水や給排水設備の水漏れ等）、盗難、外部からの落下・衝突・飛来による損害、持ち出し（旅行、買い物中の破損、盗難など）による家財の損害も補償される。 ✕ 自然災害でも、**地震・噴火・津波は補償対象外**

- 被保険者の**重大な過失による損害には、保険金は支払われない**。
- 1個または1組の価額が30万円を超える貴金属・美術品・絵画・骨董品、また本などの原稿・設計図・帳簿・有価証券などは、**別途明記が必要**。明記した物件の1個または1組の補償の上限は1事故あたり100万円まで。
- 自宅の車庫の火災による被害は補償対象だが、**車庫内の自動車は補償対象外**（自動車の損害は車両保険の対象範囲）。
- 保険期間満了時に満期返戻金が支払われる**積立型火災保険**もある。
- 地震・噴火・津波、およびそれらを原因とする火災の補償には、**特約として地震保険への加入が必要**。また、地震による事業用建物の倒壊火災の損害を補償する特約として、**地震危険担保特約**がある。

3 地震保険

地震保険は、地震、噴火、津波による被害を補償します。地震保険は、**火災保険の特約として加入（中途での付帯可）**するもので、単独で加入することはできません。

地震保険は、住居※と家財が補償対象です。ただし、現金、有価証券、および1個または1組**30万円を超える**貴金属や絵画、自動車は**補償対象外**です。

※事業用建物の地震による倒壊・火災の損害を補償するには、火災保険等に付帯する地震危険担保特約がある。

地震保険の基本料率（地震保険の保険料を算出するもと）は、建物の**構造**と**所在地**によって決まり、条件が同一であれば、どの保険会社で加入しても**保険料は同額**になります。さらに、築年数や耐震性能等による割引もあります。

地震保険の出題ポイント

契約できる保険金	主契約の火災保険金額の30～50%の範囲内
支払保険金の上限	建物5,000万円、家財1,000万円

- 地震保険（保険始期が2017年1月1日以降）で支払われる保険金は、建物の損害の割合によって4段階に分かれている。支払われる**保険金額は地震保険金額（時価額）のうち、全損＝100%、大半損＝60%、小半損＝30%、一部損＝5%**を限度として支払われる。
- 補償対象になる被害：**地震・噴火・津波**、およびそれらを原因とする火災による被害。地震による**地盤の液状化**で住宅が傾いたときの損害。
  ×**地震が発生した日の翌日から10日以上経過した後に生じた損害**、物の紛失・盗難は**補償の対象とならない。**
- 補償対象：住居のみに使用される居住用建物（店舗併用住宅は可）と家財。
  ×**現金、有価証券**、および1個または1組30万円を超える貴金属や絵画、自動車は**補償の対象とならない。**
- 割引制度：**「建築年割引」「耐震等級割引」「免震建築物割引」「耐震診断割引」の4種類**で、**重複適用はできない。**最大割引率は最大50%。
- 火災保険の保険期間が5年超（保険料一括払い）の場合、地震保険の保険期間については、1年ごとの自動更新とするか、または5年ごとの自動更新とするかを選ぶことができる。**火災保険の保険期間中に中途で付帯**ができる。

例 題

・**地震保険に関する次の記述の正誤を答えなさい。**

◀2020年1月学科

❶ 地震保険は、火災保険の加入時に付帯する必要があり、火災保険の保険期間の中途では付帯することはできない。

❷ 地震保険には、「建築年割引」「耐震等級割引」「免震建築物割引」「耐震診断割引」の4種類の保険料割引制度があり、重複して適用を受けることができる。

❸ 地震保険では、地震が発生した日の翌日から10日以上経過した後に生じた損害は、補償の対象とならない。

❹ 地震保険では、保険の対象である居住用建物が大半損に該当する損害を受けた場合、保険金額の75%を限度（時価額の75%を限度）として保険金が支払われる。

例題の答え

❶ ×
火災保険の保険期間中に中途付帯できる。
❷ ×
重複して適用を受けることはできない。
❸ ○
❹ ×
大半損の保険金額は、地震保険金額（時価額）の60%が限度。

4 自賠責保険（自動車損害賠償責任保険）

自賠責保険は、**自動車損害賠償保障法**により、**自動車、二輪自動車**（**原動機付自転車**を含む）の所有者と運転者に加入義務が課されている強制保険です。

他人（家族含む）の身体に傷害を与えた場合の保険なので、物品への損害、本人のケガ、自損事故は対象外です。

自賠責保険の保険料は、取り扱う損害保険会社や共済組合にかかわらず同一です（一部の離島などを除く）。

自賠責保険：保険金の支払限度額

死亡事故	被害者1人当たり**3,000万円**
傷害事故	被害者1人当たり**120万円** **後遺障害のある場合：75万円～4,000万円**

●被保険者（加害者）だけでなく被害者からも保険金支払いを請求できる。

5 任意加入の自動車保険

任意加入の自動車保険には様々な種類があります。原則として、戦争、地震、噴火、津波、核燃料物質による損害、また飲酒運転や無免許運転による運転者自身のケガや車の損害は補償対象外です。

対人賠償保険と**対物賠償保険**は、運転免許失効中などによる**無免許運転や飲酒運転の事故も補償**されます。

自動車保険（任意加入）の種類

対人賠償保険	他人（家族以外）を死傷させた場合に、被害者に自賠責保険の支払限度額を超える分が支払われる保険。保険金額を無制限（上限なし）とすることもできる。**飲酒運転、運転免許失効中の事故も補償**
対物賠償保険	他人（家族以外）の車、壁、ガードレールなど、物を破損した場合、賠償額を補償する保険。**飲酒運転、運転免許失効中の事故も補償**
自損事故保険	自損事故（自分だけで起こした単独事故）を対象とする保険。自分や搭乗者の死傷の補償をする。飲酒運転は補償対象外
無保険車傷害保険	十分な賠償ができない車との事故で、運転者や同乗者が死亡、後遺障害を被った場合に保険金が支払われる
搭乗者傷害保険	被保険自動車の搭乗者（運転者・同乗者）が死傷した場合に契約時に定めた保険金が支払われる
車両保険（一般型）※	事故（**単独事故**含む）、**盗難**、衝突、接触、火災、爆発、台風、洪水などによる契約車の損害を対象とした保険。**地震・噴火・津波による損害には特約の付帯が必要**
人身傷害補償保険	自分や家族が自動車事故で死傷した場合、**被保険者本人の過失部分（操縦ミス等）も含めて**保険金の範囲内で損害額全額（入院・通院費、休業補償、慰謝料等）が支払われる保険。契約対象車両に限定して補償する保険と、歩行中や他車両の事故も補償する保険がある

※車両保険にはエコノミー型（車対車＋A）もある。エコノミー型は、**相手の車がいない単独の事故は補償の対象外**。

6 傷害保険

傷害保険では、様々なケガ（急激かつ偶然な外来の事故による傷害）を被った場合に保険金が支払われます。細菌性食中毒や心臓発作などの病気、自殺などは補償しません。

保険料は、原則として職業や職種によって異なり、性別・年齢による違いはありません。

親族：本人の6親等内の血族及び3親等内の姻族（婚姻によって親族になった者）。本人（配偶者）の親は1親等、兄弟は2親等。

傷害保険の種類

普通傷害保険	国内と海外での日常生活（旅行中を含む）での傷害を補償する。病気、地震・噴火・津波は対象外 **補償対象**：運動で骨折、旅行中のケガで破傷風に感染して入院、出張先のホテル火災でやけどなど、「急激かつ偶然な外来の事故による傷害」を補償 **補償対象外**：心臓発作、細菌性・ウイルス性食中毒
家族傷害保険	普通傷害保険と同じ補償を本人、配偶者、生計を共にする同居の親族、別居の未婚の子（保険契約締結後に誕生した子も含む）が受けられる。契約者本人の職業で保険料が異なる
海外旅行（傷害）保険	海外旅行のために自宅を出発してから帰宅するまでの間に負った病気やケガを補償する。食中毒、地震・噴火・津波も補償対象
国内旅行（傷害）保険	国内旅行で自宅を出発してから帰宅するまでの間に負ったケガを補償する。食中毒は補償対象。虫垂炎などの病気、地震・噴火・津波は補償対象外
交通事故傷害保険	国内と海外での交通事故のほか、エレベーター、エスカレーターの事故、落下物や火災によるケガ、自転車との接触事故など、移動中の事故も補償対象

スピード理解!!

普通傷害保険は地震・噴火・津波は補償対象外。
海外旅行（傷害）保険は地震・噴火・津波も補償対象。

7 賠償責任保険

賠償責任保険は、偶然の事故で他人の財産や身体を傷つけ、損害賠償責任を負った場合を対象とする保険です。

賠償責任保険の種類

個人賠償責任保険	日常生活の事故で他人の財産や身体を傷つけ、損害賠償責任を負った場合の賠償責任を補償する保険。**生計を共にする家族全員（別居している未婚の子も含む）の賠償責任**を補償。**業務上の事故**、**自動車事故は補償対象外** **補償対象例**：自転車事故。子どもが陳列商品を壊した。飼い犬がケガをさせた。水漏れで損害を与えた。 **対象外の例**：借りている物を壊した。運転中、仕事中、国外、ケンカでの事故。同居している親族への賠償
生産物賠償責任保険（ＰＬ保険）	企業等が製造・販売した商品による事故が発生した場合に、損害賠償金や訴訟費用を補償する保険 **補償対象例**：製造した弁当やレストランの料理で食中毒が発生。工事の不備が原因で事故 **対象外の例**：リコールの費用。欠陥品の修理費用
受託者賠償責任保険	他人から預かった物に対する損害賠償責任を補償する保険 **補償対象例**：客から預かった荷物の焼失・破損・紛失・盗難等
施設所有（管理）者賠償責任保険	施設の管理の不備、施設における従業員等の業務活動中のミスによる損害賠償責任を補償する保険 **補償対象例**：施設の看板の落下で通行人がケガ。従業員の不手際やミスで店舗内の客がケガ
請負業者賠償責任保険	工事・警備・清掃・荷役などの請負業者が業務遂行中に起こした事故による損害賠償責任を補償する保険 **補償対象例**：工事を請け負った業者の作業員のミスで通行人がケガ

8 その他の損害保険

２級検定では、これまでに挙げた損害保険のほかに、次のような企業向けの損害保険が出題されます。

その他、出題される損害保険

労働災害総合保険	企業が従業員に支払う補償金や賠償金を補償。**労働者災害補償保険（政府労災）の上乗せ補償を目的**とする
機械保険	作業ミスや設計ミス等による事故で事業用建物内の機械に生じる損害を補償。**火災による損害は補償対象外**
店舗総合保険	給排水設備の水濡れ損害、台風による洪水等の水災、盗難（商品除く）等の**店舗の建物や什器備品の損害を補償**
店舗休業保険	火災、爆発、風災、水災、落下、飛来、衝突、給排水設備の水漏れ、盗難、暴行、食中毒の発生による営業休止や阻害による利益減少等の**休業損失を補償**。**保険金は事業所得となる**
建設工事保険	火災や作業ミス等の事故で、**建設工事中の建物に生じる損害を補償**
個人情報漏えい保険	個人情報漏えいで損害賠償責任を負った際の損害、謝罪広告やお詫び状等の事故対応の費用損害を補償
ゴルファー保険	国内外を問わず、ゴルフの練習・競技・指導中に起こした事故での損害賠償責任による損害等を補償

例題

◀2014年5月学科

・次の記述の正誤を答えなさい。

❶ 家具製造業を営む企業が、労働者災害補償保険（政府労災保険）の上乗せ補償を目的に労働災害総合保険を契約。

❷ 食料品製造業を営む企業が、工場内に設置されている機械が火災により損害を被った場合に備えて機械保険を契約。

❸ 遊園地を経営する企業が、施設内の直営レストランで食中毒が発生した場合に備えて請負業者賠償責任保険を契約。

例題の答え

❶ ○

❷ ×
機械保険は、火災による損害は対象外。

❸ ×
直営なので、請負業者の賠償とならない。

9 個人の損害保険と税金

●**保険料控除**：2006年の税制改正で損害保険料控除が廃止されて、**地震保険料控除**だけ（火災保険は対象外）になりました。しかし、2006年12月31日以前に締結された要件を満たす**長期損害保険契約**[※1]の保険料は、**最高15,000円**の地震保険料控除の適用を受けられます。

※1 満期返戻金等のあるもので、保険期間または共済期間が10年以上の長期損害保険契約。

地震保険料控除の出題ポイント

所得税	地震保険料の全額が対象。**所得税控除限度額は50,000円**
住民税	地震保険料の２分の１が対象。**住民税控除限度額は25,000円**

- 店舗併用住宅の場合、地震保険料控除では、床面積のうち**住居部分に支払った分の金額だけが控除対象**。ただし家屋全体の90％以上が住居部分の場合、保険料全額が控除対象。
- 給与所得者は、確定申告だけでなく、その年の**年末調整によっても地震保険料控除を受けることができる**。

●**個人事業主の損害保険料**：原則として**必要経費**になります。ただし、**事業主本人や家族**の生命保険料や傷害保険料、**自宅部分**の火災保険料などは事業の必要経費にはできません。

●**保険金への課税**：個人や個人事業主が受け取った**損害保険の保険金**は損失の補てんとなるため、**原則非課税**です。ただし、「契約者（保険料負担者）＝受取人」の家族傷害保険などで、家族が事故で死亡したときの死亡保険金は、所得税・住民税の課税対象です。その他、死亡保険金、積立型保険の満期保険金（満期返戻金）は、生保と同様の扱い（114ページ）となります。

なお、交通事故等で遺族が受け取る損害賠償金や慰謝料は、所得税や相続税の課税対象にはなりません。[※2]

※2 契約者（被保険者）が死亡して、その遺族が受け取った傷害保険の死亡保険金は、相続税の課税対象となる。

10 法人契約の損害保険と税務処理

●**法人が支払った損害保険料**：原則として**積立型でなければ損金算入**できます。解約返戻金がある契約については、積立部分の保険料は満期時・解約時までは資産計上します。

なお、複数年分の保険料を前納しても、**損金算入**できるのは**向こう１年分の保険料まで**です。

●**法人が受け取った保険金、満期返戻金や配当金**：原則として益金算入します。資産計上されていた積立部分の保険料は、取り崩して損金算入します。

圧縮記帳：補助金や火災保険金等の金銭を受けて固定資産を購入した際に、その購入金額から補助金や保険金の額を差し引いた金額（控除した金額）を購入価額とすること。

損害保険の税務処理の出題ポイント

具体的なケース	税務処理
保険金や賠償金が遺族や従業員に直接支払われた場合	法人が保険金を受け取らないため**経理処理は不要**
普通傷害保険などで「被保険者＝全従業員（役員を含む）」とする場合	原則として、支払った保険料は**福利厚生費（必要経費）として損金算入**（被保険者が特定の役員・従業員の場合は、給与として損金算入）
死亡保険金を法人が受け取り、全額を死亡退職金として遺族に支給した場合	**死亡保険金全額を益金算入**し、**死亡退職金全額を損金算入**する
業務用自動車が事故で破損して車両保険金をすべて修理費に充当した場合	受け取った**保険金は事業収入として益金算入**し、**修理費用は必要経費として損金算入**する
固定資産の滅失・損壊に対して保険金（火災保険金や車両保険金）を受け取り、同一事業年度内に代替資産を取得した場合	**圧縮記帳**することで受け取った保険金への課税を将来に繰り延べることができる
積立傷害保険など、積立型の損害保険の場合	**保険料の積立部分は資産計上。その他は損金算入。満期返戻金や契約者配当金は益金算入**し、**積立保険料の累計を損金算入**。

過去問トレーニング

適切なものには○、不適切なものには×をしなさい。

問1 住宅用建物および家財を保険の対象とする火災保険の一般的な商品性に関する次の記述の正誤を答えなさい。なお、特約については考慮しないものとする。

◀2023年1月・2023年5月学科

❶ 消防活動により自宅建物に収容している家財に生じた水濡れによる損害は、補償の対象とならない。

❷ 落雷により自宅建物に収容している家財に生じた損害は、補償の対象となる。

❸ 竜巻により自宅建物に生じた損害は、補償の対象となる。

❹ 地震保険は、火災保険の契約時に付帯する必要があり、火災保険の保険期間の中途で付帯することはできない。

❺ 保険始期が2017年1月1日以降となる地震保険における損害の程度の区分は、「全損」「大半損」「小半損」「一部損」である。

問2 自賠責保険および任意加入の自動車保険に関する次の記述の正誤を答えなさい。

◀2011年9月・2013年9月学科

❶ 自賠責保険の対象となる事故は対人賠償事故であり、対物賠償事故は対象とならない。

❷ 自賠責保険では、被保険者（加害者）だけでなく被害者からも、保険会社に対して保険金の支払いを請求することができる。

❸ 自動車保険の対人賠償保険の保険金額は、被害者1名につき2億円が上限である。

❹ 自動車保険の対人賠償保険では、運転免許の失効中に運転した者が、自動車事故により相手方に損害を負わせた場合でも、保険金が支払われる。

❺ 人身傷害補償保険では、自動車事故により記名被保険者が死傷した場合、保険金額の範囲内で自己の過失分を含めて、保険金が支払われる。

問3 傷害保険に関する次の記述の正誤を答えなさい。なお、特約等は付加されていないものとする。 ◀2020年1月学科

❶ 普通傷害保険の保険料は、被保険者の契約時の年齢によって異なる。
❷ 家族傷害保険では、保険期間中に被保険者に子が生まれた場合、その子を被保険者に加えるためには、追加保険料を支払う必要がある。
❸ 交通事故傷害保険では、海外旅行中の交通事故によるケガは補償の対象となる。
❹ 国内旅行傷害保険では、旅行中に発生した地震および地震を原因とする津波によるケガは補償の対象となる。

問4 以下の事故について、保険金の支払い対象となるものには○、支払い対象とならないものには×を記入しなさい。なお、文末の（　）内は対象となる保険の種類を表しており、特約は付帯していないものとする。
◀2011年1月・2015年9月資産

❶ 海外旅行から帰国し、空港から自宅へ帰る途中に駅の階段で転倒し、ケガを負った。（海外旅行傷害保険）
❷ 車庫入れを誘導していた父親に誤って車をぶつけて負傷させた。（対人賠償保険）
❸ 飼い犬が近所の子どもにかみつきケガをさせた。（個人賠償責任保険）
❹ ジョギング中に心臓発作を起こし入院した。（普通傷害保険）

問5 有料老人ホームにおけるリスク管理に関する次の提案の正誤を答えなさい。 ◀2012年1月学科

❶ 老人ホームの介護職員が、業務上災害にあった場合の備えとして、労働災害総合保険を提案した。
❷ 台風による洪水で施設建物が損害を被ることへの備えとして、店舗総合保険を提案した。
❸ 老人ホームの施設内で調理し、入所者に提供した食事が原因で食中毒が発生した場合の備えとして、生産物賠償責任保険を提案した。
❹ 老人ホームの介護職員が、誤って入所者を転倒させてケガを負わせた場合の備えとして、請負業者賠償責任保険を提案した。

問6 契約者（＝保険料負担者）を法人とする損害保険の経理処理に関する次の記述の正誤を答えなさい。 ◀2020年1月学科

❶ すべての役員・従業員を被保険者とする普通傷害保険を契約した場合、支払った保険料の全額を損金の額に算入することができる。

❷ すべての役員・従業員を被保険者とする積立普通傷害保険を契約した場合、支払った保険料の全額を損金の額に算入することができる。

❸ 法人が所有する自動車で従業員が業務中に起こした対人事故により、その相手方に保険会社から自動車保険の対人賠償保険金が直接支払われた場合、法人は当該保険金に関して経理処理する必要はない。

❹ 法人が所有する倉庫建物が火災で焼失し、受け取った火災保険の保険金で同一事業年度内に代替の倉庫建物を取得した場合、所定の要件に基づき圧縮記帳が認められる。

答え

問1 ❶ × ❷ ○ ❸ ○ ❹ × ❺ ○
131、132ページ参照。

問2 ❶ ○ ❷ ○ ❸ × ❹ ○ ❺ ○ 133、134ページ参照。

問3 ❶ × ❷ × ❸ ○ ❹ × 135ページ参照。

問4 ❶ ○ ❷ × 家族に対する賠償は補償対象外。
❸ ○ ❹ × 心臓発作などの病気は傷害保険の補償対象外。

問5 損害保険に関する問題。
❶ ○ 労働災害総合保険は政府労災の上乗せとして、法定外補償を給付。
❷ ○ 店舗総合保険は水濡れ損害、水災、盗難（商品除く）等を補償。
❸ ○ 生産物賠償責任保険は食中毒の被害者の治療費や慰謝料を補償。
❹ × 請負業者の損害賠償責任を補償する請負業者賠償責任保険は不適。

問6 法人契約の損害保険の経理処理に関する問題。
❶ ○ 全従業員を被保険者とする普通傷害保険の保険料は、全額を損金算入できる。
❷ × 積立普通傷害保険は、積立部分の保険料は満期時・解約時までは資産計上、その他の保険料部分は福利厚生費として損金算入する。
❸ ○ 法人は保険金を受け取っていないので、当該保険金に関して経理処理する必要はない。
❹ ○ 法人所有の建物や車両など、固定資産の滅失・損壊に対して保険金（火災保険金や車両保険金）を受け取り、同一事業年度内に代替資産を取得した場合、圧縮記帳が認められる。

7 第三分野の保険

がん保険と所得補償保険が頻出！

- がん以外の死亡でも、がん保険から死亡保険金は出る。
- 所得補償保険は、病気やケガによる収入減を補う保険。
- 身体の傷害に基因する給付金は非課税。

第三分野の保険は、生命保険会社、損害保険会社のどちらも扱うことができる保険（生命保険、損害保険に属さない保険）で、病気、ケガ、介護などに備える保険です。

1 医療保険

医療保険は、病気やケガにより入院した場合や手術を受けた場合に給付金が支払われる保険です。商品ごとに１入院60日・通算1,000日などの限度日数が定められています。

終身型と更新型があります。終身型には**有期払込み**と**終身払込み**があります。更新型は当初の保険料は割安ですが、高齢になるほど保険料が高くなります。

※人間ドック検査等は保障対象外だが、異常が認められて医師の指示によって入院・治療した場合は保障対象となる。

民間の医療保険の特徴

- 公的医療保険と異なり、被保険者の年齢や性別等で保険料金が異なる。
- 一般的に保険期間中の保険料率は固定されている。
- 医療費の実損てん補ではなく、入院１日当たりの給付金額が定められている。
- 美容整形、正常分娩に伴う手術、人間ドック検査等は保障対象外※。
- 更新型で入院給付金を受け取っても、次回の更新はできる。
- 同じ病気なら、退院から再入院まで180日以内は「１入院」の扱いとなる。

2 がん保険

がん保険は、対象をがん（白血病を含む）に限定した保険で、診断給付金、**入院給付金（支払日数に制限なし）**、手術給付金、**死亡給付金（がん以外の死亡も対象）**などが出ます。がん保険では、一般に**3カ月（90日）**の免責期間があり、免責期間中にがんと診断された場合、給付金は支払われず、契約は無効になります。つまり、がん保険の責任開始日は、通常の責任開始日の**3カ月後**となります。[※1]

また、初期のがんには保険金が出ない保険もあります。

3 介護（保障）保険

介護（保障）保険は、被保険者が要介護認定を受けた場合に、一時金または一定金額の年金を受け取ることができる保険のことです。要介護状態にならずに死亡した場合でも**死亡保険金**が支払われます。支払要件が、**公的介護保険の要介護認定に連動**するものや、保険契約に定める所定の要介護状態に該当するものもあります。

4 所得補償保険

所得補償保険は、**病気やケガで仕事ができなくなった場合の収入減を補う保険**[※2]で、国内外・日常生活・業務中・旅行中にかかわらず、すべての病気やケガが補償対象です。年間所得の60%程度が補償され、一定期間、毎月一定の金額を受領できます。この**給付金・保険金は「身体の傷害に基因」するものなので、原則非課税**となります。

名前が似ている「収入保障保険」（104ページ）は、世帯主（被保険者）が死亡、または高度障害の場合、毎月の給付金（もしくは一時金）を受け取ることができる保険です。

ことば

免責期間：待機期間ともいう。

責任開始日：保険会社に保険契約上の履行義務（保険金の支払等）が発生する日。保険会社の承諾を前提として、申込み、告知・診査、第1回保険料払込みの3つがすべて完了した日。

※1 がん保険は、一般的に「契約前に発症していたがん」に対しては、給付金は出ない。

※2 病気やケガでの収入減を補う保険には、就業不能保険もある。入院や在宅療養が一定日数以上継続して所定の就業不能状態に該当した場合に、所定の保険金・給付金が支払われる。就業不能給付金は非課税である。なお、所得補償保険は損保会社、就業不能保険は生保会社の商品で、各社商品によって保険期間、給付額、支払条件が異なる。

5 生命保険の主な特約

特約とは、主契約に付加して契約するもので、主契約を解約すると、**特約も解約**となります。

次に挙げる特約は「第三分野の保険」に分類されます。

特約の出題ポイント

特定疾病保障定期保険特約（三大疾病保障定期保険特約）	がん・急性心筋梗塞・脳卒中で所定の状態と診断された場合に死亡保険金と同額の保険金が支払われる特約。被保険者が特定疾病以外の事由（交通事故など）により死亡した場合でも保険金が支払われる。特定疾病特約は保険金を受け取ると消滅する（主契約は有効）ため、この特約による保険金の支払いは一度だけ
傷害特約	不慮の事故が原因で、事故日から180日以内に死亡または後遺障害が生じた場合に保険金が支払われる特約
災害割増特約	災害や事故が原因で、その日から180日以内に死亡または高度障害状態になった場合に保険金が支払われる特約
災害入院特約	災害や事故が原因で、その日から180日以内に入院した場合に給付金が支払われる特約
疾病入院特約	病気で入院した場合に給付金が支払われる特約
先進医療特約	特定の病院や医療施設で、療養を受けた時点で「厚生労働大臣が認可した先進医療」を対象として給付金が支払われる特約。保険契約後に認可された先進医療も補償対象になる。本来は、先進医療の技術料は全額が自己負担。
女性医療特約（女性疾病入院特約）	女性の病気（乳がんや子宮筋腫など）に備える特約。正常分娩・美容整形・不妊手術等は、補償対象外
リビング・ニーズ特約	余命6カ月以内と診断された場合、保険金（死亡保険金額の範囲内で上限3,000万円。6カ月分の保険料相当額と利息が差し引かれた金額）を被保険者が生前に受け取ることができる。無料で付加できる。保険金は非課税
指定代理請求特約	契約者が指定した指定代理請求人が被保険者に代わって保険金を請求できる特約。特約保険料は不要。入院・手術・通院・診断等の「身体の傷害に基因」する給付金は指定代理請求人が受け取った場合でも非課税。

過去問トレーニング

適切なものには○、不適切なものには×をしなさい。

問1 第三分野の保険の一般的な商品性に関する次の記述の正誤を答えなさい。 ◀2013年9月・2014年9月・2015年9月・2016年1月・2020年1月学科

❶ 終身医療保険には、60歳や65歳等の所定の年齢で保険料の払込みが満了する有期払込みや、保険料の払込みが一生涯続く終身払込みがある。

❷ 先進医療特約は、契約日において厚生労働大臣により承認された先進医療が給付金支払いの対象となり、契約締結後に新たに承認された先進医療は給付金支払いの対象とならない。

❸ 医療保険では、人間ドックで異常が認められて医師の指示で精密検査のために入院した場合、入院給付金が支払われる。

❹ 所得補償保険では、ケガや病気によって就業不能となった場合であっても、所定の医療機関に入院しなければ、補償の対象とならない。

❺ 医療保険は、病気や不慮の事故による傷害等を原因とする所定の手術に加えて、正常分娩に伴う手術に対しても、手術給付金が支払われる。

❻ 介護保障保険は、被保険者が寝たきりまたは認知症により所定の要介護状態となった場合に介護一時金や介護年金が支払われるが、被保険者が死亡した場合に死亡保険金が支払われるものはない。

答え

問1

❶ ○ 終身医療保険には、有期払込みと、終身払込みがある。

❷ × 先進医療特約は、契約日ではなく、療養を受けた時点で厚生労働大臣が認可している先進医療が対象となる。

❸ ○ 人間ドックの検査は医療保険の保障対象外だが、異常が認められて医師の指示で入院した場合には、保障対象となる。

❹ × 所得補償保険は、入院だけでなく医師による自宅療養指示で就業ができなくなった場合なども補償の対象となる。

❺ × 正常分娩、美容整形上の手術などは保障対象外。

❻ × 介護保障保険では死亡保険金も支払われる。

8 保険証券の見方と保険の見直し

「生保顧客資産相談業務」（金財）だけの出題分野。

●不慮の事故による死亡には、終身保険、定期保険特約、特定疾病保障定期保険特約、傷害特約、災害割増特約等から保険金が出る。

「保険証券の見方」や「保険の見直し」は、保険に関する総合的な知識が問われる分野で、実技試験の「生保顧客資産相談業務」で頻出します。

1 必要保障額

必要保障額とは、世帯主の生命保険で準備しておきたいお金の目安となる金額、つまり世帯主が死亡したときに遺族に必要となる金額のことです。

必要保障額の計算

必要保障額＝死亡後の総支出－総収入

●**総支出に入る例**：遺族の生活費、葬儀費用、教育資金・結婚援助資金。

※世帯主が団体信用生命保険に加入していた住宅ローンのローン残債は、団体信用生命保険から支払われるため総支出に算入しない。

●**総収入に入る例**：遺族の収入、遺族の公的年金総額、死亡退職金見込額、保有している金融資産。

必要保障額の計算問題では、「加入している生命保険の保障金額は、考慮しなくてよい」という問題がほとんど。

2 保険証券の見方

「生保顧客資産相談業務」(金財)の受検者は、このページの赤下線を必ず覚えておこう！

実技試験では、保険の契約内容を提示し、契約内容説明の正誤や死亡保険金の金額を問う問題が出題されます。

出る

死亡時、診断時の保険金

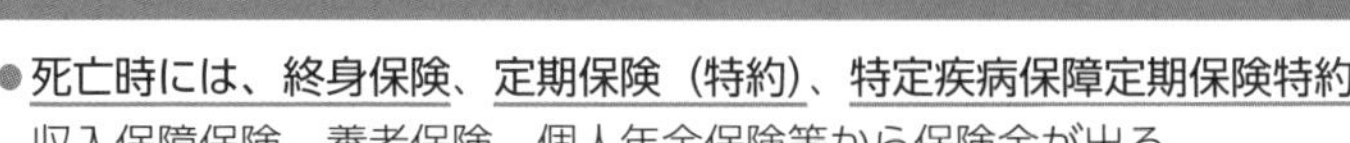

- 死亡時には、終身保険、定期保険（特約）、特定疾病保障定期保険特約、収入保障保険、養老保険、個人年金保険等から保険金が出る。
- 不慮の事故による死亡なら、傷害特約、災害割増特約が上乗せされる。
- 余命6カ月の診断で、リビング・ニーズ特約から保険金が支払われる。
- 特定疾病保障定期保険特約では、脳卒中・がん・急性心筋梗塞の診断で保険金が支払われる。診断時に保険金を受け取ると死亡保険金は出ない。

3 保険の見直し

保険の見直しに関するFP検定の問題は、頻出ポイントがほぼ決まっています。

出る

保険見直しの頻出ポイント

- 子どもの成長などで、必要保障額が減っていく場合は逓減定期保険へ加入。または保険金減額制度の利用を検討する。
- 入院日数は減少、通院日数は増加する傾向にあるので、平均在院日数や通院日数の実態を踏まえて、医療保険の加入を検討する。
- 世帯主の保険契約の特約として妻の医療保障が付加されている場合、世帯主の死亡で妻の医療保障は消滅する。妻独自の保障が必要なら、妻を被保険者とする生命保険に別途新規加入が必要。
- 死亡保険金額を増額するためには、契約転換、追加契約、特約の付加がある。
- 死亡保険金額が少ない場合、遺族の生活保障として収入保障保険を検討。
- 40歳までに要介護状態となるリスクを重視するなら民間介護保険を検討。
- 健康診断書の提出や契約後の健康状態の改善で割引される保険もある。
- 学資保険は教育資金準備に適するが、中途解約は損失が出る場合もある。

過去問トレーニング

次の問いに答えなさい。

問1　会社員のAさん（35歳）は、妻Bさん（35歳）および長男Cさん（0歳）との３人暮らしである。

ファイナンシャル・プランナーのMさんは、現時点でAさんが死亡した場合の必要保障額を計算することにした。Mさんが説明した以下の文章の空欄❶、❷に入る最も適切な数値を解答用紙に記入しなさい。

◀2021年9月生保（改）

「現時点での必要保障額を算出し、準備すべき死亡保障の額を把握しましょう。下記の〈算式〉および〈条件〉を参考にすれば、Aさんが現時点で死亡した場合の遺族に必要な生活資金等の支出の総額は（　❶　）万円となり、必要保障額は（　❷　）万円となります」

〈算式〉

必要保障額＝遺族に必要な生活資金等の支出の総額－遺族の収入見込金額

〈条件〉

1．長男Cさんが独立する年齢は、22歳（大学卒業時）とする。
2．Aさんの死亡後から長男Cさんが独立するまで（22年間）の生活費は、現在の日常生活費（月額25万円）の70％とし、長男Cさんが独立した後の妻Bさんの生活費は、現在の日常生活費（月額25万円）の50％とする。
3．長男Cさん独立時の妻Bさんの平均余命は、32年とする。
4．Aさんの死亡整理資金（葬儀費用等）、緊急予備資金は、500万円とする。
5．長男Cさんの教育資金の総額は、1,300万円とする。
6．長男Cさんの結婚援助費の総額は、200万円とする。
7．住宅ローン（団体信用生命保険に加入）の残高は、3,000万円とする。
8．死亡退職金見込額とその他金融資産の合計額は、2,000万円とする。
9．Aさん死亡後に妻Bさんが受け取る公的年金等の総額は、7,200万円とする。

問2　会社員のAさん（58歳）は、パートタイマーとして働く妻Bさん（56歳）との2人暮らしである。長男Cさん（22歳）は今年就職し、県外の会社に勤めているため、今後は妻Bさんと2人で生活する予定である。教育費の支出がなくなったことなどから、現在加入している生命保険の見直しを検討している。そこで、知り合いであるファイナンシャル・プランナーのMさんに相談することにした。現在加入している生命保険契約に関する資料は、以下のとおりである。

◀2013年9月生保（改）

〈現在加入している生命保険の契約内容〉
保険の種類：定期保険特約付終身保険
契約年月日：2009年10月1日
契約者（＝保険料負担者）・被保険者：Aさん
死亡保険金受取人：妻Bさん
月払保険料（口座振替）：26,637円

主契約および付加されている特約の内容	保障金額	払込・保険期間
終身保険	500万円	75歳・終身
定期保険特約	700万円	10年
特定疾病保障定期保険特約	300万円	10年
傷害特約	500万円	10年
災害割増特約	500万円	10年
入院特約（本人・妻型）	5日目から日額1万円	10年
成人病入院特約（本人型）	5日目から日額1万円	10年
家族定期保険特約	500万円	10年
リビング・ニーズ特約	—	—

※妻Bさんの入院日額は、被保険者であるAさんの6割である。
※2019年10月に特約を更新している。
※上記以外の条件は考慮せず、各問に従うこと。

❶ Mさんは、Aさんが現在加入している生命保険の保障内容について説明した。Mさんが、Aさんに対して説明した以下の文章の空欄①～③に入る最も適切な語句または数値を、下記の〈語句群〉から選びなさい。

ⅰ）仮に、Aさんが、現時点で医師によって生まれて初めて胃がんと診断確定され、継続して12日間入院（手術なし）した場合、Aさんが受け取ることができる給付金等の総額は、（ ① ）万円となります。
ⅱ）仮に、Aさんが、上記ⅰ）の退院後に給付金等を受け取り、その後に不慮の事故で180日以内に亡くなった場合、奥さまが受け取ることができる死亡保険金の額は、（ ② ）万円となります。
ⅲ）仮に、奥さまが現時点で亡くなった場合、Aさんが受け取る死亡保険金は、（ ③ ）となります。

ア	8	**イ**	316	**ウ**	324
エ	1,300	**オ**	1,500	**カ**	2,200
キ	相続税の対象	**ク**	所得税の対象	**ケ**	非課税所得

❷ Mさんは、生命保険の見直し等に関するアドバイスをした。次のアドバイスの正誤を答えなさい。
①「民間の保険会社が販売している介護保険は、現在のところ、公的介護保険の要介護認定を保険金の支払要件としている商品はなく、保険契約に定める所定の要介護状態に該当すれば、契約時に定めた介護一時金や介護年金が支払われます」
②「仮に、現時点でAさんが亡くなった場合、奥さまの入院保障は消滅します。Aさんの生命保険契約に左右されることなく奥さまの保障を確保するために、奥さまを被保険者とする生命保険等に新規加入することをご検討されてはいかがでしょうか」
③「私は、ファイナンシャル・プランニング技能士の資格を有していますので、生命保険募集人等の登録を受けてはいませんが、生命保険の募集を行うことは保険業法上問題ありません」

答え

問1

❶ （11,420）

❷ （2,220）

〈支出総額〉

〈条件〉1、2、3より、死亡後の生活費を算出する。現在の生活費は25万円。

・cさん独立まで：生活費25×70%×12カ月×22年＝4,620万円

・cさん独立後：生活費25×50%×12カ月×平均余命32年＝4,800万円。

・Aさん死亡後の生活費：4,620＋4,800＝9,420万円

4. Aさんの死亡整理資金（葬儀費用等）、緊急予備資金：500万円

5. 教育資金：1,300万円

6. 結婚援助費：200万円

総支出＝9,420万円＋500万円＋1,300万円＋200万円＝11,420万円

※住宅ローンは、団体信用生命保険の死亡保険金で弁済されるため0円。

〈総収入〉

8. 死亡退職金見込額とその他金融資産：2,000万円

9. 公的年金総額：7,200万円

総収入＝2,000＋7,200＝9,200万円

必要保障額＝11,420－9,200＝2,220万円

問2

❶

① **イ**　2つの入院特約が「（5日目から）日額1万円」なので、12－4＝8日分が支払日数。がんで12日間入院した場合の保険金合計額は、特定疾病300万円＋（入院1万円＋成人病入院1万円）×8＝316万円。成人病（生活習慣病）入院特約は、がん・脳血管疾患・心疾患・高血圧性疾患・糖尿病のいずれかにより入院した場合や手術した場合、入院給付金や手術給付金を受け取ることができる特約のこと。

② **カ**　終身500＋定期700＋傷害500＋災害割増500＝2,200万円。特定疾病300万円は一度受け取っているので、死亡保険金は出ない。

③ **ク**　家族定期保険特約は、主契約の被保険者の家族を保障する特約である。被保険者が家族、契約者と保険金受取人がAさんになるので、死亡保険金は一時所得として所得税・住民税の課税対象となる。

❷

① **×**　民間の介護保険の支払要件は、公的介護保険の要介護認定に連動するものや保険契約に定める所定の要介護状態に該当するものがある。

② **〇**　被保険者の死亡により主契約が消滅すれば、特約も消滅する。妻の保障のために妻自身を被保険者とする保険への加入も検討に値する。

③ **×**　生命保険募集人登録を受けていないと、生命保険の募集行為はできない。

Part 3

金融資産運用

赤い下線と赤い囲みに
注目して覚えていけば
必ず合格できるよ!!

Contents ここで学習すること

1 経済・金融の基礎知識

経済指標の内容を問う問題が頻出！

- GDPでは、民間最終消費支出が最も高い構成比を占める。
- 景気上昇は物価・株価・市場金利の上昇から円高を招く。
- 海外への投資拡大、他国からの輸入額増加は円安を招く。

1 国内総生産(GDP)

国内総生産（GDP）は、国全体の経済規模を示す経済指標で、**国内**で生産された財やサービスの付加価値の総額をいいます。**内閣府が四半期ごと（年４回）**に発表します。

GDPは、生産、分配、支出のどの面からみても等しくなり、これを**三面等価の原則**といいます。

GDPの支出では、**民間最終消費支出（個人消費）**が**50～60%**、**民間企業設備**の割合が**約15%**を占めています。

ことば

国内総生産（GDP：Gross Domestic Product）：日本の国内で、1年間に新しく生みだされた生産物やサービスの金額の総和。

四半期：1年（12カ月）を4等分した3カ月のこと。「四半期ごと」といえば、3カ月ごと（1年に4回）ということ。

2 経済成長率

GDPの変動率（増加率）を経済成長率といい、実際の市場価格（時価）に基づく**名目経済成長率**と、物価変動の影響を除いた**実質経済成長率**があります。前年に比べて**名目経済成長率がマイナス**であっても、それ以上に物価が下落していれば、**実質経済成長率はプラス**になります。

スピード理解!!

名目経済成長率を給与、実質経済成長率を購買力に例えれば、給与がマイナスでも、それ以上に物価が下がれば、購買力はプラスになるのと同じ理屈。

3 景気動向指数

景気動向指数は、経済活動における代表的な指標を、景気に対して**先行・一致・遅行**を示す3つの系列に分類して算出するものです。**内閣府**が毎月発表します。

景気動向指数に使われる主な指標

先行指数	景気の動きに先行して動く指標 ●東証株価指数（TOPIX） ●新設住宅着工床面積 ●消費者態度指数（2人以上世帯）
一致指数	景気の動きに一致して動く指標 ●有効求人倍率（有効求人数÷有効求職者数：新規学卒者は除く） ●鉱工業生産指数（経済産業省が発表）
遅行指数	景気の動きから遅れて動く指標 ●完全失業率（労働力人口に占める完全失業者の割合） ●消費者物価指数（生鮮食品を除く）

景気動向指数には**CI（コンポジット・インデックス）**と、**DI（ディフュージョン・インデックス）**があります。

2008年からはCIが公表の中心となっています。

ことば

CI：Composite Index
DI：Diffusion Index

CIとDIの景気判断の違い

CI	景気変動の大きさやテンポ（量感）を示す。 ●一致指数が上昇しているときは景気拡大局面 ●一致指数が下落しているときは景気後退局面
DI	景気の各経済部門への波及の度合いを示す。 ●一致指数50％を下回る直前の月が「景気の山」 ●50％を上回る直前の月が「景気の谷」

4 全国企業短期経済観測調査

全国企業短期経済観測調査（日銀短観）は、**日本銀行調査統計局（日銀）**が約１万社（製造業も非製造業も対象）の企業を対象として、**年４回（3、6、9、12月に）行われるアンケート調査**です。景況感を表す指数を**業況判断DI**（業況が「良い」と回答した企業の割合から「悪い」と回答した企業の割合を引いた数値）で表します。

5 マネーストック統計

マネーストック統計とは、一般法人、個人、地方公共団体・地方公営企業などの通貨保有主体が保有する**通貨量の残高**（**金融機関や中央政府が保有する通貨量は対象外**）を集計したものです。**日銀**が毎月発表します。

6 物価指数

物価指数には、**消費者物価指数（CPI）**と**企業物価指数（CGPI）**があります。

ことば

消費者物価指数（CPI：Consumer Price Index）：消費者が購入する段階での商品の小売価格を対象とした指数。

企業物価指数（CGPI：Corporate Goods Price Index）：企業間で取引される商品の価格を対象とした物価指数。

物価指数の出題ポイント

消費者物価指数	●一般消費者（家計）が購入する商品やサービスの価格変動を表した指数で、消費税を含んだ価格で集計されている。総務省が発表 ●「全国」と「東京都区部」の２種類の指数が発表されている ●調査結果は経済施策や金融政策、年金額改定などに利用される
企業物価指数	●企業間の取引や貿易取引における商品の価格変動（サービス価格は含まない）を表した指数で、国内企業物価指数、輸出物価指数、輸入物価指数などがある。日銀が発表 ●原油や輸入小麦の価格変動は、消費者物価指数よりも先に企業物価指数に影響を与える傾向がある

7 金融市場

金融市場は、お金の貸し借りをしている市場のことです。**短期金融市場**（1年未満の取引期間の資金を調達・運用する市場の総称）と**長期金融市場**（1年以上の取引期間の資金を調達・運用する市場の総称）となっています。

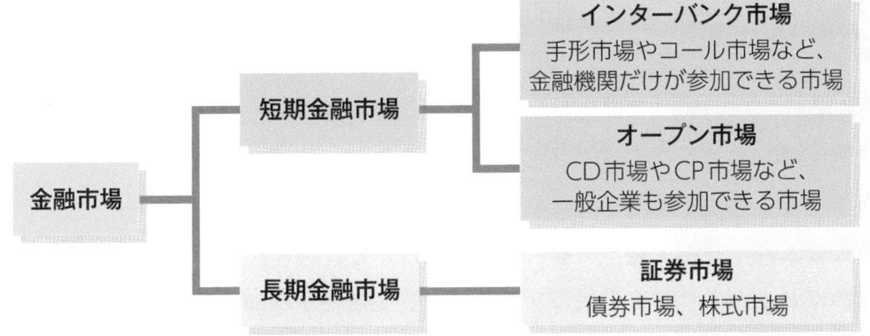

8 日銀の金融政策

金融政策とは日銀が行う経済政策で、**公開市場操作**（オペレーション）や**預金準備率操作**が主な手法です。

公開市場操作は、日銀が金融機関と債券等を売買することで、市場の資金（通貨量）を増減させることです。

売りオペは、**好景気（インフレ）**のとき、日本銀行が保有する債券等を民間金融機関に売却し、**市場の資金を減らして市場金利を上昇**させる政策です（**金融引締め**）。

買いオペは、**不景気（デフレ）**のとき、金融機関の保有する債券等を買い取り、**市場の資金を増やして市場金利を低下**させる政策です（**金融緩和**）。

金融機関は一定割合（**預金準備率**）の預金量を日本銀行に預ける義務があります。**預金準備率操作**による**預金準備率の引上げ**は、**市場の資金を減らして市場金利を上昇**させる政策です。**預金準備率の引下げ**は、**市場の資金を増やして市場金利を低下**させる政策です。

 **ことば**

コール市場：金融機関同士が短期の資金の貸し借りを行う市場。担保なしで借りて翌営業日に返済する取引に付く金利を無担保コール翌日物金利といい、代表的な短期金利の指標となっている。

CD市場：CD（譲渡性預金）の売買が行われる市場。

CP市場：CP（コマーシャル・ペーパー）の売買が行われる市場。CPは、企業が短期資金調達のために発行する無担保の約束手形。

9 マーケットの変動要因

●**景気上昇→金利上昇**：一般に景気が上昇すると、物を買うためにお金を借りる人や企業が増え、資金需要が増加するので市場金利は上昇します。逆に景気が下降すると、資金需要が減少するので市場金利が低下します。

●**景気上昇→物価・株価上昇**：景気上昇は消費意欲を増し、物価と株価の上昇要因となります。このとき株式に資金が流れるので、一般に債券価格は下落傾向となります。逆に景気下降は消費意欲を減退させ、物価と株価は下落傾向となります。株価が下落すると債券価格は上昇します。

●**物価上昇→金利上昇**：一般に物価が上がると、物を買うためにお金がより多く必要になるため、資金需要が増加するので市場金利は上昇します。逆に物価が下落すると、資金需要が減少するので市場金利は低下します。

●**国債増発→金利上昇**：公共事業の拡大等により国債を増発する（国が借金をする）のは、国の信用下落につながり、市場金利の上昇要因となります。※

●**金利上昇→株価下落**：一般に市場金利が上昇すると、企業は資金調達がしづらくなり、企業の成長を抑制するため、株価は下落します。逆に市場金利が低下すると、株価は上昇します。

スピード理解!!
景気が良いと、物価も株価も上がる→国も企業も借金をして、市場金利も上がる。

※原則として、貨幣でも、債券でも、発行体（国や会社）の信用力が低くなると金利が上昇し、信用力が高くなると金利は下がる。

出る

マーケット変動の流れ

景気上昇 物価上昇 株価上昇 →	**市場金利上昇** ▼ 金利低下へ誘導 日銀の買いオペ 預金準備率引下げ
景気下落 物価下落 株価下落 →	**市場金利低下** ▼ 金利上昇へ誘導 日銀の売りオペ 預金準備率引上げ

10 為替相場の変動要因

●**景気上昇→通貨高**：一般に景気の上昇は為替相場の円高要因、逆に景気の後退は為替相場の円安要因となります。

日本が好景気なら円の信用が高まり、円の需要が上がるため円の価値が上がります。同様に、経済成長率が高ければ通貨価値も高くなる傾向があります。

●**海外投資→通貨安**：**海外への投資**は**円安**を後押しします。例えば、日本からのＡ国通貨建て金融商品への投資の増加は円安要因です。円を売ってＡ国通貨を買うことになるため、円の需要が低くなり円安が進むわけです。また、Ａ国からの**輸入額の増加**も**円安**要因となります。逆に、海外から**日本への投資**、海外への**輸出額の増加**は**円高**要因です。

●**金利上昇→通貨高**：一般に金利が高い方の国は通貨高に、金利が低い方の国は通貨安になります。日本の市中金利が上昇し、Ａ国の市中金利が低下していく過程では、Ａ国の通貨価値に対して円高が進みやすくなります。

●**購買力平価説**：購買力平価説によると、物価上昇率が継続的に高い方の国の通貨は、物価上昇率が低い方の国の通貨に対しての価値が下がるとされています。

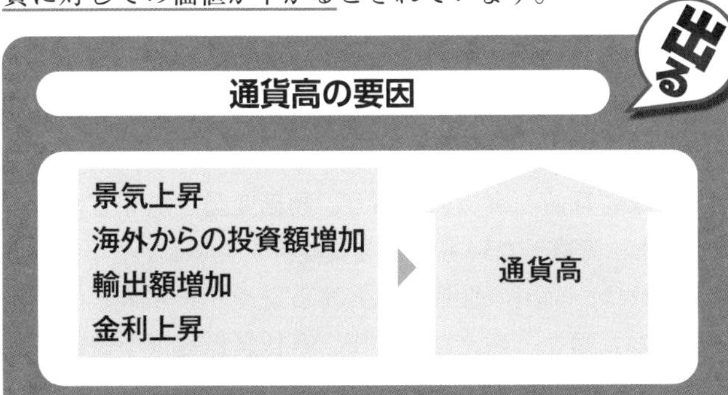

為替の変動には様々な要因があるので、上の原則どおりに動くとは限りませんが、ここに掲載した知識を覚えておけば、２級FP検定の該当分野の問題に正解できます。

ことば

円高：他通貨に対する円の価値が上がること。

円安：他通貨に対して円の価値が下がること。

スピード理解!!

景気が良いので経済が成長する→その国の通貨の信用が高くなる→通貨価値が高くなる。

ことば

購買力平価説：為替レートは自国通貨と外国通貨の購買力の比率によって決定されるという説。

過去問トレーニング

適切なものには○、不適切なものには×をしなさい。

問1　経済指標に関する次の記述の正誤を答えなさい。

◀2011年1月・2013年1月・2013年5月・2013年9月・2017年5月・2020年1月学科

❶ 雇用に関する経済指標のうち、完全失業率は、景気動向指数の遅行系列に採用されており、有効求人倍率（除学卒）は、景気動向指数の一致系列に採用されている。

❷ 企業物価指数は、企業間で取引される財の取引価格から計算され、サービス価格は含まれない。

❸ わが国の国内総生産（GDP）において、民間最終消費支出が最も高い構成比を占めている。

❹ 「業況判断DI」は、景気動向指数の算出に使用される29の経済統計指標のうち、3カ月前の数値と比較して改善した割合を表す。

❺ 国全体の経済規模を示す経済指標として国内総生産（GDP）があり、通常、この増加率が経済成長率と呼ばれる。

❻ マネーストック統計は、金融部門から経済全体に供給されている通貨の総量を示す統計であり、一般法人、金融機関、個人、中央政府、地方公共団体などの経済主体が保有する通貨量の残高を集計したものである。

❼ 内閣府は、景気動向指数の一致CI（コンポジット・インデックス）の数値が、50%未満から50%超になった場合に、その50%を超えた月の前月を、景気の谷と決定する。

❽ 経済成長率には名目値と実質値があり、物価変動を加味したものを名目経済成長率、考慮しないものを実質経済成長率という。

❾ 消費者物価指数は、全国の世帯が購入する財やサービスの価格等を総合した物価の変動をとらえたもので、各種経済施策や公的年金の年金額の改定などに利用されている。

❿ 企業物価指数は、企業間で取引される財に関する価格の変動をとらえたもので、総務省により公表されている。

問2 為替相場や金利の変動要因に関する次の記述の正誤を答えなさい。

◀2022年9月学科

❶ 日本の貿易黒字の拡大は、一般に、円安要因となる。

❷ 日本の物価が米国と比較して相対的に上昇することは、一般に、円安要因となる。

❸ 米国が政策金利を引き上げることにより、日本と米国との金利差が拡大することは、一般に、円安要因となる。

❹ 日本銀行の金融市場調節の主な手段の１つである公開市場操作において、日本銀行が国債の買入れを行うことで市中に出回る資金量が増加することは、一般に、市中金利の低下要因となる。

答え

問1 経済指標に関する過去問題。

❶ ○ 完全失業率は遅行指数。有効求人倍率は一致指数。

❷ ○ 企業物価指数は、商品（サービス含まず）の取引価格の変動を示す。

❸ ○ GDPの支出では、民間最終消費支出（個人消費）が最も高い構成比（50～60%）を占めている。

❹ × 業況判断DIは、業況について「良い」と回答した企業の割合から、「悪い」と回答した企業の割合を引いた数値。

❺ ○ GDPの変動率（増加率）が、経済成長率。

❻ × マネーストック統計は、金融部門から経済全体に供給される通貨量の残高を調査したもので、一般法人、個人、地方公共団体・地方公営企業などの通貨保有主体が保有する通貨量の残高（金融機関や中央政府が保有する預金などは対象外）を集計したものである。

❼ × 一致指数50%を境に景気の山と谷を判断するのはDI。

❽ × 名目経済成長率は物価変動を調整せず市場価格で評価したもの、実質経済成長率は物価変動を考慮して調整したものである。

❾ ○ 消費者物価指数は、一般消費者（家計）が購入する商品やサービスの価格変動を表した指数。

❿ × 企業物価指数は、日銀が発表する。

問2 為替相場の変動要因に関する問題。

❶ × 貿易黒字の拡大（輸出の割合が増加）すると、外国企業はその国の通貨を売って日本円を買って日本からの輸出商品を購入する割合が増えるため、円の需要が高くなり円高要因となる。

❷ ○ 物価が上昇すると、その国の通貨価値が下がっているといえる。

❸ ○ 高金利が見込まれる米国通貨の需要が高まり、円安要因となる。

❹ ○ 買いオペは、流通する貨幣の量を増やして金利を低めに誘導する効果があるので円安要因になる。

金融商品に関する法律

同じような問題が頻出する分野。確実に加点したい！

- 外貨預金は預金保険制度の保護の対象外！
- 金融サービス提供法で損害賠償、消費者契約法で契約取り消し、両方の規定に抵触する場合、両方の規定が適用される。

1 預金保険制度

預金保険制度は、銀行や信用金庫などの金融機関が破綻したときに、預金者を保護する制度です。**預金保険機構**は、預金保険対象金融機関からの保険料で運営されています。

金融債：金融機関が発行する債券。

預金保険制度の出題ポイント

保護の対象となる預貯金	保護される最大限度額
定期預金、普通預金、金融債（保護預り専用商品に限る）、**民営化後のゆうちょ銀行の貯金**など、**元本保証型の預貯金** ※民営化前のゆうちょ銀行の貯金は国が保護 ※農業協同組合（JA）の貯金等は、農水産業協同組合貯金保険制度によって保護	金融機関ごとに**預金者1人当たり元本1,000万円とその利息を保護**。1,000万円を超える部分は、破綻した金融機関の財産状況に応じて、**弁済金や配当金が支払われる**
当座預金、無利息型普通預金など、無利息・要求払い・決済サービスを提供する**決済用預金**	**全額を保護**

- **名寄せ**：1つの銀行内の同じ名義の複数口座は、合算して保護金額を算定（名寄せ）される。**家族でも別名義の預金なら別々の預金者**とされる。
  個人事業主の預金は、**事業用と事業用以外を併せて同じ人の預金**とされる。
- ×**保護の対象外→外貨預金**、譲渡性預金（金融市場で売却できる定期預金）。
  また、**保険、投資信託、個人向け国債は預金ではないので対象外**。

2 日本投資者保護基金

投資家を保護するため、証券会社には**分別管理義務**があります。また、**日本投資者保護基金**への加入が義務付けられています。証券会社が破綻し、分別管理が機能しないで、株式、債券、投資信託（国内の証券会社に預託した外貨建てMMF、**外国株式含む**）などが返還されない場合、日本投資者保護基金が１人につき**1,000万円**まで補償します。※

> **ことば**
>
> **分別管理義務**：投資家から預かった証券や現金は自社資産と分けて管理する義務。
>
> ※銀行は日本投資者保護基金に加入していないので、銀行で購入した投資信託は、投資者保護基金では補償されない。

3 金融サービス提供法

金融サービス提供法（金融サービスの提供及び利用環境の整備等に関する法律）では、**金融商品販売業者**等が金融商品の販売等に際し顧客に対して、**重要事項の説明**、**断定的判断の提供**、説明をしなかったこと等により、**顧客（個人・法人）**に損害が生じた場合における**損害賠償責任**を定めています。また、**金融サービス仲介業**は内閣総理大臣の登録を受けた者に限ることも規定しています。

> **ことば**
>
> **重要事項の説明**：元本欠損が生ずるリスクなどの説明。
>
> **断定的判断の提供**：「絶対に損しません」などと断定して、勧誘・販売すること。

金融サービス提供法の出題ポイント

保護の対象	預貯金、株式、国債・地方債・社債、投資信託、保険・共済、外国為替証拠金取引、デリバティブ取引、海外の商品先物取引など、ほとんどの金融商品
保護の対象外	国内の商品先物取引、ゴルフ会員権、金地金

- 重要事項の説明不要と意思表示した顧客には、重要事項の説明を省略できる。また、機関投資家等のプロの投資家に対しても省略できる。
- 重要事項には、為替リスク等の価格変動に関する項目だけでなく、権利行使期間の制限や契約解除期間の制限といった商品固有の条件も含まれる。
- 金融サービス提供法によって、金融商品の販売に係る勧誘方針の策定と公表が義務付けられている。

4 消費者契約法

消費者契約法は、**消費者（個人）を保護**するための法律です。**法人は対象外**です。

消費者契約法の出題ポイント

- **不適切な行為**：事業者の一定の不適切な行為により自由な意思決定が妨げられ、**誤認または困惑をして契約を締結**した場合、**契約の取消し**ができる。
- **権利を害する条項**：契約書が消費者に不当に不利になっている場合、**不利になっている条項の全部、または一部が無効となる**（ただし**契約全体は有効**）。
- **時効**：**契約の取消権**は、消費者が誤認や困惑に**気付いた時から１年、もしくは契約締結時から５年を経過した時、時効によって消滅**する。
- 金融サービス提供法（損害賠償）と消費者契約法（契約取消し）の両方の規定に抵触する場合には、**両方の規定が適用**される。

5 金融商品取引法

金融商品取引法は、投資性のある金融商品の取引（**市場デリバティブ取引**含む）において投資家を保護する法律です。

金融商品取引法の出題ポイント

- **登録**：金融商品取引業を行うには**内閣総理大臣の登録**を受けなければならない。
- **契約締結前の書面交付**：契約概要、手数料、主なリスクなどの重要事項を記載した**契約締結前交付書面を交付しなければならない**（省略不可）。
- **広告の規制**：広告等を行うときは、利益の見込み等について、著しく事実に相違する表示、人を誤認させるような表示をしてはならない。
- **適合性の原則**：顧客の知識、経験、財産の状況、取引の目的に照らして、**その人に適応した商品を販売・勧誘**しなければならない。
- **特定投資家制度**：投資家を特定投資家（プロ）と一般投資家（アマチュア）に分類。特定投資家には、契約締結前の書面交付義務、適合性の原則は免除（ただし、虚偽告知や断定的判断の提供は特定投資家に対しても禁止）。

6 犯罪収益移転防止法

犯罪収益移転防止法は、犯罪による収益の移転を防ぐことを目的とします。金融機関等に対し、顧客の「本人特定事項、取引目的、職業の確認」、「**取引記録の作成と７年間の保存**」を行うことなどが義務付けられています。

7 金融ADR制度

金融ADR制度は、金融商品取引において金融機関と利用者の間でトラブルが発生したときに、**当事者以外の第三者（金融ADR機関）**がかかわり、裁判以外の方法で迅速な解決を図る**裁判外紛争解決手続き**です。

8 預金者保護法

預金者保護法は、偽造・盗難カードによる被害を補償する法律で、預金者に過失がなければ被害額の100％の補償を受けられます。預金者に**重過失**があった場合は補償されません。軽過失の場合は75％が補償されます。

重過失…暗証番号をカードに記載していた行為など。

軽過失…暗証番号が生年月日で、生年月日記載書類と共に保管していた行為など。

9 フィデューシャリー・デューティー

金融庁は**フィデューシャリー・デューティー**を遂行するため「**顧客本位の業務運営に関する原則**」を策定し、原則や規範を規定する**プリンシプルベース・アプローチ**に則り、顧客の資産状況、取引経験、知識等を把握し、顧客にふさわしい金融商品の販売、推奨等を行うべきだとしている。

ことば

ADR（Alternative Dispute Resolution）：裁判外紛争解決手続のこと。

預金者保護法：正式には「偽造カード等及び盗難カード等を用いて行われる不正な機械式預貯金払戻し等からの預貯金者の保護等に関する法律」。

フィデューシャリー・デューティー：Fiduciary（受託者）と duty（責任）の合成語。金融機関が顧客に果たすべき義務を定義したもの。金融機関は顧客の利益を最大限にすることを目標にし、顧客の利益に反する行為を行ってはならないとする。

過去問トレーニング

適切なものには○、不適切なものには×をしなさい。

問1　取引金融機関の破綻等に対するセーフティネットに関する次の記述の正誤を答えなさい。　◀2011年1月・2013年9月・2019年5月・2020年1月学科

❶ 国内証券会社が保護預かりしている一般顧客の外国株式は、日本投資者保護基金による補償の対象とならない。

❷ ゆうちょ銀行は預金保険の対象金融機関になっておらず、郵政民営化後に預け入れられた貯金も国が元利金を保証している。

❸ 一般預金等について預金保険により保護される金額は、１金融機関ごとに預金者１人当たり元本1,000万円までとなっており、利息については保護の対象外となる。

❹ 「決済サービスを提供できること、預金者が払戻しをいつでも請求できること、利息が付かないこと」という３要件を満たす決済用預金は、その全額が預金保険による保護の対象となる。

❺ 農業協同組合（JA）に預け入れた一般貯金等は、農水産業協同組合貯金保険制度による保護の対象とされ、貯金者1人当たり1組合ごとに元本1,000万円までとその利息等が保護される。

❻ 投資信託委託会社が破綻した場合、銀行で購入した投資信託は、投資者保護基金により時価1,000万円までが補償される。

問2　金融商品取引に係る各種法規制に関する次の記述の正誤を答えなさい。　◀2012年1月資産、2013年1月・2016年1月・2020年1月学科

❶ 金融商品取引法では、一般投資家に対する販売・勧誘に関して、顧客の知識、経験、財産の状況、金融商品取引契約を締結する目的に照らして、その人に適応した商品を販売・勧誘しなければならないとする「適合性の原則」を定めている。

❷ 金融商品取引法における金融商品取引業者は、内閣総理大臣の登録を受けなければならない。

❸ 金融商品取引法では、金融商品取引契約を締結しようとする金融商品取引業者等は、あらかじめ顧客（特定投資家を除く）に契約締結前交付書面を交付しなければならないとされているが、顧客から交付を要しない旨の意思表示があった場合には、金融商品取引業者等に対する書面交付義務は免除される。

❹ 犯罪収益移転防止法において、銀行等の特定事業者は、顧客と預金契約等の特定取引を行う際には、原則として、本人確認を行うことが義務付けられている。

❺ 消費者契約法において、事業者の一定の行為により消費者が誤認または困惑し、それによって消費者が契約の申込みまたは承諾の意思表示をしたときは、消費者はこれを取り消すことができるとしている。

❻ 金融商品取引業者等が、顧客（特定投資家を除く）と金融商品取引契約を締結しようとする場合、当該顧客が「十分な投資経験があるので、書面の交付は不要である」旨を申し出たときであっても、その申出をもって、契約締結前交付書面の交付義務は免除されない。

❼ 金融サービス提供法では、預貯金、有価証券および投資信託等の幅広い金融商品を適用対象とするが、外国為替証拠金取引およびデリバティブ取引は適用対象外である。

答え

問1 セーフティネットに関する問題。

❶ × 国内の証券会社に預託した外国株式も投資者保護基金の補償対象。

❷ × ゆうちょ銀行の民営化後の貯金は預金保険制度により保護される。

❸ × 元本1,000万円までとその利息が保護対象。

❹ ○ 決済用預金は、預け入れた全額が保護対象。

❺ ○ 農業協同組合（JA）に預け入れた貯金等は、農水産業協同組合貯金保険制度により元本1,000万円までとその利息が保護される。

❻ × 銀行は投資者保護基金に加入していない。

問2 金融商品取引に係る各種法規制に関する問題。

❶ ○ 「適合性の原則」を定めているのは、「金融商品取引法」。

❷ ○ 金融商品取引業者は内閣総理大臣の登録を受けることが必要。

❸ × 顧客が書面の交付不要を申し出た場合も、交付の省略は不可。

❹ ○ 犯罪収益移転防止法により、本人確認義務が生じる。

❺ ○ 消費者が誤認・困惑した上での契約は、取消可能。

❻ ○ 特定投資家ではないので、契約締結前の書面交付義務がある。

❼ × 外国為替証拠金取引（FX）やデリバティブ取引も適用対象。

3 貯蓄型金融商品

預貯金の特徴を問う問題が頻出！

- 無利息の決済用口座は、全額が預金保険制度の保護対象。
- 3年以上のスーパー定期預金は半年複利型が利用可能。
- ゆうちょ銀行の貯金の限度額は、1人2,600万円。

貯蓄型金融商品とは、**元本**（当初預けた金額）が保証される**預貯金**のことです。

銀行や信用組合に預けるお金を**預金**、郵便局や農協に貯えるお金を**貯金**といいます。

1 利率と利回り

利率（金利）とは、「元本に対する**利子（利息）**の割合」のことで、通常は1年当たりの金利である**年利**を指します。**利回り**は「特定の運用に対する収益を1年当たりに換算したもの（**年平均利回り**）」のことです。預貯金の利子には、**利子所得**として**20.315%**※（**所得税15%＋復興特別所得税0.315%＋住民税5%**）の**源泉分離課税**が課されます。

利率と金利は同じ意味。利子と利息も同じ意味。FP検定ではどちらの語句も出るよ。

※試験では、復興特別所得税を含める問題と復興特別所得税を含めない問題とが出題されている。復興特別所得税を含めない場合は20%。

2 単利と複利

利子には、単利と複利があります。

単利は、元本に対して利子を計算する方法で、満期時の元利合計は、次の計算で求められます。

元利合計＝元本×（1＋年利率×預入期間）

複利は、途中で支払われていく利子も元本に含めて、その時点での「元本＋利子」を元本とみなして利子計算をする方法で、利子がつく期間によって、1カ月複利、半年複利、1年複利などがあります。満期時の元利合計は、次の計算で求められます。

半年複利の場合→元利合計＝元本×$\left(1+\frac{年利率}{2}\right)^{年数\times 2}$

1年複利の場合→元利合計＝元本×$(1+年利率)^{年数}$

●電卓の累乗計算
4^2→4×＝16
4^3→4×＝＝64
$(1+0.01)^3$は、
1.01×＝＝1.030301
×を2度押すタイプの電卓もある。

【例】100万円を年利率1％(＝0.01)で3年運用したときの満期時の元利合計

・単利での元利合計
100万円×(1＋0.01×3)＝103万円

・半年複利での元利合計（円未満四捨五入）
100万円×$\left(1+\frac{0.01}{2}\right)^{3\times 2}$＝103万378円

・1年複利での元利合計
100万円×$(1+0.01)^3$＝103万301円

例題

・次の質問に答えなさい。

❶ 年1％（税引前）の金利が適用される3カ月物定期預金に100万円を預け入れると、満期時に受け取る利息の額は税引後にいくらになるか。なお、復興特別所得税は含めないものとする。

❷ 年1回複利で年利率0.5%とした場合、4年後に1,000万円の現在価値は、いくらになるか。なお、解答は円未満を切り捨てること。

◀2012年1月・2015年9月学科(改)

例題の答え

❶ 2,000円
100万円年利1%で、12カ月の利息は1万円。3カ月なので4分の1の2,500円。利子所得は20%の源泉分離課税で、税引後は80%なので、2,500×0.8＝2,000円

❷ 9,802,475円
4年後10,000,000円の現在価値なので、$10{,}000{,}000\div(1+0.005)^4$＝9,802,475円

3 銀行預金の種類

預金には、自由に出し入れができる**流動性預金**と、満期があり一定期間払い戻せない**定期性預金**があります。

銀行預金の出題ポイント

● **流動性預金**…満期（預入期間の定め）がなく、出し入れ自由な預金

普通預金	・変動金利で半年ごとに利子が付く。 ・**給与等の自動受取口座や公共料金等の自動支払口座にできる**
貯蓄預金	・変動金利で半年ごとに利子が付く。一定額以上の残高があれば普通預金よりも金利が高い ・**給与等の自動受取口座や公共料金等の自動支払口座にできない**
決済用預金	・**「無利息」「要求払い」「決済サービスを提供できる」預金** ・法人でも**個人でも利用可**。カード・通帳で引出し、振込み可能 ・**全額が預金保険制度の保護対象**
当座預金	・無利子の決済用口座。小切手、手形の振出し可能 ・**全額が預金保険制度の保護対象**
通知預金	・まとまった資金を短期間預けるための預金。一定の据置期間があり、引き出す際には事前に銀行に通知する必要がある

● **定期性預金**…満期がある預金。**指定日に普通預金口座から口座振替等により、指定金額を預入するものを自動積立定期預金**という。

スーパー定期預金	・固定金利で、**金利は各金融機関がそれぞれ別個に設定する**（市場金利の動向等に応じて毎日決定・店頭表示） ・**預入期間が3年未満なら単利型、3年以上なら単利型と半年複利型の選択ができる。半年複利型は個人のみ利用可能で、法人が利用できるのは単利型のみ** ・中途解約は中途解約利率を適用
大口定期預金	・**預入金額1,000万円以上**。**固定金利**の単利型で、金利は店頭表示金利を基準として銀行との相対（交渉）で決定
期日指定定期預金	・固定金利で1年複利。1年間の据置期間経過後は**最長預入期日（一般に3年）までの任意の日を満期日にできる**
仕組預金	・デリバティブ（金融派生商品）を組み込んだ定期預金 ・**預入期間は銀行が決める**。**円建ては預金保険制度の保護対象**※

※1人当たり元本1,000万円までと、利息のうち通常の円建ての定期預金（仕組預金と同一の期間および金額）の店頭表示金利までの部分が保護の対象。外貨建ては対象外。

4 ゆうちょ銀行の貯金の種類

ゆうちょ銀行の貯金では、1人当たりの預入限度額が、通常貯金と定期性貯金でそれぞれ1,300万円、**合計2,600万円**までとなっています。なお、預入限度額には、郵政民営化前に預け入れた郵便貯金も含まれます。

ゆうちょ銀行の貯金の出題ポイント

● **流動性貯金**…満期（預入期間の定め）がなく、出入れ自由な貯金

通常貯金	・変動金利で半年ごとに利子が付く。自動受取・支払口座にできる
通常貯蓄貯金	・変動金利で半年ごとに利子が付き、一定額以上の残高があれば通常貯金よりも金利が高い ・給与、年金等の自動受取口座や公共料金等の自動支払口座に指定できない
振替貯金	・無利子。送金や決済利用に特化した貯金 ・全額が預金保険制度の保護対象

● **定期性貯金**…満期がある貯金

定期貯金	・預入期間を指定して預け入れる貯金。固定金利 ・預入期間が3年未満なら単利型、3年以上なら半年複利型 ・中途解約は中途解約利率（預入日の通常貯金・普通預金と同程度の利率）が適用される
定額貯金	・固定金利で半年複利。利子は満期一括払い ・6カ月の据置期間経過後はいつでも解約できる

5 信託銀行の金融商品

金銭信託は、信託銀行などが利用者にかわってお金を管理・運用する金融商品で、変動金利です。元本が保証される商品と元本が保証されない商品があります。元本保証がないものは預金保険制度の対象外です。

過去問トレーニング

適切なものには○、不適切なものには×をしなさい。
また（　）内には、適切な語句、数値を入れなさい。

問1　金融機関が取り扱う金融商品に関する次の記述の正誤を答えなさい。

◀2013年5月・2021年1月・5月・9月学科

❶ 期日指定定期預金は、据置期間経過後から最長預入期日までの間で、預金者が指定した日を満期日とすることができる。

❷ 当座預金などの決済用預金は、預け入れている金融機関が破綻した場合、元本1,000万円およびその破綻日までの利息の額を限度として、預金保険制度により保護される。

❸ 決済用預金は、「無利息」「要求払い」「決済サービスを提供できること」という3つの条件を満たした預金であり、法人も個人も預け入れることができる。

❹ 大口定期預金は、1,000万円以上の金額を預け入れることができる固定金利型の預金である。

❺ スーパー定期預金は、市場金利を基準として、各金融機関が預金金利を設定する。

❻ スーパー定期預金は、預入期間が3年以上の場合、単利型と半年複利型があるが、半年複利型を利用することができるのは法人に限られる。

❼ 貯蓄預金は、クレジットカード利用代金などの自動振替口座や、給与や年金などの自動受取口座として利用することができない。

❽ デリバティブを組み込んだ仕組預金には、金融機関の判断によって満期日が繰り上がる商品がある。

❾ ゆうちょ銀行の定期貯金は、預入期間が4年未満は単利型のみであるが、4年以上は単利型と半年複利型がある。

❿ ゆうちょ銀行の定額貯金は、預入日から1年が経過するまでは中途解約できず、1年経過後に中途解約する場合、所定の中途解約利率が適用される。

問2 （　）にあてはまる語句または数値の組み合わせとして、最も適切なものはどれか。 ◀2013年9月学科（改）

ゆうちょ銀行の貯金には、貯金者１人当たりの預入額に限度が設けられており、振替貯金や財形定額貯金等を除く貯金（通常貯金、定額貯金、定期貯金等）の預入限度額は合わせて（❶）万円。この預入限度額には、郵政民営化前に預け入れ、郵便貯金・簡易生命保険管理機構に引き継がれた郵便貯金（❷）。

ア （❶）1,300 （❷）は除かれる
イ （❶）1,300 （❷）も含まれる
ウ （❶）2,600 （❷）は除かれる
エ （❶）2,600 （❷）も含まれる

3 金融資産運用

答え

問1 「金融機関が取り扱う金融商品」に関する問題。

❶ ○ 期日指定定期預金は、1年間の据置期間経過後は最長預入期日（一般に3年）までの任意の日を満期日にできる。
❷ × 決済用預金は全額保護される。
❸ ○
❹ ○
❺ ○
❻ × スーパー定期預金の半年複利型は個人のみが利用可能。法人が利用できるのは単利型のみ。
❼ ○
❽ ○ 仕組預金は、通常の預金よりも高金利だが、預入期間の短縮・延長の決定権を銀行が保有している。原則として、中途解約できず、満期日も預金者の判断では短縮・延長できない
❾ × ゆうちょ銀行の定期貯金は、預入期間３年未満は単利、３年以上は半年複利。
❿ × ゆうちょ銀行の定額貯金は、６カ月の据置期間経過後はいつでも解約できる。

問2 **エ** ゆうちょ銀行の１人当たりの預入限度額は、通常貯金と定期性貯金でそれぞれ1,300万円、合計2,600万円まで。

4 債券

債券の利回りを求める計算問題が頻出！

- 表面利率は、1年間の利子の額面に対する割合。
- オーバーパー発行→償還差損、アンダーパー発行→償還差益。
- 個人向け国債は最低0.05％の金利を保証。

1 債券の基礎知識

ことば

償還：債券や投資信託などで、満期が来て投資家に資金が返されること。一般に、債券は額面が償還金で、投資信託では、運用成果に応じて償還金が変わる。

債券（公社債）は、**発行者**が資金を借りる際に発行する借用証書（国債、地方債、社債、外債）です。証券取引所で売買する**取引所取引**と、証券会社が売買の相手方となる**店頭取引**があり、日本では債券取引の大部分は**店頭取引**です。

債券は、発行時には**発行価格**で、途中購入では**時価（購入価格）**で取引され、**償還期限（満期）**まで保有すると**額面金額**（券面に表示された金額）で償還（返済）されます。※

出る

額面金額と発行価格

額面金額	・額面金額10万円の債券の償還価格は10万円となる ・債券の単価は、原則、額面100円当たりの価格で表される ・店頭取引の債券価格には、手数料等が含まれている
発行価格	●額面金額100円で発行価格100円の場合をパー発行、発行価格が100円より高い場合をオーバーパー発行、発行価格が100円より安い場合をアンダーパー発行という ●オーバーパー発行の債券を発行時に購入して償還まで保有すると償還差損が発生する。逆に、アンダーパー発行の債券を発行時に購入して償還まで保有すると償還差益が発生する

※「額面金額10万円」で「額面金額100円当たり発行価格が100.25円」の債券を店頭取引で購入するには、100,000円÷100円×100.25円＝100,250円が必要となる。

2 債券の利子

債券には**利子（クーポン）**が付く**利付債**と、利子は付かない代わりに額面金額から利子相当分を割り引いた価格で発行（アンダーパー発行）され、満期時に額面で償還される**割引債（ゼロ・クーポン債）**があります。

利付債において、額面に対して1年間にどれぐらいの割合の利子が支払われるかを示したものを**表面利率（クーポンレート）**といい、％で表示されます。なお、利子の受取は通常、年1回、または年2回です。

3 債券の利回り

「購入価格」に対する「1年間の収益合計（利子＋差益）」の割合を**利回り**といい、**直接利回り**、**応募者利回り**、**所有期間利回り**、**最終利回り**の4つがあります。

利回り（％）＝（1年間の収益合計÷購入価格）×100
　1年分の利子＋1年当たりの差益

1年分の利子＝額面金額×表面利率
※額面100円で表面利率1％なら、額面100×0.01＝1

1年当たりの差益＝（売却価格－購入価格）÷所有期間

直接利回り、応募者利回り、所有期間利回り、最終利回りのそれぞれに公式があり、よく出題されますから、次ページで覚えておきましょう。

利回りは、**残存期間**（償還までの期間）や購入価格で変動します。例えば、償還価格100円で時価95円の債券の場合、残存期間5年なら「5年で5円分の差益」です。対して、残存期間3年なら「3年で5円分の差益」を得ることができます。この場合、**残存期間が短い**債券の方が長い債券よりも**最終利回りは高く**なります。また、**残存期間が短い**債

ことば

直接利回り：購入価格に対する年間の利子の割合。

応募者利回り：発行時に購入し、満期まで所有した場合の利回り。

所有期間利回り：発行時に購入、または途中購入して、償還の前に売却した場合の利回り。

最終利回り：発行済み債券を時価で途中購入し、満期まで所有した場合の利回り。

券の方が長い債券よりも、金利変動の影響を受ける期間は短いため、**金利変動に対する価格変動幅は小さく**なります。

なお、**額面より安い時価で途中購入**した場合の最終利回り、またアンダーパー債券の応募者利回りは、**表面利率より高く**なります。逆に、**額面より高い時価で途中購入**した場合の最終利回り、またオーバーパー債券の応募者利回りは**表面利率より低く**なります。

出る

直接利回りと応募者利回り

●**直接利回り**：購入価格に対する年間の利子の割合のこと

$$直接利回り(\%)=\frac{表面利率^{※}}{購入価格}\times 100$$

【例】表面利率2.0%、償還期間10年の固定利付債が99円50銭で発行された。この債券の直接利回りは何%か。（小数点以下第３位を四捨五入）

直接利回り(%)=**2.0÷99.5×100=2.01005≒2.01%**

※「表面利率」は「1年間の利息収入」としてもよい。「1年間の利息収入」は、例えば、表面利率2%なら100×2%＝2円となるので、「表面利率」と同じ数値になる。

●**応募者利回り**：発行時に購入し、満期まで所有した場合の利回り（単利計算）

発行　　　　　　　　　　　　　　　　　　額面で償還

所有年数（発行から償還期間まで）

$$応募者利回り(\%)=\frac{表面利率+\dfrac{額面金額-発行価格}{償還期間}}{発行価格}\times 100$$

【例】表面利率1.2%、発行価格100円10銭の５年固定利付債券の応募者利回りは何%か。（小数点以下第３位を四捨五入）

① （額面金額－発行価格）÷償還期間＝(100－100.1)÷5＝**－0.02**

② 表面利率1.2＋①＝**1.2＋(－0.02)＝1.2－0.02＝1.18**

③ ②÷発行価格×100(%)＝**1.18÷100.1×100=1.17882≒1.18%**

所有期間利回りと最終利回り

● **所有期間利回り**：償還の前に売却した場合の利回り（単利計算）

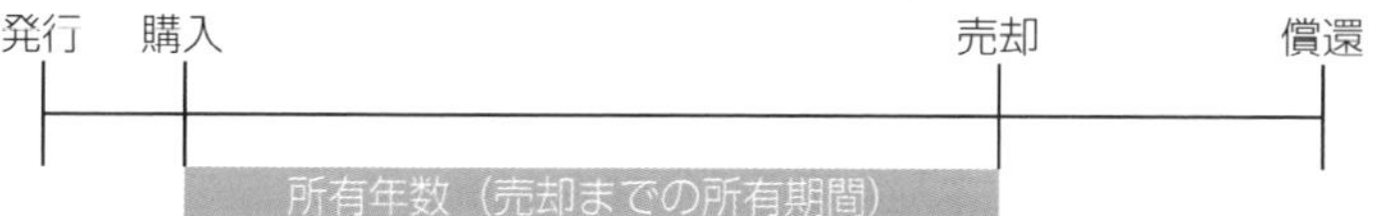

$$\text{所有期間利回り}(\%)=\frac{\text{表面利率}+\dfrac{\text{売却価格}-\text{購入価格}}{\text{所有期間}}}{\text{購入価格}}\times 100$$

【例】表面利率（クーポンレート） 2.0%の固定利付債券を、額面100円当たり102円で購入し、２年後に101円で売却した場合の所有期間利回りは何%か。（小数点以下第３位を四捨五入）

① （売却価格－購入価格）÷所有期間＝(101－102)÷2＝**－0.5**

② 表面利率2.0＋①＝**2.0＋(－0.5)＝2.0－0.5＝1.5**

③ ②÷購入価格×100(%)＝**1.5÷102×100=1.47058≒1.47%**

● **最終利回り**：時価で途中購入し、満期まで所有した場合の利回り（単利計算）

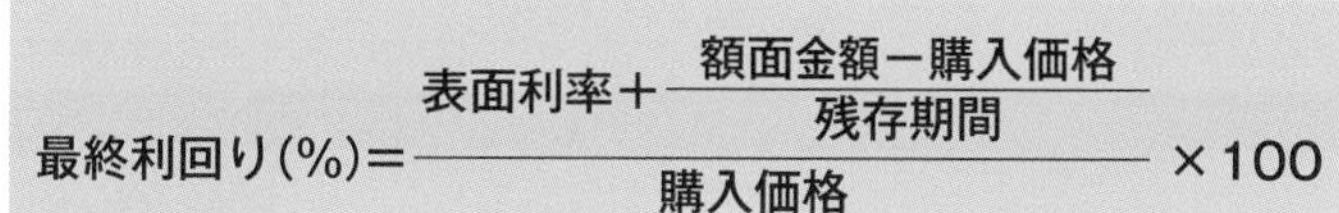

$$\text{最終利回り}(\%)=\frac{\text{表面利率}+\dfrac{\text{額面金額}-\text{購入価格}}{\text{残存期間}}}{\text{購入価格}}\times 100$$

【例】表面利率（クーポンレート）1.0%、残存期間２年の固定利付債券を額面100円につき97円で買い付け、100円で償還された場合の最終利回りは何%か。（小数点以下第３位を四捨五入）

① （額面金額－購入価格）÷残存期間＝(100－97)÷2＝ **1.5**

② 表面利率1.0＋①＝**1.0＋1.5＝2.5**

③ ②÷購入価格×100(%)＝**2.5÷97×100=2.57731≒2.58%**

利回り計算手順

❶ （売却価格－購入価格）÷所有年数 ←差益…年あたりの利子以外の儲け

❷ 表面利率＋❶ ←年あたりの収益合計

❸ ❷÷購入価格×100 ←利回り…投資額に対する利益

4 社債

社債は、企業が発行する債券です。**業績好調**な会社の債券は、リスクが少ないために**市場価格が上昇（利回りは低下）**し、業績不調な会社の債券は、リスクが高いために市場価格が下落（利回りは上昇）します。売却時の市場金利や会社の財務状況等により、**元本割れする可能性**もあります。

社債の種類

公募債	不特定多数の投資家を対象として募集する社債
私募債	特定少数の投資家が直接引き受ける社債 ●親族、取引先などの縁故者（50人未満）が直接引き受ける無担保のものを少人数私募債という

普通社債	「SB：Straight Bond」とも呼ばれる。一般的な社債
転換社債	「CB：Convertible Bond」とも呼ばれる。事前に決められた特定の価格（転換価格）で株式に転換可能な権利が付いた債券。正式な名称は「転換社債型新株予約権付社債」
劣後債	債権者に対する債務の弁済順位が低い債券。※発行体が破綻した場合のリスクを負うが、一般債券より高い利回りとなっている

※発行体の会社が解散した場合、他の債権者への支払いをすべて終えたあとに債務を返済される債券。

5 国債

日本の公社債市場において、発行額が最も多い債券は日本国政府が発行する**国債**です。**新発10年国債利回り**は**長期金利の指標**となっています。国債は債券市場で売買されていて、株式のように値下がりして元本割れする可能性もあります。国債のうち、個人向け国債は、中途換金しても国が保証するため、元本割れリスクがない国債です。

ことば

長期金利：取引期間1年以上の資金を貸し借りする際の金利。住宅ローン金利の目安になっている。

6 個人向け国債

個人向け国債は、購入者を個人に限定した国債です。国が元本と満期までの利払いを保証し、発行後１年経過後なら換金が可能で、その際は国が額面金額で買い取るため、価格変動リスクや期限前償還リスク（180ページ）がない、安全性の高い債券です。現在は**３年固定金利型、５年固定金利型、10年変動金利型**の３つが発行されています。

個人向け国債の種類と出題ポイント

種類	変動10年	固定５年	固定３年
金利方式	変動金利	固定金利	固定金利
金利設定方式	基準金利※×0.66	基準金利※－0.05%	基準金利※－0.03%
金利の下限	最低0.05%の金利を保証		
利子の受取り	半年ごと（年２回）※10年変動の金利も半年ごとに見直し		
購入単位	最低１万円から１万円単位（中途換金も１万円単位）		
販売価格	額面100円につき100円		
償還金額	額面100円につき100円（中途換金も同額）		
中途換金	発行後１年経過すれば、いつでも換金可能		
発行月	毎月（年12回）		
利子への税金	20.315%の源泉徴収後、申告不要。または、申告分離課税を選択（204ページ参照）。 証券会社の特定口座で保有できる（206ページ参照）。		

※10年の基準金利：10年固定利付国債の平均落札価格を基に計算される複利利回りの値
※５年の基準金利：市場における利回りを基に計算した５年固定利付国債の想定利回り
※３年の基準金利：市場における利回りを基に計算した３年固定利付国債の想定利回り

スピード理解!!

固定５年の金利は基準金利－0.05%。
固定３年の金利は基準金利－0.03%。

7 債券のリスク

債券のリスクには、次のようなものがあります。

債券のリスクの出題ポイント

信用リスク	**発行体の財務状態の悪化により、運用に損失が生じるリスク。**デフォルトリスク、**債務不履行リスク**ともいう。信用できる程度ではなく、信用できない危険度を表すことに注意 ●**信用リスクが低いほど信用度が高い。**信用度が高いほど、みんなが欲しがるので価格が上がり、利回りは下がる →ローリスク・ローリターンの債券（格付けが高い） ●**信用リスクが高いほど信用度が低い。**信用度が低いほど、欲しがる人が少ないので価格が下がり、利回りは上がる →ハイリスク・ハイリターンの債券（格付けが低い）
価格変動リスク	一般に**市場金利の動向、経済情勢、発行体の信用状況の変化等により、売却価格が変動するリスク**のこと。債券投資における価格変動リスクは、市場金利の変動により債券価格が変動するリスクを指し、**金利変動リスク**ともいう ●**市場金利が上昇すると、（低い金利で買った）債券価格は下落する**（価格が下落した債券の利回りは上昇する） ●**市場金利が低下すると、（高い金利で買った）債券価格は上昇する**（価格が上昇した債券の利回りは低下する） ●**個人向け日本国債には価格変動リスクはない。社債はある**
流動性リスク	すぐ売れなかったり、希望価格で売れなかったりするリスク。市場規模が小さく**取引量が少ない債券**などで生じる
期限前償還リスク	繰上償還リスクともいう。**償還期日よりも前に償還されることで、予定していた運用収益が確保されなくなるリスク**
為替変動リスク	為替レートの変動によって、海外の債券の円換算における価値が変動するリスク。**外貨建て債券の価格は、通常、為替レートが円安になれば上昇、円高になれば下落**する。**円建て外債（サムライ債）には為替変動リスクはない**
カントリーリスク	債券発行体の国の**政治情勢や経済情勢などにより発生するリスク**。**円建て外債（サムライ債）にもカントリーリスクはある**

8 債券の格付け

格付けは、債券自体や債券の発行体の信用評価の結果を示したもので、民間の格付機関（信用格付業者）が行っています。

一般に、**格付けBBB（トリプルB）以上**の債券を**投資適格債券**といいます。信用度が最も高い格付けはAAA（トリプルA）です。

格付けBB以下の債券を**投機的格付債券（非投資適格債券、投資不適格債券、ハイ・イールド債またはジャンク債）**といいます。信用度が最も低い格付けはD（シングルD）でデフォルト（破産）を表します。

発行体が同じ債券でも、発行時期や利率等、他の条件が異なれば、信用格付けは異なります。

債券と格付け

格付け	区分	特徴
AAA	投資適格債券	BBB以上は、信用度が高い（＝信用リスクが低い）ので、債券価格が高く、利回りが低い ローリスク・ローリターンの債券
AA		
A		
BBB		
BB	投機的格付債券 (非投資適格債券、投資不適格債券、ハイ・イールド債またはジャンク債)	BB以下は信用度が低い（＝信用リスクが高い）ので、債券価格が安く、利回りが高い ハイリスク・ハイリターンの債券
B		
CCC		
CC		
C		
D		

「BBB以上」が投資適格債券。これは超頻出！

9 金利と債券

価格変動リスク（180ページ）で簡単に説明したとおり、**市場金利が上昇**すると、以前の低い表面利率で発行された債券は人気がなくなって売られやすくなり、**債券価格は下落**します。価格が下落した債券は、額面100円で償還されるときの差益が増えますから、**利回りは上昇**します。

逆に、**市場金利が低下**すると、以前の高い表面利率で発行された債券は人気が出て、**債券価格は上昇**します。価格が上昇した債券は、額面100円で償還されるときの差益が減りますから、**利回りは低下**します。

また、残存期間が長い債券ほど、金利変動の影響を受ける期間が長くなるため、価格の変動率は大きくなります。したがって、金利上昇局面では、価格の下落しやすい中長期債よりも、下落しにくい短期債を中心に保有するポートフォリオで運用することが適切となります。

さらに、表面利率が低い債券ほど、市場金利の変動幅が表面利率に占める割合が高くなるため、利回りの変動に対する価格の変動幅が大きくなります。

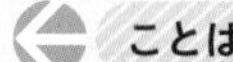

ことば

短期債：1年未満で償還される債券。

中期債：1年以上5年程度で償還される債券。

長期債：5年から10年程度で償還される債券。

超長期債：10年から30年程度で償還される債券。

金利と債券の関係

市場金利上昇 → 債券価格下落 → 利回り上昇

市場金利低下 → 債券価格上昇 → 利回り低下

他の条件が同じなら、

- 残存期間が長いほど、市場金利の変動に対する価格変動幅が大きい。
- 表面利率が低いほど、市場金利の変動に対する価格変動幅が大きい。

10 イールドカーブ

イールドカーブ（利回り曲線）は、横軸に残存期間、縦軸に利回り（投資金額に対する１年間の利息の割合）をとって、償還期間が異なる複数の債券における利回りの変化をグラフにしたものです。

他の条件が同じ場合、一般に**長期の債券の利回りは短期の債券の利回りより高く**なります。このときイールドカーブは**右上がりの曲線**となり、これを**順イールド**といいます。

まれに、**残存期間の長い債券の利回りよりも残存期間の短い債券の利回りの方が高く**なることがあります。このときイールドカーブは**右下がりの曲線**となり、これを**逆イールド**といいます。

金利が上昇すれば、債券の価格は下落し、金利が低下すれば、債券の価格は上昇する。残存期間が長い債券の方が、金利の変化の影響を強く受け、金利リスクが高いことになるため、長期の債券の利回りは短期の債券よりも高くなっているんだ。

〈イールドカーブ：順イールドの例〉

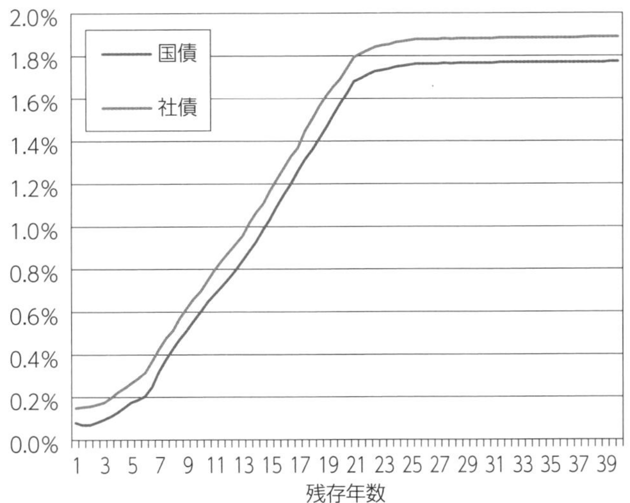

スピード理解!!

一般に残存期間が長いほど利回りが高い。
このときグラフは順イールドとなる！

過去問トレーニング

次の質問に答えなさい。

問1 固定利付債券（個人向け国債を除く）の一般的な特徴に関する次の記述の正誤を答えなさい。 ◀2017年1月・2017年9月・2019年9月学科

❶ 償還日前に売却した場合には、売却価格が額面価格を下回ることはない。

❷ 他の条件が同一であれば、債券価格が下落すると、その利回りは上昇する。

❸ 他の条件が同一であれば、残存期間の短い債券より残存期間の長い債券の方が、利回りの変動に対する価格の変動幅は小さい。

❹ 他の条件が同一であれば、表面利率が低いほど、利回りの変動に対する価格の変動幅は大きい。

❺ 債券を発行体の信用度で比較した場合、他の条件が同じであれば、発行体の信用度が高い債券の方が債券の価格は低い。

❻ 表面利率が最終利回りよりも低い債券の価格は、額面価格を下回る。

❼ 市場金利が上昇すると、通常、債券の利回りは上昇し、債券の価格は下落する。

問2 債券のリスクに関する次の記述の正誤を答えなさい。

◀2012年9月学科

❶ 債券の利子や元本の支払いが遅れることも含め、債務不履行となるリスクは、信用リスクである。

❷ 債券の発行体が属する国の政治情勢や経済情勢などにより発生するリスクは、カントリーリスクである。

❸ 発行体が同一の債券であれば、発行時期や利率などにかかわらず、常に同一の格付けが付される。

❹ 投資している債券が、償還期日よりも前に償還された場合、運用の機会損失を招くことがある。

問3　下記〈資料〉の債券を満期（償還）時まで保有した場合の最終利回り（単利・年率）を計算しなさい。なお、手数料や税金等については考慮しないものとし、計算結果については小数点以下第4位を切り捨てること。

◀2021年9月資産

〈資料〉
表面利率：年0.10％
購入価格：額面100円につき100.60円
償還価格：額面100円につき100.00円
償還までの残存期間：8年

答え

問1　債券に関する過去問題。

❶ ×　売却価格が投資元本や額面価格を割り込んでしまうことがある。

❷ ○　債券価格が下落しても、当初の設定利率（表面利率）はそのままなので、最終利回りは上昇することになる。

❸ ×　残存期間が長いほど、償還時までに金利変動の影響を受ける期間が長くなるため、金利変動に対する価格変動幅が大きくなる。

❹ ○　表面利率が低いほど、市場金利の変動幅が表面利率に占める割合が高くなるため、利回りの変動に対する価格変動幅が大きくなる。

❺ ×　信用度が高い債券ほど、価格は高く、利回りは低い。

❻ ○　債券の額面より低い価格で購入すれば、最終利回り（償還期限まで保有していた場合の利回り）は表面利率より高くなる。つまり、表面利率が最終利回りより低い債券の価格は、額面価格を下回る。

❼ ○　市場金利が上昇すると、以前の低い表面利率で発行された債券の価格は下落し、利回りは上昇する。

問2　債券のリスクに関する過去問題。

❶ ○　信用リスクは、債券の利子や元本の支払いが遅れることも含め、運用に損失が出るような債務不履行となるリスク。

❷ ○　カントリーリスクは、債券発行体の国の政治情勢や経済情勢などにより発生するリスク。

❸ ×　発行体が同じ債券でも、発行時期や利率などで信用リスクは異なるために信用格付けは異なる。

❹ ○　予定していた運用収益が確保されなくなる期限前償還リスク。

問3　0.024％

① （額面金額−購入価格）÷残存期間＝(100−100.6)÷ 8 ＝−0.075

② 表面利率0.1＋①＝0.1−0.075＝0.025

③ ②÷購入価格×100（%）=0.025÷100.6×100＝0.0248…→0.024%
（小数点以下第４位を切り捨て）

5 株式

株価指数に関する問題が頻出！

- 株式の売買ルールは、価格優先→時間優先→成行優先。
- 株式売買が約定すると、約定日を含めて３営業日目に決済。
- PER、PBRが高いほど株価は割高といえる。

1 株式と株主

株式は、株式会社が資金調達のために発行する有価証券です。株式に出資した**株主**には、次の権利があります。

議決権	株主総会での議案に対して賛否を表明できる権利。単元株（最低売買単位：１単元）につき１つの議決権を与えられる
利益配当請求権	会社の利益（剰余金）を配当として受け取ることができる権利。剰余金配当請求権ともいう
残余財産分配請求権	企業が解散した場合、残った財産の分配を受けられる権利

2 証券取引所

株式は通常、証券取引所を通して売買されます。国内には、「東京証券取引所（東証）」「名古屋証券取引所」「福岡証券取引所」「札幌証券取引所」の４つがあります。

東証には、プライム市場・スタンダード市場・グロース市場という３つの市場区分があり、市場区分の変更をするためには、新規上場基準と同様の基準に基づく審査を受ける必要があります。[※1]

東京証券取引所は**９時～11時30分（前場）**と**12時30分～15時[※2]（後場）に立会内取引**が行われます。

※１プライム市場は多くの機関投資家の投資対象になりうる規模の時価総額（流動性）を持つ、持続的な成長と中長期的な企業価値の向上にコミットする企業向けの市場、スタンダード市場は中長期成長企業向けの市場、グロース市場は高リスク・高成長企業向けの市場である。

※２ 2024年11月5日より15時30分。

3 株式の売買単位と手数料

株式の最低売買単位を**単元株（1単元）**といいます。東京証券取引所の上場企業の場合、**単元株は100株**となっています。※

単元株制度を採用していない会社の売買単位は１株です。

株式売買委託手数料は、各証券会社が**自由に設定**できます。多くの場合、大きな取引やインターネット取引の方が手数料が安くなります。

※単元株100株で1単元所有している場合、100株所有しているということ。
株式累積投資（るいとう）、株式ミニ投資、単元未満株投資制度では、単元未満でも売買できる。

4 株価と売買高

株価は、株式市場で直近に**約定**（やくじょう）**（取引が成立すること）**があった値段のことです。一日の最初に取引された株価を**始値**（はじめね）、最後に取引された株価を**終値**（おわりね）、立会時間中で最も高い株価を**高値**（たかね）、立会時間中で最も安い株価を**安値**（やすね）といい、これらの４つの値を合わせて**四本値**（よんほんね）といいます。

例えば新聞の経済面で「終値290円」で「**前日比**△５円」とあれば、前営業日の終値285円と比べて、そこから今日５円上昇した終値であることがわかります（△または＋が上昇、▲または－が下落）。

一日にその市場で取引が成立した数量（株数）のことを**売買高（出来高）**といいます。例えば、1,000株の売り注文に1,000株の買い注文で取引（売買）が成立すると、売買高は1,000株となります。

〈新聞の経済面〉

銘柄	始値	高値	安値	終値	前日比	売買高
水産・農林						
·極　洋	285	291	285	290	△ 5	377
Ȧ日　水	367	373	367	368	▲ 1	2901.0
Ȧマルハニチロ	1889	1992	1872	1878	▲12	412.8
Ȧサカタタネ	2125	2213	2125	2189	△66	417.6
Ȧホクト	2347	2413	2347	2378	△31	96.5

5 株価と売買取引

投資家の株式の売買注文は、通常、証券取引所の立会時間内に**オークション方式**で決まります。

売買には、**価格優先の原則**（買い注文の場合は値段の高い方、売り注文の場合は値段の安い方が優先）→ **時間優先の原則**（値段が同じなら時間が早かった方が優先）→ **成行優先の原則**（値段も時間も同時なら、指値（さしね）注文よりも成行（なりゆき）注文が優先）という原則があります。

ことば

オークション方式： 金融市場の取引方法で、条件が合った売り注文と買い注文を連続して約定させていく方式。

指値注文と成行注文

指値注文	売買価格を指定して注文する方法。買いたい価格の上限（これ以上なら買わない）、売りたい価格の下限（これ以下では売らない）を指定する
成行注文	売買価格を指定しないで、銘柄、売り買いの別、数量を指定して注文する方法。いくらでもいいので、早く買いたい、早く売りたいというときに用いる

株式売買が約定すると、**約定日を含めて３営業日目**（**約定日から起算して３営業日目＝約定日から２営業日後**）※に**決済（受渡し）**が行われます。

※約定日が7月1日(月)なら7月3日(水)に決済。国内の取引所に上場している外国株式を国内委託取引により売買した場合も同様。

なお、取引には、オークション方式で売買を成立させる**立会内取引（前場・後場）**のほか、**機関投資家等の大口取引**を対象にした**立会外取引**があります。

東京証券取引所が公表する「投資部門別株式売買状況」では、投資家を個人・海外投資家・法人・証券会社に区分していて、**取引金額が最も多い**のは**海外投資家**、その次に個人、法人、証券会社の順となっています。海外投資家の割合は、2010年では株式市場全体の約6割、2020年には**約7割**を占めています。

6 信用取引の委託保証金

信用取引は、顧客が一定の**委託保証金**を証券会社に担保として預け、買付資金や売付証券を借りて取引を行うものです。信用取引では、現物取引ではできない**空売り**（株を持っていない状態で売って後で買い戻すこと）もできます。

信用取引を開始する際は、**信用取引口座設定約諾書**を証券会社に提出する必要があります。

ことば

委託保証金：信用取引でお金や株券を借りて取引をするときの担保のようなもの。現金以外に株券や国債、投資信託などの有価証券も代用できる。委託保証金率は30％以上であれば証券会社が自由に設定できる。

出る

委託保証金の出題ポイント

- 委託保証金は、現金のほか**国債や上場株式など一定の有価証券で代用**することができる。
- 原則として**買建株の約定価額の30％**以上（**最低委託保証金30万円**）を差し入れなければいけない。**委託保証金率が30％で300万円の委託保証金**を差し入れたときは、**300万円÷0.3＝1,000万円**まで取引可能。
- 株式の価格が下落し、委託保証金維持率割れ（一般に約定価額の20％より低い価額）となった場合は、**追加保証金（追証（おいしょう））を差し入れなければいけない**。

7 信用取引と決済の種類

信用取引には、**制度信用取引**と**一般信用取引**があります。

信用取引の種類

制度信用取引	証券取引所が定めた銘柄を対象に、**証券取引所の規則に基づく取引**。**決済期限は最長６カ月**
一般信用取引	**証券会社と顧客の間で決済期限を任意に決めることができる取引**。決済期限を無期限とすることもできる

信用取引の決済（弁済）方法には、**差金決済（反対売買）**と**現物決済（現引き・現渡し）**があります。

差金決済と現物決済

差金決済	原資産の受渡しをせず、**反対売買**によって**損益に応じた金額（差金）だけを受け渡す決済方法**。利益が出れば利益分の金額を受け取り、損失が出れば、損失分の金額を証券会社に支払う
現物決済	**買いの場合は現引き**：証券会社に現金を払って株を引き取る **売りの場合は現渡し**：売った株と同種同量の現物株を証券会社に渡し、代金を受け取る

例題

・（　）内に適切な語句、数値を入れなさい。

◀2012年1月学科

株式の信用取引は、投資家が証券会社等から金銭や株式等を借りて株式等を売買する取引であるが、投資家は証券会社等に一定の委託保証金を担保として差し入れる必要がある。例えば、委託保証金率が30％である信用取引において300万円の売買取引（新規建て）を行うためには、最低でも（❶）万円の委託保証金が必要となる。

信用取引には制度信用取引と一般信用取引の２種類があり、そのうち制度信用取引については、証券取引所の規則により弁済期限が定められており、新規建て日から（❷）カ月目の応当日から起算して４営業日までに弁済しなければならない。信用取引の弁済方法には、差金決済（反対売買）と（❸）がある。

例題の答え

❶ 90
❷ 6
❸ 現物決済（現引き・現渡し）

8 株価指数

株価指数には、次のようなものがあります。

主な株価指数

日経平均株価（日経平均・日経225）	●東京証券取引所のプライム市場に上場する225銘柄を対象とする指数で、日本経済新聞社が算出する。毎年定期的に構成銘柄の見直しを実施している ●増資や株式分割[※1]があっても指標としての連続性を保つように計算される**修正平均型の株価指数**
東証株価指数（TOPIX） Tokyo stock Price Index	●東京証券取引所が選定する浮動株[※2]を対象とする ●**時価総額を加重平均して算出する株価指数** ●**時価総額[※3]の大きい銘柄の値動きの影響を受けやすい**
ナスダック総合指数	米国にある世界最大のベンチャー企業向け市場（新興市場）である**ナスダック（NASDAQ）に上場している全銘柄の時価総額を加重平均**した株価指数
NYダウ（ニューヨークダウ）	ダウ・ジョーンズ社が算出する、米国主要業種の代表的な30社で構成される平均株価指数
S&P500種株価指数	アメリカのスタンダード・アンド・プアーズ社が算出する株価指数で、**ニューヨーク証券取引所（NYSE）とNASDAQに上場している企業のうち、代表的な500銘柄を対象**とした時価総額加重型の株価指数
ハンセン指数	**香港市場**の代表的な株価指数
SENSEX指数	**インド**の代表的な株価指数。ムンバイ証券取引所が算出

※1 **株式分割**　資本金を変えないで1株を一定比率で分割すること。1株当たりの価格が下がって購入しやすくなるため、株式の流動性が高まる。**1株を2株に分割すると、投資家が保有する株式数は2倍になる。**

※2 **浮動株**　安定した株主に保有されておらず、市場で一般の投資家等が売買できる株式のこと。

※3 **時価総額＝時価（その時点の株価）×発行済株式数**
上場企業の価値を表す指標の一つ。**時価に発行済株式数をかけて算出する。**

● 株価指数ではないが、上場企業が公表する決算短信は、投資を行う際の重要な判断材料となる。東京証券取引所規則では、**上場企業の事業年度や四半期累計期間に係る決算内容が定まった場合、直ちにその内容を開示しなければならない**とされている。

9 株式の投資指標

企業の状況と現在の株価を分析する投資指標に、以下のようなものがあります。

検定では、具体的な数値の計算問題が多いので、例として【N社のデータ】で計算結果を表示していきます。

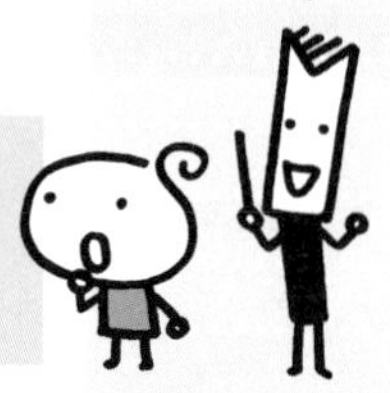

【N社のデータ】	株価：1,000円
発行済株式数：1億株	純資産(=自己資本)：500億円
当期純利益：50億円	1株当たり年間配当金：10円

● **1株当たり純利益(EPS)=当期純利益 ÷発行済株式数**

企業の1株当たりの利益額を示す指標で、株式の収益力を示します。当期純利益を発行済株式数で割って求めます。**EPSが上昇**すれば、**株価収益率（PER）が下降**し、**株価が割安**になります。

【N社のEPS】50億円÷1億株=50円

ことば

1株当たり純利益（EPS：Earnings Per Share）：1株当たり当期純利益の略。

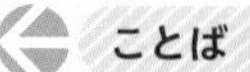

● **1株当たり純資産(BPS)=純資産÷発行済株式数**

1株当たりの純資産額を表し、企業の解散価値を示します。純資産（自己資本）を発行済株式数で割って求めます。**BPSが高い**ほど、企業の**安定性が高い**ことになります。

【N社のBPS】500億円÷1億株=500円

ことば

1株当たり純資産（BPS：Book -value Per Share）：1株当たりの純資産（資産から負債を引いた額=自己資本）のこと。

なお、**自己資本比率**は、**自己資本÷総資本×100**で求めます。

●**配当利回り=1株当たり年間配当金÷株価×100**

株価に対する年間配当金の割合を示す指標。1株当たり年間配当金を株価で割って求めます。**株価が下落**すると、**配当利回りは上昇**します。

【N社の配当利回り】10円÷1,000円×100=1%

● 株価収益率(PER)＝株価÷1株当たり純利益(EPS)

株価が1株当たり純利益（EPS）の何倍かを示す指標。一般に、**PERが高い**ほど**株価は割高**、**PERが低い**ほど**株価は割安**だといえます。1株当たり当期純利益の額が一定の場合、**株価が上昇**すれば**PERの値が高く**なります。

【N社のPER】 1,000円÷50円=20倍※

※時価総額÷純利益=(1,000円×1億株)÷50億円=20倍

ことば

株価収益率（PER：Price Earnings Ratio）：株価が1株当たり純利益の何倍かを示す指標。時価総額÷純利益で求めることもできる。

● 株価純資産倍率(PBR)＝株価÷1株当たり純資産(BPS)

株価が1株当たり純資産（BPS）の何倍かを示す指標。PBRが1倍で、「株価＝解散価値」になり、**PBRが高い**ほど**株価は割高**、**PBRが低い（1倍に近い）**ほど**株価は割安**だといえます。1株当たり純資産額が一定の場合、**株価が上昇**すれば**PBRが高く**なります。

【N社のPBR】 1,000円÷500円=2倍

ことば

株価純資産倍率（PBR：Price Book-value Ratio）：株価が1株当たり純資産の何倍かを示す指標。

● 自己資本利益率(ROE)＝当期純利益÷自己資本×100

株主の投資額（自己資本＝純資産）を使って、どれだけ効率的に利益を獲得したかを判断する指標で、**ROEが高い**ほど**収益力が高い**会社だといえます。自己資本額が一定の場合、**当期純利益が増えればROEが高く**なります。

【N社のROE】 50億円÷500億円×100=10%

ことば

自己資本利益率（ROE：Return On Equity）：自己資本に対する純利益の割合を示す指標。自己資本は、純資産から非支配株主持分（少数株主持分、被支配株主持分）と新株予約権を差し引いたもの。試験では、非支配株主持分は記載されないことがほとんどなので、自己資本＝純資産として計算すればよい。

● 売買単価＝売買代金÷売買高（出来高）

毎回の株式取引の結果として算出される、1株当たりの平均売買金額を示す指標です。

● 単純平均株価＝対象銘柄の株価合計÷対象銘柄数

対象となる銘柄の株価合計を銘柄数で除したものです。

● 配当性向(%)＝配当額÷当期純利益×100

当期純利益のうち配当金が占める割合。配当金額が一定の場合、**当期純利益が増える**と**配当性向は低く**なります。

過去問トレーニング

次の質問に答えなさい。

問1　株式市場および株式指数に関する次の記述の正誤を答えなさい。

◀2012年5月・2023年5月学科・2023年5月個人

❶　東京証券取引所の取引には、オークション方式により売買を成立させる立会内取引のほか、立会外取引がある。

❷　国内の証券取引所に上場している外国株式を国内委託取引（普通取引）により売買した場合の受渡日は、国内株式と同様に、売買の約定日から起算して3営業日目である。

❸　国内株式市場における代表的な株価指標である日経平均株価は、東京証券取引所のスタンダード市場に上場している銘柄のうち、代表的な225銘柄を対象とした修正平均型の株価指標である。

❹　上場株式の注文方法のうち、指値注文では、高い値段の買い注文が低い値段の買い注文に優先して売買が成立し、同じ値段の買い注文については、寄付や引けなどを除き、先に出された注文が後に出された注文に優先して売買が成立する。

問2　信用取引に関する次の記述の正誤を答えなさい。

◀2020年1月学科

❶　証券会社に委託保証金を差し入れて、資金を借りて株式を購入したり、株券を借りて売却したりする取引を信用取引という。

❷　信用取引には、返済期限や対象銘柄等が証券取引所等の規則により定められている一般信用取引と、返済期限や対象銘柄等を顧客と証券会社との契約により決定することができる制度信用取引がある。

❸　信用取引の委託保証金は、現金で差し入れることが原則であるが、国債や上場株式など一定の有価証券で代用することもできる。

❹　信用取引において、委託保証金率が30％である場合、既存の建玉のない状態で300万円の委託保証金を現金で差し入れたときは、約定金額1,000万円まで新規建てをすることができる。

問3 次の❶、❷を求めなさい（計算過程の記載は不要）。〈答〉は、表示単位の小数点以下第3位を四捨五入し、小数点以下第2位までを解答すること。

◀2022年1月個人

❶ 86期におけるROE（自己資本は85期と86期の平均を用いること）

❷ 86期における配当利回り

〈X社株式の関連情報〉

・株価：4,800円

・発行済株式数：1,000万株

・決算期：2024年3月31日（木）
（配当の権利確定日に該当）

〈X社の財務データ〉　（単位：百万円）

	85期	86期
資産の部合計	100,000	95,000
負債の部合計	60,000	50,000
純資産の部 合計	40,000	45,000
売上高	140,000	135,000
営業利益	7,000	5,000
経常利益	6,500	5,500
当期純利益	4,500	4,000
配当金総額	1,800	2,000

答え

問1 株式市場と株式指数に関する過去問題。

❶ ○ 東京証券取引所の取引には、立会内取引と立会外取引がある。

❷ ○ 外国株式も約定日から起算して3営業日目（約定日から2営業日後）。

❸ × スタンダード市場ではなくプライム市場。

❹ ○ 取引所における株式の指値注文は、価格優先と時間優先の原則で処理される。

問2 信用取引に関する過去問題。

❶ ○ 一定の委託保証金を担保にして資金や株式を借りて行う取引。

❷ × 一般信用取引と制度信用取引の説明が逆。

❸ ○ 委託保証金は、現金のほか国債や上場株式など一定の有価証券で代用することができる。

❹ ○ 委託保証金率が30%で300万円の委託保証金を差し入れたとき、300万円÷0.3 = 1,000万円まで取引ができる。

問3

❶ **9.41（%）** ROE（%）＝当期純利益÷自己資本×100
自己資本 = (40,000 + 45,000)÷2 = 42,500 ←85期と86期の平均
ROE = 4,000÷42,500×100 = 9.411…%

❷ **4.17（%）** 配当利回り＝1株当たり年間配当金÷株価×100
86期の配当金総額は2,000百万円（= 200,000万円）、発行済株式数は1,000万株なので、1株当たりの年間配当金額は、
200,000万円÷1,000万株 = 200円
株価は4,800円なので、配当利回り（%）は、
200円÷4,800円×100 = 4.1666…

3 金融資産運用

6 投資信託

投資信託の運用方法に関する問題が頻出！

- 交付目論見書と運用報告書は委託会社が作成する。
- 株式投資信託には債券を組み入れることもできる。
- アクティブ運用はベンチマークを上回る運用成果を目指す。

1 投資信託とは

投資信託とは、複数の投資家から集めたお金を1つの基金として、運用の専門家が、株式、債券、不動産などに**分散投資**し、運用収益を**分配金**として支払う商品です。

投資信託には、**会社型**と**契約型**とがあります。

- **会社型**：**上場不動産投資信託（J-REIT）**等、運用目的で設立した会社に資金を集めて投資・運用するタイプ。
- **契約型**：**委託会社（委託者）**と**受託会社（受託者）**が信託契約を締結し、そこで生じた受益権を分割した受益証券を**販売会社**（金融機関）から**投資家（受益者）**が購入するタイプ。日本のほとんどの投資信託は**契約型**（下図）です。

なお、投資信託には元本保証はありません。

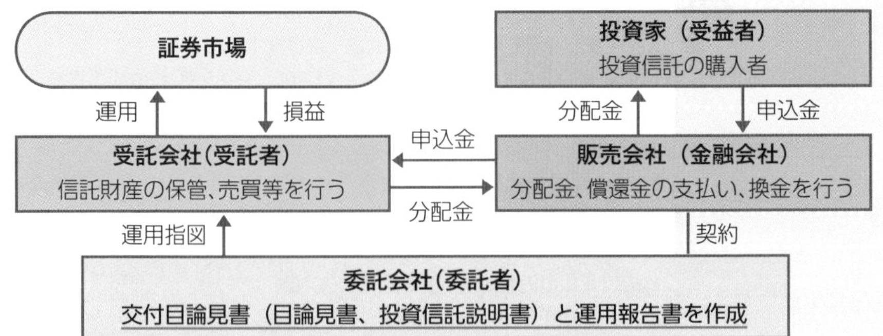

2 投資信託の基本用語

検定に出題される基本用語を確認しておきましょう。

投資信託の基本用語

委託会社 （委託者）	投資信託（ファンド）を組み、運用指図をする投資信託委託会社（運用会社）。交付目論見書と運用報告書は委託会社が作成
受託会社 （受託者）	委託会社の運用指図で、信託財産の保管、売買等を行う信託会社（信託銀行など）。信託財産の名義は受託会社になる
交付目論見書 （投資信託説明書）	投資信託の概要や投資方針などを記載した書面。委託会社が作成。募集・販売時には必ず交付しなければならない
運用報告書	運用実績や資産状況を報告する書面。委託会社が作成
基準価額	投資信託の時価。純資産総額を受益権総口数で割ったもので、通常は１万口当たりで表示。委託会社が１日に１本算出

3 投資信託のコスト

投資信託のコストには、次のようなものがあります。

投資信託のコスト

購入時手数料 （販売手数料）	購入時に販売会社に支払う費用。手数料無料の投資信託はノーロードファンドといわれる
信託報酬 （運用管理費用）	投資信託の運用管理の対価として、投資家が間接的に負担する費用で、信託財産から日々差し引かれる。信託報酬には、委託会社が事務代行業務の報酬として販売会社に支払う事務代行手数料も含まれている
信託財産留保額	投資信託を解約（中途換金）する際に支払う費用（まれに購入時に支払うこともある）。証券等の換金に係る費用等を解約する投資家にも負担させ、受益者間の公平性を保とうとするもの。外貨建てMMFでは徴収されない

例題

2024年中に、特定口座の源泉徴収選択口座で保有するX投資信託200万口を基準価額10,000円（1万口当たり）ですべて解約した場合、譲渡所得の金額（売却益）はいくらになるか。

〈X投資信託に関する資料〉

・公募株式投資信託・追加型／国内／株式
・信託期間：無期限
・決算日：毎年9月6日
・購入時手数料：なし
・信託財産留保額：解約時の基準価額に対して0.2%
・購入時の基準価額：8,480円（1万口当たり）

◀2015年9月個人（改）

例題の答え

（300,000円）
1万口当たりの換金額は信託財産留保額を差し引くので、
10,000−10,000×0.002＝9,980円
換金額から取得価額を引けば売却益。
9,980−8,480＝1,500円
全部で200万口あるので、
1,500×200＝300,000円
信託財産留保額を引くことがポイント。

4 償還金と分配金

投資信託には信託期間が無期限のものと、期限が決められているものがあります。期限が決められている場合は、満期（償還日）になると信託財産の純資産額を受益権口数で割った額の**償還金**が受益者に支払われます。

また、投資信託では配当金に当たる**分配金**があります。分配金は収益に応じて増減し、**決算期**になると支払われます。運用状況によっては分配金が支払われない場合もあります。また、分配金がそのまま再投資されるタイプの投資信託もあります。

ことば

分配金：値上がりした分の普通分配金と、投資元本の払戻しに当たる元本払戻金（特別分配金）がある。

決算期：毎月決算型、1年決算型のほか、隔月、3カ月ごとなどがある。分配金は投資信託の決算日から5営業日目までに販売会社の支店を通じて支払われる。

5 投資信託の中途換金

投資信託の換金方法には、**解約請求**と**買取請求**があります。解約請求は販売会社を通して運用会社に対して信託契約の解除を請求する方法、買取請求は投資信託を販売会社に買い取ってもらう方法です。

解約請求も買取請求も、換金額は基準価額から信託財産留保額を差し引いた金額になります。

6 投資信託の分類

非上場の投資信託は、次のようなタイプに分けられます。

投資信託のタイプ

●運用対象：運用対象に株式が入っているかいないか

株式投資信託	株式を組み入れることができる投資信託。株式を組み入れなくてもよい。債券を組み入れることもできる
公社債投資信託	株式をいっさい組み入れない投資信託。債券（公社債）が運用の中心になる

●追加設定（追加購入）の可否：いつでも購入できるかできないか
追加型も単位型も繰上償還リスクはある。

追加型（オープン型）	運用期間中、いつでも追加設定と解約ができるタイプ
単位型（ユニット型）	当初の募集期間のみ購入できるタイプ。解約制限あり

●解約の可否：満期前に解約できるかできないか

オープンエンド型	いつでも解約できるタイプ
クローズドエンド型	満期まで解約できないタイプ。市場で売却する

7 投資信託の運用方法

運用方法は、パッシブ運用とアクティブ運用があります。

パッシブ運用は、東証株価指数などのベンチマークに連動することを目指す運用スタイルで、恒常的に市場平均以上の運用成績を上げるのは困難で将来価格を予想できないとする**効率的市場仮説**に基づいています。パッシブ運用の代表例に**インデックスファンド**があります。

アクティブ運用は、ベンチマークを上回る運用成果を目指す運用スタイルで、銘柄の売買回数が比較的多く、パッシブ運用より運用コストが高めになります。

ベンチマーク：運用の目安や運用成果を測るための基準。
インデックス：指数。インデックスファンドは、東証株価指数などの指数をベンチマークとするパッシブ運用のファンド。

アクティブ運用の4つの手法

トップダウン・アプローチ	経済・金利・為替など、マクロ経済の動向から判断し、個別の銘柄選別を行う運用手法。上から下へいく手法
ボトムアップ・アプローチ	個別銘柄の調査・分析に基づいて企業の将来性を判断し、投資判断をする運用手法。下から積み上げていく手法
グロース投資	グロース（成長）が期待できる企業に投資する手法。売上高や利益の成長性などに着目して銘柄選択を行う
バリュー投資	バリュー（価値）がある企業に投資する手法。指標から見て割安と判断される株式に投資する

8 追加型公社債投資信託

追加型公社債投資信託は、追加型（いつでも購入可能）でオープンエンド型（いつでも解約可能）の公社債投資信託で、運用実績に応じて分配金が支払われる**実績分配型投信**です。**中期国債ファンド**、**MRF（マネー・リザーブ・ファンド）**などがあり、いずれも決算が日々行われ、**月末最終営業日に元本超過額が分配金として再投資**されます。

9 ETF（上場投資信託）

ETF（上場投資信託）は、**上場して証券取引所で取引**される投資信託です。**指値注文、成行注文、信用取引**ができ、株式の配当金と同様、**分配金は全額が課税対象**となります。

購入時手数料や換金時の**信託財産留保額**はかかりませんが、**運用管理費用**（信託報酬）や**売買委託手数料**（手数料の金額は証券会社により異なる）は発生します。

上場不動産投資信託（J-REIT）は、現物不動産や貸借権に投資して、運用益を分配する投資信託です。

ことば

中期国債ファンド：中国ファンド。主に中期利付国債に投資する公社債投資信託。

MRF：証券会社専用の口座で、銀行の預金のようなもの。個人投資家の決済手段に使われている。

ETF：Exchange Traded Fundの頭文字を取った語句。「上場投資信託」と同じ意味で用いられる。

J-REIT：アメリカで生まれたREIT：Real Estate Investment Trustに、JapanのJをつけてJ-REITと呼ばれている。

ETFの出題ポイント

ETF（上場投資信託）	株価指数や商品指数に連動するパッシブ運用の投資信託。主に契約型投資信託（会社型もある）。 レバレッジ型（ブル型）：原指標（日経平均株価など）の変動率に一定の正の倍数を乗じて算出される指数に連動した運用成果を目指す インバース型（ベア型）：原指標の変動率に一定の負の倍数を乗じて算出される指数に連動した運用成果を目指す
上場不動産投資信託（J-REIT）	不動産（オフィスビル、商業施設、マンション）や貸借権などに投資し、賃貸収入や売買益を分配する商品。 少額で投資できる会社型投資信託

ことば

契約型：信託契約から生じた受益権を細分化した受益証券を購入する形式。

会社型：設立した投資法人が発行する投資口を投資家が購入する形式。

レバレッジ型とインバース型：ハイリスク・ハイリターンのファンド。例えば、TOPIXブル3倍上場投信は、TOPIXの上昇率に対し3倍の投資成果を目指すように設計されている。

ブル型：牛（Bull）の角が上を向いていることに由来。

ベア型：熊（Bear）が爪を上から下に振り下ろす様子に由来。

10 その他の投資信託

その他、2級で出題される投資信託をまとめておきます。

出る

その他の投資信託の出題ポイント

ファンド・オブ・ファンズ	投資対象や運用スタイル等の異なる複数の投資信託に分散投資する投資信託
ブル・ベアファンド（ブル型とベア型）	ブル型：市場が上昇しているときに収益が上がる商品 ベア型：市場が下落しているときに収益が上がる商品
リンク債型 ETF	原指標に連動した投資成果を目的とする債券（リンク債）に投資し、ETFの１口当たり純資産額の変動率を対象指標の変動率に一致させる運用手法を採るETF

過去問トレーニング

次の質問に答えなさい。

問1 契約型の委託者指図型投資信託の仕組みに関する次の記述の正誤を答えなさい。 ◀2012年9月学科

❶ 目論見書の作成は、受託者（信託会社等）が行う。
❷ 信託財産の保管は、受託者（信託会社等）が行う。
❸ 信託財産の運用の指図は、委託者（投資信託委託会社）が行う。
❹ 運用報告書の作成は、委託者（投資信託委託会社）が行う。

問2 投資信託に関する次の記述の正誤を答えなさい。

◀2021年1月・2022年5月・9月学科

❶ 組入れ資産のほとんどを債券が占め、株式をまったく組み入れていない証券投資信託であっても、約款上、株式に投資することができれば、株式投資信託に分類される。
❷ 単位型投資信託は、投資信託が運用されている期間中いつでも購入できる投資信託であり、追加型投資信託は、当初募集期間にのみ購入できる投資信託である。
❸ パッシブ型投資信託は、対象となるベンチマークに連動する運用成果を目指して運用される投資信託である。
❹ 株価が現在の資産価値や利益水準などから割安と評価される銘柄に投資する手法は、バリュー投資と呼ばれる。
❺ 各銘柄の投資指標の分析や企業業績などのリサーチによって銘柄を選定し、その積上げによってポートフォリオを構築する手法は、ボトムアップ・アプローチと呼ばれる。
❻ マクロ的な環境要因等を基に国別組入比率や業種別組入比率などを決定し、その比率に応じて、個別銘柄を組み入れてポートフォリオを構築する手法は、トップダウン・アプローチと呼ばれる。
❼ ETFには、株価指数に連動するものはあるが、REIT指数や商品指数に連動するものはない。
❽ ETFには、運用管理費用（信託報酬）は発生しない。

問3 下記〈資料〉の上場不動産投資信託（REIT）に関する次の記述の空欄にあてはまる銘柄名のアルファベットを答えなさい。 ◀2011年9月資産

〈資料〉

銘柄名	1口当たり純資産	1口当たり分配金(年間)	REIT価格
A	491,000円	23,200円	546,000円
B	671,000円	21,600円	693,000円
C	535,000円	27,600円	564,000円

・1口当たり純資産を用いてREIT価格の割安性を比較した場合、最も割安な銘柄は、（ ❶ ）である。
・最も分配金利回りが高い銘柄は、（ ❷ ）である。

3 金融資産運用

答え

問1 投資信託の基本用語に関する問題。

❶ × 目論見書は、委託者（投資信託委託会社）が作成する。
❷ ○ 受託者（信託会社等）が信託財産の保管、売買を行う。
❸ ○ 運用の指図は、委託者（投資信託委託会社）が行う。
❹ ○ 運用報告書は、委託者（投資信託委託会社）が作成する。

問2 投資信託の種類に関する問題。

❶ ○ 債券だけで運用していても、約款上で株式の組み入れを認めていれば、株式投資信託である。
❷ × 単位型は当初募集期間にのみ購入できるタイプ、追加型は追加設定と解約ができるタイプ。
❸ ○ ❹ ○ ❺ ○ ❻ ○
❼ × ETF（上場投資信託）は、株価指数に連動するもののほか、債券、上場不動産投資信託（J-REIT）の指標、原油、金、農産物等の商品価格等に連動するものがある。
❽ × ETFに購入時手数料や換金時の信託財産留保額はかからないが、運用管理費用（信託報酬）や売買委託手数料（手数料の金額は証券会社により異なる）は発生する。

問3 1口当たり純資産は、1株当たり純資産（192ページ）と同様。分配金利回りは、配当利回り（192ページ）と同様。

❶ B PBR(株価純資産倍率)＝株価(REIT価格)÷1株当たり純資産。最も低いのはB。
❷ C 配当利回り＝1株当たり年間配当金÷株価(REIT価格)×100。最も高いのはC。

7 金融商品と税金

投資信託の分配金と税金の計算が頻出！

- 利子所得は20.315%の源泉徴収で、申告不要。
- 株式投資信託の元本払戻金（特別分配金）は非課税。
- NISA口座の損失は他の口座と損益通算ができない。

1 利子と源泉分離課税

利子所得は**20.315%（所得税15%＋復興特別所得税0.315%＋住民税5%）の源泉徴収**です。このように税金が源泉徴収されて課税関係が終了することを**源泉分離課税**といい、後で確定申告、年末調整、損益通算（206ページ）はできません。一方、株式の**配当所得**等は、**確定申告**で本来支払うべき税額と源泉徴収された税額とを精算できます。

ことば

特定公社債等：
国債、地方債、外国国債、外国地方債、公募公社債、上場公社債、国外において発行された公社債で一定のもの、2015年12月31日以前に発行された公社債（同族会社が発行した社債を除く）、公募公社債投資信託（MRF、外貨建てMMF等）。

2 債券と税金

国内発行の債券（公社債）の収益は、**特定公社債等**と**一般公社債等**とに分類され、20.315%が課税されます。

〈債券（公社債投資信託含む）への課税〉

種類	利子・分配金	譲渡益・償還差益	損益通算
特定公社債等 **(国債、地方債、外国債券等)**	**20.315%の源泉徴収**で申告不要。または、確定申告（申告分離課税）を選択可	上場株式等の譲渡所得等として、20.315%の申告分離課税	**確定申告（申告分離課税）することで、上場株式等と損益通算、繰越控除が可能**
一般公社債等 (特定公社債以外)	20.315%の源泉分離課税。確定申告不可	一般株式等の譲渡所得等として、20.315%の申告分離課税	上場株式等と損益通算、繰越控除は不可

3 株式と税金

上場株式（株式投資信託、上場不動産投資信託［J-REIT］、外国株式を含む）の収益には、**配当金（分配金）**と**譲渡損益**があります。上場株式等の**配当金**は、**配当所得**として**20.315%が源泉徴収**されますが、下表の課税方法を選択することができます。

※1 持株割合3%未満の個人株主についても、同族会社である法人との合計で3%以上となる場合は、総合課税の対象となる。

上場株式等の配当所得と税金

総合課税	確定申告をして他の所得と合算して課税する制度 ●配当控除の適用を受けることができる。上場不動産投資信託や外国株式の配当所得には配当控除は適用されない。 ●配当金と上場株式等の譲渡損失との損益通算ができない
申告不要制度	配当所得の金額にかかわらず申告不要にできる制度。会社の発行済株式総数の３％以上を保有する大口株主を除く[※1] ●配当金受取時に20.315%が源泉徴収されて申告不要
申告分離制度（申告分離課税）	他の所得と分離して、税率20.315%で税額計算し確定申告 ●配当金と上場株式等の譲渡損失との損益通算ができる ●配当控除の適用は受けられない

非上場株式の配当所得は総合課税の対象で**所得税20.42%**[※2]**が源泉徴収**されます。確定申告すると、所得税額から一定額を控除する税額控除が受けられます。1銘柄1回の配当金が10万円以下の少額配当なら確定申告不要です。

上場株式等の**譲渡所得（売却益）**等は、**税率20.315%の申告分離課税**です。**譲渡損失**は、同一年の**上場株式等の譲渡所得、特定公社債等の利子・収益分配金・譲渡益・償還差益**、および**申告分離課税を選択した上場株式等の配当所得**と**損益通算**でき、確定申告によって翌年以後**最長3年間**にわたって**繰越控除**ができます。非上場株式、不動産所得、利子所得（預貯金の利子等）とは損益通算できません。

配当控除：配当所得があるときに受けられる控除。確定申告が必要。配当金の源泉徴収税額と、この配当控除の額が税額計算上控除される。

※2 非上場株式の配当所得は所得税だけで20%なので、復興特別所得税を含むと、20×1.021 = 20.42%。

4 証券会社の口座と税金

証券会社の口座には、一般口座と特定口座があります。

一般口座は、**口座名義人**が自分で１年間の損益計算をして確定申告をする口座です。

特定口座は、**証券会社**が口座名義人に代わって１年間の損益計算をするもので、１金融機関につき1人１口座開設できます。特定口座には、**源泉徴収ありの口座**と**源泉徴収なしの口座**があります。**源泉徴収ありの口座**は、**損益計算、損益通算に加えて納税が源泉徴収で終了（申告不要）**します。※ 源泉徴収の有無の変更は、その年の最初の売買や配当金の受入時までです。なお、複数の証券会社の特定口座内の損益については、確定申告をすれば損益通算ができます。

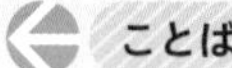

損益通算：損が出たときに、他口座と合算（通算）して全体の利益を減らし、税金を少なくすること。同一証券会社の損益は自動で計算される。

※源泉徴収なしの口座では、納税は口座名義人が自分で行う。

特定口座には、株式だけでなく、国債、地方債、外国国債、公募公社債など、特定公社債も入れることができる。

例題

Aさんが下記のとおり、2024年中に甲株を購入し、同年中に売却した場合の手取り金額（所得税および住民税控除後）を求めなさい。〈答〉は円単位とすること。なお、2024年中に甲株以外に他の株式等の譲渡はなく、委託手数料、復興特別所得税については考慮しないものとする。

購入株数および売却株数：5,000株　　購入時の株価：600円
売却時の株価：700円　　※特定口座の源泉徴収選択口座を利用。

◀2012年5月個人(改)

例題の答え

(3,400,000円)
譲渡所得は、(700－600)×5,000=500,000円
税金は500,000×0.2=100,000円
約定代金(700×5,000=)3,500,000円から税金100,000円を引いて3,400,000円。

5 投資信託と税金

公社債投資信託の利子（収益分配金）、譲渡損益、償還差益への税金は、204ページ「債券（公社債投資信託含む）への課税」のとおりです。

株式投資信託の**普通分配金**は、上場株式の配当金と同様、配当所得として**20.315%**の源泉徴収後、総合課税、申告不要、申告分離課税のいずれかを選択します。また、解約、償還、売却差益などの譲渡所得も上場株式と同じく**20.315%**の申告分離課税で、株式の譲渡所得や申告分

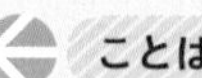

分配落ち後の基準価額：分配金を支払った後の価格（時価・評価額）。試験によって「分配落ち」は「分配金落ち」ともいう。「個別元本」は投資家の取得価格。

離課税を選択した配当所得と損益通算できます。ただし追加型の株式投資信託で、分配落ち後の基準価額が分配落ち前の個別元本（手数料を除く平均購入価格）を下回る部分の分配金は、**元本払戻金（特別分配金）として非課税**です。

元本払戻金は非課税

● 分配落ち後の基準価額≧分配落ち前の個別元本→個別元本は変化なし

【例】個別元本10,000円→決算時の基準価額11,500円、収益分配金1,000円

分配落ち前（購入時）		決算時		分配落ち後
		普通分配金1,000円		
		500円		500円（値上がり分）
個別元本 10,000円	➡	個別元本 10,000円	➡	個別元本 10,000円
基準価額10,000円		基準価額11,500円		基準価額10,500円

● 分配落ち後の基準価額＜分配落ち前の個別元本→個別元本は減額

【例】個別元本10,000円→決算時の基準価額10,500円、収益分配金800円

分配落ち前（購入時）		決算時		分配落ち後
		普通分配金500円		
		元本払戻金300円		
個別元本 10,000円	➡	個別元本 9,700円	➡	個別元本 9,700円
基準価額10,000円		基準価額10,500円		基準価額9,700円

分配前個別元本－分配後基準価額→非課税

例題

◀2014年9月資産

・〈資料〉を参考に（　）内に適切な語句、数値を入れなさい。

収益分配金のうち、収益分配前の基準価額から収益分配前の個別元本を差し引いた部分を（❶）といい、所得税および住民税が課税される。一方、収益分配金のうち、（❶）を除く部分を（❷）といい、非課税となる。小田さんには（❷）が支払われたため、収益分配後の個別元本は、（❸）円となる。

〈資料：小田さんが保有するMZ投資信託〉

収益分配前の個別元本10,300円　収益分配前の基準価額10,550円
収益分配金400円　収益分配後の基準価額10,150円

例題の答え

❶ 普通分配金
❷ 元本払戻金（特別分配金）
❸ 10,150
分配後の個別元本＝分配前の個別元本－元本払戻金
10,300−150＝10,150

6 NISA（少額投資非課税制度）

NISA（ニーサ）は、株式や投資信託の運用益（配当金や譲渡益等）に課せられる20.315％の税金が非課税となる制度です。

NISA口座は、すべての金融機関を通じて**同一年に１人１口座**しか開設できません（**金融機関は１年単位で変更可能**※）。NISA口座には、NISA口座で買った銘柄のみ保有できます。NISA口座の株式は特定口座や一般口座に移管できますが、他の口座からNISA口座への移管はできません。

2024年から**新NISA**が始まりました。新NISAは18歳以上の成人を対象とする**保有期間無期限の非課税制度**で、**つみたて投資枠**と**成長投資枠**があります。

※金融機関の変更は変更したい年の前年10月１日から変更したい年の９月30日の間に手続きが必要。金融機関を変更すると複数のNISA口座を持つことになるが、買付けできるのは各年につき１口座のみである。

新NISAの出題ポイント

	つみたて投資枠	成長投資枠
年間投資枠※	120万円	240万円
	2つの枠を合わせて360万円（併用可能）	
非課税保有限度額	買付金額ベースで1,800万円（うち成長投資枠が1,200万円） 売却することで、翌年に非課税枠の再利用が可能となる	
対象商品	国が定めた基準を満たす長期の積立・分散投資に適している投資信託・ETF［上場投資信託］	上場株式・投資信託・ETF［上場投資信託］・上場不動産投資信託［J-REIT］・外国株式
対象外商品	債券のみは購入不可（債券を含むバランス型投資信託などは可）	
デメリット	NISA以外の譲渡益や配当等と損益通算できない。NISA口座の損失は翌年以降３年間の繰越控除（利益から過年度の損失分を控除）の適用を受けられない。損失はなかったものとされる	

- 配当金を非課税で受け取るためには、事前に配当金の受領方法を株式数比例配分方式に登録する必要がある。

※ 2023年までの旧NISA（つみたてNISA・一般NISA）で保有している商品は、新NISAへの移管はできない。つみたてNISAは購入時から20年、一般NISAは購入時から５年、そのまま非課税で保有できて、売却も自由。非課税期間終了後は、一般口座や特定口座に移管される。

過去問トレーニング

適切なものには○、不適切なものには×をしなさい。また（　）内には、適切な語句、数値を入れなさい。

問1 金融商品に係る国内居住者（個人）の課税関係に関する次の記述の正誤を答えなさい。　◀2011年5月学科・2012年1月個人（改）・2014年5月学科

❶ 株式投資信託（追加型）の売却による差益は、一時所得として総合課税の対象となる。

❷ 上場株式等の譲渡所得の金額の計算上生じた損失の金額は、申告分離課税を選択した上場株式等の配当所得の金額から控除することができる。

❸ 特定公社債の利子は、利子所得として支払時に20.315%（所得税15%・復興特別所得税0.315%・住民税5%）の源泉徴収が行われる。

❹ 上場不動産投資信託（J-REIT）からの収益分配金は、配当所得となり、原則として、上場株式等の配当所得と同様の取扱いとなるが、配当控除の適用はない。

問2 NISAに関する次の記述の正誤を答えなさい。

◀2024年1月資産

❶ 2023年に購入し、NISA口座で保有している金融商品を値下がり後に売却したことによ る損失は、ほかの一般口座や特定口座で保有している金融商品の配当金や売却によって得た利益と損益通算できます。

❷ 2019年から2023年の間に購入してNISA口座で保有している金融商品については、非課税期間内に売却するか、非課税期間終了時に保有を継続する場合は一般口座や特定口座に 移管するかのどちらかになります。

❸ 2024年以降のNISAの成長投資枠は、年間投資額で240万円まで、かつ、非課税保有限度額1,800万円のうち1,200万円までです。

❹ 2024年以降のNISAのつみたて投資枠および成長投資枠の投資対象商品は、つみたてNISAおよび一般NISAの投資対象商品と同じです。

問3 証券口座の概要に関する次の記述の正誤を答えなさい。

◀2013年5月資産

❶ 一般口座において、投資家自身が損益を計算して作成した「年間取引報告書」を証券会社に提出すれば、証券会社に納税を代行してもらうことができる。

❷ 年初の売却で特定口座（源泉徴収なし）を選択した場合、同年中の２度目以降の売却については、年の途中に特定口座（源泉徴収あり）に変更することができる。

❸ 複数の証券会社に特定口座（源泉徴収あり）を開設した場合、各々の特定口座内の損益については、確定申告をすることで合算することができる。

❹ 国内公募株式型投資信託の収益分配金については、特定口座（源泉徴収あり）で受け入れることができる。

問4 Ｘ投資信託の分配金についてFPのＭさんが説明した以下の文章の（　）に適切な語句、数値を入れなさい。

◀2014年9月個人（改）

「Ｘ投資信託の１回目の決算における分配金は、全額が普通分配金に該当します。また、２回目の決算における普通分配金の額は（ ❶ ）です。Ｘ投資信託の普通分配金による所得は（ ❷ ）所得とされ、分配時には源泉徴収が行われます。３回目の決算（2024年12月）において普通分配金が分配された場合、その分配金に対する源泉徴収税率は、所得税、復興特別所得税および住民税の合計で（ ❸ ）となります」

〈Ｘ投資信託に関する資料〉

分類：公募株式投資信託／追加型／国内／株式

決算日：毎年12月20日

主な投資対象：東京証券取引所市場第一部（プライム）に上場する企業の株式

Ｘ投資信託の購入後２年間の決算実績（１万口当たり）

	購入時	１回目の決算 (2022年12月20日)	２回目の決算 (2023年12月20日)
基準価額	10,100円	10,400円（分配後）	10,000円（分配後）
個別元本の額	10,100円	10,100円（分配後）	10,000円（分配後）
分配金の額	－	300円	300円

答え

問1 金融商品と課税に関する問題。

❶ × 株式投資信託の譲渡所得は、申告分離課税の対象。

❷ ○ 申告分離課税を選択した配当所得と損益通算できる。

❸ ○ 源泉徴収後に申告不要とするか、確定申告して税率20.315%の申告分離課税とするかを選択できる。

❹ ○ 株式投資信託や上場不動産投資信託（J-REIT）の収益分配金は配当所得。ただし、上場不動産投資信託や外国株式については配当控除が適用されない。

問2 NISA口座に関する問題。

❶ × NISA口座の損失はNISA以外の譲渡益や配当等と損益通算できない。翌年以降3年間の繰越控除（利益から過年度の損失分を控除）の適用は受けられない。

❷ ○ つみたてNISAは購入時から20年、一般NISAは購入時から5年、そのまま非課税で保有できて、売却も自由。非課税期間終了後は、一般口座や特定口座に移管される。

❸ ○ 新NISAの成長投資枠は、年間投資額で240万円までで、非課税保有限度額1,800万円のうち1,200万円までとなっている。

❹ × つみたて投資枠の対象商品は、従前のつみたてNISAと同じ。成長投資枠の対象商品は、従前の一般NISAから、毎月分配型、信託期間20年未満、レバレッジ型の投資信託等が除外された。

問3 証券口座に関する問題。

❶ × 一般口座では、投資家自身が損益を計算して確定申告を行う。

❷ × 特定口座の「源泉徴収あり」と「源泉徴収なし」の変更ができるのは、その年の最初の売買や配当金の受入時等まで。

❸ ○ 確定申告することで損益を合算（損益通算）できる。

❹ ○ 源泉徴収ありの特定口座で投資信託を取引すると、収益分配金も特定口座内で受け取ることができ、株式等の譲渡損失との損益通算もできる。

問4 投資信託と税金に関する問題。

❶ **（200円）** 分配落ち後の基準価額が分配落ち前の個別元本を下回る部分の分配金は、元本払戻金（特別分配金）として非課税となる。
2回目の決算では、分配前の個別元本10,100円で、分配後の基準価額（＝個別元本）が10,000円なので、差額の100円が元本払戻金（特別分配金）で非課税となる。
普通分配金＝分配金300円−元本払戻金100円＝200円

❷ **（配当）** 株式投資信託の分配金は配当所得として課税される。

❸ **（20.315%）** 配当所得は、20.315%の源泉徴収（所得税15%＋復興特別所得税0.315%＋住民税5%）。

外貨建て金融商品

為替レートと外貨預金に関する問題が頻出！

- TTM＋為替手数料＝TTS、TTM－為替手数料＝TTB。
- 購入時より「円安」になれば「投資利回りは上昇」する。
- 外国株式、外国債券は外国証券取引口座の開設が必要。

1 外貨建て金融商品と為替レート

外貨建て金融商品は、ドルやユーロなどの外貨で運用される金融商品です。したがって、購入時には円を外貨に、売却時には外貨を円に換える必要があります。

円と外貨を交換するレートを**為替レート**といいます。為替レートには、**TTS**、**TTB**、**TTM**の３種類があります。

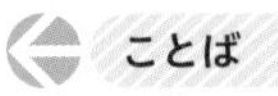

ことば

TTS：Telegraphic Transfer Selling Rate
TTB：Telegraphic Transfer Buying Rate
TTM：Telegraphic Transfer Middle Rate

為替レートの出題ポイント

TTS	●顧客が**円を外貨に換える**場合のレート ●「顧客が円売り」（銀行が外貨売り）なので、Selling（売る）Rate ●TTMに為替手数料を加えたレートになる
TTB	●顧客が**外貨を円に換える**場合のレート ●「顧客が円買い」（銀行が外貨買い）なので、Buying（買う）Rate ●TTMから為替手数料を差し引いたレートになる
TTM	●基準となる真ん中（Middle）のレート。仲値ともいう ●**為替レートと為替手数料は、金融機関ごとに異なる**

外貨建て金融商品には、**為替リスク**があります。為替レートの変動で生じた利益を**為替差益**、為替レートの変動で生じた損失を**為替差損**といいます。

外貨建て金融商品を買った場合、**円安**になってから売ると**投資利回りが上昇**（1ドル110円時に購入→円安で1ドル130円時に売却→20円分の差益が発生）します。**円高**になってから売ると**投資利回りが低下**します。

為替ヘッジの付いたファンドは、**為替予約取引**などを使って、将来通貨を交換する際の為替レートをあらかじめ決めておき、為替相場の変動で基準価額が変動しないように設計されています。為替予約取引は、為替リスクを回避できる分、円換算での実質的な利回りは低くなります。

ことば

為替ヘッジ：為替の変動による外貨資産の「円に換算したときの価値」の変化を避けること。ヘッジは、価格変動リスク等を回避・軽減する取引のこと。

為替予約取引：為替先物予約取引ともいう。将来における外国通貨の購入・売却価格（予約レート）、数量を現時点で予約する取引。外国為替相場の変動の影響を受けなくてすむ。

2 外貨預金

外貨預金には、普通預金、定期預金、貯蓄預金などがあり、外貨普通預金は預入期間の定めがなく、金融機関の営業時間内でいつでも預入れや引出しを行うことができます。

外貨預金に預入れできる通貨の種類や為替手数料は、取扱金融機関によって異なります。

外貨預金の出題ポイント

メリット	●円預金よりも金利が高め ●**預入時より円安になれば円換算の投資利回りが向上する**
デメリット	●国内銀行に預けられていても**預金保険制度の対象とならない** ●外貨定期預金は、通常、中途換金ができない ●一般的に外貨建てでの元本と利息は保証されているが、円換算すると為替や手数料の関係で元本割れする可能性がある ▶**預入時より円高になると円換算の投資利回りが低下する** ▶為替手数料がかかる
税制	●利子は20.315%の源泉分離課税 ●**元本部分の為替差損益は雑所得として総合課税**（例外あり） ●**先物為替予約付外貨預金（満期時の為替レートを予約した外貨預金）は、利子も為替差益も20.315%の源泉分離課税**

外貨預金も外貨建て金融商品なので、為替の影響を受けます。預入時より円安になれば為替差益が発生し、預入時より円高になれば為替差損が発生します。

国内金融機関に外貨定期預金をした場合、**預入時に為替先物予約**を締結してある場合の為替差益は、利息と共に**源泉分離課税**が適用されます。**預入期間中に為替先物予約**を締結した場合の為替差益は、**雑所得として総合課税**となります。

3 外国株式

証券会社において外国株式の取引を行う際には、**外国証券取引口座**の開設が必要です。

国内証券会社が保護預かりしている一般顧客の外国株式は、投資者保護基金による補償の対象になります。

ことば

外国証券取引口座：
投資家が外国証券取引を行う際に証券会社に設定する口座。外国株式をはじめ、外国債券、外国投資信託を売買するときにもあらかじめ開設する必要がある。

外国株式の出題ポイント

海外委託取引（外国取引）	国外の取引所に上場している外国株式を国内の証券会社を通じて、国外の証券取引所で売買する
国内店頭取引	投資家と証券会社の間で、**証券会社が保有する外国株式を直接売買**する
国内委託取引	国内の証券取引所に上場されている外国企業の株式を**円で取引**する。受渡日は、国内の上場株式と同じく**約定日から起算して3営業日目**となる
税制	国内株と同様、**売却益は、譲渡所得として所得税および住民税の課税対象**

4 外国債券

外国債券とは、「発行体」「発行地」「通貨」のいずれかが外国の債券のことです。

国内における外国債券の取引は、取引所取引よりも店頭市場での**相対取引**(あいたい)が中心になっています。

取引には、**外国証券取引口座**を開設する必要があります。

外国債券の利子・収益分配金は、20.315%の源泉徴収で申告不要、または申告分離課税のいずれかを選択します。申告分離課税を選択した場合は、上場株式等と損益通算・繰越控除が可能です。**外国債券の譲渡益・償還益(為替差益を含む)**は、**20.315%の申告分離課税**で**上場株式等と損益通算・繰越控除が可能**です(204ページ「債券(公社債投資信託含む)への課税」)。

ことば

相対取引：売り手と買い手が直に1対1で取引すること。取引価格も取引方法も、当事者同士の交渉によって決まる。

外国債券の種類

サムライ債	外国債券のうち、外国の発行体が日本国内で発行する円建て外債
ショーグン債	外国の発行体が日本国内で発行する外貨建て外債
デュアル・カレンシー債	購入代金の払込みと利払いは円で、償還を外貨で行う債券
リバース・デュアル・カレンシー債	逆二重通貨建て債ともいう。払込みと償還は円で、利払いは外貨で行う債券

スピード理解!!

サムライ演じる(円建て)
外国のショーグン!(外貨建て)

5 外貨建てMMF

外貨建てMMFは、外国籍の公社債投資信託のことで、株式を組み入れることはできません。

取引には、**外国証券取引口座**を開設する必要があります。

決算は、日々行われ、月末最終営業日に元本超過額が分配金として再投資されます。

外国債券と同じく、**外貨建てMMFの利子・収益分配金**も、**20.315%の源泉徴収で申告不要、または申告分離課税のいずれかを選択**します。**譲渡益・償還益（為替差益を含む）**は、**20.315%の申告分離課税**で上場株式等と損益通算・繰越控除が可能です（204ページ「債券（公社債投資信託含む）への課税」）。

外貨建てMMFの出題ポイント

出る

メリット	●外貨預金に比べると利回りが高めで、為替手数料が低い ●**預入時より円安になれば為替差益が得られる** ●**売買手数料（申込手数料）がない** ●買った翌日から換金できる ●**解約時に信託財産留保額は徴収されない**
デメリット	●預金保険制度の対象外。ただし**国内証券会社で購入した場合は、投資者保護基金の対象** ●元本は保証されていない ●為替手数料がかかる ●**預入時より円高になると為替差損が生じる**

過去問トレーニング

次の質問に答えなさい。

問1 外貨建て金融商品の取引に関する次の記述の正誤を答えなさい。

◀2012年9月・2013年5月・2014年1月・2014年9月・2022年5月学科

❶ 外貨建て金融商品の取引にかかる為替手数料は、取扱金融機関による違いはなく、外国通貨の種類ごとに一律で決められている。

❷ 外貨定期預金の預入期間中に為替先物予約を締結し、満期時に為替差益が生じた場合には、当該為替差益は、雑所得として総合課税の対象となる。

❸ 外貨建てMMFのみを取引する場合には、外国証券取引口座を開設する必要はない。

❹ 国内の証券取引所に上場されている外国株式を国内委託取引により売買する場合、決済は当該外国株式の通貨により行われる。

❺ 国内における外国債券の取引は、取引所取引よりも店頭市場での相対取引が中心となっている。

❻ 海外の発行体が日本国内において円建てで発行する債券を、ショーグン債という。

❼ 購入代金の払込みと利払いを円で行い、償還金を外貨で支払う債券を、デュアル・カレンシー債という。

❽ 国外の証券取引所に上場する株式を取引する方法には、国内店頭取引と海外委託取引（外国取引）がある。

❾ 金利水準が日本よりも高い国の通貨建て外貨預金に為替リスク回避目的の為替先物予約が付されている場合、円換算の実質的な金利は、その外貨預金の表面上の金利よりも低くなる。

❿ 日本国内に本店のある銀行の海外支店や外国銀行の在日支店に預け入れた預金は、その預金の種類にかかわらず、預金保険制度による保護の対象とならない。

⓫ 日本の居住者が、米国の証券取引所に上場する米国企業の株式を国内店頭取引の形態で売買し、譲渡益を得た場合、その譲渡益は、所得税および住民税の課税対象となる。

問2 外貨預金の一般的な仕組みと特徴に関する次の記述の正誤を答えなさい。 ◀2021年9月学科

❶ 外貨預金には、普通預金、定期預金および貯蓄預金などがあり、外貨普通預金は、預入期間の定めがなく、金融機関の営業時間内でいつでも預入れや引出しを行うことができる。

❷ 外貨預金の払戻し時において、預金者が外貨を円貨に換える場合に適用される為替レートは、預入金融機関が提示する対顧客直物電信売相場（TTS）である。

❸ 為替先物予約を締結していない外貨定期預金の満期時の為替レートが預入時の為替レートに比べて円安になれば、当該外貨定期預金に係る円換算の投資利回りは向上する。

問3 哲也さんは下記＜資料＞のＨＢ銀行の外貨定期預金キャンペーンに関心を持っている。この外貨定期預金について、満期時の外貨ベースの元利合計額を円転した金額として、正しいものはどれか。

◀2021年9月資産

〈資料〉
・預入額：10,000米ドル
・預入期間：1カ月
・預金金利：3.0%（年率）
・為替レート（1米ドル）

	TTS	TTM（仲値）	TTB
満期時	132.00円	131.00円	130.00円

注1：利息の計算に際しては、預入期間は日割りではなく月単位で計算すること。
注2：為替差益・為替差損に対する税金については考慮しないこと。
注3：利息に対しては、米ドル建ての利息額の20%（復興特別所得税は考慮しない）相当額が所得税・住民税として源泉徴収されるものとすること。

1. 1,322,640円
2. 1,312,640円
3. 1,303,250円
4. 1,302,600円

答え

問1　金融商品と課税に関する問題。

❶　×　金融機関ごとに、為替レートと為替手数料は異なる。

❷　○　預入時に為替先物予約を締結した外貨定期預金の為替差益は利息と共に源泉分離課税が適用されるが、預入期間中に為替先物予約を締結した外貨定期預金の為替差益は雑所得となる。

❸　×　外貨建てMMFは、外国証券取引口座を開設する必要がある。

❹　×　国内委託取引は、円で取引する。

❺　○　日本では、外国債券も含め、ほとんどの債券取引は店頭取引。

❻　×　発行体が外国の円建て債券はサムライ債、発行体が外国の外貨建て債券はショーグン債。

❼　○　デュアル・カレンシー債は、購入代金の払込みと利払いの通貨が同じで、償還されるときの通貨が異なる債券（日本国内なら払込み・利払い＝円建て、償還＝外貨建て）。

❽　○　国外の証券取引所に上場する株式は、外国取引か国内店頭取引で売買する。

❾　○　為替予約を付けた外貨預金は、円換算での金利は低くなる。

❿　○　外貨預金と同様、国内金融機関の海外支店や外国銀行の在日支店に預け入れた預金は、預金保険制度の対象外。ただし外国金融機関の日本法人（日本に本社）に預け入れた預金は、預金保険制度の対象。

⓫　○　日本の居住者が外国株式の売買で得た利益も、国内同様、所得税（復興特別所得税を含む）＋住民税の課税対象。

問2

❶　○　外貨普通預金は、預入期間の定めがなく、金融機関の営業時間内でいつでも預入れや引出しができる。

❷　×　顧客が円を外貨に換える際の為替レートはTTS。顧客が外貨を円に換える際の為替レートがTTB。

❸　○　預入時より円安になると、為替差益が発生して投資利回りが向上。

問3　**4．1,302,600円**

利息から計算する。預入期間1カ月、預入金利が年率で3.0%なので、
1カ月分の利息＝10,000米ドル×0.03÷12＝25米ドル
注3より、利息に対しては、米ドル建ての利息額の20%（復興特別所得税は考慮しない）相当額が所得税・住民税として源泉徴収されるので、
源泉徴収後の利息額＝25米ドル×(1－0.2)＝20米ドル
満期時の外貨ベースの元利合計額は、
10,000米ドル＋20米ドル＝10,020米ドル
満期時のTTBが1米ドル130.00円なので
円転後の元利合計額＝10,020米ドル×130.00円＝1,302,600円

3 金融資産運用

9 その他の金融商品

オプション取引に関する問題が頻出！

- 買う権利をコール・オプション、売る権利をプット・オプションという。
- 金地金の譲渡益は、譲渡所得として総合課税の対象。

1 デリバティブ取引

ことば

レバレッジ：てこの作用のこと。少ない資金でより大きな投資効果を図ること。

デリバティブ取引とは、株式や債券などの現物市場と連動して価格が変動する商品（**金融派生商品**）の取引で、レバレッジで証拠金の何倍もの取引をすることができます。

デリバティブ取引の種類と特徴

先物取引	将来の特定の時点に特定の価格で売買することを契約する取引 ●価格上昇を予測したら買建て、下落を予測したら売建てをする ●転売または買戻しによる差金決済と最終（現物）決済がある
オプション取引	有価証券・商品等について、一定の日（期間内）に、特定の価格（権利行使価格）で取引する権利（オプション）を売買する取引 ●買う権利はコール・オプション、売る権利はプット・オプション ●買い手は売り手にプレミアム（オプション料）を支払う ●**買い手の損失はプレミアムに限定、利益は無限大** ●**売り手の利益はプレミアムに限定、損失は無限大** ●満期日以前にいつでも権利行使ができるアメリカンタイプと、満期日のみ権利行使できるヨーロピアンタイプがある
スワップ取引	有価証券・商品等について、取引時点で現在価値の等しいキャッシュフロー（将来にわたって発生する利息）を交換する取引。異なる通貨間でキャッシュフローを交換する通貨スワップや、同一通貨間の異なる種類の金利を交換する金利スワップがある。

スペキュレーション取引	先物の将来の価格を予想してポジションを取り、予想どおりの方向に変動したときに反対売買を行って利益を確定することを狙う取引。「投機取引」ともいう。
裁定取引	同一の価値を持つ商品の価格差が生じた際に、割高な方を売り、割安な方を買うポジションを組み、その価格差を利益として得ることを狙う取引。アービトラージともいう。

オプション・プレミアムの変動要因

オプション・プレミアム(オプションの価格)は、次のような要因で変動する。

要因		オプション・プレミアムの変動	
		コール・オプション	プット・オプション
原資産価格	上昇	高くなる	低くなる
	下落	低くなる	高くなる
権利行使価格	高い	低くなる	高くなる
	低い	高くなる	低くなる
満期までの期間	長い	高くなる	
	短い	低くなる	
価格変動率(ボラティリティ)	増大	高くなる	
	減少	低くなる	
金利(安全利子率)	高い	高くなる	低くなる
	低い	低くなる	高くなる

2 外国為替証拠金取引(FX取引)

外国為替証拠金取引は、一定の証拠金を担保に証拠金の何倍もの外国通貨の売買を行うことができる**デリバティブ商品**です。例えば、国内FXの最大レバレッジである**25倍**なら1万円の証拠金で25万円の取引ができます。

店頭FX(取引)のほか、東京金融取引所の運営する**くりっく365**等の**取引所FX(取引)**があります。

原資産価格：オプション取引のもとになる商品(有価証券など)を原資産、その価格を原資産価格という。

FX取引の出題ポイント

- 利益には、為替差益のほか、通貨間の金利差による**スワップ金利**があり、**低金利通貨を売却して高金利通貨を購入した場合は、スワップ金利（スワップポイント）を受け取ることができる**。
- 評価損が一定額以上になると自動決済する**ロスカットルール**が設けられている。
- **利益は雑所得として20.315％の申告分離課税**。

3 金投資

金投資は、価格の変動する金を売り買いして利益を得る投資方法で、**金地金**（きんじがね）、**金貨**、**純金積立**等があります。

金投資には次のようなメリットがあるとされています。

・株式や債券のような信用リスクがない。価格が下がることがあっても、決してゼロにはならない。

・地政学的リスクに強い。戦争などの有事が起きた際、金価格は一般的に上がる。

・購入時に消費税が課税されるが、換金時に売却額に対する消費税額が還付されるため、換金時に現在よりも消費税が増税されていると、その差分だけ利益を得られる。

金投資の出題ポイント

- **金の国際価格は米ドル表示が基準**。米ドル建ての金価格が一定でも、

・円高（米ドル安）になると、円換算したときの金価格は下落する。
・円安（米ドル高）になると、円換算したときの金価格は上昇する。

- 純金積立では、ドルコスト平均法（229ページ）により、投資時期を分散して効率よく金を購入することができる。
- 純金積立などの金価格は、１グラム当たりの円価格で表示される。
- 金投資には、原則として純金積立を含めて配当金や利子はつかない。
- **金の売却益は譲渡所得として総合課税**（所得税・住民税の課税対象）。一日に何度も取引するような場合のみ、雑所得に分類される。

過去問トレーニング

適切なものには○、不適切なものには×をしなさい。

問1 デリバティブ取引（金融派生商品取引）に関する次の記述の正誤を答えなさい。 ◀2011年1月・2014年5月・2014年9月・2017年9月学科

❶ オプションの買い手は、売り手に対してプレミアムを支払う。

❷ 先物取引は、取引時点において、現在価値の等しいキャッシュフローを交換する取引である。

❸ オプションの売り手は、オプションを行使する権利を有するが、その権利を放棄することもできる。

❹ オプション取引において、「コール」、「プット」にかかわらず、買い手の損失は限定される。

❺ コール・オプションでは、原資産価格が上昇すれば、オプション・プレミアムは低くなる。

❻ 満期までの残存期間が長いほど、オプション・プレミアムは低くなる。

❼ ボラティリティが上昇すれば、オプション・プレミアムは高くなる。

問2 金地金に投資するに当たって、ファイナンシャル・プランナーが説明した次の記述の正誤を答えなさい。 ◀2011年5月個人

❶ 円高米ドル安の進行は、金の国際価格が米ドルを基準に表示されるため、米ドル建ての価格が一定であっても円建てにおける金の価格を下落させる要因となる。

❷ 金地金に投資した場合には、配当金または利子を受けることはできないが、特定保管により純金積立を行った場合には、金の市場価格に連動した収益分配金を受けることができる。

❸ 個人が金地金を譲渡した場合の譲渡益は、非課税である。

答え

問1 ❶ ○ ❷ × ❸ × 買い手側が、当初プレミアムを支払う代わりに、オプションを行使する権利を有し、権利を放棄することもできる。
❹ ○ ❺ × ❻ × ❼ ○

問2 ❶ ○ ❷ × ❸ ×

3 金融資産運用

10 投資の手法と考え方

FP２級の最難関、ポートフォリオに関する問題が頻出！

- 相関係数が＋１未満ならリスク低減効果が期待できる。
- 期待収益率＝(各資産の期待収益率×組入比率)の合計。
- シャープレシオの値が大きいほどパフォーマンスがよい。

1 分散投資

投資には**リスク**（不確実性）が伴います。しかし、複数の資産に**分散投資**を行えば、A資産の値下がりをB資産の値上がりでカバーできる場合があるので、**非システマティック・リスク**を抑える効果が期待できます。

なお、**システマティック・リスク**（市場全体のリスクの影響を受けるリスク部分）は、分散投資によっては消せません。

ことば

リスク：資産運用におけるリスクとは「不確実性」「収益率のブレ（期待収益率からのばらつき度合い）」をいう。

分散投資の出題ポイント

- 分散投資の代表的な手法に、預金・株式・不動産など、財産を３種類の異なる資産で所有する財産３分法がある。
- 輸出型企業の株式に加えて輸入型企業の株式に投資することで、為替相場の変動によるリスクを緩和する効果が期待できる。
- 残存期間の長い固定利付債券に加えて残存期間の短い固定利付債券に投資することで、金利変動によるリスクを緩和する効果が期待できる。
- 運用資産が換金性が低い不動産などに偏っている場合、一部を預金などの換金性が高いものに移し変えれば、資産の流動性を高めることができる。
- 同じ格付けの債券でも、複数銘柄に分けて投資することにより、単一銘柄への集中投資よりも債券の信用リスク（デフォルトリスク）を軽減できる。

2 ポートフォリオ運用とは

投資資金を国内株式、海外債券、不動産など、複数の異なる資産（アセット）へ配分（アロケーション）して運用することを**アセットアロケーション（資産配分）**といいます。

このアセットアロケーションを行うと、資産は預貯金、株式、債券、不動産などといった様々な**資産クラス**に分散されます。このように分散された資産の組み合わせを**ポートフォリオ**といいます。このように性格の異なる複数の金融商品に投資する運用を**ポートフォリオ運用**といいます。

現代ポートフォリオ理論では、運用の成果に与える影響は、個別銘柄の選択や売買のタイミング等よりも資産クラスの配分比率の方が大きいとされています。

ことば

ポートフォリオ：
紙ばさみ、書類入れ。転じて、金融資産の組み合わせ。運用期間中、各資産の値動きの違いで投資目的に合った配分比率から外れてしまうことがある。配分比率を適正化していく方法として、値上がりした（構成比率が大きくなった）資産を売却し、値下がりした（構成比率が小さくなった）資産を購入するリバランスという方法がある。

3 ポートフォリオの相関係数

ポートフォリオ運用で**リスク**を低減するためには、できるだけ値動きが異なる金融商品を組み合わせる必要があります。**相関係数**は、ポートフォリオに組み入れる資産や銘柄の値動きの関連性を表す指標です。値動きの相関関係を**−１（逆の値動き）**から**＋１（同じ値動き）**までの数値で表し、相関係数が**＋１未満**であれば、ポートフォリオの**リスク低減効果が期待**できます。

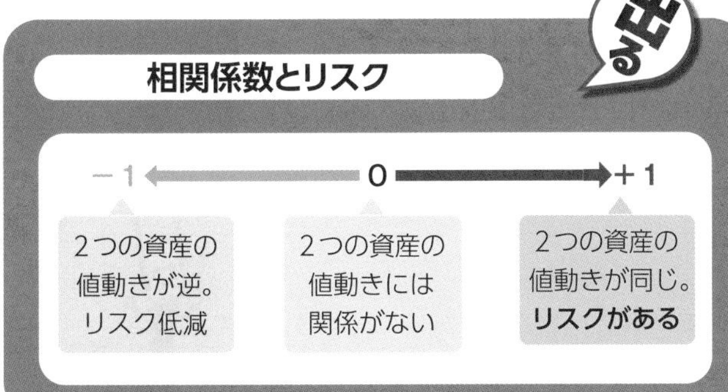

スピード理解!!

2つの資産が+1（同じ値動き）でなければ、リスクは下がる！

4 ポートフォリオの収益率

ポートフォリオでは、投資の効率が上がるように、またリスクを減らすように、各種の資産を組み合わせるため、様々な指標を用います。基本となるのが、**投資収益率**です。

$$投資収益率(\%)=\frac{投資収益}{投資額}\times 100$$

【例】投資額が10,000円で投資収益が500円の場合。
投資収益率＝500÷10,000×100=5.0%

投資収益率には、**実績収益率（事後収益率）**と、予想収益率に生起確率などを組み込んだ平均値を取った**期待収益率**があります。**ポートフォリオの期待収益率**は、**各資産の期待収益率を組入比率で加重平均した値**となります。

【例】	生起確率	資産Xの予想収益率	資産Yの予想収益率
シナリオ1	40%	－5.0%	16.0%
シナリオ2	50%	10.0%	12.0%
シナリオ3	10%	15.0%	－8.0%

ポートフォリオの期待収益率＝（各資産の期待収益率×組入比率）の合計

各資産の期待収益率＝生起確率×予想収益率の平均値

- **資産Xの期待収益率**
  0.4×(−5.0)＋0.5×10.0＋0.1×15.0=4.50%
- **資産Yの期待収益率**
  0.4×16.0＋0.5×12.0＋0.1×(−8.0)=11.60%
- **XとYを3：2の割合で保有したポートフォリオの期待収益率**
  $$4.5\times\frac{3}{5}+11.6\times\frac{2}{5}=7.34\%$$

※XとYが3：2の割合なので、全体は3＋2＝5となって、Xは5のうちの3で3/5、Yは5のうちの2で2/5。

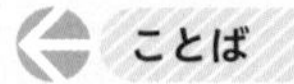

投資収益率：投資額に対して、インカムゲイン（利子・配当収入）やキャピタルゲイン（値上がり益）といった収益がどれくらいになるかという割合。

加重平均：平均値を算出する際に、量の大小を反映させる方法。加重平均を用いた代表的な指数に東証株価指数がある。

生起確率：ある出来事やデータが発生すると予測される確率。

期待収益率を計算させる問題は、実技試験でたまに出題されることがある。

5 超過収益率

ポートフォリオでは、**無リスク資産利子率（預貯金などの利子率）**をどのくらい上回ったかで投資信託などの収益率を評価します。これを**超過収益率**といいます。

超過収益率＝収益率－無リスク資産利子率

【例】株式Aの収益率が4%、無リスク資産利子率が1%の場合。
超過収益率＝4－1＝3％

ことば

無リスク資産：元本が保証された安全資産のこと。預貯金、国債など。無リスク資産から得られる利回りはノーリスクで得られる運用益となる。ポートフォリオでは、短期国債の利回りが無リスク資産の利回りの代理変数として用いられることが多い。

偏差：ある状況での**収益率−期待収益率**

6 分散と標準偏差

ポートフォリオでは収益率のばらつき具合を「リスク」とし、リスクを**分散**や**標準偏差**という尺度で測ります。

分散とは、収益率のばらつきの大きさ（不確実性）を表すもので、次の式で求められます。ばらつき方（偏差）は、プラスとマイナスの両方向に発生するので２乗しています。

分散＝(偏差^2×生起確率)の和

分散の平方根が、標準偏差となります。投資信託の運用成績の説明で「リターン○%、リスク○%」とあれば、そのリスクは標準偏差のことを指しています。

標準偏差＝$\sqrt{分散}$

標準偏差の数値が大きいほど**リスクが高い**投資（効率が悪い投資）とされています。

分散と標準偏差の式は、特に覚える必要はない。過去14年間で１回だけ出題があったが、この式を使わなくても解ける問題だった。

【例】

相場	生起確率	収益率	期待収益率	偏差	偏差^2	偏差^2 ×生起確率	分散	標準偏差
円高	0.4	17%	10%	7%	49	49 × 0.4 = **19.6**	**36**	**6%**
不変	0.4	7%		-3%	9	9 × 0.4 = **3.6**		
円安	0.2	2%		-8%	64	64 × 0.2 = **12.8**		

ただし、標準偏差（リスク）の大きさにかかわらず、ポートフォリオの収益率が期待収益率を上回るか、下回るかの確率は同じ（正規分布）で、理論上、収益率は**約68%（約3分の2）の確率**で**「期待収益率±標準偏差」の範囲内**に収まり、**約95%の確率**で**「期待収益率±標準偏差×2」の範囲内**に収まります。

ことば

正規分布：確率分布の一種。データの分布が平均値を頂点とした左右対称の山形で表示される。

例題

・適切なものには○、不適切なものには×をしなさい。

◀2012年9月・2014年1月学科

❶ ポートフォリオのリスク（標準偏差）は高ければ高いほど、そのポートフォリオの収益率が期待収益率以下になる確率が高い。

❷ ポートフォリオの期待収益率が5％で標準偏差が10%の場合、おおむね3分の1の確率で、収益率がマイナス5％からプラス15%の範囲内となる。

7 シャープレシオ

シャープレシオ（シャープの測度）は、異なるポートフォリオの**パフォーマンス（投資効率）**を比較評価する際に用いられる指標で、次の式で求められます。

スピード理解!!

標準偏差は低いほど、シャープレシオは高いほど、良い投資！

$$\text{シャープレシオ} = \frac{\text{超過収益率}^{※}}{\text{標準偏差}}$$

※超過収益率＝収益率－無リスク資産利子率　なので、
シャープレシオ＝(収益率－無リスク資産利子率)÷標準偏差

【例】実績収益率が10%で標準偏差が5%、無リスク資産利子率を1.0%とする場合。
シャープレシオ＝(10%－1%)÷5%=1.8

シャープレシオの値が大きいほど**効率的な運用**（低いリスクで高いリターンを上げた運用）であったと判断されます。

なお、標準偏差の代わりに、**ベータ**を用いて計算する**トレイナーレシオ（トレイナーの測度）**もあります。

例題の答え

❶ ×

❷ ×

約68%（約3分の2）の確率で、「期待収益率5％－標準偏差10％＝－5％」～「期待収益率5％＋標準偏差10％＝15%」の範囲内となる。

8 ドルコスト平均法

ドルコスト平均法は、価格が変動する金融商品を定期的に**一定金額**ずつ購入する投資手法です。これにより、価格が安いときには多い量を、高いときには少ない量を自動的に購入することになるため**投資時期を分散**することができます。ドルコスト平均法は、株式累積投資、純金積立、積立投信などに効果があります。

ことば

株式累積投資（るいとう）：選択した株式を定期的に一定額ずつ購入していく株式取引。

例題

ドルコスト平均法により、１回当たり３万円の投資金額でA社株式を以下のとおり買い付けたときの平均取得単価（株価）を答えなさい。なお、売買委託手数料等については考慮しないものとする。

第１回 2,000円
第２回 1,500円
第３回 2,000円
第４回 1,200円

◀2015年5月学科

例題の答え

（1,600円）
各回の購入株式数は、各回投資金額３万円÷各回の株価
総合計購入株式数は、15＋20＋15＋25＝75株
総投資金額は、3万円×4＝12万円
平均取得単価は、120,000÷75＝1,600円

9 株価チャート分析

株価の分析手法には、企業業績や財務状況から値動きの要因を分析する**ファンダメンタルズ分析**と、株価の値動き自体を分析する**テクニカル分析**があります。

株価チャート分析はテクニカル分析の一つで、株価の始値、高値、安値、終値を**ローソク足**として図示し、始値より終値の方が高ければ**陽線（白い棒）**、逆に始値よりも終値の方が安ければ**陰線（黒い棒）**で示します。

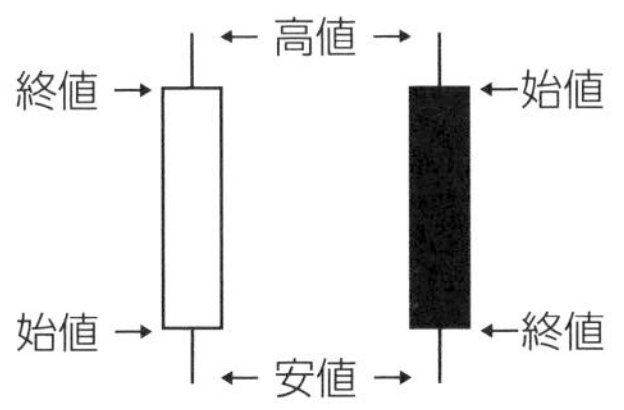

スピード理解!!
値上がりした株は陽線、
値下がりした株は陰線。

過去問トレーニング

次の質問に答えなさい。

問1　ポートフォリオ理論に関する次の記述のうち、最も適切なものはどれか。　◀2020年1月学科

ア　ポートフォリオのリスクとは、一般に、組み入れた各資産の損失額の大きさを示すのではなく、期待収益率からのばらつきの度合いをいう。

イ　異なる２資産からなるポートフォリオにおいて、２資産間の相関係数が１である場合、ポートフォリオを組成することによる分散投資の効果（リスクの低減効果）は最大となる。

ウ　ポートフォリオのリスクは、組み入れた各資産のリスクを組入比率で加重平均した値よりも大きくなる。

エ　ポートフォリオの期待収益率は、組み入れた各資産の期待収益率を組入比率で加重平均した値よりも大きくなる。

問2　下記〈過去３期間のポートフォリオの実績収益率〉に基づき、ポートフォリオA～Cのリスク（標準偏差）に関する次の記述のうち、最も適切なものはどれか。　◀2014年9月学科

〈過去３期間のポートフォリオの実績収益率〉

	第1期	第2期	第3期	平 均
ポートフォリオA	▲2.0%	3.0%	8.0%	3.0%
ポートフォリオB	0.0%	3.0%	6.0%	3.0%
ポートフォリオC	2.0%	3.0%	4.0%	3.0%

ア　3つのポートフォリオのうち、ポートフォリオAのリスクが最も低い。

イ　3つのポートフォリオのうち、ポートフォリオBのリスクが最も低い。

ウ　3つのポートフォリオのうち、ポートフォリオCのリスクが最も低い。

エ　3つのポートフォリオのリスクは、同一である。

問3 Aさん（60歳）は、2023年12月末にこれまで勤務していた会社を退職し、退職金を受け取った。証券会社の担当者からは、この退職金の運用先として下記のX投資信託およびY投資信託を提案されている。そこで、Aさんは、ファイナンシャル・プランナーのMさんに相談することにした。MさんはAさんに対し、X投資信託とY投資信託のパフォーマンス評価について説明した。Mさんが説明した以下の文章の空欄に入る最も適切な語句または数値を、下記〈語句群〉の中から選びなさい。

◀2014年5月個人（改）

〈X投資信託およびY投資信託に関する資料〉

	X投資信託	Y投資信託
商品分類	追加型／内外／株式	追加型／海外／株式
信託期間	無期限	無期限
基準価額	10,000円（1万口当たり）	11,200円（1万口当たり）
購入時手数料	購入価額の3.24%（税込）	購入価額の3.24%（税込）
信託財産留保額	解約価額の0.2%	解約価額の0.3%
過去3年間の収益率の平均値（リターン）	9%	15%
過去3年間の収益率の標準偏差（リスク）	2%	5%

※上記以外の条件は考慮しない。

投資信託の運用パフォーマンスについては、シャープ・レシオを尺度として評価する方法があります。シャープ・レシオを求める際に利用する超過収益率は、収益率の平均値から（❶）を差し引くことによって求められます。仮に、（❶）を1％として、X投資信託とY投資信託の過去3年間の運用パフォーマンスをシャープ・レシオで比較した場合、X投資信託のシャープ・レシオは（❷）となり、Y投資信託のシャープ・レシオは（❸）となります。したがって、過去3年間の運用パフォーマンスをシャープ・レシオで比較した場合は、（❹）の方が評価が高いということができます。

ア 無リスク資産利子率		イ 期待収益率		ウ 標準偏差	
エ 2.8	オ 3.0	カ 3.2	キ 4.0	ク 4.5	ケ 5.0
コ X投資信託	サ Y投資信託				

3 金融資産運用

答え

問1 **ア** ポートフォリオでは収益率のばらつき具合を「リスク」とし、リスクを分散や標準偏差という尺度で測る。分散や標準偏差が大きい資産ほどリスクが大きく、小さい資産ほどリスクが小さいと判断される。

問2 **ウ** 過去14年間に1回だけ出題された標準偏差の計算問題。

ＡＢＣ、３つのポートフォリオのリスクの大小を標準偏差で比較する。「分散=(偏差^2×生起確率)の和」(偏差＝ある状況での収益率−期待収益率)という公式にあてはまるものがないが、「実績収益率」=「ある状況での収益率」、「平均3.0%」=「期待収益率」と読み替えて、平均から最も離れているポートフォリオがリスクが一番大きいことになる。また、すでに生起した「実績収益率」での比較なので、公式にある「生起確率」はこの問題では不要になる。以上を前提として平均3.0%との差を求める。

(計算は小数点第2位を四捨五入した概算)

●ポートフォリオＡ

1期目の平均との差は、(▲2.0%−3.0%)^2＝25%

2期目の平均との差は、(　3.0%−3.0%)^2＝0%

3期目の平均との差は、(　8.0%−3.0%)^2＝25%

Aの平均との差=(25%+0%+25%)÷3≒16.7%

Ａの標準偏差＝$\sqrt{16.7}$≒4.09%

●ポートフォリオＢも同様に計算すると、

Ｂの標準偏差＝$\sqrt{6.0}$≒2.45%

●ポートフォリオＣも同様に計算すると、

Ｃの標準偏差＝$\sqrt{0.7}$≒0.84%

したがって、標準偏差の数値が一番小さいＣのリスクが最も低い。

【テクニック】きちんと計算すると、上のように時間がかかる。実は、この問題では３つのポートフォリオの「平均との差の大小」がわかればよいので、「平均３％との差の合計」を比較するだけで解ける。

Ａの場合、−2%と3%の差は5、3%と3%の差は0、8%と３%の差は５。したがって、Aは「5＋0＋5＝10」。同様に、Bは「3＋0＋3＝6」、Cは「1＋0＋1＝2」。

合計が一番小さいＣのリスクが最も低い。

問3 シャープ・レシオ=(収益率−無リスク資産利子率)÷標準偏差

❶ **ア** (無リスク資産利子率)

❷ **キ** (4.0) X投資信託のシャープレシオ＝(9%−1%)÷2%=4.0

❸ **エ** (2.8) Y投資信託のシャープレシオ＝(15%−1%)÷5%=2.8

❹ **コ** (X投資信託)

Part 4

タックスプランニング

赤い下線と赤い囲みに
注目して覚えていけば
必ず合格できるよ!!

Contents ここで学習すること

1 所得税の基礎知識

所得税の特徴を問う問題が頻出！

- 所得税は個人が自分で税額を計算する申告納税方式。
- 保険の給付金や損害賠償金は、非課税所得。
- 国内に１年以上居所を有する個人は納税義務者。

1 税金の種類

税金は、**国税**（国に納付）と**地方税**（地方公共団体に納付）、**直接税**と**間接税**に分けられます。

直接税は税金を負担する者（担税者）と実際に税金を納める者（納税義務者）が同一の税金で、その代表が所得税や住民税です。**間接税**は担税者と納税義務者が異なることを想定している税金で、その代表が**消費税**です。

担税者：税金を負担する人。これに対して、税金を納付する人が納税者。

	直接税	間接税
国　税	所得税、法人税、相続税、贈与税	消費税
地方税	事業税、固定資産税、都市計画税、住民税	地方消費税

スピード理解!!
所得税・住民税＝稼いだ人が直接納めるから→直接税
消費税＝購入者が販売業者（店等）に支払った税金を販売業者が納めるから→間接税

例題

◀2012年9月学科

・次の記述の正誤を答えなさい。

消費税は、納税義務者と税金の負担者が異なる間接税である。

例題の答え

○

2 所得と所得税

所得税は、個人が1月1日～12月31日の期間に得た所得（収入－必要経費）の税額を計算して納付する申告納税方式の税金です。

所得は、発生形態別に次の10種類に分類されています。

❶ 利子所得　❷ 配当所得　❸ 不動産所得　❹ 事業所得
❺ 給与所得　❻ 退職所得　❼ 山林所得　❽ 譲渡所得
❾ 一時所得　❿ 雑所得

ことば

申告納税方式：納税者が自分で税額を算出。所得税、法人税、相続税など。これに対して、国や地方公共団体が納税額を通知するのが、賦課課税方式。住民税、固定資産税など。

3 所得税の非課税所得

社会政策上、所得税を課すことが適当でないとされる所得は、非課税となります。

非課税所得の出題ポイント

○生活用の家具や衣服（宝飾品・骨とう・美術工芸品等は除く）の譲渡所得
○雇用保険の失業等給付金、健康保険の給付金（傷病手当金等）
　×公的年金→課税対象：雑所得
○障害者や遺族が受け取る障害年金、遺族年金
○確定拠出年金の障害給付金
○遺族が受け取る損害賠償金
○生命保険で被保険者本人が受け取る入院給付金
　×保険の満期保険金や解約返戻金→課税対象：一時所得
　×こども保険（学資保険）の祝金→課税対象：一時所得
○給与所得者の月15万円までの通勤手当
○社会通念上相当の金額の見舞金、補償金、慰謝料、香典
　×社員への創業記念の祝金5万円→課税対象：給与所得
○投資信託の特別分配金（元本払戻金）
○宝くじの当選金、サッカーくじの払戻金
　×競馬・競輪の払戻金→課税対象：一時所得
　×クイズに応募して獲得した賞金→課税対象：一時所得
○国や地方自治体の実施する子育てに係る助成等

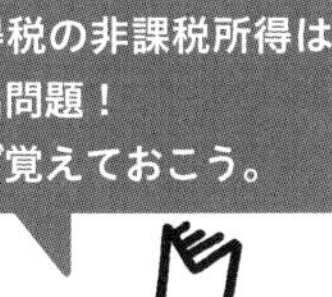

4 所得税の納税義務者

所得税法における**居住者**※（日本国内に住所がある、または現在まで引き続き１年以上居所を有する個人）は、原則、**国内外で生じたすべての所得**について、所得税の納税義務を負います。**非居住者**（居住者以外の個人）は、**日本国内で生じた所得**に限って納税義務を負います。

※居住者のうち、日本国籍がなく、かつ、過去10年以内の間に日本国内に住所または居所を有していた期間の合計が5年以下である個人を非永住者という。

5 所得税の課税方法

所得税の課税方法には、複数の所得をまとめて課税する**総合課税**と、個別に課税する**分離課税**があります。分離課税はさらに申告分離課税と源泉分離課税に分けられます。

- **総合課税**：複数の所得をまとめて総合的に課税する課税方式で、確定申告によって税金を納めます。
- **申告分離課税**：他の所得と合算しないで、分離して税額を計算し、確定申告によって、その分の税金を納めます。
- **源泉分離課税**：所得を得た時点で一定税率で税金が差し引かれて課税関係が完結します。確定申告は不要です。

スピード理解!!
所得税の納税義務者は日本に住所がある人に限らない！

総合課税	分離課税：申告分離課税	分離課税：源泉分離課税
●利子所得※1 ●配当所得※2 ●不動産所得 ●事業所得 ●給与所得※3 ●一時所得 ●雑所得 ●譲渡所得 （土地・建物・株式以外）	●退職所得 ●譲渡所得 （土地・建物・株式等） ●山林所得等 ●利子所得の一部 （特定公社債等の利子） →204ページ	●利子所得のうち、 一般公社債の利子、 預貯金の利息等

※1　利子所得は税法上の区分では総合課税。
※2　配当所得は総合課税が原則だが、分離課税も選択できる。
※3　給与所得は原則として源泉徴収で、確定申告は不要（例外もある）。

6 復興特別所得税

復興特別所得税は、各年分の所得税の額に2.1%を乗じた額が、追加的に課税されるものです。

ここ数年のFP検定試験の傾向を踏まえ、本文では原則として復興特別所得税を含んだ税率※で掲載してあります。なお、例題として過去問を紹介する場合、「復興特別所得税を考慮しない」と但し書きされている問題については、復興特別所得税を含まず、そのままの表記で掲載しています。

※復興特別所得税を含む所得税率は、
所得税10%の場合：
10×1.021＝10.21%
所得税15%の場合：
15×1.021＝15.315%
所得税20%の場合：
20×1.021＝20.42%
所得税30%の場合：
30×1.021＝30.63%
以下同。

7 所得税の計算の流れ

所得税の計算は、次のような流れで行います。

Step1 所得金額の算出
10種類の所得ごとに、収入金額から必要経費や負債利子などを差し引いて所得金額を割り出す。

↓

Step2 総所得金額の算出
損益通算と繰越控除を行って、総所得金額（課税標準）を算出する。

↓

Step3 課税総所得金額の算出
課税標準から所得控除を差し引いて、課税金額を求める。

↓

Step4 所得税額の算出
課税金額に税率を掛けて所得税額を算出し、税額控除を行う。

↓

Step5 申告納税額の算出
源泉徴収分の金額を差し引いて、申告する納税額を算出する。

次のページの「所得税の計算手順一覧」に、Stepごとの細目をまとめてあります。

【所得税の計算手順一覧】

※1　上場株式等の配当所得については、申告分離課税、確定申告不要制度を選択できる。
※2　給与所得は、源泉徴収される。
※3　課税標準が税金の対象となる。そこから所得控除額を差し引いて課税金額を算出する。

Step3 課税総所得金額の算出 258〜263ページ	Step4 所得税額の算出 267〜270ページ		Step5 納税額の算出 273〜280ページ		
課税総所得金額 総合課税の対象	×税率（速算表）＝所得税額	税額控除 ●住宅借入金特別控除 ●配当控除 ●その他	− 源泉徴収税額（すでに天引きされている金額）	＝	申告する納税額
課税短期譲渡所得の金額	×分離税率＝所得税額				
課税長期譲渡所得の金額	×分離税率＝所得税額				
課税山林所得の金額	$\times\frac{1}{5}$×税率（速算表）×5＝所得税額				
課税退職所得の金額	×税率（速算表）＝所得税額				
株式に係る課税譲渡所得の金額	×分離税率＝所得税額				
課税金額					

上の計算手順をここで覚える必要はない。各項目の学習で、この一覧に戻って確認すると全体像がつかめるのでわかりやすいよ。

過去問トレーニング

次の質問に答えなさい。

問1 所得税に関する次の記述の正誤を答えなさい。

◀2021年9月・2022年1月・2023年1月学科

❶ 税金を負担する者と税金を納める者が異なる税金を間接税といい、相続税は間接税に該当する。

❷ 税金には国税と地方税があるが、不動産取得税は国税に該当し、固定資産税は地方税に該当する。

❸ 所得税は、国や地方公共団体の会計年度と同様、毎年4月1日から翌年3月31日までの期間を単位として課される。

❹ 非永住者以外の居住者は、国内源泉所得に加え、国外源泉所得のうち国内において支払われたものおよび国外から送金されたものに限り、所得税の納税義務がある。

❺ 所得税では、課税対象となる所得を10種類に区分し、それぞれの所得の種類ごとに定められた計算方法により所得の金額を計算する。

❻ 所得税は、納税者が申告をした後に、税務署長が所得や納付すべき税額を決定する賦課課税方式を採用している。

問2 個人が得る次の所得のうち、所得税の非課税所得に該当するものに○を、該当しないものに×をつけなさい。

◀2010年9月資産、2013年5月・2018年1月学科

❶ 骨折で入院した際、知人から受け取った10,000円の見舞金。

❷ 傷害保険契約に基づいて保険会社から受け取った35,000円の入院給付金。

❸ 雇用保険の失業等給付として支給された281,200円の基本手当。

❹ クイズに応募して獲得した1,000,000円の賞金。

❺ 納税者本人の生活の用に供されていた家具、衣服の譲渡による所得で、宝飾品や骨とう、美術工芸品等に該当しないもの。

❻ 死亡した者の勤務に基づいて支給され、遺族が受ける年金。

❼ オープン型の証券投資信託の収益の分配のうち、信託財産の元本払戻金（特別分配金）。

❽ 給与所得者が、創業10周年の記念として、給与支払者から現金で支払いを受ける５万円の祝金 。

❾ 勤務していた会社を自己都合により退職したことで受け取った雇用保険の基本手当。

❿ 法人からの贈与により個人が受け取った金品。

⓫ 年金受給者が受け取った老齢基礎年金。

⓬ 賃貸不動産の賃貸人である個人が賃借人から受け取った家賃。

答え

問1

❶ ×　相続税は直接税。間接税は納税義務者と担税者が異なる税で、消費税や酒税が該当する。

❷ ×　地方税とは地方自治体がかける税金のことで、固定資産税・不動産取得税、事業税が地方税にあたる。

❸ ×　所得税の課税期間は、１月１日～12月31日。

❹ ×　非永住者以外の居住者には、国内外の源泉所得全てに納税義務がある。

❺ ○

❻ ×　所得税は、納税者本人が税額を計算し、申告納付する申告納税方式。

問2

❶ ○　❷ ○　❸ ○

❹ ×　懸賞の賞金は一時所得として課税対象。

❺ ○

❻ ○　公的遺族年金は非課税。

❼ ○

❽ ×　創業記念の記念品として給与所得者に現金、商品券などが支給された場合、その全額が給与所得として課税対象となる。

❾ ○　雇用保険から受ける給付は非課税。

❿ ×　受贈者と法人間に雇用関係があれば給与所得として、雇用関係がなければ一時所得として所得税がかかる。

⓫ ×　老齢基礎年金・老齢厚生年金は、公的年金等に係る雑所得として所得税や住民税の課税対象。

⓬ ×　事業的規模に関わらず、不動産所得として課税対象。

2 所得金額の算出

実技試験で、各所得の計算問題が頻出！

- 賃貸不動産取得のための借入金の利子は必要経費。
- 給与・退職所得以外の所得20万円超の人は確定申告が必要。
- 総所得金額へ算入する一時所得は、所得金額の2分の1。

Step 1（237ページ）です。所得金額を算出します。

1 利子所得 — 源泉分離課税

利子所得（預貯金や一般公社債等の利子など）[※1]は原則、**20.315%**[※2]**の源泉分離課税**です。

特定公社債等の利子は、源泉徴収後、申告不要制度、または申告分離課税を選ぶことになります（204ページ）。

※1 一般公社債等の利子のうち、2016年1月1日以降に同族会社が発行した私募債で、その会社の株主等が受け取る利子や償還金は総合課税。

※2 20.315%＝所得税15%＋復興特別所得税0.315%＋住民税5%　以下同。

2 配当所得 — 総合課税

配当所得は、株式の配当金や投資信託（公社債投資信託を除く）の収益分配金などによる所得です。原則として総合課税の対象で、他の所得と合算し、確定申告で税額を精算します。配当所得は、次のように計算します。

配当所得＝収入金額－株式（元本）を取得するための負債利子

なお、**上場株式等の配当金（配当所得）は、20.315%**[※3]**が源泉徴収**されます。その後、申告不要制度（配当控除や所得税等の源泉徴収税額の控除は不適用）、総合課税、申告分離課税から選択できます（205ページ）。少額配当[※4]の場合も申告不要制度を選択できます。

※3 上場株式等以外の配当等の場合は、税率20.42%（地方税なし）。

※4 1銘柄につき1回支払われる配当金が10万円以下のもの。少額配当の基準：10万円×配当計算期間月数÷12≦10万円

3 不動産所得 — 総合課税

不動産所得とは、不動産の貸付けによる所得[※1]のことで、総合課税です。

不動産所得（税引前）は、次のように計算します。

不動産所得＝総収入金額－必要経費（－青色申告特別控除額[※2]）

※1 不動産の売却による収入は、譲渡所得。不動産貸付による収入は、事業的規模であるかないかにかかわらず不動産所得（事業所得ではない）。

不動産所得の総収入金額と必要経費

総収入金額	○家賃、地代、礼金、更新料、借地権料、共益費など ○敷金、保証金のうち賃借人に返還を要しない部分 ×後に返還するものは総収入金額には含まれない
必要経費	○固定資産税、都市計画税、不動産取得税、登録免許税、アパート賃貸業に係る事業税 ○修繕費、損害保険料、火災保険料、減価償却費 ○賃貸不動産を取得するための借入金の利子 ×借入金元本返済額、×所得税・住民税、×土地の取得価額に算入された仲介手数料は必要経費にならない。

必要経費を「支出を伴うもの」とした式では、減価償却費は必要経費とは分けて計算します。

※2 青色申告特別控除（278ページ）。

不動産所得＝総収入金額－｛必要経費（支出を伴うもの）＋減価償却費｝

また、貸付不動産の**資金収支計算**では、上の所得計算とは異なり、次の計算になります。

経常的収入－｛経常的支出＋借入金元本返済額｝＝剰余金

なお、所得に対する所得税および住民税は、所得計算上の必要経費となりませんが、資金収支計算上は支出金額となります。

4 事業所得 — 総合課税

事業所得とは、農業、漁業、製造業、卸売業、小売業、サービス業、その他事業による所得で、総合課税です。

事業所得は、次のように計算します。

事業所得＝総収入金額－必要経費（－青色申告特別控除額）

事業所得の**総収入金額**は、確定した売上金額（**未収額も含む**）のことです。必要経費には、売上原価（仕入れ代金）、販売費用、給与・賃金、減価償却費、広告宣伝費、家賃・水道・光熱費、固定資産税、事業税などが含まれます。

5 減価償却

減価償却：「減価」とは価値を減らすこと、「償却」とは消すこと。検定では「所得税法において、業務用の建物や機械など、時の経過やその利用により価値が減少する資産について、その取得に要した金額を耐用年数にわたって各年分の必要経費に配分する手続」といっている。

時の経過、利用により、事業で使用する資産の減少していく価値を帳簿上で減らしていくのが**減価償却**です。時の経過で価値が減少しない土地や骨とうなどの資産は、減価償却資産に該当しません。減価償却資産の取得金額は、資産の使用可能期間（耐用年数）の全期間にわたり分割して必要経費になります。償却方法は次のどちらかを選びます。

定額法：毎年同額を減価償却費として計上する方法

定率法：償却残高に一定の償却率を掛けて計上する方法

どちらかを選択しなかった場合、所得税は定額法、法人税は定率法となります。ただし1998年（平成10年）4月1日以降に取得した**建物の減価償却はすべて定額法**で行います。

減価償却の計算問題は定額法しか出題されないよ。

定額法では、毎年の減価償却費は、次のように計算します。

減価償却費＝取得価額×定額法償却率×業務供用月数※／12

※業務供用月数に端数がある場合は切り上げ。

事業所得では必要経費や減価償却費にできる金額は、事業で使用した分だけです。自動車を自家用20％と事業用80％で使っている場合には、上の式に80％を掛けます。

なお、**少額減価償却資産**といって、使用可能期間が**1年未満**か、**取得価額10万円未満の減価償却資産**は、減価償却せずに全額をその事業年度に損金算入できます。

資本金1億円以下の中小企業者等で青色申告をしている法人は、**取得価額が30万円未満**のものについて、年間300万円を限度に取得価額を**全額損金算入**[※1]できます。

※1 2026年3月31日までの特例。ただし、常時使用する従業員の数が300人を超える法人、連結法人、前3事業年度の平均所得金額が年15億円を超える法人は特例適用外。

6 給与所得 ― 総合課税

給与、賞与、手当て、現物給与などの**給与所得**[※2]は、総合課税です。給与等の収入金額が**2,000万円超**の人、給与所得および退職所得以外の所得が**20万円超**の人は**確定申告が必要**です。それ以外の人は、給与支払者（事業主）が源泉徴収によって税金を支払うため確定申告は不要です。

※2 勤務先からの無利息の金銭借入れ、商品・土地・建物等を無償（低価格）で譲り受けたり、借り受けたりしたことによる経済的利益も給与所得になる。

給与所得＝給与収入金額－給与所得控除額（最低55万円）

〈給与所得控除額〉

給与等の収入金額（年収）		給与所得控除額
	162.5万円以下	55万円
162.5万円超	180万円以下	収入金額×40%－10万円
180万円超	360万円以下	収入金額×30%＋8万円
360万円超	660万円以下	収入金額×20%＋44万円
660万円超	850万円以下	収入金額×10%＋110万円
850万円超		195万円（上限）

なお、通勤手当（電車・バス通勤者の場合は月額15万円が限度）、出張旅費は非課税となります。

7 退職所得 ― 分離課税

退職所得とは、退職時に勤務先から受け取る退職一時金（退職金）などの所得で、次のように計算します。

退職所得＝（収入金額－退職所得控除額）×1／2[※3]

※3 2022年分以後の所得税について、役員等以外の者としての勤続年数が5年以下である者に対する退職手当等のうち、退職所得控除額を控除した残額の300万円を超える部分については、2分の1課税を適用しない。

〈退職所得控除額〉

勤続年数	退職所得控除額（勤続年数に応じる）
20年以下の場合	40万円×勤続年数[※1]
20年超の場合	800万円＋70万円×（勤続年数－20年） 40万円×20年

- 勤続年数の１年未満の端数は切り上げて１年とする。
- 障害者になったことに基因する退職の場合は100万円が加算される。
- 上記控除額以下ならば、源泉徴収されない。

※1 退職所得控除額の最低控除額は80万円。つまり、勤続1年でも80万円。

退職所得は分離課税です。

退職所得の受給に関する申告書を提出した場合、源泉徴収によって所得税および復興特別所得税の課税関係が終了し、原則として**確定申告は不要**となります（退職金が控除額以下のときは源泉徴収されません）。

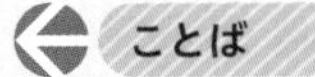

退職所得の受給に関する申告書：退職手当の支給を受ける人が会社（退職手当の支払者）に提出する手続き。

ただし、他の所得から控除しきれない所得控除額があった場合、退職所得について確定申告をしてその控除しきれない金額を退職所得の金額から控除することができます。

申告書を提出しない場合、退職所得控除は適用されず、退職金の収入金額の20.42％[※2]が源泉徴収されますが、確定申告をすることで税金の還付が受けられる場合があります。

※2 所得税20%＋復興特別所得税0.42%（20×0.021 = 0.42）で20.42%。

なお、死亡退職の退職金で**死亡後３年以内**に支給が確定したものは、所得税ではなく**相続税**の課税対象です。

8 譲渡所得 ― 総合課税・分離課税

譲渡所得とは、書画、骨とう、ゴルフ会員権、金地金、不動産、株式などの資産を譲渡（売却）することで生じる所得です。

譲渡所得は、長期譲渡所得（所有期間が**５年超**）と短期譲渡所得（所有期間が**５年以下**）に分かれます。また、資産の種類によって計算と課税方法が異なります。

譲渡所得の計算と課税

譲渡所得になるもの・ならないもの

譲渡所得になるもの	○書画、骨とうの売却益 ○ゴルフ会員権の売却益 ○不動産（賃貸の用に供していた不動産を含む）の売却益 ○株式投資信託の償還・解約・売却益 ○営業用車両の売却益
譲渡所得にならないもの	×商品を商売で販売して得た所得 →事業所得 ×山林の売却で得た所得 →山林所得

譲渡所得の計算式と税率

・土地・建物・株式以外の譲渡所得─総合課税（他の所得と合算）

譲渡所得＝総収入金額－（取得費＋譲渡費用）－特別控除額※（最高50万円）

※特別控除額（最高50万円）は、短期と長期の合計額が最高50万円。

- 長期譲渡所得は、その2分の1の金額を総所得金額へ算入する。
- 短期譲渡所得は、そのまま全額を総所得金額へ算入する。

・土地・建物の譲渡所得─申告分離課税

譲渡所得＝総収入金額－（取得費＋譲渡費用）－特別控除額※

- 長期譲渡所得に課される税率は20.315%（復興特別所得税0.315%含む）
- 短期譲渡所得に課される税率は39.63%（復興特別所得税0.63%含む）
- 居住用財産（マイホーム）の譲渡益は最高3,000万円が控除できる。

・株式の譲渡所得─申告分離課税

譲渡所得＝総収入金額－（取得費＋譲渡費用＋負債の利子）

負債の利子：株式購入のための負債の利子

- 株式の譲渡所得に課される税率は一律20.315%（復興特別所得税0.315%含む）
- 同一銘柄の株式を2回以上購入して一部を譲渡した場合、取得費は「加重平均した1株当たりの価額×売却株式数」で計算する。

・所有期間の判定

- 土地、建物の場合は、譲渡年の1月1日時点での所有期間とする。
- 贈与・相続により株式や不動産などの財産を取得した場合、取得日は贈与者・被相続人が取得した日を引き継ぐ。

※譲渡所得の特別控除には様々な種類があり、各々要件を満たした場合にのみ、控除額が差し引かれる。

前ページにあげた譲渡所得の計算式にある**取得費**とは、譲渡した資産の購入費や付随費用（仲介手数料・登録免許税・印紙代など）の合計金額をいいます。取得費が不明な場合や、譲渡収入金額の５％相当額を下回る場合は、譲渡収入金額の**5%相当額を概算取得費**とすることができます。

譲渡費用とは、資産を譲渡する際に直接かかった費用のことで、仲介手数料、広告料、印紙代、古い建物の取壊し費用、**借家人の立退料**[※1]などが含まれます。

※1 事務所や住宅の借家人が受け取る立退料は、消滅する権利の対価相当額である場合は譲渡所得、休業補償等の収入や必要経費を補てんする場合は事業所得、それら以外の場合は一時所得となる。

9 一時所得 ― 総合課税

スピード理解!!
宝くじの当せん金、サッカーくじの払戻金は一時所得ではない（非課税）！

一時所得とは、競馬・競輪などの**払戻金**、懸賞やクイズの**賞金**、保険の**満期保険金**、**解約返戻金**、満期返戻金などをいいます。ただし、満期保険金や解約返戻金のうち、保険期間が５年以下の一時払の養老保険、一時払の損害保険、個人年金保険などの差益は、金融類似商品の収益とみなされて税率20.315％の源泉分離課税です（115ページ）。

一時所得は、次のように計算します。

一時所得＝総収入金額－収入を得るために支出した金額[※2]－特別控除額（最高50万円）

一時所得は、総合課税で確定申告が必要です。その際、一時所得の**２分の１**だけを総所得金額へ算入します。

※2 当たり馬券の購入費や払込保険料など。

例 題

・**所得税における各種所得に関する次の記述の正誤を答えなさい。**

◀ 2021 年 9 月学科

❶ 賃貸用土地および建物の取得者が、当該土地および建物を取得した際に支出した仲介手数料は、その支払った年分の不動産所得の金額の計算上、全額を必要経費に算入することができる。

❷ 収入のない専業主婦（夫）が金地金を売却したことによる所得は、譲渡所得となる。

例題の答え

❶ ×
❷ ○金地金や金貨を売却した場合、譲渡所得として総合課税の対象となる。

10 山林所得 ― 分離課税

山林（所有期間５年超）の伐採や、立木のまま譲渡した場合に生じる所得を**山林所得**といい、次の計算式で求めます。

山林所得＝総収入金額－必要経費[※1]－特別控除額（最高50万円）

山林所得は分離課税で、確定申告が必要です。

11 雑所得 ― 総合課税

雑所得とは、他のいずれの所得にも該当しない所得です。

公的年金等の雑所得	国民年金、厚生年金、国民年金基金、厚生年金基金、確定拠出年金等の年金[※2]
公的年金等以外の雑所得	講演料、作家以外の者が受け取る原稿料・印税、生命保険などの個人年金、暗号資産での所得

雑所得は、公的年金等とそれ以外の所得に分けて計算し、それを合算します。

雑所得＝（公的年金等の収入金額－公的年金等控除額）＋（総収入金額－必要経費）

└公的年金等の雑所得┘　└公的年金等以外の雑所得┘

雑所得は総合課税[※3]で、確定申告が必要です。

公的年金等控除額は、年齢と収入に応じて算出します。

〈公的年金等に係る雑所得の速算表〉

納税者区分	公的年金等の収入金額	公的年金等控除額
65歳未満の者	130万円未満	60万円
	130万円以上　410万円未満	収入金額×25%＋27.5万円
	410万円以上　770万円未満	収入金額×15%＋68.5万円
	770万円以上 1,000万円未満	収入金額×5%＋145.5万円
	1,000万円以上	195.5万円
65歳以上の者	330万円未満	110万円
	330万円以上　410万円未満	収入金額×25%＋27.5万円
	410万円以上　770万円未満	収入金額×15%＋68.5万円
	770万円以上 1,000万円未満	収入金額×5%＋145.5万円
	1,000万円以上	195.5万円

▲上記は、公的年金等に係る雑所得以外の所得に係る合計所得金額が1,000万円以下の場合の控除額。なお、年齢の判定は12月31日時点。

※1 山林所得の青色申告者の場合、必要経費のほかに最高10万円を青色申告特別控除額として控除することができる。

※2 確定拠出年金の老齢給付金を一時金で受け取った場合は、退職所得となる。

※3 公的年金等の収入金額の合計額が、400万円以下、かつ公的年金等に係る雑所得以外の所得金額が20万円以下の場合、確定申告は不要。なお、給与所得者は、暗号資産（仮想通貨）取引による所得が20万円を超えていた場合、雑所得として確定申告が必要。

12 所得金額調整控除

所得金額調整控除は、子育て・介護世帯の税負担軽減を目的に、一定の給与所得者の総所得金額を計算する場合に、給与所得の金額から一定額を控除するというものです。所得金額調整控除の適用対象者には、子ども・特別障害者等が扶養親族にいる場合と、給与所得と年金所得の双方を受給している場合の２種類があり、控除額が異なります。

所得金額調整控除の要件

〈適用対象者の要件と控除額〉

● 子ども・特別障害者である扶養親族などがいる場合

その年の給与等の収入金額が850万円を超える居住者で次の①～③のいずれかに該当する給与所得者

①本人が特別障害者に該当する者
②年齢23歳未満の扶養親族を有する者
③特別障害者である同一生計配偶者または扶養親族を有する者

控除額＝（給与等の収入金額※－850万円）×10%
※1,000万円超の場合は1,000万円

● 給与所得と公的年金等の双方を受給している場合

その年の給与所得の金額および公的年金等にかかる雑所得の金額がある居住者で、給与所得の金額および公的年金等にかかる雑所得の金額の合計額が10万円を超える者

控除額＝給与所得控除後の給与等の金額※＋公的年金等に係る雑所得の金額※－10万円
※10万円超の場合は10万円

〈ポイント〉

①扶養控除とは異なり、同一生計内のいずれか一方の所得者に適用するという制限がないため、夫婦双方で適用を受けることができる。
②子ども・特別障害者等を有する者等の所得金額調整控除の適用を受けるには、年末調整において「所得金額調整控除申告書」を提出する。

過去問トレーニング

次の質問に答えなさい。

問1 所得税における各種所得の金額の計算方法に関する次の記述について、正しいものには○を、不適切なものには×をつけなさい。

◀2023年1月学科

❶ 事業所得の金額は、原則として、その年中の「事業所得に係る総収入金額－必要経費」の算式により計算される。

❷ 給与所得の金額は、原則として、その年中の「給与等の収入金額－給与所得控除額」の算式により計算される。

❸ 不動産所得の金額は、原則として、その年中の「不動産所得に係る総収入金額－必要経費」の算式により計算される。

❹ 一時所得の金額は、原則として、その年中の「一時所得に係る総収入金額－その収入を得るために支出した金額の合計額」の算式により計算される。

問2 所得税における各種所得に関する次の記述のうち、最も適切なものはどれか。

◀2022年1月学科

ア 退職一時金を受け取った退職者が、「退職所得の受給に関する申告書」を提出している場合、所得税および復興特別所得税として、退職一時金の支給額の20.42％が源泉徴収される。

イ 個人事業主が事業資金で購入した株式について、配当金を受け取ったことによる所得は、配当所得となる。

ウ 不動産の貸付けを事業的規模で行ったことにより生じた賃貸収入による所得は、事業所得となる。

エ 会社員が勤務先から無利息で金銭を借りたことにより生じた経済的利益は、雑所得となる。

問3　X社に勤務した会社員のAさんは、2024年4月に定年を迎え、X社から退職金の支給を受けた。AさんがX社から受け取った退職金に係る退職所得の金額を計算した下記の計算式の空欄❶〜❸に入る最も適切な数値を求めなさい。なお、問題の性質上、明らかにできない部分は「□□□」で示してある。

◀2022年1月個人

〈資料〉

X社から支給を受けた退職金の額：2,700万円

・定年を迎えるまでの勤続年数は36年8カ月である。

・「退職所得の受給に関する申告書」を提出している。

※Aさんは、これ以外に退職手当等の収入はなく、障害者になったことが退職の直接の原因ではない。

〈退職所得控除額〉

（❶）万円＋□□□万円×（□□□年－20年）＝（❷）万円

〈退職所得の金額〉

(2,700万円－（❷）万円)×□□□＝（❸）万円

答え

問1　各種所得の計算方法に関する問題。

❶ ○ ❷ ○ ❸ ○ ❹ ×　一時所得は、次の式で算出する。一時所得＝総収入金額−収入を得るために支出した金額−特別控除額（最高50万円）。問題文には「特別控除額」が抜けている。

問2　イ

ア→×　退職金から20.42％相当額が源泉徴収されるのは、「退職所得の受給に関する申告書」を提出しない場合。ウ→×　マンション等の家賃収入の、不動産賃貸に係る所得は、事業的規模に関わらず、不動産所得となる。エ→×　会社員が勤務先から無利息で金銭を借りたことにより生じた経済的利益は、給与所得として課税対象となる。

問3　❶ **800（万円）**　❷ **1,990（万円）**　❸ **355（万円）**

退職所得の計算式は、退職所得＝（収入金額−退職所得控除額）×1／2　退職所得控除額は、勤続年数が20年以下の期間は1年当たり40万円（最低80万円）、20年を超える期間は1年当たり70万円。また、勤続年数が1年未満の場合は切り上げられるため、Aさんの場合、37年となる。従って、各数字を計算式に当てはめると、

＝[2,700万円－{40万円×20年＋70万円×(37年－20年)}]×1／2

＝{2,700万円－(800万円＋1,190万円)}×1／2

＝(2,700万円－1,990万円)×1／2

＝355万円

総所得金額の算出：損益通算と繰越控除

損益通算のできるもの、できないもの、例外が出る！

- 土地の取得に要した借入金の利子は損益通算できない。
- 土地・建物（賃貸用含む）の譲渡損失は損益通算できない。
- 繰越控除の期間は、翌年以降３年間。

Step 2 （237ページ）です。総所得金額を算出します。

1 損益通算

損益通算とは、所得の損失（赤字）を、他の所得の利益（黒字）で通算（相殺）するしくみのことです。

不動産所得、**事**業所得、**山**林所得、**譲**渡所得で生じた損失は、他の所得と損益通算できます。それ以外の所得で生じた損失は、他の所得と損益通算できません。

ただし、不動産所得や譲渡所得のうち次の所得は、例外として他の所得と損益通算ができません。

スピード理解!!
富士山上（不事山譲）で損益を通算。

他の所得と損益通算できない所得

- 不動産所得の損失でも、土地の取得に要した借入金の負債利子は損益通算できない（建物の取得に要した借入金の利子は損益通算できる）。
- 譲渡所得の損失のうち、以下のものは損益通算できない。
  - ×ゴルフ会員権、別荘、宝石など、生活に必要のない資産の譲渡損失
  - ×土地・建物（賃貸用を含む）の譲渡損失（一定の居住用財産を除く）
  - ×株式等の譲渡損失。ただし上場株式等と特定公社債等の譲渡損失は、同一年の上場株式等の譲渡所得、また確定申告を要件として申告分離課税を選択した配当所得、一部の利子所得となら損益通算できる（205ページ）。

例題

◀2022年5月学科

・**所得税の各種所得の金額の計算上生じた次の損失の金額のうち、他の所得の金額と損益通算できるものをア～エから選びなさい。**

ア　不動産所得の金額の計算上生じた損失の金額のうち、不動産所得を生ずべき建物の取得に要した負債の利子に相当する部分の金額

イ　生活の用に供していた自家用車を売却したことにより生じた損失の金額

ウ　別荘を譲渡したことにより生じた損失の金額

エ　ゴルフ会員権を譲渡したことにより生じた損失の金額

例題の答え

ア

イの生活用動産の譲渡により損失が生じた場合、損失がなかったものとみなされるため損益通算できない。ウ・エの生活に必要のない資産の譲渡損失も同様に損益通算不可。

2 損益通算の手順

損益通算は、所得をグループに分けて、次の❶❷❸の順番で行います。

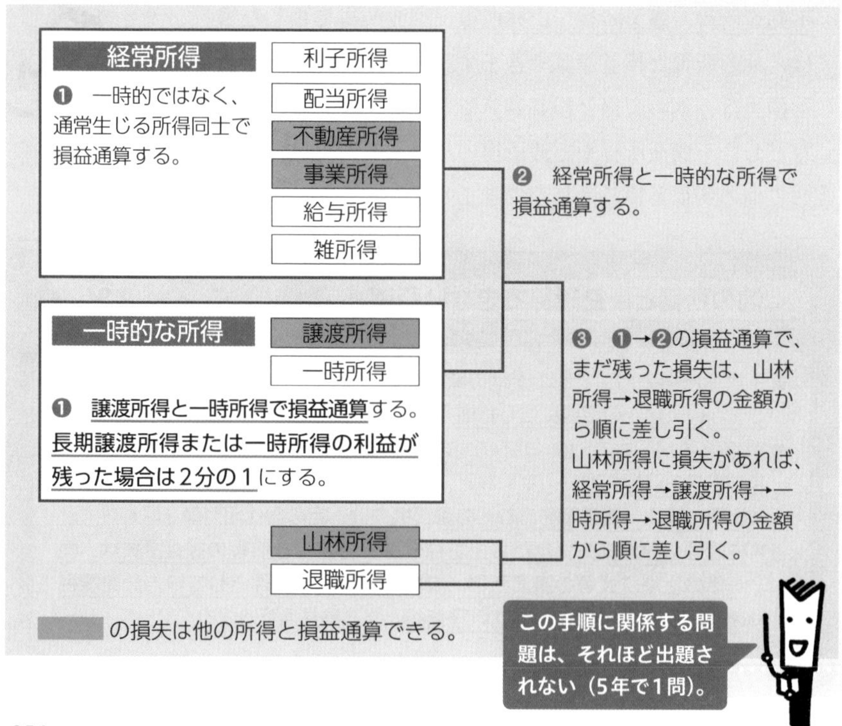

3 繰越控除

繰越控除とは、その年に生じた所得の損失金額を繰り越して、翌年以降の黒字の所得金額から差し引くことをいいます。繰越控除には、次のものがあります。

● **純損失の繰越控除**[※1]：青色申告者の所得税の計算において、損益通算をしても控除しきれなかった損失を純損失といいます。純損失は、翌年以降**3年間（法人は10年間**[※2]**）**にわたって各年分の所得金額から控除できます。なお、事業所得者等の有する棚卸資産や事業用資産等につき、特定非常災害の指定を受けた災害により生じた損失については、一定の損失額の**繰越控除期間が5年に延長**されます。

● **雑損失の繰越控除**：災害や盗難での損失は、所得から控除できます。これを雑損控除といい、雑損控除で控除しきれなかった雑損失は、翌年以降**3年間**にわたって各年分の所得金額から控除できます。なお、個人住宅や家財等につき特定非常災害の指定を受けた災害により生じた損失については、**繰越控除期間が5年に延長**[※3]されます。

● **上場株式等の譲渡損失の繰越控除**：上場株式等（特定公社債等を含む）の譲渡損失のうち、損益通算後も控除しきれない金額については、確定申告を行うことで翌年以降3年間にわたって繰り越し、各年分の譲渡所得、配当所得、利子所得（申告分離課税を選択）と損益通算できます（253ページ）。

● **居住用財産の譲渡損失の繰越控除**：その年の合計所得金額が3,000万円以下で、所有期間が5年超の居住用財産の譲渡損失は、翌年以降3年間にわたって各年分の所得金額から控除できます。

損益通算と繰越控除をしたら、所得を合算して、総所得金額を求めます。分離課税の所得は、総所得金額とは別に算出します（238ページ）。これで、総合課税の対象となる総所得金額が算出できました。

※1 純損失の繰越控除は、青色申告者（青色申告を行った納税者）が受けられる様々な特典の中の1つ（278ページ）。

※2 2018年3月31日までに開始した事業年度に発生した欠損金の繰越期間は9年。

※3 2023年4月1日以後の特定非常災害に係る雑損失について。

過去問トレーニング

次の質問に答えなさい。

問1 個人事業主で青色申告者である細井さんの2024年分の所得等が下記〈資料〉のとおりである場合、細井さんが2024年分の所得税の確定申告を行う際、事業所得と損益通算できる損失に関する次の記述のうち、正しいものはどれか。なお、▲が付された所得の金額は、その所得に損失が発生していることを意味するものとする。　◀2018年9月資産（改）

〈資料〉
●事業所得：850万円
飲食店経営に係る所得で、青色申告特別控除65万円控除後の金額である。
●不動産所得：▲120万円　アパート経営に係る必要経費※が収入を上回ることによる損失である。
●譲渡所得　：▲30万円　すべて上場株式の売却損である。
●雑所得　　：▲10万円　雑誌に寄稿した原稿料に係る必要経費が収入を上回ることによる損失である。
※必要経費の中には、土地の取得に要した借入金の利子の額40万円が含まれている。

ア　不動産所得▲120万円および譲渡所得▲30万円と損益通算できる。
イ　不動産所得▲120万円および雑所得▲10万円と損益通算できる。
ウ　不動産所得▲80万円および譲渡所得▲30万円と損益通算できる。
エ　不動産所得▲80万円と損益通算できる。

問2 所得税における損益通算に関する次の記述のうち、適切なものには○、不適切なものには×をしなさい。　◀2023年1月・5月・9月学科（改）

❶ 終身保険の解約返戻金受け取りによる一時所得の金額の計算上生じた損失の金額は、給与所得の金額と損益通算することはできない。
❷ 先物取引に係る雑所得の金額の計算上生じた損失の金額は、上場株式等に係る譲渡所得の金額と損益通算することができる。
❸ 不動産所得の金額の計算上生じた損失の金額のうち、不動産所得を生ずべき業務の用に供する土地の取得に要した負債の利子の額に相

当する部分の金額は、事業所得の金額と損益通算することができる。

❹ 業務用車両を売却したことによる譲渡所得の金額の計算上生じた損失の金額は、事業所得の金額と損益通算することができる。

❺ 農業に係る事業所得の金額の計算上生じた損失の金額は、不動産所得の金額と損益通算することができる。

❻ 生活の用に供していた自家用車を売却したことによる譲渡所得の金額の計算上生じた損失の金額は損益通算できない。

❼ コンサルティング事業を行ったことによる事業所得の金額の計算上生じた損失の金額は損益通算できない。

❽ 取得してから５年が経過した山林を伐採して譲渡したことによる山林所得の金額の計算上生じた損失の金額は損益通算はできない。

答え

問1 エ

不動産所得、事業所得、山林所得、譲渡所得で生じた損失は、給与所得や一時所得などの他の所得と損益通算ができる。

ただし、不動産所得の損失でも、土地の取得に要した借入金の負債利子は他の所得と損益通算できない（建物の取得に要した借入金の利子は損益通算できる）。本問の場合、不動産所得の損失120万円のうち、土地の所得に要した借入金の利子分40万円は損益通算の対象外となり、120万円−40万円＝80万円で、80万円が損益通算の対象となる。なお、株式等の譲渡による譲渡所得は分離課税のため、総合課税である事業所得とは損益通算できない。また、雑所得の損失は、他の所得と損益通算できず、雑所得は0円扱いとなる。

問2 所得税の損益通算に関する問題。

❶ ○ ❷ × 雑所得の損失は、他の所得と損益通算できない。損失がマイナスとなった場合は、0円として扱う。

❸ × 不動産所得、事業所得、山林所得、譲渡所得の損失は、他の所得と損益通算できる。ただし、不動産所得の損失のうち、土地取得に要した負債の利子相当部分は、他の所得と損益通算できない。

❹ ○ 業務用車両等の売却益は総合課税の譲渡所得（土地・建物・株式等以外）であり、その損失は他の総合課税の所得と損益通算できる。

❺ ○ ❻ ○ 生活用動産の譲渡は、利益については所得税法上、非課税所得とされ、逆に損失が生じても損失がなかったもの（0円）とみなされるため、他の所得と損益通算できない。

❼ × 事業所得、不動産所得、山林所得、譲渡所得の損失は、他の所得と損益通算できる。❽ × 取得後5年を超えた山林を譲渡して得た所得は山林所得であり、その損失は他の所得と損益通算できる。ただし、5年以内に取得した山林の譲渡は事業所得か雑所得になる。

4 所得控除

控除対象か控除対象外かの二択問題が超頻出！

- 16歳未満は扶養控除の対象外。
- 家族が支払った金額も、納税者の医療費控除対象。
- 異常がない場合の人間ドックの費用は控除できない。

Step 3（237ページ）です。

1 基礎控除

所得控除は、一定の要件にあてはまる場合に、所得の合計金額から一定金額を差し引く制度です。**基礎控除**は、**合計所得金額**によって控除額が変わります。

出る

基礎控除の金額

合計所得金額	控除額
2,400万円以下	48万円
2,400万円超　2,450万円以下	32万円
2,450万円超　2,500万円以下	16万円
2,500万円超	0円（適用外）

ことば

合計所得金額：給与所得や不動産所得などの総合課税の所得を合計し、損益通算した後の金額に、退職所得や山林所得などの分離課税の所得を加えた金額（純損失または雑損失等の繰越控除を適用する前の金額）。

2 扶養控除

扶養控除は、**控除対象扶養親族**※（その年12月31日現在の年齢が16歳以上の配偶者以外の扶養親族）がいる場合に、所得の合計金額から一定金額を差し引く制度です。

扶養控除額は、年齢、同居の有無によって次のように異なります。

※控除対象扶養親族が年の途中で死亡した場合でも、その年分の扶養控除の対象となる。

扶養控除の要件と金額

〈要件〉
- 納税者本人と生計を一にしている配偶者以外の親族。
- 青色申告者、または白色申告者の事業専従者でないこと。
- 合計所得金額48万円以下。収入が給与のみの場合は年収103万円以下（年収103万円−給与所得控除55万円＝48万円）。
- 老人扶養親族は、収入が公的年金のみの場合、年収158万円以下。
- 国外居住親族のうち、留学生や障害者、送金関係書類において38万円以上の送金等が確認できる者を除く30歳以上70歳未満の成人については、控除対象外に（2023年分以後の所得税より）。

区分		控除額
一般の扶養親族（一般の扶養控除）：16歳以上		38万円
特定扶養親族（特定扶養控除）：19歳以上23歳未満		63万円
老人扶養親族：70歳以上	同居老親等以外の者	48万円
	同居老親等	58万円

- 適用年齢はその年の12月31日時点の年齢。16歳未満の親族は控除なし。

3 配偶者控除

配偶者控除は、納税者本人の合計所得金額が1,000万円（年収1,195万円）以下で、その年の**12月31日**現在、**控除対象配偶者**がいる場合に適用される所得控除です。

ことば

同居老親等：納税者又はその配偶者と同居する直系尊属（父母・祖父母等）。

配偶者控除の要件と金額

〈要件〉
- 納税者本人と生計を一にしている配偶者※。
- 青色申告者または白色申告者の事業専従者でないこと。
- 配偶者の合計所得金額48万円以下、収入が給与のみの場合は年収103万円以下。

納税者本人の合計所得金額	控除額	
	控除対象配偶者	老人控除対象配偶者（70歳以上）
900万円以下	38万円	48万円
900万円超　950万円以下	26万円	32万円
950万円超　1,000万円以下	13万円	16万円

※婚姻届を提出していない内縁関係にある者は、民法上の配偶者ではないため、所得税の配偶者控除の対象外となる。

配偶者の合計所得金額が48万円超～133万円以下（年収103万円超～201.6万円未満）なら、**配偶者特別控除（控除額最高38万円）が適用**されます。

配偶者特別控除は、配偶者控除と同様、納税者本人の合計所得金額が1,000万円を超えると適用されません。

生計を一にする家族の治療のために、納税者が支払った金額や家族自身が支払った金額も、納税者の医療費控除対象になる。頻出問題だ！

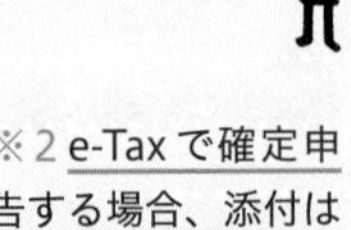

4 医療費控除

医療費控除は、納税者本人または生計を一にする配偶者、親族の医療費を支払った際に適用されます。

医療費控除額	医療費－保険金などで補てんされる金額－【10万円】※1

※1 総所得金額が200万円未満の場合は、【総所得金額×5％】

● 控除上限額は毎年200万円

医療費控除は年末調整されないので、**確定申告**が必要です。確定申告には**医療費控除の明細書**の添付※2が必要です。年末時点で未払いの医療費は控除対象になりません。

※2 e-Taxで確定申告する場合、添付は省略可。

医療費控除の控除対象

対象となるもの	対象とならないもの
○医師、歯科医師の診療費、治療費（健康保険適用外の治療を含む） ○通院費（公共交通機関の交通費、緊急時のタクシー代、松葉杖） ○医薬品の購入費（薬局で購入する市販薬も含まれる） ○健康診断・人間ドックの費用（重大な疾病が見つかり、治療を行った場合） ○出産費用	×通院で使用した自家用車のガソリン代、駐車場代、タクシー代（緊急時や歩行が困難な場合等除く） ×人間ドックの費用（異常がない場合） ×入院の際の身の回り品の購入費 ×美容・健康増進を目的とするもの。美容整形、歯列矯正、ビタミン剤、健康食品等 ×コンタクトレンズや眼鏡（近視・遠視・老眼用）の購入費

●**医療費控除の特例**[※1]**（セルフメディケーション税制）**：

2017年1月1日から2026年12月31日までの間に購入した**スイッチOTC医薬品**（市販の風邪薬、胃腸薬など、約1,500品目）の金額が**12,000円**を超える場合、その超える部分の金額（上限88,000円）が**所得控除**の対象となります。

※1「特定一般用医薬品等購入費を支払った場合の医療費控除の特例」。従来の医療費控除とどちらかを選ぶ選択制で、併用不可。適用には、納税者本人の健康診断や予防接種の証明書等の確定申告書への添付が必要。ただし、同一生計の配偶者やその他親族のための医薬品購入費であっても、納税者本人の取組みを明らかにするだけでよい。

5 社会保険料控除

社会保険料控除は、納税者および生計を一にする**配偶者**その他**親族**の負担すべき**社会保険料**（国民年金保険料、国民健康保険料、厚生年金保険料、介護保険料、国民年金基金の掛金、雇用保険料）を支払った場合に、その全額が所得金額から控除されるものです。給与から天引きされた社会保険料だけでなく、給与所得者本人が直接年金機構等に支払った保険料[※2]も社会保険料控除の対象になります。

65歳以上の介護保険料は、生計を一にする納税者（配偶者）の社会保険料控除の対象にはなりません。65歳以上になると、介護保険料は年金から天引きされて本人の社会保険料控除の対象となります。

※2 学生納付特例で猶予されていた国民年金の支払いなど。

6 生命保険料控除

生命保険料控除は、支払った生命保険料に適用されます。給与所得者の場合、年末調整の際に生命保険料控除証明書の勤務先への提出が必要です。年末調整後に控除証明書を発見した場合には、確定申告により控除の適用を受けられます。新契約では、一般の生命保険、個人年金保険、介護医療保険に区分されています（112ページ）。[※3]

所得税	**所得税控除合計限度額は12万円**（一般、個人年金、介護医療保険が各4万円）
住民税	**住民税控除合計限度額は7万円**（一般、個人年金、介護医療保険が各2.8万円）

※3 2011年12月31日以前の契約（旧契約）では、一般の生命保険、個人年金保険の控除が、各々、所得税5万円、住民税3.5万。

7 地震保険料控除

地震保険料控除は、居住用家屋や家財の地震保険料を払った場合に適用されます。住宅建物に収容される家財（生活用動産）のみを補償の対象とした地震保険の保険料も控除の対象になります。控除額は所得税と住民税で異なります。適用には、給与所得者の場合、年末調整の際に勤務先へ地震保険料控除証明書の提出が必要です。

所得税	地震保険料の全額。所得税控除限度額は５万円
住民税	地震保険料の２分の１。住民税控除限度額は２万5,000円

8 小規模企業共済等掛金控除

小規模企業共済等掛金控除は、小規模企業共済の掛金や確定拠出年金の掛金を支払った場合に、加入者の掛金の全額が控除されるものです（85ページ）。

9 雑損控除

雑損控除は、災害、盗難または横領による損失額を確定申告することで、課税所得から控除してもらえるものですが、詐欺や恐喝の被害は雑損控除の対象外です。また、災害による損失のうち、生活に通常必要でない資産（書画、骨とう、貴金属、別荘など）の損失も雑損控除の対象外です。

給与所得者でも、雑損控除は確定申告が必要です。

10 障害者控除

納税者が障害者に該当する場合のほか、納税者の控除対象配偶者や扶養親族が障害者に該当する場合、その納税者が**障害者控除**の適用を受けることができます。

11 その他の所得控除

所得控除はこれまでに述べたもののほかに、寡婦控除、勤労学生控除、寄附金控除、ひとり親控除があります。所得控除後の金額が、課税金額になります。

	控除	適用要件	控除額（限度額）
人的控除	基礎控除	納税者の所得金額2,500万円以下	最高48万円
	扶養控除	生計を一にする親族で、 親族の合計所得金額48万円以下	一般：38万円 特定：63万円 老人：48万円 58万円（同居老親等）
	配偶者控除	納税者の所得金額1,000万円以下 配偶者の所得金額48万円以下	最高38万円
	配偶者特別控除	納税者の所得金額1,000万円以下 配偶者の所得金額48万円超～133万円以下	最高38万円
	寡婦控除	納税者本人がひとり親以外の寡婦	27万円
	ひとり親控除※1	生計を一にする子を有する単身者	35万円
	勤労学生控除	納税者本人が勤労学生	27万円
	障害者控除	本人（配偶者・扶養親族）が障害者	27万円
物的控除	控除	適用要件	控除額（限度額）
	医療費控除※2	医療費が一定額を超えている	医療費－保険金等での補てん金額－10万円
	社会保険料控除	社会保険料の支払いがある	支出額全額
	生命保険料控除	生命保険料等の支払いがある	最高12万円
	地震保険料控除	地震保険料の支払いがある	最高5万円
	小規模企業共済等掛金控除	小規模企業共済の掛金、確定拠出年金の掛金の支払いがある	支出額全額
	雑損控除※2	災難、盗難、横領により損害を受けた場合（詐欺や恐喝の被害は対象外）	①、②のうち多い方の額： ①損失額－課税標準×10% ②災害関連支出額－5万円
	寄附金控除※2	国・地方公共団体、一定の団体に寄附をした場合。 都道府県・市区町村に対する寄附金を「ふるさと納税」※3という。	その年中に支出した寄附金の合計額－2,000円 ※総所得金額の40%相当額が上限。

※1 納税者本人（合計所得金額500万円以下）が現に婚姻していない、または配偶者が生死不明で、同一生計の子（総所得金額等が48万円以下）を有する場合に適用対象となる。

※2 ▒▒の控除は年末調整されないため、給与所得者であっても確定申告が必要。

※3 確定申告不要な給与所得者が、年間5自治体以内にふるさと納税をして「ふるさと納税ワンストップ特例制度」を申請した場合は寄附金控除に係る確定申告は不要。

過去問トレーニング

次の質問に答えなさい。

問1 所得税における医療費控除に関する以下の文章の空欄❶～❹に入る最も適切な数値を、下記の〈数値群〉のなかから選び、その記号を答えなさい。

◀2023年1月個人

「通常の医療費控除は、その年分の総所得金額等の合計額が200万円以上である場合、その年中に自己または自己と生計を一にする配偶者等のために支払った医療費の総額から保険金などで補填される金額を控除した金額が（❶）円を超えるときは、その超える部分の金額（最高（❷）円）を総所得金額等から控除することができます。また、通常の医療費控除との選択適用となるセルフメディケーション税制（医療費控除の特例）は、定期健康診断や予防接種などの一定の取組みを行っている者が自己または自己と生計を一にする配偶者等のために特定一般用医薬品等購入費を支払った場合、その年中に支払った特定一般用医薬品等購入費の総額から保険金などで補填される金額を控除した金額が（❸）円を超えるときは、その超える部分の金額（最高（❹）円）を総所得金額等から控除することができます」

〈通常の医療費控除額の算式〉

{ その年中に支払った医療費の総額 － 保険金などで補填される金額 } －（❶）円＝ 医療費控除額（最高（❷）円）

〈セルフメディケーション税制に係る医療費控除額の算式〉

{ その年中に支払った特定一般用医薬品等購入費の総額 － 保険金などで補填される金額 } －（❸）円＝ セルフメディケーション税制に係る医療費控除額（最高（❹）円）

〈数値群〉

ア	12,000	イ	24,000	ウ	38,000	エ	68,000
オ	88,000	カ	100,000	キ	120,000	ク	150,000
ケ	180,000	コ	1,000,000	サ	2,000,000	シ	3,000,000

問2 北村五郎さんの2024年分の所得税を計算する際の所得控除に関する❶～❹の記述の正誤を答えなさい。解答に当たっては、下記〈資料〉に基づくこととする。

◀2014年5月資産（改）

〈資料〉

氏名	続柄	年齢	職業等	2024年分の所得等
北村五郎	本人（世帯主）	44歳	自営業（青色申告者）	事業所得600万円
明美	妻	44歳	青色事業専従者	給与所得31万円
健一	長男	20歳	大学生	収入なし
裕子	長女	13歳	中学生	収入なし
ハル	母	72歳	無職	不動産所得84万円

※2024年12月31日時点のデータとする。
※家族は全員、北村五郎さんと同居し、生計を一にしている。
※障害者または特別障害者に該当する者はいない。
※明美さんの給与所得31万円は、青色事業専従者として受け取ったものである。

❶ 妻の明美さんは、控除対象配偶者として、配偶者控除の対象となる。
❷ 長男の健一さんは、特定扶養親族として、扶養控除の対象となる。
❸ 長女の裕子さんは、一般の控除対象扶養親族として、扶養控除の対象となる。
❹ 母のハルさんは、同居老親等の老人扶養親族として、扶養控除の対象となる。

問3 所得税における所得控除に関する次の記述の正誤を答えなさい。なお、ほかに必要とされる要件等はすべて満たしており、「特定一般用医薬品等購入費を支払った場合の医療費控除の特例」は考慮しないものとする。

◀2022年1月・5月・9月学科

❶ 所得税法上の障害者に該当する納税者は、その年分の合計所得金額の多寡にかかわらず、障害者控除の適用を受けることができる。
❷ 納税者は、その年分の合計所得金額の多寡にかかわらず、基礎控除の適用を受けることができる。
❸ 納税者は、その年分の合計所得金額が500万円を超える場合、ひとり親控除の適用を受けることができない。
❹ 納税者が自己と生計を一にする配偶者のために支払った医療費の金額は、当該納税者の医療費控除の対象となる。

❺ 納税者は、その年分の合計所得金額が1,000万円を超える場合、配偶者の合計所得金額の多寡にかかわらず、配偶者控除の適用を受けることができない。

❻ 医師等による診療等を受けるために電車、バス等の公共交通機関を利用した場合に支払った通院費で通常必要なものは、医療費控除の対象となる。

❼ 医療費の補填として受け取った保険金は、その補填の対象となった医療費の金額を限度として、支払った医療費の金額から差し引かれる。

❽ 納税者が自己の風邪の治療のために支払った医薬品の購入費の金額は、医師の処方がない場合、医療費控除の対象とはならない。

❾ 納税者が生命保険の保険料を支払った場合には、支払った保険料の金額の多寡にかかわらず、その年中に支払った金額の全額を、生命保険料控除として控除することができる。

❿ 納税者が国に対して特定寄附金を支払った場合には、支払った特定寄附金の金額の多寡にかかわらず、その年中に支払った金額の全額を、寄附金控除として控除することができる。

答え

問1

❶ カ 100,000　❷ サ 2,000,000
❸ ア 12,000　❹ オ 88,000

問2

❶ × 配偶者が青色事業専従者である場合、配偶者の合計所得金額にかかわらず、配偶者控除も配偶者特別控除も適用されない。

❷ ○ 特定扶養控除は、19歳以上23歳未満が適用対象。

❸ × 13歳の長女は16歳未満なので扶養控除の対象外。

❹ × 72歳の母のハルさんは、不動産所得84万円があるため、老人扶養控除の対象外となる。

問3

❶ ○　❷ × 納税者の合計所得金額が2,400万円以下であれば48万円、2,400万円超で段階的に控除額が引き下げられ、2,500万円超では0円。　❸ ○　❹ ○　❺ ○　❻ ○　❼ ○

❽ × 医師の処方箋を必要としない市販の薬も控除対象。

❾ × 2012年1月1日以後に締結した保険の場合、所得税の生命保険料控除は、一般・個人年金・介護医療それぞれで4万円、合計で12万円が上限となる。　❿ × 控除額は、その年中に支払った金額の全額ではなく、その年中に支出した寄附金の合計額−2,000円（ただし、総所得金額の40％相当額が上限）。

5 所得税額の算出

住宅借入金等特別控除の適用要件が超頻出！

- 住宅借入金等特別控除の適用には、対象となる住宅の床面積の２分の１以上が居住用であることが必要。
- 配当控除には、確定申告が必要。

Step 4（237ページ）です。税額を算出してから、税額控除をします。

1 総合課税の税額の計算

税額の計算では、総合課税の所得と分離課税の所得を分けて行います。

総合課税の所得税は、**超過累進税率**（課税所得金額が多くなるに従って税率が高くなる課税方式）が採用されています。**課税総所得金額**（総所得金額から所得控除額を差し引いた金額）に、下記の〈所得税の速算表〉の税率と控除額を適用して**所得税額**を計算します。

所得税額＝課税総所得金額×税率－控除額

〈所得税の速算表〉

課税所得金額	税率	控除額
195万円以下	5%	0円
195万円超　～　330万円以下	10%	97,500円
330万円超　～　695万円以下	20%	427,500円
695万円超　～　900万円以下	23%	636,000円
900万円超　～　1,800万円以下	33%	1,536,000円
1,800万円超　～　4,000万円以下	40%	2,796,000円
4,000万円超	45%	4,796,000円

※各所得税額には、2.1%の復興特別所得税がかかる。

表の数値は、検定で提示されるので、覚える必要はないよ。

2 分離課税の税額の計算

分離課税の所得に対する税額は、次のように計算します。

課税退職所得：他の所得と分けて〈所得税の速算表〉を使って計算
課税山林所得[※1]：他の所得と分けて5分割して〈所得税の速算表〉を使って計算
課税長期譲渡所得：20.315％（所得税15％＋復興特別所得税0.315％＋住民税5％）➡337ページ
課税短期譲渡所得：39.63％（所得税30％＋復興特別所得税0.63％＋住民税9％）➡337ページ
株式等に係る譲渡所得：20.315％（所得税15％＋復興特別所得税0.315％＋住民税5％）
➡247ページ

3 税額控除

税額控除とは、税率計算で求めた所得税額から一定額を控除することをいいます。

２級検定で出題される税額控除は、住宅借入金等特別控除（住宅ローン控除）、配当控除、外国税額控除です。

スピード理解!!
総所得金額からは「所得控除」する。
所得税額からは「税額控除」する。

4 住宅借入金等特別控除

住宅借入金等特別控除（住宅ローン控除[※2]）は、**10年以上**の住宅ローンを利用して住宅の取得や増改築をした場合、住宅ローンの年末残高の**所定の限度額[※3]以下**の部分に一定率を掛けた金額を所得税額から控除できる制度です。

給与所得者の場合、住宅ローン控除の適用を受ける**最初の年分は確定申告が必要**ですが、翌年分以降は年末調整によって適用を受けることができます。また、ある年分の住宅ローン控除可能額が所得税額を超える場合、**控除し切れなかった部分（差額）を翌年度分の住民税から控除**できます。なお、住民税の確定申告は不要です。

※1 山林所得は、長期育成の成果が一時に実現するため、一時に発生した所得を５年間で均等に発生したものとして5分割して課税される。これを5分５乗方式という。

※２ 2016年４月１日以降、居住者に加え、非居住者（主に海外赴任中、もしくは6カ月以内に帰国予定者）が住宅取得等をする場合も、一定の要件を満たせば控除の適用を受けられるようになった。なお、住宅と共に取得する、敷地用の土地取得の借入金等も控除対象となる。

※3 269ページ「出る」参照。

主な適用要件と控除額

【住宅、住宅ローン、取得者についての適用要件】

- ●**償還（返済）期間が10年以上の分割返済**であること。
- ●家屋（新築・中古の区別なし）の床面積が、①**50㎡以上** ②**40㎡以上**（合計所得金額1,000万円以下で、2022年以降の入居、2024年12月31日までに建築確認を受けた新築住宅の場合）で、①・②ともに**床面積の2分の1以上が居住用であること（店舗併用可）**。
- ●控除を受ける年の**合計所得金額が2,000万円以下**（2022年1月1日以後の居住の場合）であること。
- ●住宅取得日（土地や建物の引渡し日、または工事完了日）から**6カ月以内に入居**し、控除を受ける年の**12月31日まで引き続き居住**していること。
- ●原則として、2024年以降に建築確認を受けた新築住宅は、国土交通省が定める省エネ基準に適合していることが必要。また、住宅ローン控除の申請には、省エネ基準以上適合の証明書が必要。
- ●中古住宅は**一定の耐震基準に適合**することが必要。
- ×繰上げ返済をして、**返済期間が最初の返済月から10年未満となった場合、繰上げ返済した年以後については控除の適用を受けることはできない。**
- ×親族や知人等からの借入金は控除の適用を受けることはできない。
- ×**転居した場合、第三者へ賃貸した場合は適用を受けることはできない**（本人転居後も**家族が居住しているなら適用可**。また当初の控除期間内なら、**本人が再居住した年以降再び適用可**）。
- ●所得税から控除しきれなかった場合、**翌年度の個人住民税から控除できる**※（**確定申告は不要**）。

※2022年1月～2025年12月31日までの入居（2023年以降の住民税）で、住宅ローン控除の限度額は、所得税の課税総所得金額等の合計額の5％（上限97,500円）に引き下げ。

【控除率・控除期間】

	入居時期	借入金等の年末残高の限度額	控除率	控除期間
新築の認定住宅	2024年・2025年	4,500万円※1	0.7%	13年
新築の一般住宅		0円※2		―
中古住宅	2022年～2025年	3,000万円・2,000万円※3		10年

▲**認定住宅**…認定長期優良住宅・認定低炭素住宅。そのほかZEH水準省エネ住宅の年末残高の限度額は3,500万円、省エネ基準適合住宅の年末残高の限度額は3,000万円。

▲**一般住宅**…認定住宅ではない住宅、および省エネ基準に適合しない住宅。

※1 子育て特例対象個人が2024年に居住の用に供した場合は5,000万円。

※2 2023年までの建築確認または2024年6月30日までの建築の場合には、年末残高の限度額が2,000万円、控除期間は10年。

※3 認定住宅等の中古住宅が**3,000万円**・一般住宅の中古住宅が2,000万円。

5 配当控除

上場株式等の配当所得は、配当金分配時に所得税等が源泉徴収されます。**配当控除**は、**総合課税を選択して確定申告**を行うことによって、源泉徴収税額の控除を受けることができる制度です。

● **上場株式等の配当金**：**総合課税を選択して確定申告を行うことで配当控除の適用**を受けることができます。申告分離課税や確定申告不要制度を選択した場合は、配当控除を受けることはできません。

また、**不動産投資信託（J-REIT）の収益分配金**や**外国株式の配当金**には、**配当控除が適用されません**。

なお、追加型の公募株式投資信託※の収益分配金のうち、**元本払戻金（特別分配金）に該当するものは非課税**なので配当控除の適用対象外です。

● **非上場株式の配当金**：配当控除の対象です。受取時に税率20.42％の所得税が源泉徴収されますが、源泉徴収された所得税額は、確定申告によって精算されることになります。なお、1銘柄1回の配当金が**10万円以下の少額配当**なら**確定申告不要**（配当控除や所得税等の源泉徴収税額の控除は不適用）です。

出る

配当控除額の計算

● 課税所得金額が1,000万円以下の場合

配当所得金額×10%

● 課税所得金額が1,000万円超の場合

・1,000万円超の部分に含まれる配当金額×5%
・1,000万円以下の部分に含まれる配当金額×10%

※追加型株式投資信託の収益分配金には「普通分配金」と「元本払戻金（特別分配金）」の2種類がある。
● 普通分配金は、収益分配金のうち収益分配前の基準価額から個別元本を差し引いた部分で、所得税・住民税の課税対象。
● 元本払戻金は収益分配金から普通分配金を除いた部分。分配後の個別元本が購入時の個別元本を下回ったとき、その差額の分配金を元本払戻金という。元本の一部払い戻しと見なされるために非課税（207ページ）。

過去問トレーニング

次の質問に答えなさい。

問1 会社員のＡさんが2024年中に新築住宅を購入し、同年中に居住を開始した場合の住宅借入金等特別控除（以下「住宅ローン控除」という）に関する次の記述の正誤を答えなさい。なお、Ａさんは、年末調整および住宅ローン控除の適用を受けるための要件をすべて満たしているものとする。

◀2021年9月資産（改）

❶ 2024年分の住宅ローン控除可能額のうち所得税から控除しきれない額があった場合、翌年度の個人住民税から控除することができる。

❷ Ａさんが転勤により単身赴任（国内）する場合は、いかなるときでも、住宅ローン控除の適用を受けることができない。

❸ Ａさんが所得税の住宅ローン控除の適用を受ける場合、最初の年分は確定申告が必要だが、2025年分以降は勤務先における年末調整により適用を受けることができるため、確定申告は不要。

❹ 住宅ローン控除を受け始めてから７年目に繰上げ返済を行った結果、すでに返済が完了した期間と繰上げ返済後の返済期間の合計が10年未満となった場合、繰上げ返済後は住宅ローン控除の適用を受けることができなくなる。

問2 所得税における住宅ローン控除に関する次の記述の正誤を答えなさい。なお、2024年４月に住宅ローンを利用して住宅を取得し、同月中にその住宅を居住の用に供したものとする。

◀2022年1月・9月学科（改）

❶ 住宅ローン控除の対象となる家屋は、床面積が30㎡以上330㎡以下でなければならない。

❷ 住宅ローン控除の対象となる家屋は、床面積の３分の１以上に相当する部分がもっぱら自己の居住の用に供されるものでなければならない。

❸ 住宅ローン控除の適用を受けようとする場合、納税者のその年分の合計所得金額が2,500万円以下でなければならない。

❹ 住宅を新築した場合の住宅ローン控除の控除額の計算上、借入金等の年末残高に乗じる控除率は、0.7％である。

問3 次の配当金等のうち、所得税における配当控除の適用対象として適切なものに○、不適切なものに×をしなさい。なお、すべて内国法人から受ける配当金等であるものとする。 ◀2014年1月学科

❶ 追加型の公募株式投資信託の収益の分配のうち、元本払戻金（特別分配金）に該当するもの

❷ 上場されている不動産投資信託（J-REIT）の収益の分配で、総合課税を選択したもの

❸ 上場株式の配当金で、申告分離課税を選択したもの

❹ 非上場株式の配当金で、総合課税を選択したもの

答え

問1 住宅ローン控除に関する問題。

❶ ○ 所得税額を超えて控除しきれなかった部分は、翌年度分の住民税から控除できる。

❷ × 転勤命令によって単身赴任した場合でも、配偶者や扶養親族等が継続して居住し、単身赴任解消後も引き続きその住宅に住む見込みであるときは、住宅ローン控除を受けることが可能。

❸ ○ 給与所得者が住宅ローン控除を受ける場合、最初の年分は確定申告が必要だが、翌年分からは必要書類を勤務先に提出することで年末調整されるため、確定申告は不要。

❹ ○ 控除を受け始めて7年目の繰上返済により、返済完了した期間と今後の返済期間の合計が10年未満の場合、住宅ローン控除を受けることはできない。

問2 住宅ローン控除に関する問題。

❶ × 住宅ローン控除の適用には、家屋の床面積が原則50㎡以上、もしくは合計所得金額1,000万円以下で2024年末までに建築確認を受けた新築住宅で40㎡以上であることが要件。

❷ × 住宅ローン控除を受ける場合、家屋の床面積の2分の1以上が自分の居住用である必要がある。

❸ × 住宅ローン控除を受ける場合、その年の合計所得金額が2,000万円以下（2022年1月1日以降の居住）であることが要件。

❹ ○ 2022年以降の住宅ローン控除の控除率は一律0.7%。各年の住宅ローンの年末残高に乗じて、各年の控除額を算出する。

問3 配当控除に関する問題。

❶ ×

❷ × J-REITの収益分配金は、配当控除の対象外。

❸ × 申告分離課税や確定申告不要制度を選択して所得税・住民税が源泉徴収されたものは、配当控除が適用されない。

❹ ○

6 所得税の申告と納付

源泉徴収票、青色申告の特典に関する問題が頻出！

- 給与所得は、支払い金額ではなく給与所得控除後の金額。
- 青色申告では、貸借対照表等の帳簿書類は７年間保存。
- 申告期限後の提出では、青色申告特別控除額は10万円。

Step 5（237ページ）です。ここでは、源泉徴収、確定申告、青色申告、個人住民税について学習します。

1 源泉徴収制度

給与所得者の場合、給与等から所得税が**源泉徴収**されて給与支払者（企業）が行う**年末調整**で精算されるため、確定申告の必要はありません。これを**源泉徴収制度**といいます。

源泉徴収は、給与所得以外に、利子所得、配当所得、公的年金の老齢給付支払等についても、各々の支払者（源泉徴収義務者）により行われます。

ことば

源泉徴収：会社（給与等の支払者）が社員に対して、あらかじめ所得税額を差し引いて（天引きして）給与等を支払うこと。こうして差し引いた所得税を国に納付する制度が源泉徴収制度。

2 年末調整

源泉徴収される税額は、概算なので、本来納める税額とは必ずしも一致しません。そのため、年末に計算し直して精算を行います。これを**年末調整**といいます。

年末調整をした結果、源泉徴収額が本来納める税額より少なかった場合には差額が徴収され、多かった場合には還付されます。

3 源泉徴収票の見方

会社は年末調整を行ったのちに、社員に対して**源泉徴収票**を発行します。源泉徴収票には、1年間の給与の**支払金額**や**源泉徴収税額**などが記載されています。

源泉徴収票の見方は次のとおりです。

●**源泉徴収票**

令和 6 年分 給与所得の源泉徴収票

支払を受ける者	住所又は居所	東京都千代田区×××	氏名（フリガナ）	ナツメ タロウ 夏目 太郎

種別	支払金額	給与所得控除後の金額（調整控除後）	所得控除の額の合計額	源泉徴収税額
給与・賞与	6 835 000	❶5 051 500	❷2 349 454	❸33 386

（源泉）控除対象配偶者の有無等	配偶者（特別）控除の額	控除対象扶養親族の数（配偶者を除く。） 特定	老人	その他	16歳未満扶養親族の数	障害者の数（本人を除く。）	非居住者である親族の数
有 ○				1	1		

社会保険料等の金額	生命保険料の控除額	地震保険料の控除額	住宅借入金等特別控除の額
❹ 992 454	❺ 87 000	❻ 30 000	140 000

（摘要）

生命保険料の金額の内訳	新生命保険料の金額	24,000	旧生命保険料の金額		介護医療保険料の金額	48,000	新個人年金保険料の金額	52,000	旧個人年金保険料の金額	

（源泉・特別）控除対象配偶者	氏名	ナツメ ユリコ 夏目 由利子	配偶者の合計所得		国民年金保険料等の金額	176,460	旧長期損害保険料の金額	

控除対象扶養親族 1	氏名	ナツメ ミツコ 夏目 光子	16歳未満の扶養親族 1	氏名	ナツメ ヒロキ 夏目 弘樹

源泉徴収票受給者交付用サンプル（国税庁webサイト）改変

配偶者や親族が非居住者（国外居住者）の場合、控除対象の右にある「区分」に○と記載。

※妻由利子さんに2024年（令和6年）中の収入はない。

❶ **給与所得控除後の金額（課税対象となる金額）**＝給与所得

683万5,000円−（683万5,000円×10%＋110万円）＝505万1,500円

支払（収入）金額　〈給与所得控除額の速算表〉660万円超〜850万円以下の控除額

●給与所得は、支払金額ではなく給与所得控除後の金額のこと。

❷ **所得控除額の合計額**

48万円＋38万円＋38万円＋99万2,454円＋8万7,000円＋3万円＝234万9,454円

基礎控除　配偶者控除　扶養控除　社会保険料控除　生命保険料控除　地震保険料控除

●基礎控除48万円（合計所得金額2,400万円以下の控除額）

●配偶者控除38万円（（源泉）控除対象配偶者の有無等「有」に○。※配偶者に収入なし）

●扶養控除38万円（控除対象扶養親族の数「その他」に1なので、1人が扶養親族。もし「特定」に1とあれば19歳以上23歳未満の特定扶養親族で控除額63万円）

※住宅借入金等特別控除は、所得控除ではないためここでは加算しない。

❸ **源泉徴収税額**

505万1,500円（給与所得金額）－**234万9,454円**（所得控除額の合計額）＝**270万2,046円**→**270万2,000円**（千円未満切り捨て）＝課税所得金額

270万2,000円（課税所得金額）×**10%**－**9万7,500円**（〈所得税の速算表〉195万円超～330万円以下の控除額）＝**17万2,700円**＝税額控除前の税額

17万2,700円（税額控除前の税額）－**14万円**（※住宅借入金等特別控除（税額控除）の額）＝**3万2,700円**＝所得税額

3万2,700円（所得税額（基準所得税額））×（1＋**0.021**（復興特別所得税率））＝**3万3386.7円**→**3万3,386円**（1円未満切り捨て）＝源泉徴収税額

※税額控除の住宅借入金等特別控除は、税額から差し引く。

❹ **社会保険料等の金額：99万2,454円**

● 国民年金保険料等の金額17万6,460円を含めて99万2,454円

❺ **生命保険料の控除額：8万7,000円**

● 一般生命保険金額2万2,000円（2万4,000円×1/2＋1万円）、介護医療保険金額3万2,000円（4万8,000円×1/4＋2万円）、個人年金保険金額3万3,000円（5万2,000円×1/4＋2万円）の合計➡112ページ

❻ **地震保険料の控除額：3万円** ➡138ページ

〈給与所得控除額の速算表〉

給与等の収入金額（年収）	給与所得控除額
162.5万円以下	55万円
162.5万円超　180万円以下	収入金額×40%－10万円
180万円超　360万円以下	収入金額×30%＋8万円
360万円超　660万円以下	収入金額×20%＋44万円
660万円超　850万円以下	収入金額×10%＋110万円
850万円超	195万円（上限）

〈所得税の速算表〉

課税所得金額A	税率	控除額	税額
195万円以下	5%	0円	A×5%
195万円超 ～ 330万円以下	10%	97,500円	A×10%－97,500円
330万円超 ～ 695万円以下	20%	427,500円	A×20%－427,500円
695万円超 ～ 900万円以下	23%	636,000円	A×23%－636,000円
900万円超 ～ 1,800万円以下	33%	1,536,000円	A×33%－1,536,000円
1,800万円超 ～ 4,000万円以下	40%	2,796,000円	A×40%－2,796,000円
4,000万円超	45%	4,796,000円	A×45%－4,796,000円

※各所得税額には、2.1%の復興特別所得税がかかる。

4 確定申告

確定申告は、納税者本人が所得税額を計算し、申告・納付する手続きをいいます。確定申告で本来の納税額より多く納付したことが判明した場合には、法定申告期限（3月15日）から**5年以内**に限り、納め過ぎの税額の還付を受ける更正の請求ができます。※

※本来の納税額より少なく納付したことが判明した場合は、修正申告を行う。

確定申告の申告と納付

期　間	1年間（1月1日〜12月31日）の所得から算出した税額を翌年2月16日〜3月15日の間に申告・納付
申　告	確定申告書を納税地（住所地）を管轄する税務署長へ持参、郵送、またはインターネットやスマートフォンで提出
納　付	金融機関、または所轄税務署で納付。インターネットでの電子申告・納税（e-Tax）、クレジットカードでの納付も可

- 所得税を延納するには、確定申告をした上で、納付すべき税額の2分の1以上の額を期限内に納付する。

給与所得者は源泉徴収なので確定申告の必要はありませんが、次に挙げるケースでは確定申告が必要になります。

出る

確定申告が必要な場合

- その年に支払いを受けた給与等の金額が2,000万円を超える場合。
- 給与を1か所から受けていて、給与所得、退職所得以外の所得金額が20万円を超える場合。また、給与を2か所以上から受けていて、年末調整をされなかった給与（従たる給与）の収入金額と、各種の所得金額（給与所得、退職所得を除く）との合計所得金額が20万円を超える場合。
- 同族会社の役員が、その同族会社から給与を受け、かつ給与以外に貸付金の利子や不動産賃貸料等を受け取っている場合。
- 住宅借入金等特別控除（住宅ローン控除）の適用を受ける場合、初年度のみ確定申告が必要。
- 雑損控除・医療費控除・寄附金控除の適用を受ける場合（領収書や証明書、明細書等の添付が必要）。
- 配当控除の適用を受ける場合。

確定申告書の提出期限の延長の特例…確定申告書を提出する法人が、特別な理由により、その提出期限までに提出することができない常況にあると税務署長が認めたとき、決算日の翌日から最大6カ月（2カ月＋4カ月）の提出期限の延長が可能となる。

5 準確定申告

確定申告をすべき居住者が死亡した場合、相続人は、原則としてその相続の開始があったことを知った日の翌日から**4カ月以内**に、死亡した人の所得について確定申告を行います。これを**準確定申告**といいます（384ページ）。

6 青色申告

確定申告には、**青色申告**と**白色申告**があります。青色申告は、正規の簿記[※1]に基づいて所得税、法人税を計算して申告することにより、様々な税法上の特典が受けられる制度です。

青色申告ができるのは、**不動産所得、事業所得、山林所得のいずれかがある人**です。

新たに青色申告の申請をする人は、申告する所得が生じる年の**3月15日**まで（1月16日以後に新規に業務を開始した場合には、業務開始日から**2カ月以内**）[※2]に「**青色申告承認申請書**」を納税地の**所轄税務署長**に提出して承認を受ける必要があります。承認申請後、その年の**12月31日**までに承認・却下の通知がない場合は承認されたものとみなされます。青色申告は、申請が一度認められれば、自ら取りやめるか税務署長からの取消処分がない限り続きます。

青色申告書は、翌年の**2月16日から3月15日**までに提出します。また、貸借対照表や損益計算書等の帳簿書類は、原則として**7年間**保存する必要があります。[※3]

※1 複式簿記による記帳等の要件で、最高65万円の青色申告特別控除を受けることができる。単式簿記による記帳の場合は、10万円の青色申告特別控除となる（次ページ）。

※2 法人税の申告書を青色申告書によって提出することの承認を受けようとする場合は、原則、事業年度開始の日の前日まで（290ページ）。

※3 請求書や見積書、納品書、送り状などは、5年間の保存でよいとされている。

7 青色申告の特典

青色申告の特典には、棚卸資産の評価について**低価法**（原価と時価を比較し２つのどちらか低いほうを採用する資産評価）を選択できるほか、次に挙げるものがあります。

青色申告の特典

● **青色申告特別控除**（個人事業主の所得税に対する控除。法人にはない）

最大控除額	必要な要件（55万円控除では①～③の要件がすべて必要）
55万円	①不動産所得または事業所得を生ずべき事業を営んでいる ▲不動産所得は事業的規模であること※ ②正規の簿記の原則（一般的には複式簿記）により記帳している ③確定申告期限（翌年3月15日）までに青色申告書を提出する
65万円	①～③に該当し、電子申告（e-Tax）または電子帳簿保存を行っている
10万円	上記要件に該当しない青色申告者が受けられる

※事業的規模とは、独立家屋は５棟以上の貸付け、アパート等は貸与可能な独立した室数が10室以上の基準を満たしていること（5棟10室基準）。

● **青色事業専従者給与の必要経費への算入**

- 青色事業専従者とは、青色申告者と生計を一にする配偶者や15歳以上の親族で、年間6カ月を超えて従業員として従事する者をいう。
- 青色事業専従者給与を必要経費に算入するには、税務署に青色事業専従者給与に関する届出書を提出する必要がある。また、その後支給額を増額するといった記載事項を変更する場合は、遅滞なく変更届出書を提出する必要がある。事業を引き継いで青色申告の承認を得た場合、家族従業員等をこれまでと同様に青色事業専従者とするためには、事業を引き継いだ人が改めて「青色事業専従者給与に関する届出書」を納税地の所轄税務署長に提出する必要がある。
- 青色事業専従者給与を支払った場合（6カ月超の従事が条件）、労務の対価として相当と認められる金額で、実際に支払った給与（「届出書」に記載した金額の範囲内）については、全額を必要経費に算入できる。
- 配偶者控除（配偶者特別控除、扶養控除）との併用はできない。

● **純損失の繰戻還付**

期末資本金の額が１億円以下の中小企業は、純損失（赤字）が生じたとき、前年も青色申告をしていれば前年の所得（黒字）と通算して、前期に納付した法人税が戻ってくる繰戻還付が受けられる。

●**純損失の繰越控除**

純損失を、翌年以後３年間、各年分の所得金額から控除できる。法人の場合には翌年以後10年間（2018年3月31日までに開始した事業年度に発生した欠損金の繰越期間は９年）各年分の所得金額から控除できる。

・各種特典の適用は、青色申告者が事業を廃業した年分の所得税についてまで。なお、廃業し青色申告をやめる場合、廃業届と「所得税の青色申告の取りやめ届出書」を提出する。

8 個人住民税

個人住民税には、都道府県が徴収する道府県民税（東京都は都民税）と、市町村が徴収する市町村民税（東京23区は特別区民税）があります。**個人住民税**は**１月１日**に住所がある都道府県または市町村に納付します。

前年の所得に対して課税され、**均等割**と**所得割**を合算した金額が納税額となります。

均等割	所得金額の大小にかかわらず、全国一律5,000円※
所得割	前年の所得金額をもとに算出され、税率は一律10%

※ 2014年度～2023年度までの金額。これに超過課税を課している地域もある。

納付方法には、**特別徴収**と**普通徴収**があります。

特別徴収と普通徴収

●**特別徴収**

・給与所得者の住民税は、6月から翌年５月までの12回に分割され、毎月の給与から徴収される（前年の所得に基づく税額を12分割するためボーナスからは引かれない）。

●**普通徴収**

・退職等の事由により特別徴収できない場合、納税者本人が、市町村・特別区から納税義務者に送られてくる納税通知書と納付書により役所、銀行、郵便局の窓口、コンビニ等で納める。

なお、住民税にも所得税と同じく様々な控除があります。

	基礎控除	配偶者控除	配偶者 特別控除	扶養控除
所得税	**最高48万円**	最高38万円	最高38万円	38万円
個人住民税	**最高43万円**	最高33万円	最高33万円	33万円

※老人控除対象配偶者の配偶者控除額は所得税で最高48万円、住民税で最高38万円。

9 個人事業税

個人が営む事業のうち、地方税法等で定められた事業（法定業種）に対してかかる税金が**個人事業税**です。都道府県から送られてくる納税通知書に従って税金を納める賦課課税方式です。

出る

個人事業税の申告と納付

- 業種を第１種〜第３種に分類し、各分類で異なる税率がかる。

第１種事業（37業種）	5%	保険業・不動産貸付業・製造業・運送業など
第２種事業（3業種）	4%	畜産業・水産業など
第３種事業（30業種）	5%	医業・歯科医業・薬剤師業・司法書士業など
	3%	あんま・マッサージなど医業に類する事業

- 毎年3月15日までに前年中の事業の所得などを、都道府県税事務所（都道府県税支所）・支庁に申告する。所得税の確定申告や住民税の申告をした場合は不要。
- 個人事業税を算出する際は、**事業収入から必要経費を差し引いた課税所得から、さらに事業主控除として最大290万円が控除可能**。このため、事業所得が290万円を超えるまでは個人事業税は発生しない。
- 農業や林業等は個人事業税の非課税業種とされている。**医師・歯科医師・薬剤師等については、社会保険が適用される診療報酬が非課税所得**となる。

過去問トレーニング

次の質問に答えなさい。

問1　会社員Ａさんに関する設例と給与所得源泉徴収票から、次の問題に答えなさい。　◀2014年5月個人（改）

〈設例〉
会社員のＡさん（51歳）は、妻Ｂさん（50歳）と子Ｃさん（20歳）との３人家族である。妻Ｂさんは自宅近くのスーパーでパートをしており、子Ｃさんは大学生である。Ａさんは、勤務先における年末調整の結果、下記の2024年（令和６年）分の「給与所得の源泉徴収票」を受け取った。また、Ａさんは、株式を所有する非上場企業Ｙ社から株式に係る配当金を毎年１回９月に受け取っており、2024年についても配当金25万円（源泉徴収前）を９月に受け取っている。なお、Ｙ社株式を取得するための負債利子はない。

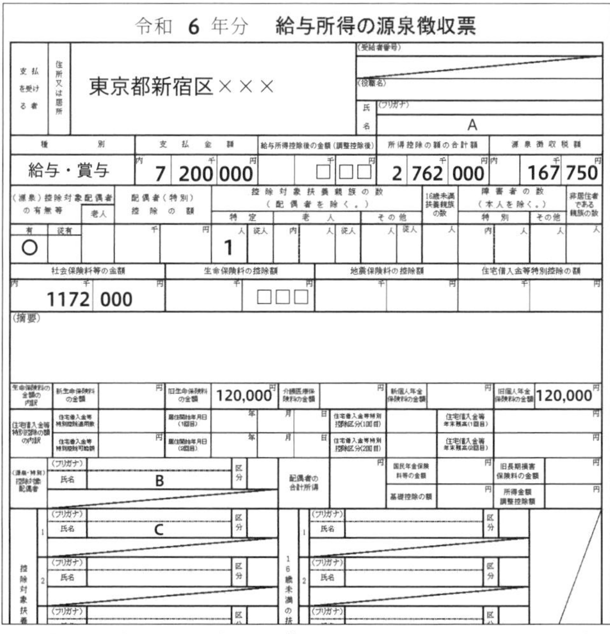

令和 6 年分　給与所得の源泉徴収票

支払を受ける者	住所又は居所	東京都新宿区×××	（受給者番号） （役職名） 氏名（フリガナ） A

種別	支払金額	給与所得控除後の金額（調整控除後）	所得控除の額の合計額	源泉徴収税額
給与・賞与	7 200 000	□□□	2 762 000	167 750

（源泉）控除対象配偶者の有無等	老人	配偶者（特別）控除の額	控除対象扶養親族の数（配偶者を除く。）特定	老人	その他	16歳未満扶養親族の数	障害者の数（本人を除く。）特別	その他	非居住者である親族の数
有 ○			1						

社会保険料等の金額	生命保険料の控除額	地震保険料の控除額	住宅借入金等特別控除の額
1172 000	□□□		

（摘要）

生命保険料の金額の内訳	新生命保険料の金額		旧生命保険料の金額	120,000	介護医療保険料の金額		新個人年金保険料の金額		旧個人年金保険料の金額	120,000

（源泉・特別）控除対象配偶者	氏名	B	区分	配偶者の合計所得		国民年金保険料等の金額		旧長期損害保険料の金額	
						基礎控除の額		所得金額調整控除額	

控除対象扶養親族	1	氏名	C	区分	16歳未満の扶養親族	1	氏名		区分
	2	氏名		区分		2	氏名		区分

※上記以外の条件は考慮せず、問題に従うこと。問題の性質上、明らかにできない部分は□□□で示してある。

❶　Ａさんの2024年分の確定申告に関する以下の文章の空欄①～③に入る最も適切な語句を、次の〈語句群〉の**ア～ケ**から選びなさい。

非上場のＹ社株式に係る配当所得は、（ ① ）の対象となる。この配当金については、その受取時に所得税が源泉徴収されているが、この源泉徴収された所得税額は、確定申告により精算されることになる。非上場株式の配当金で、１回の支払金額が（ ② ）に配当計算期間の月数を乗じて、これを12で除して計算した金額以下である場合は、当該配当金については少額配当として申告を不要とすることができるが、Ａさんが受け取った配当金の額はこの金額を超えており、さらに給与所得および退職所得以外の所得金額が所定の金額を超えるため、Ａさんはこの配当金について確定申告を行う必要がある。また、Ａさんが確定申告をした後、計算の誤りなどにより、正当な税額よりも多く納付していたことが判明した場合は、原則として法定申告期限から（ ③ ）以内に限り、その分の還付を受けるために更正の請求をすることができる。

〈語句群〉

ア　申告分離課税　**イ**　源泉分離課税　**ウ**　総合課税
エ　10万円　**オ**　15万円　**カ**　20万円
キ　１年　**ク**　３年　**ケ**　５年

❷　〈設例〉のＡさんの2024年分の所得税の申告納税額または還付税額を計算した下の表の空欄①～④に入る最も適切な数値を求めなさい。なお、「給与所得の源泉徴収票」において、問題の性質上、明らかにできない部分は□□□で示してある。

(a)　総所得金額 給与所得の金額：□□□円 配当所得の金額：250,000円	（ ① ）円
(b)　所得控除の額の合計額	2,762,000円
(c)　課税総所得金額（1,000円未満切捨て）	（ ② ）円
(d)　算出税額（cに対する所得税額）	（ ③ ）円
(e)　税額控除（配当控除）	（ ④ ）円
(f)　差引所得税額（基準所得税額）（d－e）	□□□円
(g)　復興特別所得税額	□□□円
(h)　所得税額および復興特別所得税額	□□□円
(i)　源泉徴収税額	□□□円
(j)　申告納税額または還付税額	□□□円

〈資料〉配当控除の計算式
(1) 課税総所得金額等が1,000万円以下の場合
配当控除額＝配当所得の金額×10％
(2) 課税総所得金額等が1,000万円超の場合
配当控除額＝（1,000万円超の部分の金額に含まれる配当所得の金額）×5％
＋その他の配当所得×10％

〈給与所得控除額〉

給与の収入金額	給与所得控除額
万円超　万円以下	
〜162.5	55万円
162.5〜180	収入金額×40％－10万円
180〜　360	収入金額×30％＋8万円
360〜　660	収入金額×20％＋44万円
660〜　850	収入金額×10％＋110万円
850〜	195万円（上限）

〈所得税の速算表〉

課税所得金額	税率	控除額
万円超　万円以下	％	万円
195	5	0
195 〜 330	10	9.75
330 〜 695	20	42.75
695 〜 900	23	63.6
900 〜1,800	33	153.6
1,800 〜4,000	40	279.6
4,000 〜	45	479.6

問2　青色申告に関する以下の文章の空欄❶～❸に入る最も適切な語句または数値を、下記の〈語句群〉の**ア**～**ク**から選びなさい。◀2021年5月個人

Ⅰ）事業所得の金額の計算上、青色申告特別控除として最高（❶）万円を控除することができる。この適用を受けるためには、事業所得に係る取引を正規の簿記の原則に従い記帳し、その記帳に基づいて作成した貸借対照表、損益計算書その他の計算明細書を添付した確定申告書を法定申告期限内に提出することに加えて、e-Taxによる申告（電子申告）または電子帳簿保存を行う必要がある。なお、確定申告書を法定申告期限後に提出した場合、青色申告特別控除額は最高（❷）万円となる。

Ⅱ）「青色申告者が受けられる税務上の特典として、青色申告特別控除のほかに、青色事業専従者給与の必要経費算入、純損失の3年間の繰越控除、（❸）の所得に対する税額から還付を受けられる純損失の繰戻還付、棚卸資産の評価について低価法を選択できることなどが挙げられます」

〈語句群〉

ア 10　**イ** 38　**ウ** 48　**エ** 55
オ 65　**カ** 前年分　**キ** 過去5年分　**ク** 過去7年分

答え

問1

❶ 非上場株式の配当金の税務に関する問題。

① **ウ**（**総合課税**）非上場株式の配当金は、原則として総合課税の対象。

② **エ**（**10万円**）1銘柄につき1回の配当金が10万円以下なら確定申告不要。

③ **ケ**（**5年**） 更正の請求…「申告納税額が多すぎたとき」の更正の請求の期限は、法定申告期限から5年以内。

❷ 所得税の申告納税額に関する問題。

① **5,630,000**（円）

Aさんの総所得金額は「給与所得＋配当所得」。

給与所得は給与所得控除後の金額なので、

720万円－(720万円×10%＋110万円)＝538万円

538万円(給与所得)＋25万円(配当所得)＝563万円

② **2,868,000**（円）

課税総所得金額＝563万円(総所得金額) － 276.2万円(所得控除合計)＝286.8万円

③ **189,300**（円）

算出税額＝286.8万円(課税総所得金額)×10% － 9.75万円＝18.93万円

④ **25,000**（円）

税額控除である配当控除＝配当所得×10%＝25万円×10%＝2.5万円

問2 所得税の青色申告に関する問題。

❶ **オ**（**65**）

❷ **ア**（**10**）

❸ **カ**（**前年分**）

7 法人税

法人税の申告調整、青色申告承認申請書が頻出！

- 法人税の課税所得金額は申告調整をして算出する。
- 交際費、役員給与、租税公課、減価償却は損金算入できる。
- 役員への利益供与は役員の給与所得となる。

1 法人税とは

法人税は、法人の各事業年度ごとの所得に対して課税される国税です。**事業年度**とは、法令や定款等の定めによる**1年以内の会計期間**をいいます。

法人の納税義務者は、**内国法人**と**外国法人**です。

内国法人は、**国内外すべて**の源泉所得に課税され[※1]、本店または主たる**事務所の所在地の所轄税務署長に納付**[※2]します。

外国法人は、国内源泉所得に対してのみ課税され、国内の支店等の所在地の所轄税務署長に納付します。

内国法人：国内に本店、または主となる事務所を有する法人。

外国法人：内国法人以外の法人。

※1 内国法人のうち、公益法人は収益事業等がなければ法人税の納税義務はない。

※2 納税地に異動があった場合、原則として異動前の納税地の所轄税務署長に「異動届出書」を提出しければばならない。

2 申告調整

企業が開示する**企業会計上の利益**は、収益から費用を差し引いて求めます。これに対して法人税の**所得金額**は、益金から損金を差し引いて求めます。

会計上の利益 ＝ **収益** － **費用**

法人税の所得金額 ＝ **益金** － **損金**

この会計上の利益・収益・費用と、法人税の所得金額・益金・損金は、それぞれ異なります。

スピード理解!!
利益・収益・費用と所得・益金・損金はそれぞれ異なる！

法人税の所得金額は、会計上の利益をもとにして、法人税法による所定の調整を行うことで算出されます。これを**申告調整（税務調整）**といいます。

申告調整には、**益金算入・損金不算入**（←加算）、**益金不算入・損金算入**（←減算）の４つがあります。

検定では「税務調整」ではなく「申告調整」の表記で出題されるよ。

法人税の所得金額	=	会計上の利益	+	加算 益金算入 損金不算入	−	減算 益金不算入 損金算入

加算＋	益金算入	会計上の収益ではないが、税法上の益金になるもの
	損金不算入	会計上の費用だが、税法上の損金にならないもの
減算−	益金不算入	会計上の収益だが、税法上の益金にならないもの
	損金算入	会計上の費用ではないが、税法上の損金になるもの

3 益金

法人が受け取った株式の配当金[※1]は会計上の収益になりますが、法人税では一定の額について**益金不算入**になります。

また、欠損金の繰戻しにより受け取る法人税額の還付金は、益金不算入として減算対象となります。なお、法人税の確定額よりも中間納付額が多い場合に受け取る法人税額の還付加算金は益金算入します。

※1 株式の配当金は、法人が法人税を課された後の利益から支払われているため、その配当金の受取人に課税をすると二重課税となる。それを避けるために益金不算入にしてある。

4 交際費の損金算入

交際費とは、仕入れ先や得意先など、法人の業務に関係する者に対する接待や贈答等で支出する費用をいいます。交際費は原則として**損金不算入**とされていますが、一定の範囲内で**損金算入**ができます[※2]。損金算入できる限度額は、中小法人（資本金1億円以下）と中小法人以外（資本金1億円超）で異なります。なお、得意先との1人10,000円以下の飲食費、会議用の茶菓子・弁当などの飲食費（会議費）、カレンダーや手帳作成のための費用（広告宣伝費）などは、交際費には含まれないため損金算入できます。

※2 2027年3月31日までの特例。なお、資本金の額等が100億円を超える大企業はこの損金算入制度の適用対象外。

交際費の損金算入限度額

中小法人	次の❶❷のいずれかを選択する ❶ 年間交際費のうち、800万円以下の全額 ❷ 年間交際費のうち、接待飲食費の支出額×50%
中小法人以外	年間交際費のうち、接待飲食費の支出額×50%

5 租税公課の損金算入

租税公課とは、会社や個人事業主が税金などを支払った時に使用する勘定科目です。これには、損金に算入できるものとできないものがあります。

租税公課の損金算入と不算入

損金算入（全額）	損金不算入
○固定資産税、都市計画税 ○自動車税、法人事業税 ○消費税（税込経理の場合） ○印紙税 ○登録免許税 ○不動産取得税	×法人税※ ×法人住民税の本税 ×加算税、延滞税、過怠税、交通違反金など、懲罰的な意味合いの租税公課 ×法人税から控除する所得税、復興特別所得税や外国法人税

※法人税・住民税・事業税は、租税公課ではなく「法人税、住民税および事業税」で計上。仕訳も「法人税、住民税および事業税」勘定

検定では、「損金不算入」がよく出題されるよ。

6 減価償却費の損金算入

法人が損金算入できるのは、減価償却費として損金経理した金額のうち、償却限度額以下の金額※です。

減価償却の内容は所得税と同様です（244ページ）。

※償却限度額に満たない償却不足額は切り捨てられ、翌期以降に繰り越して損金算入できない。

7 寄附金の損金算入

法人が、国や地方公共団体へ支払った**寄附金**は、原則、全額を**損金算入**できます。

ただし、特定公益増進法人に対する寄附金等は、一定の範囲で損金算入します。また、法人の資本金や所得額に応じて損金算入額が制限されています。

8 役員給与の損金算入

役員給与は、原則として損金不算入ですが、**定期同額給与**、**事前確定届出給与**、**利益連動給与**については、不相当に高額である場合を除き、損金算入できます。不相当に高額な部分は損金不算入となります。**退職給与**も不相当に高額な部分を除き、損金算入できます。

事前確定届出給与については、事前に税務署長に届け出た金額と**完全に一致**している必要があります。

なお、従業員への給与は全額を損金算入できます。

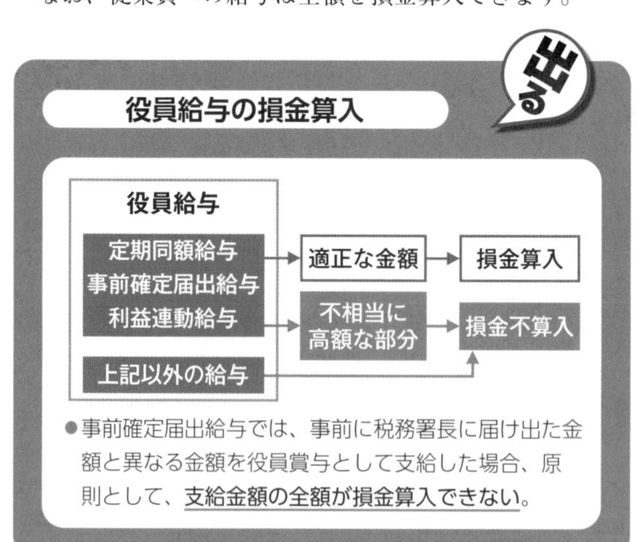

●事前確定届出給与では、事前に税務署長に届け出た金額と異なる金額を役員賞与として支給した場合、原則として、支給金額の全額が損金算入できない。

ことば

定期同額給与：
1カ月以下の一定期間ごとに、一定額が支給される給与。

事前確定届出給与：
あらかじめ、税務署に支払い時期と金額を届け出たうえで支給される給与。届け出た金額よりも1円でも少なく支給したり、超過して支給した場合、全額が損金不算入となる。

利益連動給与：
同族会社以外の法人において、業績や利益に連動して業務執行役員に支給される一時の給与。

9 会社と役員の取引

時価より安い資産の譲渡、低額の賃貸、無利子の貸付けなど、会社が役員に経済的利益を供与した場合、法人税では役員の給与所得として課税対象となります。

会社と役員間の取引の出題ポイント

【資産の売買取引】

- **会社が役員に時価より低い価額で資産を売却した場合**、会社側においては、時価による譲渡があったものとみなして法人税法上の譲渡損益が算出される。時価と売却価額との差額は役員給与として損金不算入となる（事前確定届出給与に該当しない場合）。
- **役員が会社に時価より高い価額で資産を売却した場合**、会社は時価で役員から資産を取得し、売却価額と時価との差額を給与として支給したものとされる。
- **役員が会社に時価より低い価額で資産を売却した場合**、法人側では時価が取得価額となり、時価と売買価額の差額が受贈益として益金算入される。役員側では、売買価額が時価の２分の１未満の場合、差額がみなし譲渡所得として課税される（２分の１以上の場合は、実際の譲渡対価を譲渡収入として計算）。

※不動産の場合の時価は公示価格、基準価格、相続税評価額、固定資産税評価額、不動産鑑定士による不動産鑑定評価額が基準として用いられる。

【資産の貸借】

- **会社が役員に対して社宅を低い賃料で貸与する場合**、通常の賃貸料の額と低い賃料の差額は、給与として支給したものとされる。賃料は毎月一定額が発生するものと考えられるので、定期同額給与に該当し、当該役員給与については、原則として損金算入される。会社が負担する光熱費も給与となる。

【金銭の貸借】

- **会社が役員に無利子で金銭の貸付けを行った場合**、適正金利との差額は、給与として支給したものとされる。利息は毎月発生すると考えられるので、定期同額給与として損金算入される。
- **役員が会社に無利子で金銭の貸付けを行った場合**、役員側では本来受け取れる利子額について課税されない。
- 顧客を接待するために、**会社が役員に支給している金銭について精算不要としている場合**は、その金銭の額は役員の給与所得となる。
- **会社が役員からの借入金について債務免除を受けた場合**、その債務免除を受けた金額が、その会社の所得金額の計算上、益金の額に算入される。

10 法人税額の計算と申告

法人税は、申告調整をした後の所得金額に、**比例税率23.2%**を掛けて算出します。中小法人については、所得金額のうち年800万円以下の部分に**19.0%**（2025年3月31日までに開始する事業年度については特別措置として**15%**）の軽減税率が適用されます。

法人税の申告には、**確定申告**と**中間申告**があります。

確定申告の期限は、各事業年度終了日の翌日から**2カ月以内**[※1]で、財務諸表（貸借対照表、損益計算書など）を添付し、確定申告書を納税地の所轄税務署長に提出します。

法人税の申告を青色申告書によって提出することの承認を受けようとする場合、**青色申告承認申請書**を所轄税務署長に提出する必要があります（277ページ）。

出る

青色申告承認申請書の提出期限

- 青色申告承認申請書は、原則として青色申告する事業年度開始日の前日までに提出しなければならない。
- 新設法人の場合には、①法人設立から3カ月以内、もしくは②第1期目の事業年度の終了日のうち、早い日の前日までに提出しなければならない。

ことば

比例税率：税率が一定なので、課税対象額が多くなれば、それに比例して税額が多くなるもの。消費税や住民税など。

中間申告：事業年度が6カ月を超える法人が原則、事業年度開始後6カ月を経過した日から2カ月以内に行う申告で、事業年度2年目以降から必要となる（起業1年目は不要）。

※1「法人税の確定申告書の提出期限の延長の特例」により、最大6カ月まで延長可。

11 法人成り

個人で行っている事業を法人組織に移行することを**法人成り**といいます。一般に税率が低くなる、欠損金額の繰越期間を10年[※2]に延長できる、経営者の報酬を費用として計上できる、などのメリットがあります。

個人事業主が法人成りで、**土地・建物等を現物出資**した場合は、資産の譲渡として**所得税の課税対象**となります。

※2 2018年3月31日までに開始した事業年度に発生した欠損金の繰越期間は9年。

12 決算書

企業が作成する**決算書**（企業会計上では**財務諸表**※）に、次のものがあります。

※金融商品取引法では上場企業に財務諸表の作成義務がある。非上場企業にはない。

決算書の出題ポイント

損益計算書	一会計期間の経営成績を示す書類 ●すべての収益と費用が記載される ●利益の大きさ、発生源泉、使い道がわかる
貸借対照表	一定時点（期末時）の財政状態を示す書類 ●資産、負債、資本が記載される ●資金の調達源泉と使い道がわかる
キャッシュフロー計算書	一会計期間における資金（キャッシュ）の増減（収入と支出）を示す書類
株主資本等変動計算書	貸借対照表の純資産の変動状況を表す書類 ●株主資本の変動額が変動事由ごとにわかる

財務状況を分析する指標に次のものがあります。

決算書分析の出題ポイント

自己資本比率（株主資本比率）	総資産（総資本）に対する自己資本の割合。比率が高い方が負債の割合が低く健全性が高い 自己資本比率＝自己資本÷総資産×100
流動比率	流動負債（1年以内に返済すべき負債）に対する流動資産（短期間で換金可能な資産）の比率。高いほど安全性が高い 流動比率＝流動資産÷流動負債×100（%）
当座比率	短期の支払能力を判断する指標。当座比率が高いほど短期的な支払能力が高い 当座比率＝当座資産÷流動負債×100（%）

固定比率	設備投資等の固定資産への投資が、自己資本でどの程度まかなわれているかを判断する指標。低い方が望ましい 固定比率＝固定資産÷自己資本×100（%）
売上債権回転期間	商品販売後、代金（売上債権）が回収されるまでの期間。回転期間が長いほど経営効率、資金運用効率が悪い
総資本(総資産)経常利益率	総資本に対する経常利益の割合を示す指標 総資本経常利益率＝売上高経常利益率×総資本回転率
売上総利益	売上高から売上原価を差し引いたもの。損益計算書の中で最初に示される利益で、大雑把な企業の収益を表す。粗利（あらり）、粗利益（あらりえき）ともいう 売上総利益＝売上高－売上原価
営業利益	損益計算書上に表される利益の１つ。企業が本業で稼いだ利益のこと 営業利益＝売上高－売上原価－（販売費＋一般管理費）
経常利益	企業が通常業務の中で得た利益。経常利益には、営業利益（本業の利益）以外の例えば家賃収入なども含まれる。**経常利益の額は、営業利益の額に営業外収益・営業外費用の額を加算・減算した額となる** 経常利益＝営業利益＋営業外収益－営業外費用
売上高営業利益率	売上高に対する本業の利益の割合を示す指標 売上高営業利益率＝ 営業利益÷売上高×100
売上高経常利益率	売上高に対する本業と副業を合わせた利益の割合を示す指標 売上高経常利益率＝ 経常利益÷売上高×100
限界利益率	限界利益とは、売上高から変動費を差し引いた利益のこと。売上増加時に最大限獲得できる利益を意味する。 限界利益 ＝ 売上高 － 変動費 限界利益率とは、売上に占める限界利益の割合のことで、限界利益率が高ければ固定費が回収しやすく、利益を上げやすいとされる。 限界利益率 ＝ 限界利益÷売上高×100
損益分岐点売上高	売上高－（変動費＋固定費）＝0円　のときの売上高のこと 損益分岐点売上高 ＝ 固定費÷（1 －変動費÷売上高）
損益分岐点比率	**実際の売上高に対する損益分岐点売上高の割合**を示したもの。一般に、**数値が低い方が企業の収益性が高い**と判断される。

過去問トレーニング

適切なものには○、不適切なものには×をしなさい。

問1　法人税の基本的なしくみや損金に関する次の記述の正誤を答えなさい。

◀2021年5月・9月・2022年1月学科

❶　法人税の確定申告書は、原則として、各事業年度終了の日の翌日から２カ月以内に、納税地の所轄税務署長に提出しなければならない。

❷　新たに設立された株式会社が、設立第１期から青色申告を行う場合は、設立の日から４カ月以内に、「青色申告承認申請書」を納税地の所轄税務署長に提出し、その承認を受けなければならない。

❸　法人税が採用している申告納税方式は、納付すべき税額が納税者である法人がする申告により確定することを原則とする方式である。

❹　期末資本金の額等が１億円以下の一定の中小法人に対する法人税の税率は、所得金額のうち年800万円以下の部分については軽減税率が適用される。

❺　役員退職給与を損金の額に算入するためには、所定の時期に確定額を支給する旨の定めの内容に関する届出書をあらかじめ税務署長に提出しなければならない。

❻　参加者１人当たり5,000円以下の得意先との接待飲食費は、必要とされる書類を保存していれば、税法上の交際費等に該当せず、その全額を損金の額に算入することができる。

❼　損金の額に算入される租税公課のうち、事業税については、原則として、その事業税に係る納税申告書を提出した日の属する事業年度の損金の額に算入することができる。

問2　会社と役員間の取引に係る税務に関する次の記述の正誤を答えなさい。

◀2023年1月・5月・9月学科

❶　会社が役員に対して無利息で金銭の貸付けを行った場合、原則として、通常収受すべき利息に相当する金額が、その会社の所得金額の計算上、益金の額に算入される。

❷　役員が会社の所有する社宅に無償で居住している場合、原則として、通常の賃貸料相当額が、その役員の雑所得の収入金額に算入される。

❸　会社が役員からの借入金について債務免除を受けた場合、その債務免除を受けた金額が、その会社の所得金額の計算上、益金の額に算入される。

❹　役員が所有する土地を適正な時価の２分の１未満の価額で会社に譲渡した場合、その役員は、適正な時価により当該土地を譲渡したものとして譲渡所得の計算を行う。

❺　会社が株主総会の決議を経て役員に対して退職金を支給した場合、その退職金の額は、不相当に高額な部分の金額など一定のものを除き、その会社の所得金額の計算上、損金の額に算入することができる。

❻　役員が所有する建物を適正な時価の２分の１以上かつ時価未満の価額で会社に譲渡した場合、役員は、時価相当額を譲渡価額として譲渡所得の計算を行う。

❼　役員が会社に無利息で金銭の貸付けを行った場合、原則として、通常収受すべき利息に相当する金額が、その役員の雑所得の収入金額に算入される。

答え

問１

❶　○　納税地の所轄税務署長に申告・納付する。

❷　×　新会社を設立して、青色申告承認申請書を提出する場合の期限は、設立の日から3カ月以内か、最初の決算日のうち早い方の前日。

❸　○　❹　○　法人税は比例税率で原則23.2%、資本金１億円以下の中小法人の場合は所得金額800万円まで15%（2025年3月31日までに開始する事業年度の場合）。

❺　×　会社が支払う役員退職金は、適正な額であれば、あらかじめ税務署へ届け出る必要なく、損金算入ができる。

❻　○　❼　○　事業税や固定資産税・都市計画税は損金算入でき、法人税・住民税は損金不算入。

問２

❶　○　❷　×　賃貸料相当額が、給与所得として課税さる。

❸　○　❹　○　役員が会社に、自己所有の土地を時価の２分の１未満の価額で低額譲渡した場合、時価で譲渡したもの（譲渡収入）として、譲渡所得の計算を行う。

❺　○　❻　×　役員が会社に自己所有の建物を「時価の２分の１以上かつ時価未満の価額」で低額譲渡した場合、実際の売買価額（譲渡価額）を譲渡所得として計算を行う。時価相当額で計算を行う点が誤り。時価相当額で計算するのは、役員が会社に「時価の２分の１未満の価格」で譲渡した場合。２分の１以上か未満かに注意。

❼　×　役員が自社などへ無利子で金銭の貸付を行った場合、本来受け取れる利子額について課税はされない。

8 消費税

消費税の課税対象・非課税対象を問う問題が頻出！

- 土地・借地権・居住用の貸付け・譲渡は消費税の課税対象外。
- 免税事業者は２年前の課税売上高が1,000万円以下。
- 簡易課税できるのは、課税売上高5,000万円以下の事業者。

1 消費税とは

消費税は、日本国内の消費に広く負担を求める間接税です。

下の✕の例のように、消費税の課税の要件を満たさない取引を**不課税取引**、要件を満たす取引でも課税対象にならない取引を**非課税取引**（次ページ参照）といいます。

消費税の課税対象

- **事業者が事業として行う取引**
  事業者：個人事業者（事業を行う個人）と法人。
  事業：対価を得る資産の譲渡等を繰り返し、継続、かつ、独立して行うこと。
  ○個人の中古車販売業者の中古車売買、事業用車両の売買は課税対象となる。
  ✕個人が生活の用に供している資産を譲渡する場合は課税対象にならない。
- **対価を得て行う取引**
  ○対価を受け取る取引は課税対象となる。
  ✕寄附金、補助金、配当金、保険金などは、対価がないので対象にならない。
  ✕無償の取引・贈与・祝金も、原則として課税対象にならない。
- **資産の譲渡等**
  事業として有償で行われる商品や製品などの販売、資産の貸付けおよびサービスの提供が課税対象。

※2023年10月より消費税の適格請求書等保存方式（インボイス制度）が始まった（ⅱページ参照）。

ライフプランニングと資金計画
リスク管理
金融資産運用
4 タックスプランニング
不動産
相続・事業承継

2 非課税取引

課税の対象としてなじまないものや社会政策的配慮から、消費税を課税しない**非課税取引**が定められています。

消費税の非課税取引

- **土地（借地権）の譲渡・貸付け（1カ月以上）** ←土地は消費されないため
  ※ただし、**建物の譲渡**、駐車場施設の利用料、1カ月未満の**賃貸料**、土地の賃貸借契約の**仲介手数料**は課税対象となる。
- **住宅用としての建物、アパートの家賃（1カ月以上）**
  ※ただし、住宅用でない事務所用建物の家賃は課税対象となる。
- **有価証券の譲渡（株券、国債、抵当証券、金銭債権）**
  ※ただし、株式・出資・預託の形態によるゴルフ会員権は課税対象。
- **預貯金や貸付金の利子、保険料を対価とするサービス**
  ※ただし、金融機関への融資手数料は課税対象となる。
- **郵便切手、印紙、商品券、プリペイドカードなど、物品切手等の譲渡**
- **行政手数料、外国為替業務に係るサービス**
- **暗号資産の取引（2017年7月1日以後の譲渡）**

課税・非課税の判定は、超頻出問題！

3 基準期間と納税義務

消費税の課税売上高を算出する期間を**基準期間**といいます。基準期間は**法人**の場合は**前々事業年度**、個人の場合は前々年です。基準期間の売上高が**1,000万円以下**の事業者は、消費税の支払いが免除される**免税事業者**となります。

また、法人は前事業年度の前半6カ月間、個人事業者は前年の1月1日～6月30日を**特定期間**といいます。特定期間の給与の支払合計額と売上高がどちらも1,000万円を超える場合、基準期間の売上高が1,000万円以下であっても、消費税の免税事業者となることはできません。

基準期間のない新設事業者は、資本金または出資金が**1,000万円以上**なら当初**2年間**は課税事業者となります。

スピード理解!!
消費税の支払いが免除されるのは、売上・給与が1,000万円以下。

なお、**消費税課税事業者選択届出書**の**提出後２年間**は事業を廃止した場合を除き、強制的に**課税事業者**となります。

4 消費税額の計算

消費税の税率は、10%（消費税7.8%＋地方消費税2.2%）です。**原則課税**では、次のように税額を算出します。

消費税額 ＝ 課税売上に係る消費税額 － 課税仕入れに係る消費税額

「課税仕入れに係る消費税額」の部分を６区分の**みなし仕入れ率**を用いて簡単に算出できる制度が**簡易課税**です。簡易課税では、次のように税額を算出します。

消費税額 ＝ 課税売上に係る消費税額 － 課税売上に係る消費税額 × みなし仕入れ率

簡易課税を選択できるのは、課税売上高が**5,000万円以下**の事業者です。適用には、**消費税簡易課税制度選択届出書**を所轄税務署長に提出する必要があり、提出年度の次の事業年度（課税期間）から適用されます。また、**提出後２年間**は事業を廃止した場合を除き、強制的に**簡易課税事業者**となります。

5 消費税の申告期限

消費税の申告期限※は、個人なら課税期間の翌年の**3月31日**まで、法人なら**事業年度終了日（決算日）以後２カ月以内**となっています。

また、直前の課税期間の消費税の年税額が一定金額（48万円）を超える事業者は、中間申告が必要です。

ことば

消費税課税事業者選択届出書：ある課税期間において課税売上高を課税仕入高が上回り、消費税の還付が予想される場合など、免税事業者でも課税事業者になることを選択しておくための届出書。

ことば

みなし仕入れ率：業種を6つに区分した仕入れ率。税額計算を簡便にするために用いる。

業種	みなし仕入れ率
第一種（卸売業）	90%
第二種（小売業）	80%
第三種（製造業等）	70%
第四種（その他事業：第一種～第六種以外）	60%
第五種（サービス業等：金融、保険、運輸通信業）	50%
第六種（不動産業）	40%

※納税地の税務署長に「消費税申告期限延長届出書」を提出すれば、消費税の確定申告の期限が1カ月延長できる。

過去問トレーニング

次の質問に答えなさい。

問1 消費税の簡易課税制度に関する次の記述のうち、最も不適切なものを選びなさい。 ◀2022年5月学科

ア 簡易課税制度の適用を受けることができるのは、基準期間における課税売上高が5,000万円以下の事業者である。

イ 簡易課税制度の選択を取りやめる場合、原則として、その適用を取りやめようとする課税期間の初日の前日までに、「消費税簡易課税制度選択不適用届出書」を所轄税務署長に提出しなければならない。

ウ 簡易課税制度を選択した事業者は、事業を廃止した場合を除き、原則として、5年間は簡易課税制度の適用を継続しなければならない。

問2 消費税の原則的な取扱いに関する次の記述のうち、最も適切なものを選びなさい。 ◀2022年1月学科

ア 消費税の課税期間に係る基準期間における課税売上高が1,000万円以下の事業者は免税事業者に該当し、「消費税課税事業者選択届出書」を提出する場合を除き、その課税期間において消費税の課税事業者となることはない。

イ 消費税の課税事業者が行う土地の譲渡は、非課税取引に該当する。

ウ 消費税の免税事業者が「消費税課税事業者選択届出書」を提出して消費税の課税事業者となったときは、事業を廃止した場合を除き、原則として3年間は消費税の免税事業者に戻ることができない。

エ 消費税の課税事業者である個人は、原則として、その年の翌年3月15日までに、消費税の確定申告書を納税地の所轄税務署長に提出しなければならない。

答え

問1 ウ 消費税課税事業者選択届出書を提出し、簡易課税制度を選択した場合、事業を廃止した場合を除き、2年間は課税事業者となる。

問2 イ アは×。消費税の免税事業者になるには、基準期間（前々事業年度）と特定期間（前事業年度開始から6カ月間）の課税売上高が、いずれも1,000万円以下であることが必要。

Part 5

不動産

Contents ここで学習すること

1 不動産の登記と評価

不動産登記の甲区と乙区の区別が超頻出！

- 抵当権は、登記記録の権利部乙区に記録されている。
- 公示価格は、毎年1月1日を価格判定の基準日としている。
- 相続税評価額（路線価）は、公示価格の80％の水準。

1 不動産登記

不動産の所在、所有者の住所・氏名などを公開し、権利関係などが誰にでもわかるようにすることを**不動産登記**※、この帳簿を**不動産登記記録（登記簿）**といいます。不動産登記記録は、**法務局（登記所）**で**登記事項証明書**の交付申請をすれば、誰でも記載事項を確認できます。

不動産登記の出題ポイント

出る

- 登記事項証明書は、インターネットで**オンライン請求をすれば郵送（または窓口交付）**してもらえる。
- 登記記録要約書も交付申請できる。ただし**現在の権利だけが記載されていて、登記官の認証文言がない**ため、証明文書としての機能を果たすことはできない。
- 法務局では、**一筆または数筆の土地ごとに作成**されている**公図の写しを取得して土地の位置関係等について確認できる**。形状や面積の精査には登記所で地積測量図の写しも取得しておくことが望ましい。
- **不動産登記の申請をした名義人に対して法務局から登記識別情報が通知**される。登記識別情報は一度通知されると**原則として再通知（再作成）はしてもらえない**。
- 権利に関する登記の**抹消申請は、登記上、利害関係のある第三者がいる場合には、その者の承認が必要**。

※建物表題登記には申請義務があるが、その他の不動産登記に申請義務はない。ただし相続により不動産を取得した場合の相続登記は、2024年4月1日より申請が義務化された（iiページ参照）。

ことば

一筆：「筆」は土地登記上で土地を数える単位。

公図：登記所にある「地図に準ずる図面」。距離、角度、面積など定量的な精度については低いとされている。

地積測量図：土地の地積（面積）を法的に確定した図面。登記所で誰でも閲覧および写しの交付を請求できる。

2 不動産登記記録（登記簿）

不動産登記記録は、**表題部**と**権利部（甲区・乙区）**から構成されています。

不動産登記記録の出題ポイント

不動産登記記録（登記簿）

- **表題部**：表示（物理的状況）に関する事項
  - ●土地の所在、地番、地目、地積（土地の面積）
  - ●建物の所在、家屋番号、構造、床面積
- **権利部**：権利に関する事項
  - **甲区**：所有権に関する事項を記載。所有権の保存・移転・仮登記・差押え
  - **乙区**：所有権以外の権利に関する事項を記載。抵当権、賃借権、借地権、地上権

- 不動産登記記録は、一筆の土地または一個の建物ごとに作成される。
- 表題部記載の土地の**地番や家屋番号は、市町村が定める住居表示の住居番号とは一致していない**。
- 仮登記に基づいて本登記をした場合、**本登記の順位は仮登記の順位による**。
- 債権額やローン金利などは、登録設定時以降変動する可能性もあるため、登記記録からは判断できない。
- 用途地域・防火規制など、建物の「建築規制」は、登記事項証明書ではなく都市計画図に掲載されている。
- マンションの専有部分の床面積は、登記記録では壁その他の区画の内側線で囲まれた部分の**水平投影面積（内法面積）で記録**されているため、壁芯面積で表示される広告などの床面積よりも狭い。
- 区分建物を除く建物（一戸建て等の建物）の床面積は、登記記録では壁その他の区画の**中心線**で囲まれた部分の**水平投影面積（壁芯面積）で記録**される。
- マンションでは、土地と建物を一緒に処分しなければならないため、**土地の権利（敷地権）についても建物登記簿に記載されている**。
- 建物を新築した場合、その建物の所有権を取得した日から**1カ月以内に建物の表題登記（新築後初めて行う登記）を申請しなければならない**。

3 不動産登記の効力

正しい権利を持つ者が不動産登記をしておけば、第三者に対して**対抗（自分の所有権を主張）**することができます。

しかし、不動産登記には**公信力がない**ため、登記記録を正しいものと信用して取引を行い、その登記記録の内容が真実と異なっていた場合に保護されません。例えば、登記事項証明書に記載されている所有権者と売買取引を行い、後にその者は真の所有者でないことがわかった場合、その不動産の所有権を取得できるとは限らないわけです。

ことば

登記の公信力：登記上の表示を信頼して不動産の取引をした者は、たとえ登記名義人が真実の権利者でないような場合でも、一定の要件のもとでその権利を取得することが認められること。日本では登記の公信力が認められていない。

4 不動産の公的な価格

土地の価格には、実際に売買される**取引価格（実勢価格）**のほかに、公的な機関が発表する**価格**があります。

公的機関が発表する土地の価格

	公示価格（公示地価）	固定資産税評価額	相続税評価額（路線価）	基準地価格（標準価格）
内容	土地取引の指標となる1㎡当たりの価格	固定資産税や不動産取得税などの計算のもととなる評価額	相続税や贈与税の計算の基準となる価格	都道府県知事が公表する基準地の標準価格
決定機関	国土交通省	市町村（東京23区は東京都）	国税庁	都道府県
基準日	毎年1月1日	基準年度の前年の1月1日を基準に3年ごとに評価替え	毎年1月1日	毎年7月1日
発表時期	3月中旬～下旬	4月上旬	7月上旬	9月上旬～中旬
価格水準	100%	70%	80%	100%

※地価公示の標準地と都道府県が調査する基準地は重複する場合もある。
※価格水準は、公示価格を100%としたときの水準。

5 不動産の鑑定評価の方法

不動産の取引価格は、公的な価格を目安に決定されます。その際、その取引価格が適正かどうかの判定は、専門家である**不動産鑑定士**が行います。これを**鑑定評価**といいます。

不動産の鑑定評価を行うに当たっては、不動産価格の判定の基準日を確定する必要があり、この日を**価格時点**といいます。

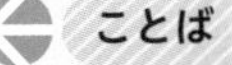

再調達原価：対象不動産を再調達（もう一度建築・造成）することを想定した場合に必要とされる適正な原価の総額。

鑑定評価方法の出題ポイント

●不動産価格の鑑定評価方法（原則として三方式が併用される）

原価法	不動産の再調達原価（現在時点で買い直す場合の価格）を試算し、減価修正（経年劣化等で価値が下がった分を減額）して不動産価格を計算する方法
収益還元法	家賃、売却価格など、不動産が将来生み出すであろう純収益（収益－費用）を基準に価格を求める方法 ●直接還元法：一期間の純収益を還元利回り（投資額に対する年間の賃料収入の割合）で還元することにより、対象不動産の収益価格を求める方法 ●DCF法：連続する複数の期間に発生する純収益および復帰価格（将来の転売価格）を、その発生時期に応じて現在価値に割り引いて合計し、収益価格を求める方法
取引事例比較法	市場で現実に発生した類似の不動産取引（投機的取引を除く）を参考に、地域要因の比較、取引時期の比較などの修正、補正を加えて価格を計算する方法

●新築賃貸マンションの賃料の鑑定評価方法

積算法	不動産の基礎価格（元本価格）に期待利回りを乗じて、必要経費を加算して試算賃料（積算賃料）を求める方法
収益分析法	不動産が一定期間に生み出すと期待される純収益を求め、必要諸経費を加算する方法
賃貸事例比較法	他の新築賃貸マンションの事例を収集し、地域・個別要因等を踏まえて試算賃料（比準賃料）を計算する方法

過去問トレーニング

適切なものには○、不適切なものには×をしなさい。

問1 不動産登記に関する次の記述の正誤を答えなさい。

◀2021年9月・2022年1月学科

❶ 抵当権の設定を目的とする登記では、債権額や抵当権者の氏名または名称は、不動産の登記記録の権利部乙区に記載される。

❷ 不動産の登記記録は、当該不動産の所在地である市区町村の役所や役場に備えられている。

❸ 区分建物を除く建物に係る登記記録において、床面積は、壁その他の区画の中心線で囲まれた部分の水平投影面積（壁芯面積）により記録される。

❹ 同一の不動産について二重に売買契約が締結された場合、譲受人相互間においては、売買契約の締結の先後にかかわらず、原則として、所有権移転登記を先にした者が、他方に対して当該不動産の所有権の取得を対抗することができる。

❺ 仮登記に基づいて本登記をした場合、その本登記の順位はその仮登記の順位による。

❻ 不動産登記には公信力があるため、登記記録を確認し、その登記記録の内容が真実であると信じて取引した場合、その登記記録の内容が真実と異なっていても法的な保護を受けることができる。

問2 土地の価格に関する次の記述の正誤を答えなさい。

◀2018年9月・2019年5月学科

❶ 相続税路線価は、地価公示の公示価格の70％を価格水準の目安として設定されている。

❷ 固定資産税評価額は、原則として、３年ごとの基準年度において評価替えが行われる。

❸ 地価公示の公示価格の価格判定の基準日は、毎年７月１日である。

❹ 固定資産課税台帳に登録する土地の価格は、都道府県知事が決定する。

❺ 都道府県地価調査の基準地の標準価格は、毎年７月１日を価格判定の基準日としている。

問3 不動産鑑定評価基準における不動産の価格を求める鑑定評価の手法に関する次の記述の正誤を答えなさい。 ◀2022年1月学科

❶ 収益還元法のうちDCF法は、連続する複数の期間に発生する純収益および復帰価格を、その発生時期に応じて現在価値に割り引き、それぞれを合計して対象不動産の価格を求める手法である。

❷ 収益還元法のうち直接還元法は、対象不動産の一期間の総収入を還元利回りで還元して対象不動産の価格を求める手法である。

❸ 取引事例比較法では、取引事例の取引時点が価格時点と異なり、その間に価格水準の変動があると認められる場合、当該取引事例の価格を価格時点の価格に修正しなければならない。

❹ 原価法は、価格時点における対象不動産の再調達原価を求め、この再調達原価について減価修正を行って対象不動産の価格を求める手法である。

答え

問1

❶ ○ 所有権以外の権利（地上権・抵当権・賃借権等）に関する事項は権利部乙区に記録される。

❷ × その土地や建物の所在地の法務局（登記所）で確認・交付が可能。

❸ ○ ❹ ○ 譲受人が複数いる場合、先に登記したほうが所有権を取得する。たとえ先に代金を支払ったとしても、第三者が所有権移転登記してしまうと、その不動産を自分のものと主張（対抗）できない。

❺ ○ ❻ × 不動産の登記には公信力がない。

問2

❶ × 相続税評価額（路線価）は、公示価格の約80%程度が目安。

❷ ○ 固定資産税評価額は、固定資産税や都市計画税を算出する基礎となるもので、3年ごとに見直され、市町村が決定する。

❸ × 公示地価は、毎年1月1日が価格判定の基準日。

❹ × 都道府県ではなく、市町村が決定する。

❺ ○ 基準地の標準価格（基準値価格）は、毎年7月1日が価格判定の基準日で、毎年9月に都道府県知事が公表する。

問3

❶ ○

❷ × 直接還元法は、一期間の純収益を還元利回り（投資額に対する年間の賃料収入の割合）で還元することにより、対象不動産の収益価格を求める方法。

❸ ○ ❹ ○

2 不動産の取引

手付金と契約不適合責任は、細かい知識まで頻出！

- 仲介手数料の合計額の上限は、賃料1カ月分＋消費税。
- 専任媒介契約、専属専任媒介契約の有効期間は3カ月。
- 普通借家契約の存続期間は1年以上、定期借家契約は制限なし。

1 宅地建物取引業

土地や建物の売買、交換、貸借の媒介（仲介）や代理を行う業務を**宅地建物取引業（宅建業）**といい、これを**業として行う者**を**宅地建物取引業者**といいます。

宅地建物取引業を行う場合は、国土交通大臣または都道府県知事から免許を受ける必要があります。

宅地建物取引業者名簿は、国土交通省および都道府県に設置されていて閲覧が可能です。

なお、**自分が所有する建物の賃貸**を自ら業として行う場合、宅地建物取引業者の**免許を取得する必要はありません**。

宅地建物取引業者は、事務所従業員5人に対して1人、専任の**宅地建物取引士**を置くことが義務付けられています。宅地建物取引士の独占業務には次のものがあります。

ことば

業として行う：不特定多数を対象にその業務を反復して行うこと。

スピード理解!!

宅地建物取引業者の社員であるだけでは、重要事項の説明はできない。

出る

宅地建物取引士の独占業務

- 借主や買主への重要事項の説明（契約成立の前）
- 重要事項説明書（35条書面）※への記名
- 契約書面（37条書面）への記名

※相手方の承諾により電子メールなどの電磁的方法による書面交付が可能に。

2 売買と媒介の契約

宅地建物取引業者は、**都市計画法の開発許可**や**建築基準法の建築確認**等を受ける前は、宅地・建物の広告を開始できません。また、売買契約を締結することもできません。

宅地・建物の売買、または交換の媒介の契約を締結したときは、遅滞なく契約書を作成、記名・押印して、依頼者に交付しなければなりません。なお、**未成年者**（既婚者を除く）が不動産の売買契約等の法律行為を行うには、**法定代理人（両親などの親権者）の同意**を得ることが必要[※1]です。

※1 同意を得ずに契約した場合、原則として法定代理人、および未成年者（18歳未満）本人により、取消すことが可能。

	一般媒介契約	専任媒介契約	専属専任媒介契約
依頼方法	・依頼者は複数の業者に依頼できる ・自己発見（自分で取引相手を見つけること）ができる	・依頼者は他の業者に依頼できない ・自己発見ができる	・依頼者は他の業者に依頼できない ・自己発見はできない
契約有効期間	自由	3カ月[※2]	
依頼者への報告義務	なし	2週間に1回以上	1週間に1回以上

▲赤い下線だけ覚えておこう。

※2 これより長い期間を定めて契約した場合でも、有効期間は3カ月と見なされる。

3 宅地建物取引業者の報酬限度額

宅地建物取引業者が不動産の売買・交換・賃貸の媒介や代理を行った場合、取引に応じた**報酬の限度額**が宅地建物取引業法で定められています。[※3]

※3 依頼主との合意があっても、限度額を超える報酬を受け取ることは違法。

売買・交換の媒介の報酬限度額は、次のとおりです。

● **報酬限度額（売買・交換の媒介を行った場合）**

売買代金	報酬限度額（消費税抜き）
200万円以下	売買代金×5％
200万円超 400万円以下	売買代金×4％＋2万円
400万円超	売買代金×3％＋6万円

賃貸借の媒介では、貸主・借主双方から受け取れる仲介手数料の**合計額の上限**が、**賃料の1カ月分＋消費税**までです。

4 手付金

手付金とは、契約の成立を確認するために、買主から売主に支払われるお金のことで、通常は**解約手付**（契約を解除できるようにしておくための手付金）として扱われます。

手付金の出題ポイント

- 宅地建物取引業者は、自らが売主となる不動産の売買契約で取引相手が宅地建物取引業者でない場合、代金の額の２割（10分の２）を超える額の手付金を受領することはできない。
- 解約手付が交付されると、相手方が契約の履行に着手するまで（売主の物件引渡し、買主の代金の支払いまで）は、買主は交付した手付金を放棄することで、売主は手付金の倍額を支払うことで、契約の解除ができる。
- 双方が協議の上、売買契約に特約を付けることで、契約の停止や解除、手付金の返還等を受けることができる。

スピード理解!!

買主が手付を支払って、その後、代金の「一部」でも支払えば、売主は契約を解除できない！

5 公簿売買と実測売買

売買の対象面積について登記簿の記載をもとに売買する方法を**公簿売買（取引）**、実際の面積を測量して売買する方法を**実測売買（取引）**といいます。なお、「登記記録の土地面積と実測した土地面積が違っていても面積差による精算を行わない」という特約を付けることができます。

6 危険負担

売買契約後から建物の引渡しまでに建物が双方の過失なく火災、地震などで毀損（きそん）や滅失した（履行不能になった）場合※、建物の損害を売主、買主のどちらが負担するかという問題を**危険負担**といいます。民法上この危険負担は売主にあるとされています。

※建物の引渡しがされない場合、買主は債務の履行（売主への代金支払）を拒絶することや契約の解除ができる。

7 契約不適合責任

売買の対象物である不動産が、契約の内容に適合しないものであるとき、買主は売主に対し、追完の請求、代金減額の請求、損害賠償の請求、契約の解除を行うことができます。これを売主の**契約不適合責任**（けいやくふてきごうせきにん）といいます。

契約不適合責任の出題ポイント

①**追完の請求**：相当の期間を定めて、目的物の修補、代替物の引渡し、不足分の引渡しの3つから買主が選択。ただし、売主は買主に不相当な負担を課さない限り、買主が請求した方法とは異なる方法によって追完もできる。
②**代金減額の請求**：相当の期間を定めて追完の催告をし、その期間内に追完がないとき、買主は、契約不適合の程度に応じて請求できる。
③**損害賠償の請求**：売主に帰責事由がある場合に請求できる。
④**契約の解除**：契約不適合の内容が軽微であるときを除き、買主は契約の解除が可能。

- 買主が権利を行使するためには、不適合を知った時から**1年**以内にその旨を売主に**通知**する必要がある。
- 買主の権利は、「①買主が契約不適合の事実を知った時から**5年**、②引渡しから**10年**経過した時」のいずれか早い時点で時効消滅する。

8 クーリング・オフ

一度結んだ契約を解除する制度を**クーリング・オフ**といいます。売主が宅地建物取引業者の場合、買主は書面でクーリングオフを説明された日から8日以内であれば、クーリング・オフができます。ただし、

- 買主が、**売主の事務所で申込み**をした場合
- 宅地・建物を**引き渡されて、代金を支払った**場合

などの場合、クーリング・オフはできません。

なお、売主の過失で債務の履行（引渡し）が不能となった場合は※、買主は履行の催告をせず契約を解除できます。

※売主の過失で債務の履行遅滞（引渡し予定日の遅れ）が生じた場合、買主は履行の催告をしたうえで、その期間内に履行されない場合、契約解除できる。

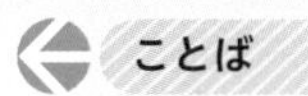

催告：一定の行為をするよう、相手に請求すること。

9 借地権

借地権は、**借地借家法**で定められた、他人の土地を借りて使用する権利のことです。借地権には**普通借地権（普通借地契約）**と**定期借地権（定期借地契約）**があります。

借地権者（借主）は、借地権の登記がなくても**自分名義の建物を所有**していれば第三者に対抗することができます。

普通借地権は、貸主側に正当な解約理由がなく、また**建物がある場合**に限り、借主が望めば契約が更新される借地権です。契約存続期間は30年です。[※1] 契約の更新がない場合、借主は貸主に**建物等の時価での買い取り**を請求できます[※2]（**建物買取請求権**）。

定期借地権は、定められた期間で契約が終了し、土地が貸主に返還されて**契約更新がない借地権**のことです。定期借地権には、**一般定期借地権、事業用定期借地権、建物譲渡特約付借地権**の３種類があります。

※1 地主と借地人の合意があれば、存続期間30年超の契約も可能。借地借家法施行前に成立した借地権が、借地借家法施行後に更新された場合には、旧借地法の規定が適用される。借主は、貸主からの一般定期借地権への切替の申入れがあっても拒絶できる。

※2 債務不履行により契約解除された場合、建物買取請求は認められない。

定期借地権の出題ポイント

種類	一般定期借地権	事業用定期借地権	建物譲渡特約付借地権
契約の締結	書面で契約。公正証書以外も可	公正証書での契約が必要	口頭・書面どちらでも契約できる
契約存続期間	50年以上（建物再築による延長なし）	10年以上 50年未満※	30年以上
利用目的	制限なし。居住用、事業用どちらも可	事業用の建物。居住用建物は不可	制限なし
契約終了時	契約終了時に原則、更地にして返還	原則、更地にして返還	土地所有者が建物を買い取る（借地人は土地を返還）。存続期間終了後、借主の請求で引き続き建物利用可

※ 10年以上30年未満（事業用定期借地権）→契約更新なし、建物買取請求不可。
30年以上50年未満（事業用定期借地権）→契約更新なし・建物買取請求なしの特約設定は任意。

10 借家権と造作買取請求権

借家権とは、借地借家法で定められた、他人の建物を借りて使用する権利のことです。借家権には**普通借家権（普通借家契約）**※と**定期借家権（定期借家契約）**があります。

建物の賃貸借は、居住用、店舗等の事業用のいずれの場合も、**借地借家法が適用**されます。

普通借家契約では、借主は、貸主（大家）の同意を得て畳や建具、エアコンなどの造作を取り付けることができます。また契約満了時、貸主にその造作を**時価**で買い取るよう請求ができます。これを**造作買取請求権**といいます。造作買取請求権は特約で排除することができます。

※普通借家契約では、貸主が変わった場合、借主は賃借権の登記がなくても、建物の引渡しがあれば、新たな建物の所有者に対して、建物の賃借権を対抗（引き続き入居）できる。なお、普通借家契約では賃料増減額請求権が認められており、借主側から減額請求する権利は特約によっても排除できない。

借家権の出題ポイント

種類	普通借家契約（建物賃貸借契約）	定期借家契約（定期建物賃貸借契約）
契約の締結	口頭・書面どちらでも契約できる	書面で契約。 公正証書でなくても可
存続期間	1年以上。1年未満の契約は「期間の定めがない賃貸借」とみなされる	制限なし。1年未満の契約でも契約期間とみなされる
更　新	自動更新（法定更新）	更新なし※（再契約はできる）
解約の条件	・貸主は、正当事由をもって期間満了6カ月前までに借主に通知すれば解約可能 ・借主からは3カ月前に解約申入れ可能だが、特約で定められるのが一般的	・契約期間が1年以上の場合、貸主は期間満了の1年前から6カ月前までに「契約の終了」を借主に通知しなければならない ・床面積200㎡未満の居住用建物に限り、正当事由があれば借主から中途解約可能

※貸主は、借主に対し、定期建物賃貸借契約（契約の更新がない旨の定め）であることを記載した書面を交付して説明しなければならない。貸主がこの説明をしなかったときは「契約の更新がない旨の定め」は無効となる。

11 マスターリース契約（特定賃貸借契約）

転貸を目的として自己所有の賃貸物件の運営・管理を一括して任せる契約を**マスターリース（一括賃貸借）**※といいます。また、マスターリースによって賃借した相手（管理会社）が実際の賃借人に転貸することを**サブリース（転貸借）**といいます。どちらも宅地建物取引業の免許は不要です。

※マスターリースによって、オーナー（物件所有者）は賃貸業務を賃借人（管理会社）に委託し、賃借人はサブリースによって不動産の賃貸経営を行う。なお、オーナーは契約期間中に賃料の減額請求を受ける可能性がある。

12 不動産広告にかかわる用語

不動産の販売広告やチラシに使われる主な用語と、出題ポイントは次のとおりです。

販売広告・チラシの用語

壁芯（へきしん）面積と内法（うちのり）面積	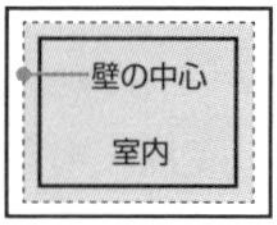 **壁芯面積** 壁の中心線から内側の面積  **内法面積** 壁の内側の面積 マンションのチラシなどでは壁芯面積で表記されるため、内法面積で表記される**登記簿より面積が大きく表示される**
徒歩所要距離	「△△線○○駅から徒歩○分」と表示される。 **「道路距離80mにつき1分間（1分未満は切上げ）」で計算** 例：徒歩10分なら、物件までの道路距離（道路に沿って計測した距離）は、80×9＝720m超～80×10＝800m以内
取引態様	広告を出している不動産業者が契約上の当事者（売主・貸主）、代理、媒介のいずれであるかを明示するもの。 例：「売主」→不動産業者自身が売主なので**仲介手数料は不要** 「媒介」→売主は別なので不動産業者には仲介手数料を支払う
建築条件付き土地	売買契約から一定期間内に**特定の建築業者と建築請負契約を結ぶことが条件**となっている土地。
バルコニー面積	マンションやアパートではバルコニーが避難経路として使われるため、共有部分と考えられ、個人での使用は可能だが、**専有面積（住居部分などの面積）には含まれない**

過去問トレーニング

適切なものには○、不適切なものには×をしなさい。

問1　宅地建物取引業法に関する次の記述の正誤を答えなさい。なお、売買における買主は宅地建物取引業者ではないものとする。

◀2016年9月・2017年9月・2019年5月・2021年5月学科

❶　一般媒介契約において、有効期間が１カ月を超える場合には、その期間は１カ月とされる。

❷　専任媒介契約では、依頼者に対し、当該専任媒介契約に係る業務の処理状況を１カ月に１回以上報告しなければならない。

❸　宅地建物取引業者は、専任媒介契約を締結したときは、契約の相手方を探索するため、所定の期間内に当該専任媒介契約の目的物である宅地または建物に関する一定の事項を指定流通機構に登録しなければならない。

❹　宅地建物取引業者は、自ら売主となる宅地・建物の売買契約を締結したときは、当該買主に、遅滞なく、宅地建物取引士をして、宅地建物取引業法第35条に規定する重要事項を記載した書面を交付して説明をさせなければならない。

❺　専任媒介契約の有効期間は、３カ月を超えることができず、これより長い期間を定めたときは、その契約は無効とされる。

❻　宅地建物取引業者は、自ら売主となる宅地の売買契約の締結に際して、代金の額の10分の１を超える額の手付を受領することができない。

❼　宅地建物取引業者が建物の貸借の媒介を行う場合、貸主と借主の双方から受け取ることができる報酬の合計額は、当該建物の借賃（消費税等相当額を除く）の２カ月分に相当する額に消費税等相当額を加算した額が上限となる。

❽　アパートを所有する者が、そのアパートの賃貸を自ら業として行う場合には、宅地建物取引業の免許が必要となる。

❾　宅地建物取引業者が宅地の売買の媒介に関して受け取る報酬の額は、国土交通大臣の定める額を超えてはならない。

問2 借地借家法の規定に関する次の記述の正誤を答えなさい。なお、本問においては、同法第22条の借地権を一般定期借地権、第23条の借地権を事業用定期借地権等、第22条から第24条の定期借地権等以外の借地権を普通借地権という。 ◀2021年9月、2022年5月学科

❶ 普通借地権の設定契約において、居住以外の用に供する建物の所有を目的とする場合、期間の定めがないときは、存続期間は30年となるが、契約で期間を50年と定めたときは、存続期間は50年となる。

❷ 借地権者の債務不履行により普通借地権の設定契約が解除された場合、借地権者は借地権設定者に対し、借地上の建物を時価で買い取るべきことを請求することができる。

❸ 借地権者は、普通借地権について登記がされていない場合において、当該土地上に借地権者の名義で登記がされている建物が滅失したときは、滅失後3年以内にその旨を当該土地上の見やすい場所に掲示すれば、当該借地権を第三者に対抗することができる。

❹ 普通借地権の設定契約は、公正証書による等書面によってしなければならない。

❺ 事業用定期借地権等においては、法人が従業員向けの社宅として利用する建物の所有を目的として設定することができない。

問3 中古マンションのインターネット上の広告に関する次の記述の正誤を答えなさい。 ◀2023年5月資産

❶ この広告の物件は専有部分と共用部分により構成されるが、バルコニーは専有部分に当たる。

❷ この広告の物件の専有面積として記載されている壁芯面積は、登記簿上の内法面積より大きい。

❸ この広告の物件を購入した場合、購入者は管理組合の構成員になるかどうかを選択できる。

❹ この広告の物件を購入した場合、購入前になされた集会の決議については、購入者にその効力は及ばない。

〈売マンションの物件概要〉

販売価格	7,980万円	所在地	○○県□□市○○町1-5
交通	○○線△△駅から徒歩2分	間取り	2LDK
専有面積	54.28㎡（壁芯）	バルコニー面積	8.40㎡
階／階建て	24階／32階	築年数	2016年10月
総戸数	288戸	構造	鉄筋コンクリート造
管理費	15,800円／月	修繕積立金	9,600円／月
土地権利	所有権	取引態様	媒介

答え

問1 宅地建物取引業に関する問題。

❶ × 契約の有効期間に定めはない。

❷ × 専任媒介契約の締結日から7日以内に指定流通機構へ登録し、依頼者に2週間に1回以上業務処理状況を報告する必要がある。

❸ ○ ❹ × 売買契約が成立する前に、重要事項説明書の交付と説明義務がある。

❺ × 専属専任媒介契約・専任媒介契約の場合、3カ月より長い期間を定めた契約は無効にならず、有効期間は3カ月とみなされる。

❻ × 売主が宅地建物取引業者で、買主は宅地建物取引業者でない場合、売主が受け取る手付金の上限は、売買代金の2割まで。

❼ × 貸主・借主双方から受け取れる仲介手数料の合計額の上限は、賃料の1カ月分＋消費税まで。

❽ × 自分（自社）所有の賃貸マンションの賃貸運営・管理を行う場合は、宅地建物取引業の免許は不要。 ❾ ○

問2 定期借地権、普通借地権に関する問題。

❶ ○ 期間の定めがない場合は30年で、それより短い期間を契約で定めても無効。ただし、30年を超える存続期間を定めることは可能。

❷ × 債務不履行により契約解除された場合は、建物買取請求は不可。

❸ × 滅失後3年以内は誤り、滅失後2年以内であれば、第三者に対抗が可能。

❹ × 普通借地権の契約は、書面で行う必要はなく、口頭でも可能。

❺ ○ 事業用定期借地権等は、利用目的が事業用に限定される。従業員向けの社宅は事業用ではなく居住用とされるため、設定できない。

問3 不動産広告に関する問題。

❶ × バルコニーは、マンションやアパートの共用部分となるため、専有面積に含まれない。❷ ○ ❸ × マンション物件の購入者（区分所有者）は、所有者自身の意思にかかわらず、区分所有者の団体（管理組合）の構成員となる（324ページ）。❹ × 区分所有法により、区分所有者の相続人や中古マンションの購入者等に対しては、相続・購入以前の集会で決議された事項も含めて効力が及ぶ（324ページ）。

3 不動産に関する法令

接道義務とセットバックが超頻出！

- 市街化調整区域内の開発は規模にかかわらず開発許可が必要。
- 建蔽率・容積率の計算は加重平均で。
- 建築面積、延べ面積の計算は必ず覚えておくこと。

1 都市計画法

都市計画法は、計画的なまちづくりを行うための基本的な法律で、**都市計画区域**を定めています。都市計画区域は、**線引き区域（市街化区域＋市街化調整区域）**と**非線引き区域**に分かれます。**市街化区域**は用途を定めて**市街化を進める区域**、**市街化調整区域**は自然環境を残すため、用途を定めないで**市街化を抑制すべき区域**です。

市街化区域と市街化調整区域

都市計画区域

線引き区域：市街化区域＋市街化調整区域

市街化区域	市街化調整区域
「すでに市街地を形成している区域」、および「おおむね10年以内に優先的かつ計画的に市街化を図るべき区域」	「市街化を抑制すべき区域」

非線引き区域：市街化区域でも、市街化調整区域でもない都市計画区域

2 開発許可制度

建築物の建築、特定工作物の建設のために、**土地の区画形質を変更すること**を**開発行為**といいます。[※1] 開発行為を行う場合、**市街化区域内**では**1,000㎡以上の規模なら都道府県知事の開発許可**が必要です。**市街化調整区域内**では**規模にかかわらず都道府県知事の開発許可**が必要です。[※2]

開発許可のほかに、建築基準法の**建築確認が必要**です。また、開発行為に関する**工事完了の公告**があるまで、建築物を建築することはできませんが、土地の譲渡はできます。

※1 分筆（土地の所有権を分割登記すること）による土地の権利区画の変更などは、開発行為には当たらない。

※2 市街化調整区域では、農林漁業用建築物や農林漁業従事者の住宅の建築を目的とする開発行為であれば、許可は不要。

3 建築基準法の用途制限

都市計画法では、用途地域を住居系、商業系、工業系に分け、**13種類**の用途地域を定めています。

建築基準法では、**工業専用地域に住宅を建ててはいけない**など、建築用途を制限しています。１つの敷地が異なる２つ以上の用途地域にまたがる場合、その敷地の**全体について、過半**の属する用途地域の**用途制限が適用**されます。

なお、用途地域・防火規制など、建物の建築規制は、都市計画図（地方公共団体で有償配布）に掲載されています。

スピード理解!!
農家の人が自分の家を建てるときには、開発許可は不要！

〈用途地域別の建築制限〉　●は建築可、×は建築不可。赤い×は必ず覚えておこう。

建築物の用途 ＼ 用途地域	住居系								商業系		工業系		
	第一種低層住居専用地域	第二種低層住居専用地域	第一種中高層住居専用地域	第二種中高層住居専用地域	第一種住居地域	第二種住居地域	準住居地域	田園住居地域	近隣商業地域	商業地域	準工業地域	工業地域	工業専用地域
診療所、公衆浴場、保育所、幼保連携型認定こども園、神社、教会、派出所	●	●	●	●	●	●	●	●	●	●	●	●	●
住宅、共同住宅、図書館、老人ホーム	●	●	●	●	●	●	●	●	●	●	●	●	×
幼稚園、小・中学校、高校	●	●	●	●	●	●	●	●	●	●	●	×	×
病院	×	×	●	●	●	●	●	×	●	●	●	×	×
カラオケボックス	×	×	×	×	×	●	●	×	●	●	●	●	●
大学、高等専門学校、専修学校	×	×	●	●	●	●	●	×	●	●	●	×	×
ホテル、旅館	×	×	×	×	●	●	●	×	●	●	●	×	×

4 接道義務とセットバック

建築基準法において、道路の定義は次の通りです。

道路	幅員（道幅）4m以上の道路
2項道路（にこうどうろ）	都市計画区域にある幅員（道幅）4m未満の道。特定行政庁により道路と指定されるもの

建築基準法では、建築物と道路に**接道義務**と**セットバック**という制限を定めています。

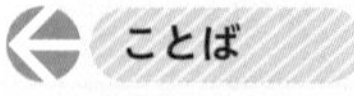

2項道路：名前の由来は、建築基準法第42条2項の規定によることから。

接道義務とセットバック

● **接道義務**：建築物の敷地は、原則として幅員4m以上の道路に2m以上接しなければならない。

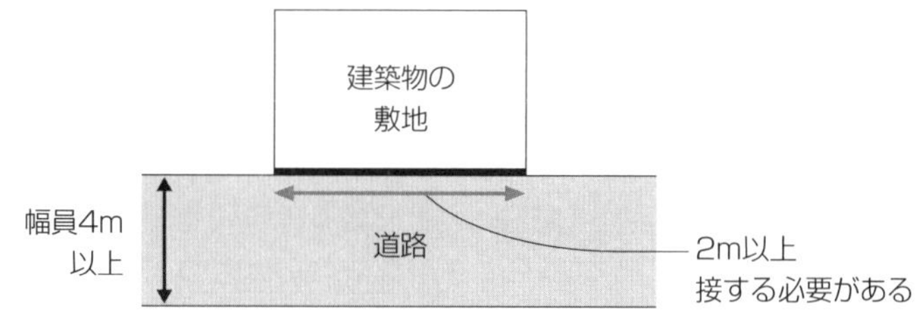

● **2項道路のセットバック**：2項道路では、道路の中心線から2m下がった線を境界線とみなして、道沿いの建物を建て直すときはこのみなし道路境界線まで下がって建て直さなければならない。また、道路の片側が川やがけ地の場合は、道路と川やがけ地との境界線から4mのセットバックが必要。

【例】幅員3mの2項道路の例

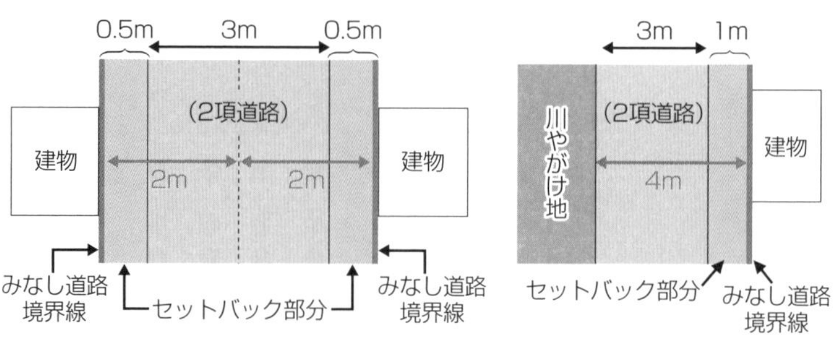

5 建蔽率の制限

敷地面積に対する建物の建築面積の割合を**建蔽率**（けんぺいりつ）といいます。建物の**最大建築面積（建築面積の上限）**は、敷地面積に用途地域ごとに定められた**指定建蔽率**を乗じて算出します。このとき、敷地面積にセットバック部分は入りません。※1

建蔽率＝ 建築面積 / 敷地面積

最大建築面積＝敷地面積×建蔽率

【例】指定建蔽率が80%の地域で敷地面積300 m^2の土地に建物を建てる場合の最大建築面積は、
300 × 0.8=240 m^2

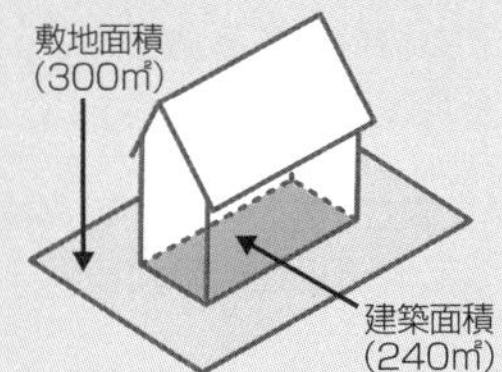

指定建蔽率が異なる用途地域にまたがって建築する場合、**建蔽率は加重平均（各土地の建築面積の合計を、敷地面積の合計で割る）で計算**します。

【例】地域Aと地域Bにまたがって建築する場合の建蔽率

地域A	地域B
建蔽率：60%	建蔽率：50%
敷地面積：300 m^2	敷地面積：200 m^2

最大建築面積＝敷地面積×建蔽率

- 地域Aの最大建築面積＝300 × 0.6=180 m^2
- 地域Bの最大建築面積＝200 × 0.5=100 m^2
- AとBの建築面積の合計＝180＋100=280 m^2

敷地全体の建蔽率＝ 建築面積の合計 / 敷地面積の合計

- 建蔽率＝280÷(300＋200)=0.56=56%※2

ことば

建築面積：その建物の水平投影面積（上から見た面積）で、一般的には建築物の1階が占める面積にほぼ等しい。これに対して延べ床面積とは、各階の床面積の合計をいう。

※1 セットバック部分は、容積率や建蔽率の計算の際、敷地面積に算入されないが、その分、前面道路幅は広くなる。

スピード理解!!

用途は、大きい面積の地域の用途になる。建蔽率は大きい方ではなく加重平均！

※2 左のように建築面積を合計してから算出する方法と、下のように建蔽率を合計する方法がある。
0.6×300÷500 = 0.36
0.5×200÷500 = 0.2
0.36 + 0.2 = 0.56

6 建蔽率の緩和規定

用途地域ごとの指定建蔽率は、次の場合に緩和されます。このとき、容積率は緩和されません。

建蔽率の上限が緩和される場合

①**防火地域(建蔽率の上限80%の地域を除く)内**にある耐火建築物、および耐火建築物と同等以上の延焼防止性能の建築物 ②**準防火地域内**に建築する耐火建築物、準耐火建築物およびこれらの建築物と同等以上の延焼防止性能の建築物	プラス10%
特定行政庁の指定する角地にある建築物	プラス10%
上記の両方に該当する場合(10%+10%)	プラス20%
防火地域内で、かつ上限80%の地域に耐火建築物および耐火建築物と同等以上の延焼防止性能の建築物を建築した場合	制限なし(建蔽率100%)

7 容積率の制限

敷地面積に対する建物の延べ面積の割合を**容積率**といいます。建物の**最大延べ面積(延べ面積の上限)**は、敷地面積に用途地域ごとに定められた**指定容積率**を乗じて算出します。

容積率＝延べ面積/敷地面積

最大延べ面積＝敷地面積×指定容積率

【例】指定容積率が200%の地域で
敷地面積300 m^2の土地に
建物を建てる場合の最大延べ面積は、
300 × 2=600 m^2

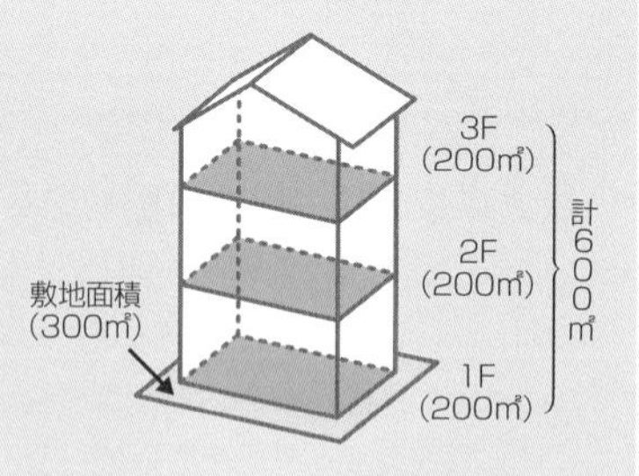

指定容積率が異なる用途地域にまたがって建物を建てる場合、**容積率は加重平均(各土地の延べ面積の合計を、敷地面積の合計で割る)で計算**します。

前面道路の幅員による容積率の制限

- 前面道路の幅員が12m未満の場合は、用途地域別に次の制限がある。

住居系用途地域 (法定乗数4/10)	前面道路の幅員×4／10 ❶ 幅員8mなら8×4／10＝3.2で、容積率320%
その他 (法定乗数6/10)	前面道路の幅員×6／10 ❷ 幅員8mなら8×6／10＝4.8で、容積率480%

- 上記で算出された数値と指定容積率の数値のうち、小さい方の容積率で制限される。例えば、指定容積率400%、幅員8mの場合、住居系用途地域なら❶…容積率320%、住居系以外の地域なら❷…容積率400%が用いられる。
- 2項道路のセットバック部分は前面道路の幅員に含まれる。

前面道路の幅員が12m未満の場合は、容積率に上のような制限があります。敷地が2つ以上の道路に面している場合は、**最も幅の広い道路が前面道路**になります。

例題

◀2019年9月学科

・**下記の土地に耐火建築物である店舗を建築する場合、建築物の延べ面積の限度として、最も適切なものはどれか。なお、記載のない条件については考慮する必要はない。**

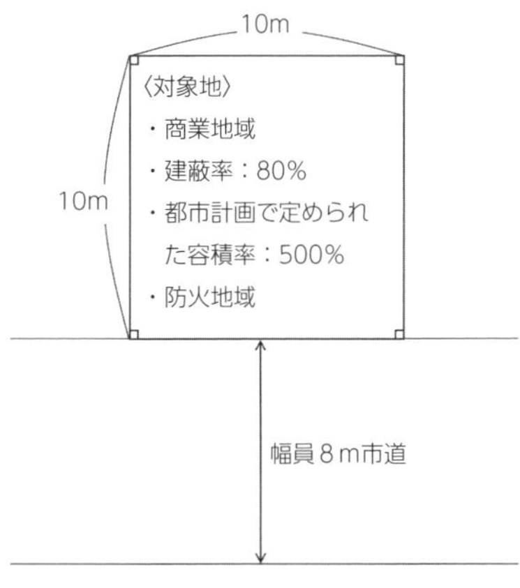

※特定行政庁が都道府県都市計画審議会の議を経て指定する区域内ではない。

ア 80m² **イ** 320m² **ウ** 480m² **エ** 500m²

例題の答え

ウ

最大延べ面積（延べ面積の限度）は、敷地面積×指定容積率で求めるが、本問の対象地の前面道路の幅員は8m（12m未満）、商業地域なので、容積率の計算は、8m×6／10＝480%
指定容積率500%＞480%により、容積率は小さい方の480%。従って、最大延べ面積＝10m×10m×480%＝480㎡

8 防火規制

建築基準法では、建築物が**防火地域**および**準防火地域**※という２つの地域にわたる場合、原則として、その**全部について防火地域の規定が適用**されます。**防火地域**においては、原則として**階数が３以上**または**延べ面積が100㎡**を超える建築物は**耐火建築物**としなければなりません。

※防火地域・準防火地域は、都市計画区域内において、用途地域の内外に指定されるが、必ず指定されるものではなく、用途地域内であっても防火地域や準防火地域に指定されない地域（未指定地域）もある。

9 日影規制／絶対高さ制限／斜線制限

建築基準法では、隣地の日当たりや通風、火災時の安全確保などを目的として、次のような規制や制限が定められています。

日影規制・絶対高さ制限・斜線制限

- **日影規制（日影による中高層の建築物の高さ制限）**
  建物が一定時間以上続けて隣家に日影を落とさないように、対象となる建物の高さや階数を制限するもの。周辺の居住環境を保護するための制限。
  適用地域：住居系の用途地域・近隣商業地域・準工業地域
  原則、商業地域、工業地域および工業専用地域は適用外。
- **絶対高さ制限**
  住宅地の景観や居住環境を保護するために、建築物の高さの上限を規制するもの。高さ10mまたは12mを超える建築物を建てることができない。
  適用地域：第一種・第二種低層住居専用地域、田園住居地域（地域により10m、または12ｍの制限がある）
- **斜線制限**
  土地の日照や通風を確保するために建物の高さを制限するもの。
  ①**北側斜線制限**：住居専用地域と田園住居地域が適用対象。
  ↑「準住居」「第一種住居」「第二種住居」地域は対象外。
  ②**道路斜線制限（道路高さ制限）**：すべての用途地域が適用対象。
  ③**隣地斜線制限**：第一種・第二種低層住居専用地域、田園住居地域以外の地域が適用対象。

10 農地法

農地を取引する際は、**農地法**による制限があります。

農地を**転用**（農地以外のものにすること）する場合、**農業委員会への届出**と、**都道府県知事（または指定市町村の長）の許可**が必要です。

ただし、**市街化区域内**にある一定の農地の転用は、**農業委員会への届出**だけで手続きが終わります。※

※農地を農地のまま転売する場合（権利移動）は、都道府県知事ではなく、農業委員会の許可が必要（農地法3条許可）。

農地法の出題ポイント

下表は、登記上は農地でなくとも現況農地である場合を含む。なお、農家が自己所有の採草放牧地に自宅を建設する場合は許可や届出は不要。

農地等の転用・売買・貸借	許可・届出
農地の農地以外のものへの転用 (権利移動・一時的な転用を含む)	都道府県知事の許可 (指定市町村区域内は市町村の長)
市街化区域内にある一定の農地の農地以外のものへの転用(一時的も含む)	許可不要 農業委員会への届出
農地または採草放牧地の、そのままの状態での売買・貸借権の設定	農業委員会の許可

11 土地区画整理法

土地区画整理法（土地区画整理事業）は、都市計画区域内で、道路や公園等の公共施設の整備や新設を行ったり、土地の区画形質を変更して宅地の利用増進を図るための法律（事業）です。土地区画整理事業を行うに当たり、対象地の所有者から土地を提供してもらうことを**減歩**（げんぶ）、代替地に立ち退いてもらうことを**換地**（かんち）**（換地処分）**といいます。

市街化区域・市街化調整区域等にかかわらず、**土地区画整理事業における開発行為**は、都道府県知事等の開発許可を必要としません。

土地区画整理法の出題ポイント

施行者	土地区画整理事業を行う者。都道府県や市町村、国土交通大臣、土地区画整理組合、土地区画整理会社など ●土地所有者などの個人でも施行者になれる ●施行者は、換地処分を行う前に仮換地を指定できる
仮換地（かりかんち）	換地処分の前に仮の換地として指定される土地。仮換地が指定されると、従前の宅地での使用・収益はできなくなる
保留地	施行者が事業資金調達を目的として売却する土地。換地計画では、一定の土地を換地として定めずに、保留地として確保できる。これを保留地減歩という

12 区分所有法

分譲マンションなどの集合住宅における共通の管理や使用について定めた法律が、**区分所有法**です。

区分所有者は、所有者自身の意思にかかわらず、区分所有者の団体（管理組合）の構成員となります。

区分所有法の出題ポイント

集会（毎年1回以上）での議決※4	●建物の取壊し、建替え…（区分所有者および議決権の）5分の4以上の賛成※1 ●規約の変更／共用部分の変更／管理組合法人の設立…4分の3以上の賛成 ●管理者の選任または解任。※2
分離処分の禁止	●専有部分とその専有部分に係る敷地利用権を分離処分することはできない。 ●専有部分と共用部分の持分を分離処分することはできない
管理費滞納	●旧所有者が管理費を滞納していると、新所有者に滞納分の支払義務が生じる

※1は規約で別段の定めをすることができない。※2・※3はできる。

※4区分所有者の相続人等や中古マンションの購入者等に対しても、相続・購入以前の集会で決議された事項も含めて効力が及ぶ。

ことば

集会：管理者により、少なくとも毎年1回の集会招集が必要。

専有部分：住居、店舗、事務所等。

共用部分：共同玄関、階段、廊下、集会室、エレベーター等。

●住居として利用できる部分でも、規約によって共用部分とすることができ（規約共用部分）、その旨を登記することで第三者に対抗できる。

●共用部分の持分割合※3は、専有部分の床面積の割合による。

敷地利用権：専有部分を所有するための建物の敷地に関する権利。敷地についての各人の共有持分。

過去問トレーニング

次の質問に答えなさい。

問1　次の記述の正誤を答えなさい。

◀2012年9月・2013年1月・5月・9月・2014年9月・2015年1月学科

❶　開発行為とは、主として建築物の建築または特定工作物の建設の用に供する目的で行う土地の区画形質の変更をいう。

❷　都市計画区域内の建築物は、すべての用途地域において、隣地境界線までの水平距離に応じた高さ制限（隣地斜線制限）の規定が適用される。

❸　建築基準法第42条第2項の道路に面している敷地のうち、道路と道路境界線とみなされる線までの間の敷地部分（セットバック部分）も、容積率や建蔽率の算定上、敷地面積に算入される。

❹　建築物の延べ面積の敷地面積に対する割合は、原則として、都市計画によって定められた容積率以下でなければならず、その敷地の前面道路の幅員が12m未満の場合は、さらに制限される場合がある。

❺　建築物の敷地が、容積率の制限が異なる2つの地域にわたる場合は、その敷地のすべてについて厳しい方の地域の容積率の制限が適用される。

❻　市街化区域内において行う開発行為で、その規模が1,000㎡以上であるものは、原則として都道府県知事等の許可を受けなければならない。

❼　特定行政庁の指定する角地である敷地に耐火建築物以外の建築物を建築する場合、その敷地の建蔽率の上限は、都市計画において定められた建蔽率の数値に20%を加算した値となる。

❽　建築物の敷地は、原則として、幅員4m以上の建築基準法上の道路に2m以上接していなければならない。

❾　第一種低層住居専用地域においては、原則として、高さが7mを超える建築物を建築することはできない。

❿　開発許可を受けた開発区域内の土地について、開発行為に関する工事完了の公告があるまでの間は、当該土地を譲渡することができない。

⓫　敷地利用権とは、専有部分を所有するための建物の敷地に関する権利をいう。

問2 都市計画区域および準都市計画区域内における建築基準法の規定に関する次の記述の正誤を答えなさい。 ◀2019年5月・2020年1月学科

❶ 建築物の高さに係る道路斜線制限は、用途地域の指定のない区域内の建築物には適用されない。

❷ 日影規制は、原則として、工業専用地域、工業地域、準工業地域および商業地域を除く用途地域における建築物に適用される。

❸ 建築物の敷地が、準工業地域と工業地域にわたる場合、その敷地の過半が工業地域内であるときは、原則、ビジネスホテルを建築できない。

❹ 建築物の高さに係る隣地斜線制限は、第一種低層住居専用地域、第二種低層住居専用地域および田園住居地域には適用されない。

問3 甲土地上に耐火建築物を建築する場合における❶最大建築面積と❷最大延べ面積をそれぞれ求めなさい。 ◀2022年1月個人

〈甲土地に関する資料〉

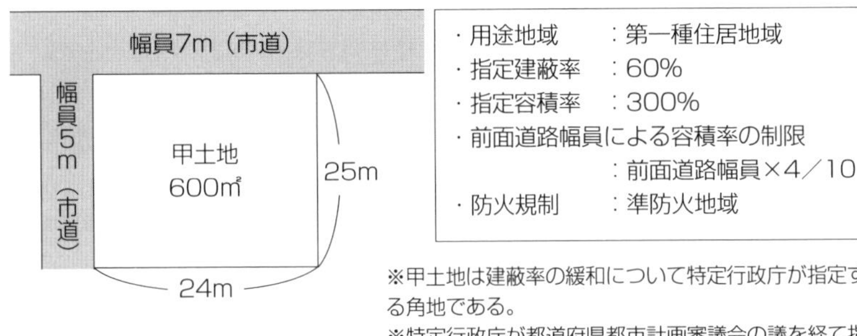

※甲土地は建蔽率の緩和について特定行政庁が指定する角地である。
※特定行政庁が都道府県都市計画審議会の議を経て指定する区域ではない。
※上記以外の条件は考慮せず、各問に従うこと。

問4 建物の区分所有等に関する法律についての次の記述の正誤を答えなさい。 ◀2021年9月学科

❶ 区分所有者は、敷地利用権が数人で有する所有権である場合、原則として、その有する専有部分とその専有部分に係る敷地利用権とを分離して処分することができない。

❷ 共用部分に対する各区分所有者の共有持分は、一部共用部分がある場合を除き、原則として、各共有者が有する専有部分の床面積の割合による。

❸　通常の集会の招集の通知は、原則として、開催日の少なくとも1週間前に、会議の目的たる事項を示して、各区分所有者に発しなければならない。

❹　形状または効用の著しい変更を伴わない共用部分の変更を行うためには、区分所有者および議決権の各4分の3以上の多数による集会の決議が必要である。

答え

問1

❶ ○　❷ ×　隣地斜線制限は第一種・第二種低層住居専用、田園住居地域は適用外。

❸ ×　2項道路のセットバック部分は、容積率や建蔽率の算定上、敷地面積に算入されない。　❹ ○

❺ ×　敷地が容積率の異なる用途地域にわたる場合、敷地全体の容積率は、各地域の容積率を加重平均で計算する。

❻ ○　市街化区域内はその規模が1,000㎡以上であるもの、市街化調整区域内はその規模にかかわらず都道府県知事の開発許可が必要。

❼ ×　10%の建蔽率緩和を受けることができる。

❽ ○　接道義務。　❾ ×　第一種・第二種低層住居専用地域、田園住居地域では、高さ10mまたは12mを超える建築物を建てることができない（絶対高さ制限）。

❿ ×　建築物の建築はできないが、土地の譲渡は可能。　⓫ ○

問2

❶ ×　道路斜線制限（道路高さ制限）は、すべての用途地域が適用対象で、市街化調整区域等の用途地域の指定のない区域内も適用対象。

❷ ×　住居系の用途地域・近隣商業地域・準工業地域が適用対象で、原則、商業地域・工業地域・工業専用地域は適用対象外。

❸ ○　本文の場合、過半の属する用途地域、つまり工業地域の用途制限が適用される。工業地域には、ホテル・旅館は建築できない。

❹ ○

問3

❶ **480㎡**　防火地域・準防火地域の角地で耐火建築物を建築する場合、建蔽率は20%緩和される。建蔽率＝60%＋20%＝80%
最大建築面積＝600㎡×0.8＝480㎡

❷ **1,680㎡**　前面道路の幅が12m未満の場合、容積率に制限がある。道路が7mと5mの2つある場合は、広いほうの道路幅を前面道路とする。7m×4／10＝280%　指定容積率は300%なので、小さい方の280%が容積率の上限となる。最大延べ面積＝600㎡×280%＝1,680㎡

問4　❶ ○　❷ ○　❸ ○　❹ ×　著しい変更を伴わない場合は過半数。

4 不動産の取得と保有にかかる税金

課税標準の特例に関する問題が出る！

- 不動産取得税（地方税）の課税主体は、都道府県。
- 印紙税の過怠税は、無貼付が税額３倍、未消印が同額。
- 固定資産税の小規模住宅用地の課税標準は６分の１。

1 不動産取得税

不動産取得税は、土地・家屋の購入・新築・増改築や、**贈与**により、取得者に課される地方税です。※等価交換によって不動産を取得した場合も課されますが、相続や法人の合併による不動産の取得に対しては課されません。

課税標準（税額を算出するうえで基礎となる課税対象）は、不動産の**固定資産税評価額**です。

※借地権の取得には課税されないが、借地権の設定された底地を取得した場合は、借地権は考慮されず固定資産税評価額に対して課税される。

不動産取得税の出題ポイント

納税義務者	不動産の取得者（個人・法人）
課税主体	不動産がある**都道府県**（地方税）
課税標準	**固定資産税評価額（固定資産課税台帳登録価格）**

- **不動産取得税の計算式**

不動産取得税＝課税標準×税率3%※

※2027年3月31日までの取得について特例として３％。本則は税率4％。

- **免税点：課税標準が次の場合、不動産取得税は課税されない**

土地	10万円未満
家屋	新築・増改築：１戸につき23万円未満
	売買、贈与など（新築・増改築以外）：１戸につき12万円未満

2 不動産取得税の課税標準の特例

不動産取得税の課税標準の特例は、課税標準から一定額を控除できる特例です。新築・増改築だけでなく、**中古住宅**を取得した場合にも適用されます。

不動産取得税の課税標準の特例

- **新築住宅の特例…課税標準－1,200万円**※

※2026年3月31日までに新築した認定長期優良住宅（長期にわたり良好な状態で使用するための措置が講じられた優良な住宅）は、1,300万円。

不動産取得税＝(課税標準－1,200万円)×税率3%

【例】固定資産税評価額が2,000万円の住宅の不動産取得税は、
(20,000,000－12,000,000)×0.03＝240,000円

主な要件：1　床面積50㎡（一戸建て以外の貸家住宅は1区画40㎡）以上240㎡以下
　　　　　2　居住用、セカンドハウス、マンション[住宅用]など住宅全般。一戸建て以外の床面積の判定は独立した区画ごとに行う。

- **中古住宅の課税標準の特例…課税標準－新築時期により異なる控除額**※

※新築した時期によって、100万円～1,200万円が控除できる。

主な要件：1　床面積50㎡以上240㎡以下
　　　　　2　1982年1月1日以降に新築された住宅、または一定の新耐震基準に適合した住宅
　　　　　3　居住用またはセカンドハウス。賃貸住宅は適用不可

- **宅地の課税標準の特例…課税標準×1/2**

不動産取得税＝課税標準×1/2×税率3%※

【例】固定資産税評価額が1,500万円の宅地の不動産取得税は、
15,000,000×1/2×0.03＝225,000円

※2027年3月31日までの特例。一定の要件を満たす住宅用地を取得した場合には、不動産取得税の税額からさらに一定額が軽減される。

3 登録免許税

不動産登記を行うとき、**登録免許税**が課されます。ただし、建物を新築した際の表示に関する登記（**表題登記**）を行う場合には、登録免許税は課税されません。

所有権移転登記、**抵当権設定登記**の登録免許税は、売主と買主（住宅ローンを借りた債務者）が連帯して納付する義務がありますが、実際には、買主の負担とする売買契約が一般的です。

表題登記：土地の所在・地番や、建物の家屋番号・床面積など、物理的状況を記載する。登記記録の表題部を作成するための登記で、申請は取得から1カ月以内に行う。

出る

登録免許税の種類と基本ポイント

●登録免許税の種類

所有権保存登記	新築の建物を購入したときなど、所有権を初めて登録するときの登記。登録免許税は売主と買主が連帯して納付
所有権移転登記	不動産の相続[※1]、売買、贈与などで、所有権が移転するときの登記。売主と買主が連帯して納付
抵当権設定登記	土地や建物を担保にして、ローンなどの抵当権を設定するときの登記。[※2]一筆の土地に複数の抵当権を設定可能。なお、債務を完済しても、抵当権は自動的には抹消されないため、債務者は抵当権抹消登記をすることが必要。債務者が債務の弁済を怠った場合、抵当権者は裁判所に申し立てをし、債権回収のためにその土地を競売にかけることが可能。

※1 相続により土地を取得した者が所有権移転登記を受ける前に死亡した場合、2025年3月31日までの間に、その死亡した者を登記名義人とするため行う移転登記については登録免許税は免税。※2 登記の際の課税標準は債権金額。

●登録免許税の基本ポイント

納税義務者	不動産登記をする者（個人・法人）
課税主体	国（国税）
課税標準	固定資産税評価額（固定資産課税台帳登録価格）

●登録免許税の計算式

登録免許税＝課税標準（固定資産税評価額）×税率

●税率（住宅用家屋）

	税率	軽減税率[※3]
①所有権保存登記	0.4%	0.15%
②所有権移転登記	2.0%[※4]	0.3%
③抵当権設定登記	0.4%	0.1%

〈軽減措置の主な適用要件〉
②・③の要件：新耐震基準に適合している住宅用家屋または昭和57年1月1日以降建築の家屋。

※3 軽減税率は2027年3月31日までに取得した住宅用家屋に適用。
※4 登記原因が売買や贈与なら2.0%、相続なら0.4%と税率が異なる。

4 消費税

不動産取引には、消費税がかかる取引（**課税取引**）とかからない取引（**非課税取引**）があります。

課税取引	・建物の譲渡（居住用も含む） ・建物の貸付け（居住用を除く） ・貸付期間が１カ月未満の土地の貸付け ・貸付期間が１カ月未満の居住用建物の貸付け ・不動産の仲介手数料
非課税取引	・土地の譲渡　・有価証券の譲渡 ・**貸付期間が１カ月以上の土地の貸付け** ・貸付期間が１カ月以上の居住用建物の貸付け

スピード理解!!

１カ月以上住まいを貸す場合は、家賃、敷金、礼金などに消費税はかからない。

5 印紙税

印紙税は、不動産売買契約書等の課税文書を作成したときに課される税金（国税）で、文書に収入印紙を貼って消印することで納税します。印紙税額は、契約書に記載された契約金額が高いほど高くなります。

土地・建物の売買で、売買契約書の原本を２通作成して売主・買主のそれぞれが所持する場合は、双方の契約書に収入印紙を貼付し消印することが必要です。また、契約の成立や変更を証明するために作成されるものであれば、不動産売買に係る契約内容を補充する念書、覚書、仮契約書でも印紙税の納付が必要となることがあります。

収入印紙の**貼付がない**場合は、**印紙税額の３倍**（納付しなかった印紙税額＋印紙税額の２倍相当額）、**消印がない**場合は**印紙の額面金額と同額の過怠税**が課されます。なお、過怠税が課されても契約自体は有効です。

6 固定資産税

固定資産税は、不動産を取得した翌年度から課税される地方税です。

固定資産税の基本ポイント

納税義務者	毎年1月1日現在、固定資産課税台帳に登録されている者※1
課税主体	不動産がある市町村（地方税）
課税標準	固定資産税評価額（固定資産課税台帳登録価格）

※1 実務上、売買契約により売主と買主の間で固定資産税の負担割合を所有期間で按分して精算することが一般的。

● **固定資産税の計算式**

固定資産税＝課税標準（固定資産税評価額）× 1.4%※2

※2　1.4%は標準税率。各市町村の条例で変えることができる。

7 固定資産税の課税標準の特例

住宅用地（賃貸住宅の用地を含む）の固定資産税には、課税標準から一定額を控除できる特例があります。

固定資産税の課税標準の特例

● **小規模住宅用地（200㎡以下の部分）…課税標準×1/6**

【例】200㎡で課税標準が1,800万円の小規模住宅用地の固定資産税の計算
固定資産税＝1,800×1/6×税率1.4%＝4.2万円

● **一般住宅用地（200㎡超の部分）…課税標準×1/3**

スピード理解!! 住宅1戸についての課税標準を200㎡以下の部分は6分の1に軽減、200㎡を超える部分は3分の1に軽減。

新築住宅の固定資産税には、税額軽減特例があります。

新築住宅の税額軽減特例

- **新築住宅の税額軽減**…居住用部分の床面積が50㎡（一戸建ての場合）以上280㎡以下を要件として、床面積が120㎡までの部分について、新築後3年間※（新築中高層建築物は5年間）、固定資産税が2分の1に軽減される（2026年3月31日までに取得した物件に適用される特例）。

※認定長期優良住宅の場合の軽減する期間は、一般住宅については5年間、中高層耐火住宅は7年間。

8 都市計画税

都市計画税は、公園や道路などの都市計画事業の費用に充てるために課される地方税です。

都市計画税の基本ポイント

納税義務者	市街化区域内の土地・建物の所有者 （毎年1月1日現在、固定資産課税台帳に登録されている者）
課税主体	不動産がある市町村（地方税）
課税標準	固定資産税評価額（固定資産課税台帳登録価格）

- **課税標準と税率**

都市計画税＝課税標準（固定資産税評価額）× 制限税率0.3%※

※制限税率0.3%を上限として、市町村が下げることができる。

住宅用地（賃貸住宅の用地を含む）の都市計画税には、課税標準から一定額を控除できる特例があります。

都市計画税の課税標準の特例

- **小規模住宅用地（200㎡以下の部分）**…課税標準×1/3
- **一般住宅用地（200㎡超の部分）**…課税標準×2/3

過去問トレーニング

適切なものには○、不適切なものには×をしなさい。

問1 不動産に係る不動産取得税、消費税、印紙税に関する次の記述の正誤を答えなさい。 ◀2019年9月・2020年1月・2021年1月・2022年5月学科

❶ 不動産取得税は、相続や贈与により不動産を取得した場合は課されない。

❷ 一定の要件を満たす戸建て住宅（認定長期優良住宅を除く）を新築した場合、不動産取得税の課税標準の算定に当たっては、１戸につき最高1,200万円を価格から控除することができる。

❸ 土地の所有権を等価交換方式による全部譲渡により取得した場合は、原則として、取得者に対して不動産取得税は課されない。

❹ 個人が不動産会社から居住用建物を購入する場合、その売買取引は消費税の非課税取引とされる。

❺ 印紙税の課税文書に貼付されている印紙が消印されていない場合は、原則として、その印紙の額面金額の２倍に相当する金額の過怠税が課される。

問2 不動産に係る固定資産税、都市計画税、登録免許税に関する次の記述の正誤を答えなさい。 ◀2019年5月・2020年1月・2022年5月学科

❶ 土地および家屋に係る固定資産税の標準税率は1.4％と定められているが、各市町村は条例によってこれと異なる税率を定めることができる。

❷ 都市計画税は、都市計画区域のうち、原則として市街化調整区域内に所在する土地または家屋の所有者に対して課される。

❸ 地方税法において、固定資産税における小規模住宅用地（住宅用地で住宅１戸当たり200㎡以下の部分）の課税標準については、課税標準となるべき価格の３分の１の額とする特例がある。

❹ 所有権移転登記に係る登録免許税の税率は、登記原因が相続による場合の方が贈与による場合に比べて高くなる。

❺ 地方税法において、所定の要件を満たす新築住宅に係る固定資産税は、1戸当たり120㎡以下の床面積に相当する部分の税額について、一定期間にわたり5分の1に軽減される特例がある。

❻ 固定資産税の納税義務者は、年の中途にその対象となる土地または家屋を売却した場合であっても、その年度分の固定資産税の全額を納付する義務がある。

❼ 登録免許税は、建物を新築した場合の建物表題登記であっても課される。

❽ 不動産に抵当権設定登記をする際の登録免許税の課税標準は、当該不動産の相続税評価額である。

答え

問1

❶ × 不動産取得税は、相続により不動産を取得した場合は課税されないが、贈与による取得の場合は課税対象となる。

❷ ○ 新築住宅の取得や増改築の場合、床面積が50㎡以上240㎡以下（貸家の場合40㎡以上）の住宅（特例適用住宅）であれば控除される。

❸ × 不動産取得税は、等価交換による不動産の取得の場合も課税対象となる。

❹ × 建物の譲渡は消費税の課税取引となる。非課税取引となるのは、土地の譲渡や建物の貸付。

❺ × 印紙が消印されていない課税文書の場合、印紙の額面金額と同額の過怠税が課される。

問2

❶ ○

❷ × 都市計画税は、都市計画区域のうち市街化区域内に所在する土地・家屋の所有者（毎年1月1日現在、固定資産課税台帳に登録されている者）に課税される。

❸ × 住宅用敷地の固定資産税評価額は、小規模住宅用地（200㎡以下の部分）は課税標準の1／6、一般住宅用地（200㎡を超える部分）は課税標準の1／3に軽減する特例がある。

❹ × 所有権移転登記の税率は、登記原因が贈与・売買等による場合は2.0%、相続なら0.4%。従って贈与による場合のほうが高くなる。

❺ × 1／5ではなく、正しくは1／2。

❻ ○

❼ × 建物を新築した際の表示に関する登記（表題登記）には、登録免許税は課されない。

❽ × 抵当権設定登記をする際の登録免許税の課税標準は債権金額、税率は0.4%。

5 不動産の譲渡・賃貸にかかる税金

長期・短期、控除、特例の適用所有期間が超頻出！

- 土地や建物の概算取得費は譲渡価額の５％。
- 「3,000万円の特別控除」と「軽減税率の特例」のみ併用可。
- 長期譲渡所得と短期譲渡所得の税率の違いに注意。

1 不動産の譲渡所得

土地や建物を**譲渡（売却）**することで生じた所得を**譲渡所得（譲渡益）**といい、所得税・住民税が課せられます。

譲渡所得は、他の所得と区別して計算する**分離課税**です。

譲渡所得金額の算出式

譲渡所得金額（譲渡益）＝総収入金額－（取得費＋譲渡費用）

- **総収入金額**：売却時の譲渡価額の合計額
- **取得費**：売った土地や建物の購入代金、手数料、建築代金、設備費、改良費などの合計額から、減価償却費相当額を差し引いた金額。取得（購入、贈与、相続）したときに納めた登録免許税、不動産取得税、印紙税等。
- **概算取得費**：買い入れた時期が古いなどのため、取得費が不明の場合には、取得費の額を譲渡価額の5％相当額にできる。また、実際の取得費が譲渡価額の5％相当額を下回る場合も5％相当額にできる。
- **譲渡費用**：仲介手数料、売主負担の印紙税等、売るために直接かかった費用。固定資産税、都市計画税、修繕費など、土地や建物の「維持・管理」のためにかかった費用は譲渡費用に含まれない。

譲渡所得の税率は、譲渡した土地・建物を**所有していた期間が５年超か５年以内か**で異なります。

譲渡所得の税率の出題ポイント

譲渡所得税額＝譲渡所得金額×税率(長期なら20.315%、短期なら39.63%)

長期譲渡所得	譲渡した年の１月１日現在において所有期間が５年を超えるもの	税率20.315%※1
短期譲渡所得	譲渡した年の１月１日現在において所有期間が５年以内であるもの	税率39.63%※2

- 贈与・相続により財産を取得した場合は、以前の取得日・取得費を引き継ぐ。譲渡所得を計算する際の取得日は、贈与者・被相続人が取得した日となる。

※1 所得税15% + 復興特別所得税0.315% + 住民税5% = 20.315%
※2 所得税30% + 復興特別所得税0.63% + 住民税9% = 39.63%

ことば

居住用財産の譲渡所得の特別控除の特例：「居住用財産を譲渡した場合の3,000万円の特別控除の特例」

2 居住用財産の譲渡所得の特別控除の特例

居住用財産（マイホームの家屋、敷地。所有期間の制限はない）を譲渡した場合、譲渡所得から**最高3,000万円**を控除できます。

居住用財産の譲渡所得の特別控除の特例

課税譲渡所得＝譲渡所得金額(譲渡益)－3,000万円(特別控除)

- 居住しなくなった日から3年を経過する日の属する年の12月31日までの譲渡であることが必要。建物を取り壊した後で、敷地を賃貸やその他の用途に供した場合には、居住用財産に該当しない。
- 特別関係者（配偶者、父母、子、生計を一にする親族等）への譲渡は不適用！
- 共有の居住用財産を譲渡した場合、共有者の所有権持分に応じて判定し、共有者一人につき最高3,000万円が控除される（例えば夫婦別々に適用可能）。
- 前年・前々年に同じ特例を受けていると利用できない。
- この特例によって、譲渡所得が0円になる場合も、確定申告が必要。
- 入居した年とその前後２年間（計５年間）にこの特例の適用を受けた場合、住宅借入金等特別控除（住宅ローン控除）の適用不可。
- 譲渡益が3,000万円に満たないときは、その譲渡益の金額が控除額になる。

3 居住用財産の軽減税率の特例

所有期間が**10年**[※1]を超える居住用財産を譲渡した場合、前ページ「居住用財産の譲渡所得の特別控除」後の金額のうち、**6,000万円以下の部分には14.21%の軽減税率が**適用されます。6,000万円を超える部分は税率20.315%です。

軽減税率の特例

● **譲渡所得税額＝課税長期譲渡所得金額×税率**

課税長期譲渡所得金額	所得税[※2]	住民税
6,000万円以下の部分	**10.21%**	**4%**
6,000万円を超える部分	**15.315%**	**5%**

ことば

居住用財産の軽減税率の特例：「居住用財産を譲渡した場合の長期譲渡所得の課税の特例」

※1 譲渡した年の1月1日現在における所有期間。

※2 復興特別所得税（基準所得税額の2.1%）を含めた税率。
10%→10×1.021＝10.21%
15%→15×1.021＝15.315%

ことば

特定居住用財産の買換えの特例：「特定の居住用財産の買換えの場合の長期譲渡所得の課税の特例」

4 特定居住用財産の買換えの特例

所有期間10年[※1]**を超える居住用財産**を買い換えた場合[※3]は、譲渡益に対する税金を将来に繰り延べることができます。

特定居住用財産の買換えの特例の出題ポイント

買換資産の取得価額に対応する部分について、譲渡益の100%相当分の課税を繰り延べることができる。

- 所有期間が10年超、居住期間合計が10年以上の居住用財産の譲渡であること。
- 譲渡年に買換資産を取得し、譲渡年の翌年末までに居住開始したものか、譲渡年の翌年中に取得見込みで、取得年の翌年末までに居住開始のものが対象。
- 譲渡資産の対価の額（旧宅の売却額）が1億円以下であること。
- 買換資産について、居住用部分の床面積が50㎡以上、敷地の面積が500㎡以下。買換資産が耐火建築物の中古住宅の場合、築25年以内であること。
- 他の居住用財産の特例と併用不可。適用後2年間は同じ特例を受けられない。

※3 2025年12月31日までの売却。

買換えの特例の繰延べと課税計算

- 「譲渡資産（旧居）の譲渡価額≦買換資産（新居）の取得価額」の場合
  ➡「譲渡益＝譲渡価額－（取得費＋譲渡費用）」への課税を全額繰延べ
- 「譲渡資産（旧居）の譲渡価額＞買換資産（新居）の取得価額」の場合
  ➡収入（差額）に対し長期譲渡所得として所得税＋住民税（20.315%）を課税。
  ➡買換資産の取得価額に対応する部分の譲渡益は課税繰延べ。

（譲渡資産の）取得費＋譲渡費用

譲渡資産の譲渡価額（売った金額）

課税繰延べ　収入金額

買換資産の取得価額（買った金額）

【例】 譲渡価額5,000万円、取得価額4,000万円、取得費不明、譲渡費用300万円

❶ 収入金額の計算 → 譲渡価額－取得価額＝5,000－4,000＝1,000万円

❷ 取得費（概算取得費5%＝250万円）と譲渡費用は、収入に応じた分だけ計上

→（取得費＋譲渡費用）× $\frac{\text{収入金額}}{\text{譲渡価額}}$ ＝（250＋300）× $\frac{1{,}000}{5{,}000}$ ＝110万円

❸ 収入（課税対象） → ❶－❷＝1,000－110＝890万円

❹ 長期譲渡所得の税率20.315%をかけて課税金額を求める

→ 890×0.20315＝180万8,035円

5 損益通算・繰越控除の特例

所有期間5年を超える居住用財産を譲渡※したときの損失は、他の所得と損益通算・繰越控除できる特例があります。

※2025年12月31日までの取引に適用。

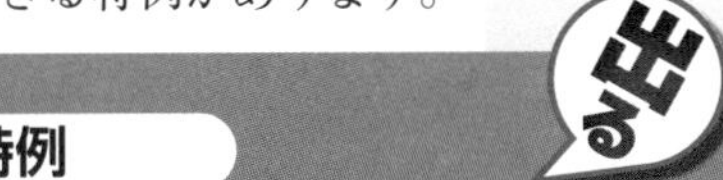

損益通算・繰越控除の特例

出る

❶「居住用財産の買換え等の場合の譲渡損失の損益通算および繰越控除の特例」
居住用財産を譲渡し、新たに住宅ローンを利用して居住用財産を取得した（買い換えた）ときの譲渡損失を損益通算・繰越控除

▲買換資産を取得した日の属する年の12月31日時点において、買換資産について償還期間10年以上の住宅ローンの残高が必要。

❷「特定居住用財産の譲渡損失の損益通算および繰越控除の特例」
住宅ローン残債がある居住用財産を譲渡したときの譲渡損失（住宅ローン残高から譲渡価額を控除した額が限度）を損益通算・繰越控除

- 控除し切れない場合は、**翌年以降3年間**にわたって繰越控除できる。※
- 他の居住用財産の特例と併用不可。適用後2年間は同じ特例を受けられない。

※ただしその年分の合計所得金額が3,000万円以下でなければ適用不可。

6 空き家に係る譲渡所得の特別控除の特例

被相続人の居住用財産（空き家）を相続した相続人が、その家屋または取壊し後の土地を譲渡（売却）した場合、譲渡益から**最高3,000万円を控除**できる制度です。※

※2027年12月31日までに譲渡した場合適用される。被相続人が老人ホーム等へ入居していた場合も適用可。

空き家に係る譲渡所得の特例の出題ポイント

課税譲渡所得＝譲渡所得金額（譲渡益）－3,000万円（特別控除）

- 譲渡価額が1億円以下。
- 相続開始日から3年を経過する日の属する年の12月31日までの譲渡。
- 相続開始直前まで被相続人（一人暮らし）の居住用家屋・敷地であったもので、その後譲渡時まで事業・貸付け・居住用に使われていないこと。
- 1981年（昭和56年）5月31日以前に建築された一戸建てであること。
- 家屋のみもしくは家屋と敷地を一緒に譲渡した場合や、家屋を取り壊して更地にし譲渡した場合も適用可。
- マンションなどの区分所有建物でないこと。
- 親・子・夫婦など特別の関係がある人に対して譲渡したものでないこと。
- 買主が譲渡の日の属する年の翌年2月15日までに耐震改修または除却工事を行った場合、工事の実施が譲渡後であっても適用対象に（2024年1月1日以降の譲渡に適用）。
- 確定申告書に被相続人居住用家屋等確認書の添付が必要。
- 相続人が3人以上いる場合、1人あたりの控除額は2,000万円（2024年1月1日以降の譲渡）。
- **相続財産を譲渡した場合の取得費の特例（408ページ）とは併用不可。**
- **小規模宅地等の評価減の特例（402ページ）と併用できる。**

7 立体買換えの特例

三大都市圏の既成市街地およびそれに準じる地域にある土地等、建物、構築物を譲渡し、地上3階以上の中高層建築耐火共同住宅およびその敷地を買い換えた場合に、不動産の譲渡益に関する課税を100%繰り延べることができます。これを**立体買換えの特例**※といいます。→等価交換方式（344ページ）

※正式名称は「既成市街地等内にある土地等の中高層耐火建築物等の建設のための買換え及び交換の場合の譲渡所得の課税の特例」。等価交換事業が行われた場合に適用できる特例。

8 不動産所得にかかる税金

不動産の貸付けによる所得を**不動産所得**といいます。不動産所得には、所得税が課せられます。

不動産所得の総収入金額と必要経費

不動産所得＝総収入金額（賃貸料、敷金、礼金、保証金）－必要経費

- 総収入金額には、賃借人に返還しない分の敷金や保証金を含む。
- 必要経費には、建物の減価償却費、不動産取得税、固定資産税、登録免許税、借入金の利子を含む。
- 所得に対する所得税・住民税、借入金元本の返済分は、必要経費ではない。

9 損益通算できる不動産所得の損失

不動産所得に損失（赤字）が出たときは、他の所得の金額（黒字）と損益通算（差引計算）を行うことになっています。

ただし、不動産所得の金額の損失のうち、次に掲げる損失の金額は、損益通算の対象となりません。

1　別荘等のように主として趣味、娯楽、保養または鑑賞の目的で所有する不動産の貸付けに係るもの

2　不動産所得の金額の計算上必要経費に算入した**土地等を取得するために要した負債（借金）の利子**※に相当する部分の金額。

※建物を取得するために要した負債（借金）の利子は、損益通算できる。

「不動産所得の損失」のうち、損益通算できるもの、できないものは頻出事項！

10 借地権にかかる税金

土地に借地権を設定し、対価として受け取った権利金などの一時金は、原則として不動産所得となります。ただし、その土地の価額の２分の１を超える権利金は、土地の一部分を譲渡したものと判断されて譲渡所得となります。

過去問トレーニング

次の質問に答えなさい。

問1 「被相続人の居住用財産（空き家）に係る譲渡所得の特別控除の特例」（以下、「本特例」という）に関する以下の文章の空欄❶～❸に入る最も適切な語句または数値を、下記の〈語句群〉**ア～ク**から選びなさい。

◀2022年9月個人

本特例の適用を受けるためには、相続した家屋について、（ ❶ ）年5月31日以前に建築されたこと、相続開始直前において被相続人以外に居住をしていた人がいなかったことなどの要件を満たす必要があり、マンションなどの区分所有建物登記がされている建物（ ❷ ）。
本特例の適用を受けるためには、家屋を取り壊して更地で譲渡するか、または、家屋を一定の耐震基準を満たすようにリフォームしてから、その家屋のみを譲渡するか、もしくはその家屋とともに敷地を譲渡する必要がある。ただし、いずれの場合であっても、その譲渡の対価の額が（ ❸ ）以下でなければならない。

〈語句群〉

ア 1978　**イ** 1981　**ウ** 1985　**エ** は対象とならない
オ も対象となる　**カ** 3,000万円　**キ** 5,000万円
ク 1億円

問2 「居住用財産の買換え等の場合の譲渡損失の損益通算及び繰越控除」（以下「本特例」という）に関する次の記述の正誤を答えなさい。

◀2022年・9月学科（改）

❶ 納税者が本特例の適用を受けるためには、譲渡した居住用財産の所有期間が、譲渡した日の属する年の1月1日時点で5年を超えていなければならない。

❷ 本特例のうち、譲渡損失の損益通算の特例の適用を受けるためには、買換資産を取得した日の属する年の12月31日時点において、買換資産に係る住宅借入金等の金額を有していなければならない。

❸ 本特例のうち、譲渡損失の損益通算の特例の適用を受けるには、納税者のその年分の合計所得金額が3,000万円以下でなければならない。

❹ 納税者が本特例の適用を受けた場合、買換資産に係る住宅借入金等の金額を有していたとしても、住宅借入金等特別控除の適用を受けることはできない。

問3 居住用財産を譲渡した場合の3,000万円の特別控除（以下「3,000万円特別控除」という）および居住用財産を譲渡した場合の長期譲渡所得の課税の特例（以下「軽減税率の特例」という）に関する次の記述の正誤を答えなさい。

◀2022年1月学科（改）

❶ 3,000万円特別控除は、居住用財産を配偶者に譲渡した場合には適用を受けることができない。

❷ 3,000万円特別控除は、居住用財産を居住の用に供さなくなった日から6か月を経過する日までに譲渡しなければ、適用を受けることはできない。

❸ 軽減税率の特例は、譲渡した居住用財産の所有期間が、譲渡した日の属する年の1月1日において5年を超えていれば、適用を受けることができる。

❹ 軽減税率の特例では、課税長期譲渡所得金額のうち6,000万円以下の部分の金額について、所得税（復興特別所得税を含む）10.21%、住民税4%の軽減税率が適用される。

答え

問1 ❶ **イ（1981）** 相続した家屋は、1981年5月31日以前に建築された家屋でなければならない。

❷ **エ（は対象とならない）** マンションなどの区分所有建物登記がされていない一戸建てであることも要件の1つ。

❸ **ク（1億円）** 譲渡価額は1億円以下でなければならない。

問2 ❶ **○** ❷ **○** ❸ **×** 譲渡損失の損益通算の特例には所得要件はない。ただし、翌年以降、繰越控除を受ける場合は、その年分の合計所得が3,000万円以下でなければならない。

❹ **×** 本特例は、所定の要件を満たした上で住宅ローン控除との併用が可能。

問3 ❶ **○** ❷ **×** 居住しなくなった日から3年を経過する日の属する年の12月31日までの譲渡であれば適用可。

❸ **×** 譲渡した年の1月1日に、所有期間が10年を超えていることが必要。 ❹ **○**

6 不動産の有効活用

不動産の有効活用の方法と、投資判断の方法が出る！

- 6つの活用方式の特徴、メリット・デメリットを覚える。
- 投資利回りとDCF法の特徴を覚える。
- DSCRとデュー・デリジェンスの特徴を覚える。

1 土地活用の事業方式

土地を有効に活用するための代表的な方法として、**等価交換方式、事業受託方式、土地信託方式、定期借地権方式、自己建設方式、建設協力金方式**があります。

土地活用の事業方式

方式	概要とメリット（○）・デメリット（×）	資金負担	所有権
等価交換方式	土地所有者が土地を提供し、開発業者（デベロッパー）等が資金を負担して建物を建設する。両者が土地と建物（それぞれの一部）を等価交換する。土地所有者は建物の専用部分を取得できる。借地権や底地も等価交換の対象となる。等価交換方式には、次の2種類がある。 全部譲渡方式…土地の全部を開発業者に譲渡し、土地所有者は出資割合に応じた土地付き建物を取得する 部分譲渡方式…土地の一部を開発業者に譲渡し、建物建設後、譲渡した土地の価額に相当する分の建物を取得する ○ 建築資金が必要なく安定した収入が得られる ○ 土地と建物の買換え・交換にかかわる課税の繰り延べ適用を受けられる × 土地をデベロッパーと共有しなくてはならない	開発業者	土地所有者 開発業者 ｝両者で分ける

事業受託方式	土地の所有者が資金調達をし、マンション等の建設・管理・運営などの事業一切を開発業者に任せる。土地・建物の権利はその所有者が維持・取得する。賃料は土地所有者が受け取る。 ○ 開発業者から事業ノウハウの提供を受けられる × 建設資金や事業報酬の負担がある	土地所有者	土地所有者
土地信託方式	信託銀行に土地を信託し、資金調達から建設・管理・運営を任せて配当を受け取る。収益への課税負担は原則、委託者（土地の所有者）に対して行われる（実質所有者課税の原則）。 ○ 基本的に自己資金や借入金が不要 ○ 事業の一切を信託銀行に任せられる ○ 契約終了時に土地・建物が返却される × 配当は保証されず、運用実績により変動がある	信託銀行	土地所有者（契約期間中の土地の名義は信託銀行に移る）
定期借地権方式	一定期間、土地を借地人に賃貸して地代を受け取る。原則、契約期間終了後は更地で返還される。 ○ 資金負担がなく、比較的に安定収入が得られる × 一般的に建物の賃貸収入より少ない	なし	土地は所有者建物は借地権者
自己建設方式	土地の所有者が自分で建物を建設し賃貸業を行う。つまり、事業の企画・資金調達・管理運営まですべて自分で行う。 ○ 土地所有者が収益のすべてを受け取ることが可能 × 建設・管理などの自分で行わなければならない	土地所有者	土地所有者
建設協力金方式	土地所有者が建物を建設するが、建設資金の全部および一部には、その建物に入居予定のテナント等から預かった保証金や建設協力金を充てる。借り受けた建設協力金の返済額のうち、利息部分は必要経費となるが、元本は必要経費にならない。また、土地所有者が固定資産税の納税義務者となる。 ○ 建設資金のための借入れ不要、金利もかからない ○ テナントが中途解約した場合、保証金の返済義務がなくなる × テナント撤退後の処理が煩雑	土地所有者（テナントから集めた資金）	土地所有者

2 投資利回りの種類

表面利回り：単純利回り、グロス利回りなどともいわれる。

不動産投資を行う際の採算性や収益性を判断する指標には、投資利回りとDCF法があります。

投資利回りは、投資額に対してどれだけのリターン（収益）が得られるかを見極める指標で、次の4つがあります。

投資利回りの種類と計算式

●**表面利回り（単純利回り）**

年間収入合計（賃料）の総投資額（物件購入価格）に対する割合。諸経費を引かずにざっくりと計算する。目安として利用される。

表面利回り（%）＝ 年間収入合計÷総投資額×100

●**実質利回り（純利回り/NOI利回り）**

年間収入合計（賃料）から諸経費（管理費・固定資産税）を引いた額の総投資額（物件購入価格）に対する割合。表面利回りより現実的な数字が得られる。

※実質利回りの計算では、諸経費に「減価償却費」は含まない。

実質利回り（%）＝ 純収益÷総投資額×100

（純収益＝年間賃料収入－諸経費）

●**キャッシュ・オン・キャッシュ（自己資本手取額利回り）**

自己資本（自己資金）に対する現金手取額（収入－支出）の割合。他の金融商品との比較に利用される。

キャッシュ・オン・キャッシュ（%）＝現金手取額÷自己資本×100

●**投下資本収益率**

投じた資本に対してどれだけの利益を出せたかを測る指標。

投下資本収益率（%）＝（純収益－減価償却費）÷総投資額×100

実質利回り：純利回り、NOI利回り、ネット利回り、キャップレートなどともいう。

少ない資金で大きな投資効果を上げることを**レバレッジ効果**といいます。借入金の利率より投資利益率が上回っているとき、自己資金で買えない不動産を借入金で買って高い賃料を得れば、投資利回りを上昇させることができます。

3 DCF法を用いた投資判断の方法

DCF法（ディスカウント・キャッシュ・フロー法）は、将来（不動産の保有期間に）発生する純収益（賃料等）と復帰価格（不動産の将来の転売価格）を現在価値にしてから合計して、不動産の収益価格を求める方法です。

収益価格＝将来の純収益の現在価値＋転売価格の現在価値
現在価値＝将来価値×割引率（複利現価率）
【例】毎期（年）末1,000万円の純収益が得られる賃貸マンションを２年後に１億円で売却したい。割引率を年6％（複利現価率：１年で0.9430、２年で0.890）とした場合のDCF法による収益価格は、
１年末の純収益の現在価値＝1,000×0.943＝943万円
2年末の純収益の現在価値＝1,000×0.890＝890万円
2年末の転売価格の現在価値＝1億×0.890＝8,900万円
収益価格＝943＋890＋8,900＝1億733万円

DCF法を用いた代表的な投資判断の方法に、**NPV法**と**IRR法**があります。

NPV法とIRR法

● **NPV法（正味現在価値法）**
将来の収益の現在価値の合計（DCF法で求めた収益）から、投資額の現在価値を差し引いて、投資の適否を判定する方法。**将来の収益の現在価値の合計が、投資額の現在価値を上回れば、投資に有利と判定される。**

● **IRR法（内部収益率法）**
不動産投資の内部収益率（IRR）と投資家の期待する収益率（期待収益率）とを比較して、投資が適しているかどうかを判定する方法。**内部収益率が期待収益率を上回っているほど、投資に有利と判定される。**

DCF法
(Discounted Cash Flow)：将来得られる収益見通しを、現時点での価値に置き直して不動産の評価額とする方法。

割引率：将来の価値を現在の価値に直すために用いる率。
例えば、割引率（想定利回り）を６％とすると、1年後の1万円の現在価値は1万÷(1＋0.06)＝9,434円で、複利現価率は0.943となる。

ことば

NPV法
(Net Present Value)：投資額と将来入ってくる金額を、現在の価値に置き換えて比較する方法。

IRR法
(Internal Rate of Return)：正味現在価値（NPV）をゼロにする割引率。

4 DSCRとデュー・デリジェンス

DSCRと**デュー・デリジェンス**は、投資判断の基準として用いられます。

DSCRとデュー・デリジェンス

● DSCR（借入金償還余裕率）

債務返済能力を測る尺度。**年間キャッシュフロー（純収益）を年間元利金返済額で除した割合**を倍率で表したもので、これが大きいほど望ましいとされる。**DSCRの値が1.0を下回ると賃料収入のみでは借入金の返済がおいつかない**。

DSCR＝ 年間キャッシュフロー ÷ 年間元利金返済額

【例】年間賃料が400万円入るマンションで年間元利金返済額が320万円なら、DSCR＝400÷320＝1.25倍

●デュー・デリジェンス

不動産投資の際のデュー・デリジェンスとは、一般に、**投資対象の経済的・法律的・物理的側面等に関する詳細かつ多面的な調査**をいう。

5 不動産の小口化・証券化

不動産の小口化とは、複数の投資家が共同で1つの不動産に投資し、運用する方法です。

不動産の証券化とは、不動産を担保として細分化された証券に投資家が出資し、得た収益を配分する方法です。

不動産の証券化の1つに投資信託があり、日本国内で上場されている不動産投資信託を**J-REIT**といいます（201ページ）。

過去問トレーニング

次の質問に答えなさい。

問1 不動産の有効活用の手法等の一般的な特徴に関する次の記述のうち、最も不適切なものを**ア**～**エ**から選びなさい。 ◀2022年1月学科

ア 等価交換方式では、土地所有者は、土地の所有権の一部（持分）を譲渡することにより、その共有地上に建設された建物を全部取得することとなる。

イ 事業受託方式では、土地の有効活用の企画、建設会社の選定や当該土地上に建設された建物の管理・運営等をデベロッパーに任せ、建設資金の調達や返済は土地所有者が行うこととなる。

ウ 建設協力金方式では、土地所有者が土地上に建設するビルや店舗等を借り受ける予定のテナント等から、建設資金の全部または一部を借り受け、当該建物を建設することとなる。

エ 定期借地権方式では、土地所有者は、土地を一定期間貸し付けることによる地代収入を得ることができ、借地期間中の当該土地上の建物の所有名義は借地権者となる。

問2 下記〈資料〉は、投資用マンションについての概要である。この物件の実質利回り（年率）として、正しいものを**ア**～**エ**から選びなさい。なお、計算結果については小数点以下第３位を四捨五入すること。 ◀2014年９月資産

〈資料〉
・購入費用総額：1,750万円
（消費税と仲介手数料等取得費用を含めた金額）
・想定される賃料（月額）：90,000円
・運営コスト（月額）：
管理費等：10,000円
家賃代行手数料：月額賃料の5％
・想定される固定資産税（年額）：60,000円
※上記に記載のない事項は考慮しないこと。

ア 4.83％
イ 5.18％
ウ 5.83％
エ 6.17％

5 不動産

問3 不動産の投資判断の手法に関する次の記述の正誤を答えなさい。

◀2021年3月・2022年5月学科

❶ 不動産投資の際に行うデュー・デリジェンスとは、一般に、投資対象の経済的・法律的・物理的側面等に関する詳細かつ多面的な調査をいう。

❷ 借入金併用型投資では、対象不動産の収益率が借入金の金利を上回っている場合、レバレッジ効果が働き、投下した自己資金に対する収益率の向上が期待できる。

❸ IRR法（内部収益率法）による投資判断においては、内部収益率が対象不動産に対する投資家の期待収益率を上回っている場合、その投資は投資適格であると判定することができる。

❹ NPV法（正味現在価値法）による投資判断においては、投資額の現在価値の合計額が投資不動産から得られる収益の現在価値の合計額を上回っている場合、その投資は投資適格であると判定することができる。

❺ DCF法は、連続する複数の期間に発生する総収入および復帰価格を、その発生時期に応じて現在価値に割り引き、それぞれを合計して対象不動産の収益価格を求める手法である。

答え

問1 ア　等価交換方式とは、土地所有者が土地を提供し、権利の一部または全部を開発業者等に譲渡する代わりに、そのマンション等の一部を取得する方法であり、建物の全てを取得できるわけではない。

問2 ア　実質利回り(%)＝ 純収益(年間賃料収入－ 諸経費)÷総投資額×100

年間賃料収入は、賃料12カ月。

諸経費は、管理費12カ月＋家賃代行手数料12カ月＋固定資産税。

純収益＝9万円×12カ月－1万円×12カ月－9万円×5%×12カ月－6万円
＝84.6万円　これを総投資額で割って100を掛ける。

84.6÷1,750×100＝4.8342…≒4.83%

問3

❶ ○　❷ ○　❸ ○

❹ ×　投資不動産から得られる収益の現在価値の合計額が投資額の現在価値の合計額を上回っている場合、その投資は投資適格であると判定できる。本問は上回る合計額が逆になっている。

❺ ×　保有期間に発生する純収益（賃料等）と復帰価格（将来の転売価格）を現在価値にしてから合計して、対象不動産の収益価格を求める方法。

Part 6

相続・事業承継

Contents ここで学習すること

1 贈与税の基本

課税財産と非課税財産の具体例の正誤問題が頻出！

- 日本国籍のある個人は国内外の受贈財産に納税義務がある。
- 贈与財産が110万円以下なら非課税で申告不要。
- 社会通念上相当な範囲内の贈与は非課税。

1 贈与とは

贈与は、無償で財産をあげますという**片務**（へんむ）**契約**であると同時に、実際にその財産を引き渡さなくても当事者間の合意（口頭または書面）のみで成立する**諾成**（だくせい）**契約**です。

贈与の目的物を与える人を**贈与者**、もらう人を**受贈者**といいます。

片務契約：相手に対価を何も要求しない契約。

諾成契約：当事者間の合意のみで成立する契約。

贈与の出題ポイント

- 口頭での贈与（契約）は、引渡しがされていない分（履行前の分）については、各当事者が撤回することができる。
- 書面での贈与（契約）は、相手方の承諾がなければ撤回できない。
- 原則として、贈与者は贈与の目的物に瑕疵があることを知らなかった場合や、不存在について、受贈者に対してその責任を負わない。
- 夫婦間でした贈与契約は、第三者の権利を害しない限り、婚姻中、いつでも夫婦の一方から取り消すことができる。

2 贈与の種類

贈与には、次のようなものがあります。

贈与の種類

定期贈与	贈与者から受贈者に定期的に給付する贈与。 ●**贈与者または受贈者が死亡した場合は、その効力を失う**。 例）毎年200万円、10年間で2,000万円を贈る
負担付贈与	受贈者に一定の債務を負わせることを条件にした贈与契約。 ●**受贈者が債務を履行しない場合、贈与者は負担付贈与契約を解除できる**。 例）ローン返済を引き継いでくれたら不動産をあげる
停止条件付贈与	所定の条件が成就することにより、その効力が生じる贈与契約。条件を満たすときまで「効力が停止」している。 例）大学に合格したら、マンションを与える
死因贈与	当事者間の合意に基づき、贈与者の死亡により実現する契約。 ●**贈与者が死亡するまでは契約の効力が生じない**。 ●原則として、**遺言により撤回できる**。 ●贈与税ではなく、**相続税の課税対象**となる。 例）私が死んだら店をあげる

3 贈与税の申告と納付

贈与税は、**個人から財産を贈与された個人**（受贈者）**に課せられます**。法人が個人から贈与された場合は法人税、個人が法人から贈与された場合は所得税の課税対象です。ただし、人格のない社団・財団法人、持分の定めのない法人は個人とみなされて贈与税がかかる場合があります。

ことば

人格のない社団・財団法人：PTA・町内会・同好会など。

持分の定めのない法人：出資していても退社や法人解散時に払戻しがない法人。

日本国籍と贈与税の納税義務

- **受贈時に日本国籍を持っている個人→**日本国内に住所がある・なしにかかわらず、受贈した**国内外の財産に対して納税義務**がある。
- **受贈時に日本国籍を持っておらず、日本国内に住所もない個人→受贈した国内財産についてのみ納税義務**がある（非居住無制限納税義務者（384ページ）を除く）。

贈与時の課税方法は、受贈者が**暦年課税**と**相続時精算課税**（360ページ）のいずれかを選択できます。

暦年課税：申告と納税の出題ポイント

- 1月1日から12月31日までに受けた贈与財産の価額を合計して計算する。
- **贈与を受けた年の翌年2月1日から3月15日の間**に申告と納税を行う。
- **受贈者の居住地を管轄する税務署長に申告書を提出し納付する。**
- 納税は、申告期限までに、税額の全額を**金銭で一括に納付**することが原則。**物納による納付は不可**。ただし所定の要件を満たすことにより、**延納は可。**
- 贈与税額が10万円超で、納期限までに金銭で納付することが困難な場合には、担保を提供することによって**延納が可能（5年まで）**。
- **基礎控除額は110万円**。贈与財産の合計額が**110万円を超えた場合に申告義務が生じる。110万円以下なら非課税となり、申告は不要。**
- **1暦年間に複数人から贈与を受けた場合、贈与財産の合計額から基礎控除額を控除して、贈与税額を算出する。**
- 受贈者が贈与税の納付を行っていない場合、贈与者はその年中の贈与税額のうち、贈与財産の価額に対応する部分の金額について、贈与財産の価額相当額を限度として、**贈与税の連帯納付義務を負う**。ただし、**受贈者の配偶者や親族等（贈与者ではない）には連帯納付義務はない。**

4 贈与税の課税財産

贈与税の課税対象には、**本来の贈与財産**と**みなし贈与財産**があります。

本来の贈与財産：実際の贈与によって取得した、現金・預金・有価証券・不動産・貴金属など。

みなし贈与財産：贈与によって取得した財産ではないが、実質的に贈与と同様の性質をもつ次のような財産。

- **生命保険金**：**契約者（＝保険料負担者）ではない人が受け取った保険金**は贈与税の課税対象となる。
- **低額譲渡**：個人間で**時価と比較して特に低い価額で財産を譲り受けた場合の差額**は贈与税の課税対象となる。

スピード理解!!
契約者が父親、被保険者が母親のとき、死亡保険金受取人である子が受け取った死亡保険金は贈与税の課税対象！

●**債務免除**：借金を免除してもらうと、その免除金額が贈与とみなされる。ただし、債務免除益のうち債務を弁済することが困難である部分の金額は課税対象外となる。

課税対象となるみなし贈与財産の例

- 親が所有する土地の名義を、対価なく子へ変更した場合の土地。
- 個人間で譲渡された営業権（経済的価値があり、金銭に見積もれる場合）。
- 夫名義で住宅ローンを組んで購入した自宅を夫の単独名義として、ローンの返済を夫婦で行った場合の妻の返済分（妻から夫への贈与）。
- 夫婦間、親子間で無利子の金銭貸与を行った場合の利子相当額（ただし、少額の場合を除く）。
- 父が委託者である信託について、子が適正な対価を負担せずに受益者となった場合の信託受益権。

5 贈与税の非課税財産

贈与税の課税対象とならない**非課税財産**には、次のものがあります。

贈与税の非課税財産の例

- 一般に認められる額の祝金、香典、見舞金、贈答など。
- 通常必要とみなされる額の扶養義務者※から扶養家族への生活費、教育費。
- 法人から個人への贈与（給与所得や一時所得の対象）。
- 相続開始年に、被相続人から受けた贈与（生前贈与加算の対象→381ページ）。
- 離婚にともなう慰謝料や財産分与（社会通念上相当な範囲内の場合）。
- 特定障害者が受け取る信託財産である特定贈与信託（上限6,000万円）。
- 親子間で土地を使用貸借する場合の借地権相当額（親の土地を子が無償で借り受けてアパートなどを建てた場合の借地権は課税対象外）。

※直系血族および兄弟姉妹は、互いに扶養をする義務がある。また家庭裁判所は、特別の事情があるときは、3親等内の親族間においても扶養の義務を負わせることができる。

6 贈与税の計算

贈与税額は、次のように算出します。

贈与税額の計算式

①課税価格を計算する。

課税価格＝(本来の贈与財産)＋(みなし贈与財産)－(非課税財産)

②基礎控除金額を引いたものに、贈与税率を掛けて贈与税額を計算する。

贈与税額＝(課税価格－基礎控除110万円)×速算表税率－速算表控除額

直系尊属（祖父母や父母など）から18歳以上の者（孫や子など）への贈与財産を特例贈与財産といい、贈与税の計算には**特例税率**を用います。一方、これに該当しないもの※は一般贈与財産として、**一般税率**を用いて計算します。

※ 兄弟間、夫婦間、親から子（未成年）への贈与の場合。

〈贈与税の速算表〉

基礎控除後の課税価格	一般贈与財産 税率	一般贈与財産 控除額	特例贈与財産 税率	特例贈与財産 控除額
200万円以下	10%	－	10%	－
200万円超　～　300万円以下	15%	10万円	15%	10万円
300万円超　～　400万円以下	20%	25万円		
400万円超　～　600万円以下	30%	65万円	20%	30万円
600万円超　～　1,000万円以下	40%	125万円	30%	90万円
1,000万円超　～　1,500万円以下	45%	175万円	40%	190万円
1,500万円超　～　3,000万円以下	50%	250万円	45%	265万円
3,000万円超　～　4,500万円以下	55%	400万円	50%	415万円
4,500万円超			55%	640万円

なお、個人から負担付贈与を受けた場合の課税価格は、贈与時の相続税評価額から負担額を控除した額（不動産の場合は「贈与時の通常の取引価額－負担額」）となります。

スピード理解!!

基礎控除額110万円は、贈与者の人数にかかわらず1年間の合計額から差し引く。つまり、1年間に複数人から贈与を受けても、控除額は110万円。

過去問トレーニング

適切なものには○、不適切なものには×をしなさい。

問1 民法上の贈与に関する次の記述の正誤を答えなさい。

◀2021年1月・5月・9月・2022年1月学科

❶ 書面によらない贈与は、その履行の終わった部分についても、各当事者が解除をすることができる。

❷ 負担付贈与とは、贈与者が受贈者に対して一定の債務を負担させることを条件とする贈与をいい、その受贈者の負担から利益を受ける者は贈与者に限られる。

❸ 死因贈与とは、贈与者の意思表示のみで成立し、贈与者の死亡によって効力が生じる贈与をいう。

❹ 定期贈与とは、贈与者が受贈者に対して定期的に財産を給付することを目的とする贈与をいい、贈与者または受贈者の死亡によって、その効力を失う。

❺ 負担付贈与では、受贈者がその負担である義務を履行しない場合において、贈与者が相当の期間を定めてその履行の催告をし、その期間内に履行がないときは、贈与者は、原則として、当該贈与の契約の解除をすることができる。

❻ 死因贈与とは、贈与者の死亡によって効力が生じる贈与をいい、民法の遺贈に関する規定が準用され、死因贈与契約書については家庭裁判所による検認が必要である。

❼ 贈与契約は、当事者の一方がある財産を無償で相手方に与える意思を表示し、相手方が受諾をすることによって、その効力を生ずる。

❽ 負担付贈与契約は、贈与者が、その負担の限度において、売買契約の売主と同様の担保責任を負う。

❾ 相続時精算課税制度の適用を受けた場合、その適用を受けた年以後は、その特定贈与者からの贈与について暦年課税に変更することはできない。

❿ 贈与契約は、契約方法が書面か口頭かを問わず、いまだその履行が終わっていない場合であっても、各当事者がこれを解除することができない。

問2 贈与税の課税財産に関する次の記述の正誤を答えなさい。

◀ 2020年1月学科

❶ 父が所有する土地の名義を無償で子の名義に変更した場合には、原則として、父から子に土地の贈与があったものとして贈与税の課税対象となる。

❷ 子が父の所有する土地を使用貸借によって借り受けて、その土地の上に賃貸アパートを建築した場合、父から子に土地の使用貸借に係る使用権の価額（借地権相当額）の贈与があったものとして贈与税の課税対象となる。

❸ 離婚による財産分与によって取得した財産の額のうち、婚姻中の夫婦の協力によって得た財産の額等の事情を考慮しても、なお過大であると認められる部分は、贈与税の課税対象となる。

答え

問1 贈与契約に関する問題。

❶ × 書面によらない（口頭）贈与の場合、まだ履行していない部分については取り消せるが、履行の終わった部分については解除できない。

❷ × 負担付贈与契約において、その受贈者の負担から利益を受ける者は贈与者に限らない。

❸ × 死因贈与契約は、双方の合意により契約締結するため、受贈者の承諾がないと、贈与者の意思だけで締結することは出来ない。

❹ ○ 特約がない限り、贈与者・受贈者のいずれか一方が死亡した場合に効力は消滅する。

❺ ○ 負担付贈与契約は、受贈者が負担を履行しない場合には、贈与者は贈与契約を解除することができる。

❻ × 死因贈与契約では、家庭裁判所での検認は不要。

❼ ○ 贈与とは、お互いの合意により契約が結ばれる諾成契約である。

❽ ○ ❾ ○

❿ × 贈与契約が口頭の場合は、まだ履行していない部分については贈与者・受贈者のどちらからでも取り消すことができる。しかし、書面で契約した場合は、相手の承諾なしでは取消不可。

問2 贈与税の課税財産に関する問題。

❶ ○ 無償の名義変更は、親が子へ土地を贈与したものとして、贈与税の課税対象。

❷ × 使用貸借は地代を取らないため、借地権の価値ゼロと考えられ、贈与課税対象外。

❸ ○ この場合、過大である部分に贈与税がかかる。

贈与税の特例

配偶者控除と相続時精算課税の控除の要件が頻出！

- 贈与税の配偶者控除には婚姻期間が20年以上必要。
- 相続時に合算する贈与財産は、贈与時点での時価で計算。
- 相続時精算課税制度では合計2,500万円までが非課税。

1 贈与税の配偶者控除

贈与税の配偶者控除は、配偶者から贈与を受けた場合、基礎控除とは別に、**最高2,000万円**までの贈与額が**非課税**になる特例で、相続対策として有効です。

贈与税の配偶者控除の出題ポイント

〈配偶者控除の要件〉
- 婚姻から贈与の日までの婚姻期間が20年以上（1年未満切捨て）あること。
- 贈与を受けた年の翌年3月15日までに贈与税の申告書を提出すること（贈与税額0円でも贈与税の申告書の提出が必要）。
- 居住用不動産、または居住用不動産を取得するための金銭の贈与で、贈与を受けた年の翌年3月15日までに居住し、その後も居住し続ける見込み。
- 過去に同一の配偶者からの贈与で特例を受けていないこと（1度のみ適用）。

〈ポイント〉
- 控除額は最高2,000万円。暦年課税の基礎控除110万円と併用できるため、2,000万円＋110万円→最高2,110万円まで控除が可能。
- 贈与者が贈与した年に死亡して相続を開始した場合でも、所定の要件を満たせば、適用を受けることができる。
- 相続開始前3年（2024年以降は最長7年まで順次延長）以内に生前贈与された財産でも、この配偶者控除に相当する部分（最高2,000万円）は相続税の課税価格に加算されない。
- 居住用の家屋のみ、または敷地（借地権含む）のみの贈与でも適用を受けられる。ただし敷地のみの場合は一定の要件あり。

2 相続時精算課税

相続時精算課税制度は、贈与時点の贈与税を軽減し、後に相続が発生したときに贈与分と相続分を合算して相続税として支払う制度です。制度の適用を受けて贈与を受けた財産は、相続時に相続人として財産を取得しない場合も、相続を放棄した場合も、相続税の課税価格に加算されます。

推定相続人：その時点で贈与者が死亡した場合、相続人となる人。

相続時精算課税の要件

〈適用対象者と手続き〉

- **贈与者→**贈与年の1月1日時点で満60歳以上の者（父母と祖父母）。
- **受贈者→**贈与年の1月1日時点で満18歳以上の推定相続人である子（養子・代襲相続人を含むが、養子縁組前の贈与は適用不可）と孫。所得制限なし。
- 贈与を受けた年の翌年の2月1日から3月15日までに贈与税の申告を行い、「相続時精算課税選択届出書」を居住地の税務署長に提出する。
- 相続時精算課税を選択後、同一の贈与者（特定贈与者）からの贈与について、選択年以降、暦年課税に戻すことはできない。したがって暦年課税の基礎控除（年110万円）は利用できない（暦年課税との併用不可）。

〈特別控除額〉

- 2024年1月1日以降の贈与に対して、「相続時精算課税の基礎控除（110万円）」が創設された。年間110万円までの贈与には贈与税がかからず、申告も不要。また、この基礎控除額は相続開始時に課税財産として加算されないため、相続税もかからない。
- 贈与額から、「相続時精算課税の基礎控除額（年間110万円）」と特別控除（累計2,500万円まで）の合計金額を控除できる。控除後の残額が基礎控除額110万円を超える場合は、贈与税の申告が必要。
- 贈与税額は、贈与額から控除した残額に一律20%の税率を乗じて算出する。この贈与税分は、将来相続が発生したときに支払う相続税から控除される。

〈ポイント〉

- 相続時に合算される贈与財産は、贈与時点での時価で計算される。
- 贈与財産の種類・回数・金額に制限はない。
- 贈与者ごと、受贈者ごとに、相続時精算課税か暦年課税かを個別に選択する。
- 贈与時の贈与税額が相続税額より上回っていたときは、差額が還付される（暦年課税を選択した場合は、還付されない）。

〈例〉

3,000万円贈与

相続時精算課税を選択

110万円贈与

暦年課税を選択

母

特別控除**2,500**万円＋基礎控除**110**万円※
＝**2,610**万円まで非課税
(3000－2610＝390万円に贈与税20%がかかる。

基礎控除額を超える場合は毎回申告が必要

基礎控除**110**万円※
(全額非課税)

申告不要

※相続時精算課税の基礎控除（新設)、暦年課税の基礎控除（従来)、ともに控除額は同じ110万円なので、混同しないよう注意。

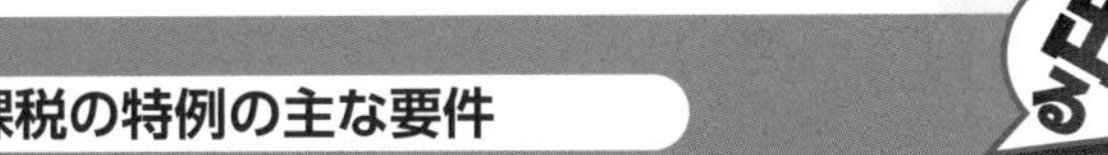

3 住宅取得等資金の贈与

直系尊属から住宅取得等資金の贈与を受けた場合の贈与税の非課税[※1]は、直系尊属（父母、祖父母）から住宅購入資金の贈与を受けた場合に限り、一定金額が非課税となる特例です。この特例を受ける要件は次のとおりです。

※1 2024年1月1日～2026年12月31日に受贈した住宅資金に適用。家屋（土地含む)、土地の先行取得も適用対象。対象となる家屋の省エネ基準は引き上げ。

出る

非課税の特例の主な要件

〈適用対象者と適用住宅〉

- **贈与者→**直系尊属（父母、祖父母。配偶者の直系尊属は不可)。**年齢制限なし。**
- **受贈者→贈与年の1月1日時点で満18歳以上で、贈与を受けた年の合計所得金額が原則2,000万円以下**。新築等を行う住宅用の家屋の床面積が50㎡以上240㎡以下で、２分の１以上に相当する部分が居住の用に供されるもの。なお、受贈者の合計所得金額1,000万円以下の場合の床面積は、40㎡以上に引き下げ。

〈非課税限度額〉 住宅取得等資金のうち以下の金額について贈与税が非課税。

省エネ等住宅用家屋※2	左記以外の住宅用家屋
1,000万円	500万円

※2 省エネ等住宅用家屋とは省エネ等基準（断熱等性能、一次エネルギー消費量、耐震、免震、高齢者等配慮対策等）に適合する住宅用の家屋。

〈ポイント〉

- **暦年課税の基礎控除110万円、または相続時精算課税制度と併用できる。**
- 受贈者１人につき、１回だけ適用が可能。贈与者は複数でも可。
- 本特例の適用により、**贈与税額が0円となった場合でも、贈与税の申告書を提出する必要がある。**

- 贈与を受けた年の翌年3月15日までに住宅取得等資金の全額を充てて住宅用の家屋の新築等をすること。
- 中古住宅を取得する場合、建築年数要件は廃止、新耐震基準に適合していること。
- 通常の贈与では、贈与者が贈与後３年以内に死亡すると贈与財産は相続税の課税価格に加算するが、この特例の適用で非課税となった金額は、**贈与者が贈与後３年※3以内に死亡した場合でも、相続税の課税価格に加算されない**。

※３ 2024年以降の贈与財産にかかる相続税・贈与税に適用し、加算期間は３年から最長７年まで順次延長される。

4 教育資金の一括贈与

※受贈者の前年の合計所得金額が1,000万円を超える場合は適用対象外。

直系尊属から**教育資金の一括贈与を受けた場合の贈与税の非課税**※の特例は、直系尊属から教育資金として金銭の贈与を受けた場合に、一定金額が非課税となる特例です。

教育資金贈与の特例の要件

〈適用対象者と受贈者１人当たりの非課税額の上限〉

- **贈与者→直系尊属**（父母や祖父母）。**受贈者→満30歳未満**の直系卑属（子や孫）。ただし受贈者が在学や教育訓練中などの場合は、30歳以降40歳まで継続可。
- 非課税額→次の①と②を合計して**最大1,500万円**。
  ①学校等に支払う教育費用（入学金や授業料など）→**1,500万円**。
  ②学校以外の教育サービス費用（塾、レッスン、通学定期、留学渡航費など）→**500万円**。23歳以上30歳未満の受贈者の場合、教育訓練給付金等に限定。

〈ポイント〉

- 贈与契約の途中で贈与者が死亡した場合、死亡までの年数にかかわらず、贈与資金の管理残額（贈与者の死亡日において、「贈与した金額」から「教育資金支出額」を差し引いた残りの金額）に対して相続税が課税される。ただし、同日において受贈者が、次の①～③のいずれかに該当する場合は課税対象外。①23歳未満、②学校等に在学中、③教育訓練給付金の支給対象となる教育訓練を受講中。
- 贈与者が死亡した際の相続税の課税価格の合計が５億円を超える場合は、上記①～③の要件に関わらず、管理残額すべてが相続税の課税対象となる。
- 契約終了時（受贈者が30歳に達した場合等）の残高に贈与税が課される際の税率は一般税率を用いる。

- 受贈者が贈与者の子以外の直系卑属（孫・ひ孫）の場合は、相続税額の２割加算の対象となる。
- 本特例の適用により、贈与税額が０円となった場合でも、贈与税の申告書を提出する必要がある。

5 結婚・子育て資金の一括贈与

直系尊属から結婚・子育て資金の一括贈与を受けた場合の贈与税の非課税は、18歳以上50歳未満の個人が、直系尊属から結婚・子育て資金の一括贈与を受けた場合、受贈者１人につき**1,000万円**までの価額について、贈与税が非課税となる特例です。この特例も教育資金の一括贈与と同様、受贈者の前年の合計所得金額が1,000万円を超える場合、適用対象外となります。

また、受贈者が孫やひ孫で、贈与者の死亡時に、贈与資金のうちに結婚・子育て資金として使い切れていない残額があり、相続税が課される場合には、その残額に対する相続税額が２割加算されます。なお、**住宅取得等資金の贈与税の特例、教育資金の一括贈与の特例**との**併用が可能**です。

契約終了時（受贈者が50歳に達した場合等）の残高に贈与税が課される際の税率は一般税率を用います。

例題

◀2018年9月学科

・次の記述の正誤を答えなさい。

「直系尊属から結婚・子育て資金の一括贈与を受けた場合の贈与税の非課税の特例」における非課税拠出額の限度額は、受贈者１人につき1,500万円である。

例題の答え

×

非課税拠出額の限度額は、受贈者１人につき1,000万円で、そのうち結婚資金の場合は300万円が限度となる。

過去問トレーニング

次の質問に答えなさい。

問1 次の設例文を読んで、以下の文章の空欄❶～❸に入る最も適切な数値を求めなさい。なお、問題の性質上明らかにできない部分は「□□□」で示してある。

◀2022年1月個人（改）

〈設例〉

Aさん（69歳）は、妻Bさん（66歳）と2人暮らしである。Aさんは、長女Cさん（40歳）、孫Eさん（15歳）および孫Fさん（12歳）の生活資金について援助したいと思っており、生前贈与を検討している。

〈資料〉贈与税の速算表（一部抜粋）

	一般贈与財産		特例贈与財産	
基礎控除後の課税価格	税率	控除額	税率	控除額
200万円以下	10%	－	10%	－
200万円超 ～ 300万円以下	15%	10万円	15%	10万円
300万円超 ～ 400万円以下	20%	25万円		
400万円超 ～ 600万円以下	30%	65万円	20%	30万円
600万円超 ～ 1,000万円以下	40%	125万円	30%	90万円

Ⅰ　仮に、長女Cさんが暦年課税（各種非課税制度の適用はない）により、2024年中にAさんから現金750万円の贈与を受けた場合、その贈与税額は（❶）万円となる。

Ⅱ　仮に、孫Eさんや孫Fさんが、2024年中にAさんから教育資金の贈与を受け、『直系尊属から教育資金の一括贈与を受けた場合の贈与税の非課税制度』の適用を受けた場合、受贈者1人につき（❷）万円までの金額に相当する部分の価額については、贈与税が非課税となる。ただし、学習塾などの学校等以外の者に対して直接支払われる金銭については、□□□万円が限度となる。

なお、教育資金管理契約期間中にAさんが死亡した場合、教育資金管理契約に係る非課税拠出額から教育資金支出額を控除した残額（管理残額）があるときは、その死亡の日において、孫Eさんや孫Fさんが（❸）歳未満である等の一定の場合を除き、その残額は、相続税の課税の対象となる。

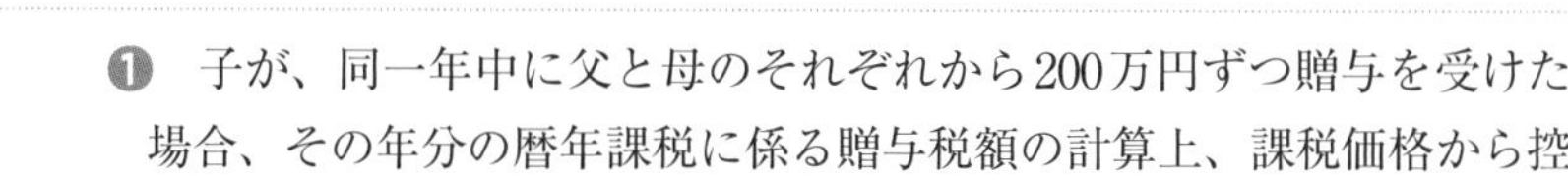

問2 贈与税の計算に関する次の記述の正誤を求めなさい。

◀2023年1月学科

❶ 子が、同一年中に父と母のそれぞれから200万円ずつ贈与を受けた場合、その年分の暦年課税に係る贈与税額の計算上、課税価格から控除する基礎控除額は110万円である。

❷ 相続時精算課税制度の適用を受けた贈与財産に係る贈与税額の計算上、特別控除額は特定贈与者ごとに累計3,000万円である。

❸ 配偶者からの贈与について贈与税の配偶者控除の適用を受けた者は、その年分の贈与税額の計算上、課税価格から、基礎控除額のほかに最高2,000万円を控除することができる。

❹ 2022年4月1日以後、その年1月1日において18歳以上の者が、直系尊属から贈与により財産を取得した場合、その財産に係る暦年課税による贈与税額は、課税価格から基礎控除額を控除した残額に、特例税率による超過累進税率を乗じて計算する。

答え

問1

❶ 102（万円）

18歳以上の子・孫が直系尊属から受けた贈与財産は特例贈与財産として、税率と控除が優遇される。Aさんから長女Cさんへの贈与額750万円は特例贈与財産であり、暦年課税の贈与税の基礎控除は110万円なので、贈与税は速算表より以下の通り。

（750万円－110万円）×30％－90万円＝102万円

❷ 1,500 （万円）

教育資金贈与の特例では、直系尊属から教育資金を一括贈与された場合、受贈者ごとに1,500万円まで非課税となる。

❸ 23 （歳未満）

相続開始時に23歳未満の受贈者や、学校等に在学中、教育訓練給付金の支給対象となる教育訓練を受講中の受贈者は、生前贈与加算の対象外。

問2

❶ ○

❷ × 相続時精算課税制度の適用を受けた贈与財産に関する特別控除額は、合計2,500万円までが非課税。

❸ ○

❹ ○

3 相続の基礎知識

法定相続分を答える問題が超頻出！

- **相続できるのは、配偶者と最上位の血族だけ。**
- **法定相続分は配偶者1/2、子1/2（子A 1/4、子B 1/4）。**
- **遺産分割には、現物分割、換価分割、代償分割がある。**

1 相続とは

相続とは、**被相続人**（死亡した人）の財産（資産および負債）を、**相続人**（配偶者、子など）が引き継ぐことをいいます。民法上、被相続人の財産を相続する権利がある人を**法定相続人**といいます。法定相続人は、被相続人の配偶者と、一定の血族（**尊属・卑属**）に限られています。被相続人が死亡すると、**相続が開始**されます。

ことば

尊属：父母、祖父母など、被相続人より前の世代。

卑属：子、孫、ひ孫など、被相続人よりあとの世代。

出る

法定相続人の順位

- 配偶者は常に法定相続人。
- 配偶者とともに、次の３つの順位の最上位の血族だけが法定相続人[※]。

第１順位…子（養子、非嫡出子、胎児含む）

▲子が亡くなっている場合は孫、ひ孫

第２順位…直系尊属（父母）

▲父母が亡くなっている場合は祖父母

第３順位…兄弟姉妹

▲兄弟姉妹が亡くなってる場合は甥（おい）・姪（めい）

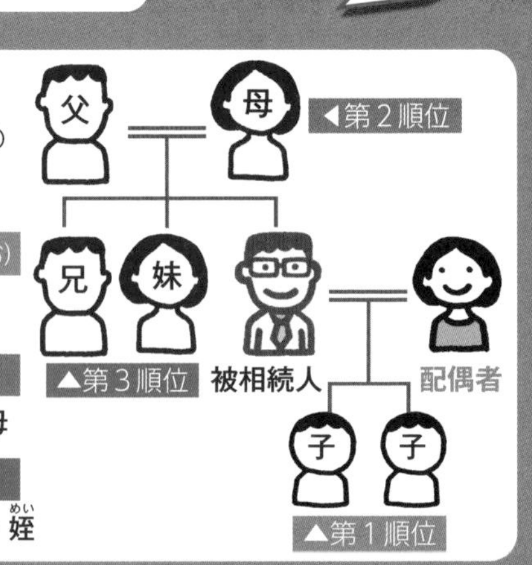

※上位の者がいる場合は、下位の者は相続人になれない。

2 代襲相続

相続の開始時に、法定相続人が死亡、**欠格**、**廃除**によって、相続権がなくなっている場合、その**法定相続人の直系卑属（子や孫、被相続人にとっての孫や甥・姪）**が代わって相続することができます。これを**代襲相続**（だいしゅう）といいます。

欠格：不正な事由による相続権の失効。

廃除：被相続人が家庭裁判所に申し立て、相続権をなくすこと。

代襲相続の出題ポイント

- **法定相続人が第１順位の子**…子の相続権は「孫→ひ孫→…」のように代襲できる。
- **法定相続人が第２順位の父母**…祖父母は代襲しない。※
- **法定相続人が第３順位の兄弟姉妹**…兄弟姉妹の子（甥・姪）まで代襲できる。兄弟姉妹の孫（甥・姪の子）は代襲できない。
- 被相続人の子の配偶者は代襲できない。
- 欠格・廃除者の子は代襲できるが、相続を放棄した人の子は代襲できない。

※直系尊属に代襲相続はない。被相続人に子がなく、相続発生前に被相続人の父母が死亡している場合、第２順位の祖父母が相続人となるが、これを代襲相続とはいわない。

3 子の種類

子には、**養子**、**非嫡出子**、**胎児**も含まれます。

ことば

実方：自然血族関係にある親族。

子の種類

養子	**普通養子**：養子が実方（じつかた）の父母との法律上の親族関係を存続したまま、養親と親子関係を結ぶ。 →実父母・養父母どちらの相続人にもなる。
	特別養子：養子が実方の父母との親子関係を断って、養父母と縁組する。**特別養子縁組が成立すると、養子と実方の父母との親族関係は終了する**→**養父母のみの相続人になる**。
非嫡出子	正式な婚姻関係のない人との間に生まれた子。 →嫡出子と同順位の相続人になる。被相続人が男性の場合には、血縁を確認するために「認知」が必要。
胎児	実子として相続人になる。死産の場合は相続人となれない。

養子縁組には、次のような民法上の規定があります。

養子に係る民法上の規定

- 未成年者を養子にする場合には、家庭裁判所の許可が必要。ただし、自分または配偶者の直系卑属を養子にする場合は不要。
- 夫婦が未成年者を養子とするには、原則として、夫婦共同で縁組をしなければならない。
- 養子縁組が成立した日から養親の嫡出子の身分を取得し、血族間と同一の親族関係となる。
- 特別養子縁組には、実の父母の同意が必要。
- 独身者は、特別養子縁組による養親にはなれない。普通養子の養親は可。
- 成年に達した者は、尊属または年長者以外の者を人数制限なく養子にできる。

4 相続の承認と放棄

財産相続をどのようにするかは、**単純承認**、**限定承認**、**相続放棄**から選択することができます。限定承認、相続放棄の際には、相続人は、自己のために**相続の開始**があったことを**知った時から3カ月以内**に、家庭裁判所にその旨を申述しなければなりません。

相続の承認と放棄

単純承認	●被相続人の資産および負債をすべて無制限に相続する。 ●以下の申述をしなければ自動的に単純承認になる。
限定承認	●被相続人の資産の範囲内で負債も相続する。 ●相続開始を知った日から3カ月以内に、相続人全員が共同で家庭裁判所に申述する必要がある。
相続放棄	●被相続人の資産および負債をすべて相続しない。 ●相続開始を知った日から3カ月以内に、家庭裁判所に申述する必要がある。単独で申述できる。 ●相続の開始前（被相続人の生前）に相続放棄はできない。 ●原則として撤回できない。

5 法定相続分と指定相続分

複数の相続人が、遺産相続する割合を**相続分**といいます。

● **指定相続分**：被相続人が遺言で指定する各相続人の相続分で、法定相続分より優先されます。

● **法定相続分**：民法に規定されている相続分です。

相続人と法定相続分

● **相続人が配偶者のみの場合**
配偶者がすべて相続

▲配偶者がすべて相続

● **配偶者と父母が相続する場合**
配偶者2/3、父母1/3

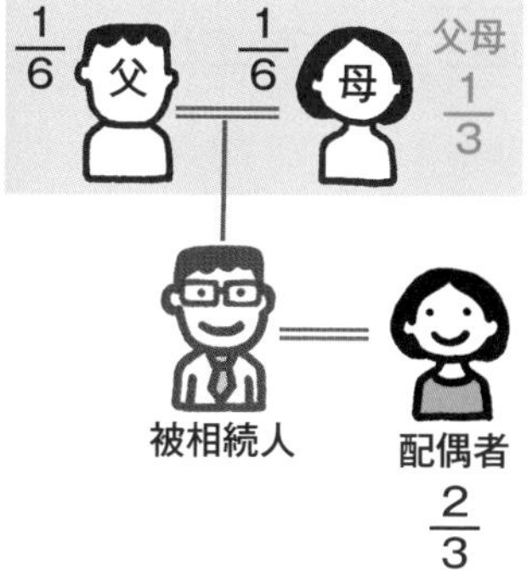

● **配偶者と子が相続する場合**
配偶者1/2、子1/2

● **配偶者と兄弟姉妹が相続する場合**
配偶者3/4、兄弟姉妹1/4

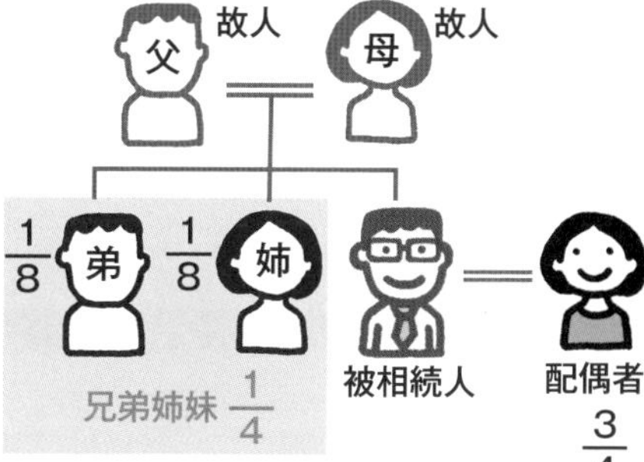

- **実子・養子・非嫡出子・胎児の法定相続分はすべて同等。**
- 内縁の配偶者には、法定相続分が認められていない。
- 兄弟姉妹が相続する場合、**被相続人と父母の一方のみが同じ半血兄弟姉妹の相続分は、被相続人と父母が同じ全血兄弟姉妹の2分の1**。
- 相続放棄者の相続分は、その他の法定相続人で法定相続分に分配する。
- **代襲相続人の相続分は、その直系尊属の相続分と同じ。**
- 相続人がいない、もしくは不明な場合は、被相続人の相続財産は法人となり、**特別縁故者※の請求によってその財産の全部または一部が分与**されることがある。

※生前に被相続人との特別な縁故があったと認められ、その財産を取得できる人。

6 民法における親族

民法における**親族**とは、**6親等内の血族、配偶者**、および**3親等内の姻族**と定義されています。

また、親等とは、親族関係の法的な遠近を表す単位のことで、自分の親子関係を1として数えるため、父母や子は1親等、祖父母は親の親なので2親等、兄弟姉妹は親の子なので2親等と数えます。

姻族：配偶者（夫または妻）の血族と、血族の配偶者のこと。配偶者の血族の配偶者は姻族には含まれない。

スピード理解!!

配偶者を０親等とすると、義父母は配偶者と親子なので、０＋１で１親等、配偶者の兄弟姉妹は２親等（０＋１＋１）の姻族となる。

出る

親族等に係る民法上の規定

- **直系血族および兄弟姉妹は、互いに扶養をする義務**がある。
- 特別の事情があるときは、**３親等内の親族間においても扶養の義務を負わせることができる**。
- 非嫡出子（法律上の婚姻関係がない男女間に生まれた子）は、認知されていれば相続の権利があり、**相続分は嫡出子と同じ**。
- 夫婦の一方が死亡した場合、**生存配偶者と死亡した者の血族との姻族関係**は、生存配偶者が所定の**届出を行うことにより終了**する。
- 協議離婚をした夫婦の一方は、他方に対して**財産の分与を請求できる**。

7 特別受益者と寄与分権利者

特定の相続人が被相続人の生前に贈与や遺贈を受けていた場合、その相続人を**特別受益者**、受けた財産分を**特別受益分**※といいます。また、被相続人の生前に財産の形成・維持に特別に寄与した相続人を**寄与分権利者**、寄与した財産分を**寄与分**といいます。

※ 生前贈与では相続の前３年以内の分を遺産に組み入れるが、特別受益分には年数の制限はない。

●**特別寄与料の請求権**：被相続人に対して、無償で療養看護などの労務を提供することで、財産の維持・増加について特別の寄与をした被相続人の相続人でない親族を**特別寄与者**※といいます。この特別寄与者が、寄与に応じた額の金銭（特別寄与料）の支払いを相続人に請求できる権利が特別寄与料の請求権です。

※例えば、被相続人（義父母）の看護をしていた相続人の配偶者など。

特別受益分と寄与分の処理

特別受益者がいる場合	すでに贈与された特別受益分をいったん被相続人の遺産額に加算してから、法定相続分で分配する。特別受益者の分配分からは特別受益分を差し引く。
寄与分権利者がいる場合	寄与分（貢献した分の財産）を被相続人の遺産から差し引いてから、遺産を法定相続分で分配する（控除した寄与分は、寄与分権利者のものとなる）。

8 遺産分割の種類

相続財産を相続人で分けることを**遺産分割**といいます。遺産分割には、被相続人の**遺言**による**指定分割**と**共同相続人全員**の協議で決める**協議分割**の２つの種類があります。

遺産分割では、まず**指定分割が優先**されます。遺言がない場合に協議分割を行います。協議が成立しない場合は、家庭裁判所の**調停**、もしくは**審判**によって分割します。

遺産分割は、民法上、遺産に属する物、権利の種類および性質や各相続人の年齢、職業、心身の状態や生活の状況その他一切の事情を考慮して行うものと定められています。

●**配偶者居住権**：配偶者が相続開始時に居住していた被相続人所有の建物※を対象に、配偶者の終身または一定期間の居住を認める権利をいいます。この権利の第三者への譲渡は不可です。

共同相続人：相続人が複数いる場合のすべての相続人。被相続人が亡くなった時に自動的に共同相続人となる。

※居住建物に被相続人以外の共有者が存在する場合には、配偶者居住権は成立しない。

遺産分割の出題ポイント

- 被相続人は、遺産分割を一定の期間禁止する旨を遺言によって指定することができる。**禁止できる期間は相続開始時から最長５年間**。
- 長期間の協議が必要なときなど、**一部の財産だけ先に分割することも可能**。
- 遺言により遺産の分割を禁じられている場合を除き、**遺産分割は相続の開始後いつでも行うことができる**（相続人はいつでも分割請求が可能）。
- ただし相続開始から10年経過した後に行う遺産分割は、寄与分や特別受益は考慮せず、原則法定相続分または指定相続分の割合により行う。
- 協議分割では**法定相続分に従う必要はない**。例えば、**相続人の中の特定の者の取得分をゼロにすることも可能**。
- 協議が成立したら、**遺産分割協議書（書式は定められていない）を作成して相続人全員が署名・押印する必要**があるが、協議成立後でも**共同相続人全員の合意があれば、遺産分割協議の解除や再分割協議ができる**。
- 遺産分割前の払い戻し制度として、生活費や葬儀費用の支払など一定の範囲で、他の共同相続人の同意無しに遺産分割前の預金の一部払い戻しが可能。
- 共同相続人の１人が遺産の分割前に自己の相続分を共同相続人以外の第三者に譲り渡した場合、他の共同相続人は、その**第三者に対して一定期間内に相当の対価を支払うことで、その相続分を譲り受けることができる**。

9 遺産分割の方法

遺産分割には、次の3つの方法があります。

遺産分割の方法

現物分割	個別の財産ごとにそのままの形で相続する。これによる不公平さを解消するために換価分割や代償分割がある。
換価分割	不動産などの遺産を売却し、得られた売却金を相続人の間で分配する。**換価に際して各相続人に所得税が課されることがある。**
代償分割	**共同相続人**※**のうち特定の者が遺産を取得し、代償として他の相続人に対して、自己の固有財産を交付する方法**。相続財産が不動産や自社株などで、分割が困難な財産な場合に利用される。**代償財産として不動産を交付した場合は所得税の課税対象**。代償分割に備えて、被保険者を被相続人、保険料負担者および保険金受取人を財産取得予定の相続人とする生命保険に加入することも有効。

※各共同相続人は、遺産の分割前において、遺産に属する預貯金債権のうち、相続開始時の債権額の３分の１に法定相続分を乗じた額（１金融機関当たり150万円を上限）の払戻しを受ける権利を単独で行使することができる。

過去問トレーニング

次の質問に答えなさい。

問1 次の〈親族関係図〉の場合において、民法の規定に基づく法定相続分に関する次の記述の空欄に入る適切な語句または数値を語群の中から選びなさい。なお、同じ語句または数値を何度選んでもよいこととする。

◀ 2022年5月資産（改）

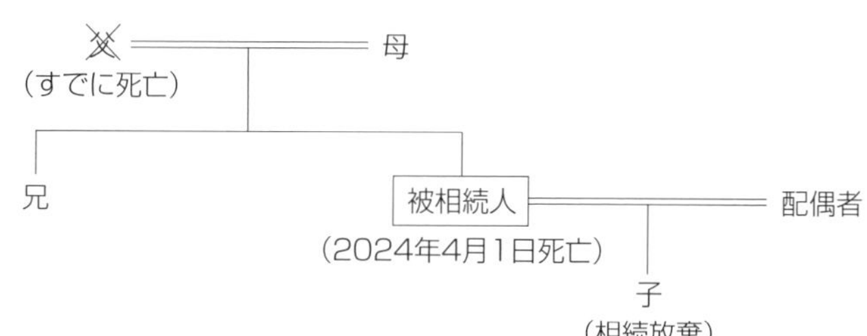

・被相続人の配偶者の法定相続分は（ ❶ ）
・被相続人の兄の法定相続分は（ ❷ ）
・被相続人の母の法定相続分は（ ❸ ）

〈語群〉

ア なし　**イ** 1／2　**ウ** 1／3　**エ** 2／3　**オ** 1／4
カ 3／4　**キ** 1／6　**ク** 1／8　**ケ** 1／12

問2 遺産分割に関する次の記述について、正誤を答えなさい。

◀ 2022年9月学科

❶ 遺産の分割は、民法上、遺産に属する物または権利の種類および性質、各相続人の年齢、職業、心身の状態および生活の状況その他一切の事情を考慮して行うものとされている。

❷ 遺産の分割について、共同相続人間で協議が調わないとき、または協議をすることができないときは、各共同相続人はその分割を公証人に請求することができる。

❸ 被相続人は、遺言で、相続開始の時から1年間に限り、遺産の分割を禁ずることができる。

❹　相続財産である不動産を、共同相続人間で遺産分割するために譲渡して換価した場合、その譲渡による所得は、所得税法上、非課税所得とされている。

問3　下記の親族関係図にもとづく被相続人の相続に係る相続税法上の法定相続人として、正しいものを**ア～エ**から選びなさい。なお、Fさんは、BさんとCさんの普通養子（特別養子縁組以外の縁組による養子）である。

◀2017年1月学科

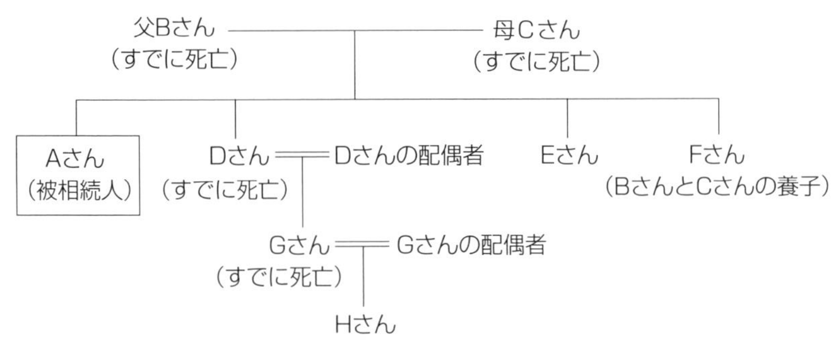

ア　Eさん、FさんおよびHさん　　**イ**　EさんおよびHさん
ウ　EさんおよびFさん　　**エ**　Eさん

答え

問1　❶　エ（2/3）　❷　ア（なし）　❸　ウ（1/3）

本問の場合、被相続人の子は相続放棄をしているため、法定相続人は、配偶者と母の2人のみ。兄は法定相続人ではないので、兄の法定相続分はなし（ア）。相続人が配偶者と直系尊属（父母・祖父母）の場合、法定相続分は配偶者が2/3（エ）、直系尊属（父母・祖父母）が1/3。したがって、母の法定相続分は1/3（ウ）。

問2　遺産分割に関する問題。

❶　○　❷　×　共同相続人間で協議が調わないとき、各共同相続人はそれぞれ家庭裁判所に遺産分割の調停を申し立てることができる。

❸　×　被相続人が遺産分割を禁止できるのは、相続開始から5年間。

❹　×　換価分割では、換価の際、各相続人に所得税が課されることがある。

問3　ウ

被相続人には配偶者・子がおらず、直系尊属（父母）はすでに死亡しているため、兄弟姉妹（養子も含む）が法定相続人となる。その兄弟姉妹（この場合はDさん）がすでに死亡している場合、代襲相続人となって相続できるのは、兄弟姉妹の子（被相続人の甥や姪）までで、甥や姪の子（この場合Hさん）は代襲相続できない。

遺言と遺留分

遺留分の割合を求める問題が超頻出！

- 自筆証書遺言はワープロ・パソコン作成、口述録音は不可。
- 遺言の内容変更・撤回は自由。日付の新しいものが有効。
- 遺留分は被相続人の兄弟姉妹には保証されない。

1 遺言

検認：遺言書の偽造等を防止するための証拠保全手続き。

自らの死後のために意思表示をすることを**遺言**（いごん）、遺言によって財産を相続人などに与えることを**遺贈**といいます。

普通方式による遺言の種類

自筆証書遺言 証人不要 検認必要	●遺言者が遺言文、日付、氏名を自書し、押印（認印・拇印可）。財産目録に限りパソコン作成、通帳コピーの添付等が可。 ●日付の特定がないもの（◎月吉日等）は無効。 ●証人の立会いは不要。 ●相続開始後に、遅滞なく家庭裁判所で検認の手続きが必要。※
公正証書遺言 証人必要 検認不要	●公証人役場で証人２名以上（推定相続人、受遺者、およびその配偶者・直系血族は不可）の立会いのもと、遺言者が口授し、公証人が筆記する。遺言者、証人、公証人の署名・押印が必要。 ●原本は公証人役場に保管されるため、遺言者が正本の一部を破棄しても遺言撤回とはみなされない。 ●相続開始後の家庭裁判所の検認は不要。 ●作成には遺言の目的となる財産の価額に応じた手数料がかかる。
秘密証書遺言 証人必要 検認必要	●遺言者が作成し、署名押印し、封印。証人２人以上の前で公証人が日付を記入する。遺言者自身が保管する。 ●ワープロや代筆での作成でもよい。 ●相続開始後に家庭裁判所で検認の手続きが必要。

- 遺言書は、いつでも内容の変更（作り直し）・撤回ができる。
- 検認前に遺言書を開封した場合でもその遺言書は無効にはならない。

※自筆証書遺言の保管制度により、法務局（遺言書保管所）で保管されている遺言書については、検認不要。

出る

遺言の出題ポイント

- **遺言は、満15歳以上で意思決定能力があれば作成できる。**
- **遺言の証人には**、推定相続人や受遺者（配偶者や直系血族も含む）など、**遺言の内容に対して利害がある人はなれない。**
- **遺言書はいつでも内容の変更・撤回ができ、日付の新しいものが有効。**
- 変更前の遺言が後の遺言と抵触するときは、その**抵触する部分については、後の遺言で撤回したものとみなす**。また、遺言者が、生前に遺言の内容と異なる財産処分をしたら、その遺言は撤回されたものとみなされる。
- 遺言は、単独で作成する。夫婦共同での遺言などは作成できない。
- **非嫡出子の認知は遺言によっても可能。**
- 遺言者より**先に受遺者が死亡していた場合**、遺言者がその遺言に別段の意思を表示していない限り、**受遺者の代襲相続人が遺贈を受け取ることはできない。**
- 遺言者は、**遺言により遺言執行者を選任することができる。**
- **遺言執行者には誰でもなれる（特定の資格は不要）。**
- 遺言者とその配偶者が**同一の証書で共同遺言をすることはできない。**

2 遺留分

遺言者は、「全財産を特定の人にあげる」という遺言も残すことができます。しかし、これでは遺族が生活できなくなる事態も起こり得るため、民法では**遺留分**として、一定範囲内の相続人のために留保される相続財産の一定割合を保証しています。**遺留分権利者**（遺留分が保証されている人）は、被相続人の**配偶者、子（子の代襲相続人を含む）、父母**です。被相続人の兄弟姉妹に遺留分の保証はありません。法定相続人の遺留分を侵害する遺言でも、遺言自体は有効です。遺留分を確保するには、遺言書での相続人に**遺留分侵害額請求**をする必要があります。請求する権利は、

・相続の開始および遺留分の侵害を**知った日から1年**
・相続の開始を知らなかった場合は**相続の開始から10年**

を過ぎると、**時効で消滅**します。

スピード理解!!
兄弟姉妹には
遺留分の保証なし！

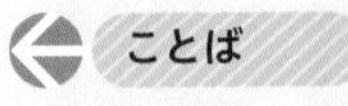

遺留分侵害額請求：相続人が遺留分を侵害された場合、侵害された者が、贈与や遺贈を受けた者に対し、その侵害額に相当する金銭の支払を請求すること。

遺留分の割合

❶遺留分権利者が父母のみの場合……相続財産の３分の１
❷遺留分権利者が配偶者のみ、子（子の代襲相続人を含む）のみ、配偶者と子、配偶者と父母など、❶以外の場合……相続財産の２分の１
● １人の相続分＝相続財産×遺留分×法定相続分（369ページ）

【例】妻、子２人の場合の遺留分は、全部で相続財産の２分の１。そのうち、
・妻は法定相続分２分の１なので、1/2×1/2＝1/4
・子は法定相続分２分の１なので、1/2×1/2＝1/4
これを子２人で分けるため、子１人分は1/4の半分で1/8

また、遺留分の放棄をするには、**相続開始前**は**家庭裁判所の許可**を得る必要があります。**相続開始後**は意思表示を行うだけですみ、**手続きは不要**です。

ことば

後見：判断能力を欠く常況＝ほとんど自分では判断できない。
保佐：判断能力が著しく不十分＝少しは自分でもできる。
補助：判断能力が不十分＝おおよそのことは自分でできる。

3 成年後見制度

判断能力が不十分な人が、財産管理や相続で不利益を被らないように権利を保護する制度が**成年後見制度**[※1]です。

成年後見制度の出題ポイント

法定後見制度	●後見、保佐、補助があり、本人の判断能力が不十分になった後、成年後見人、保佐人、補助人[※2]を家庭裁判所が選任する。 ●後見開始の審判の申立権者は、本人、配偶者、４親等内の親族、後見人、保佐人、補助人、その監督人、検察官など。 ●成年後見人は、日用品の購入その他日常生活に関する行為を除き、成年被後見人が自ら行った法律行為を取り消すことができる。
任意後見制度	●本人の判断能力が十分なうちに任意後見人（任意後見受任者）を選任しておき、将来、精神上の障害により事理を弁識する能力が不十分な状況にある者を保護・支援する制度。 ●任意後見人を選任したら公正証書で任意後見契約の締結が必要。 ●効力が生じるのは、本人や配偶者等の請求で家庭裁判所が任意後見人を監督する任意後見監督人を選任したときから。

※1　後見制度では、後見開始の審判がされたときは、その内容が登記される。
※2　補助人は配偶者、親族に限らない。

過去問トレーニング

次の質問に答えなさい。

問1 遺言に関する次の記述の正誤を答えなさい。

◀2019年9月・2020年1月学科

❶ 遺言は、満15歳以上で、かつ、遺言をする能力があれば、誰でもすることができる。

❷ 遺言者は、いつでも、遺言の方式に従って、遺言の全部または一部を撤回することができる。

❸ 自筆証書遺言の内容を変更する場合には、遺言者が変更箇所を指示し、これを変更した旨を付記したうえでこれに署名し、かつ、その変更箇所に押印しなければならない。

❹ 自筆証書遺言を作成する場合、自筆証書に添付する財産目録についても、自書しなければならない。

❺ 相続人が自筆証書遺言を発見し、家庭裁判所の検認を受ける前に開封した場合であっても、開封したことをもって、その遺言書が直ちに無効となるわけではない。

❻ 公正証書遺言を作成した遺言者が、自筆証書遺言も作成し、それぞれの内容が異なっている場合、その異なっている部分について作成日付の新しい遺言の内容が効力を有する。

問2 遺留分に関する次の記述の正誤を答えなさい。

◀2014年5月資産（改）、2011年1月・2014年9月保険

❶ 遺留分の侵害額請求権は、遺留分権利者が相続の開始および侵害する贈与または遺贈があったことを知った時から3年間行使しないときは、時効によって消滅するとされている。

❷ 遺留分の割合は、相続人が直系尊属のみの場合は被相続人の財産の３分の１、その他の場合は２分の１である。

❸ 夫Ａさんの遺言に従って妻Ｂさんが相続財産のすべてを取得した場合、Ａさんの弟Ｃさんおよび妹Ｄさんの遺留分が侵害されるため、弟Ｃさんおよび妹Ｄさんが遺留分侵害額請求権を行使する可能性がある。

問3　Aさんの相続に関して、❶二女Dさんの遺留分の割合、❷孫Ｉさんの遺留分の割合をそれぞれ求めなさい。　◀2013年5月個人

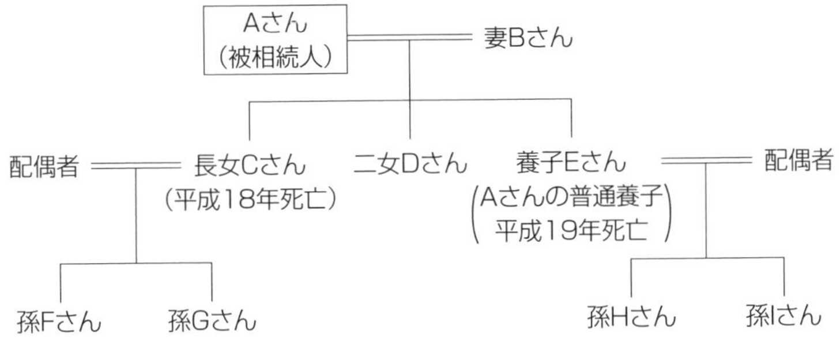

問4　法定後見制度に関する次の記述の正誤を答えなさい。
◀2023年9月学科（改）

❶ 法定後見制度は、本人の判断能力が不十分になる前に、家庭裁判所によって選任された成年後見人等が本人を法律的に支援する制度である。

❷ 法定後見制度において、後見開始の審判がされたときは、その内容が戸籍に記載される。

❸ 成年後見人は、成年被後見人が行った法律行為について、原則として、取り消すことができる。

答え

問1　❶ ○　❷ ○　❸ ○　❹ ×　❺ ○　❻ ○

問2　❶ × 侵害を知った日から１年で時効となる。❷ ○　❸ ×

問3　❶ $\frac{1}{12}$　❷ $\frac{1}{24}$

養子縁組後に誕生した子供は代襲相続人になれるので相続人は６人（妻B、二女D、長女Cの代襲相続人孫Fと孫G、普通養子Eの代襲相続人孫Hと孫I)。配偶者がいるので遺留分は相続財産の1/2。配偶者の法定相続分は1/2。子３人の法定相続分は1/2÷3 = 1/6。C、D、Eさんの遺留分はそれぞれ1/2×1/6 = 1/12。孫Iさんの遺留分は、Eさんの遺留分1/12を孫Hさんと２人で分けるので1/24。

問4　❶ × 本人の判断能力が不十分になる前ではなく、不十分になった後の支援制度。❷ × 審判内容が登記される。❸ ○

5 相続税のしくみ

相続税の非課税財産、法定相続人の数の数え方に注意。

- 墓地・仏壇・弔慰金や葬祭料は非課税。
- 相続開始前７年以内の暦年課税制度による贈与財産は相続財産に加算。
- 相続放棄者も法定相続人の数に含める。

1 相続税の課税価格の計算

相続税は、相続や遺贈によって、財産を取得したときに課される税金です。**相続税の課税価格**（相続税の課税対象となる金額）は、**相続財産**（相続したすべての財産）から、**非課税財産**（課税しない財産：墓地、墓石、生命保険金の一部など）と債務、葬式費用などの**債務控除**の対象を差し引いて求めます。

相続財産 － 非課税財産 － 債務控除 ＝ 課税価格

相続財産		
	本来の相続財産（預貯金や不動産）	非課税財産（墓地や保険金の一部）
		債務控除（債務、葬式費用など）
	みなし相続財産（保険金など）	課税価格（相続税の課税対象となる金額）
	生前贈与加算	
	相続時精算課税による贈与財産	

ことば

みなし相続財産：本来は相続財産ではないが、被相続人の死亡により、実質的に相続人に入る、相続財産と同じ効果のある財産。生命保険金や死亡退職金、弔慰金など。

2 相続財産の種類

次の財産には、相続税が課されます。

●**本来の相続財産**：本来の相続財産とは、被相続人が所有していた預貯金、株式、債券、現金、貴金属、不動産[※1]、特許権など、金銭に換算できる価値のあるものです。

●**みなし相続財産**：生命保険金や死亡退職金など、**被相続人の死亡で相続人が取得する財産**は相続財産とみなされます。

※1 被相続人が生前に購入した不動産で、相続開始時までに被相続人への所有権移転登記が未済のままで相続人が取得した土地でも相続税の課税対象となる。

生命保険金	被相続人が契約者（保険料負担者）で、被相続人の死亡により相続人に支払われる保険金。相続人が契約者なら所得税。
死亡退職金	被相続人の死亡により支払われる退職金で、被相続人の死後3年以内に支給が確定したもの。

出る

生命保険金の出題ポイント

- 相続人が受取人→受取人固有の財産となるため、特段の事情がない限り、相続人等による遺産分割協議の対象にはならない→相続税の課税対象
- 相続人以外の人が受取人なら遺贈となる→相続税の課税対象
- 保険期間中に被保険者より先に契約者が死亡→解約返戻金が相続税の課税対象（非課税規定の適用は不可）

●**生前贈与加算**：相続人が被相続人から**相続開始前7年以内**[※2]に暦年課税により贈与を受けた財産は、生前贈与財産として相続財産に加算されます。その際の加算価額は**贈与時の価格**です。贈与時に支払っていた**贈与税は控除対象**となります。 ただし次のものは相続財産に加算されません。

- 贈与時の配偶者控除に相当する部分（359ページ）。
- 直系尊属から住宅取得等資金の贈与を受けた場合の贈与税の非課税となった金額（361ページ）。
- 被相続人が受け取る予定だった未支給の年金を相続人が受け取った場合、一時所得として所得税の課税対象となる。
- 教育資金の一括贈与を受けた場合の贈与税の非課税（362ページ）や、結婚・子育て資金の一括贈与を受けた場合

※2 2024年1月1日以降の贈与財産にかかる相続より7年まで順次延長。相続開始前4年～7年に受けた贈与のうち、総額100万円までは相続財産に加算されない。

また、生前贈与加算は、相続人が相続や遺贈で財産を取得した場合に限る。相続放棄等で相続財産を取得していない場合は加算されない。

の贈与税の非課税（363ページ）で非課税となった金額。

● **相続時精算課税による贈与財産**：相続時精算課税（360ページ）の適用を受けていた贈与財産は、その価額から基礎控除額を控除した後の金額を相続財産に加算して相続税を課税します。その際、加算価額は**贈与時の価格**※を適用します。

※贈与時の価格（時価）は固定ではなく、土地・建物が災害で一定以上の被害を受けた場合は相続時に再計算を行う（2024年以降の贈与より）。

3 相続税の非課税財産

次の財産には、相続税が課されません。

● **墓地や仏具**：墓地、墓石、仏壇、仏具、神を祭る道具など日常礼拝をしているものには、相続税は課されません。

● **弔慰金（ちょういきん）や葬祭料**：被相続人の死亡によって受ける**弔慰金**、花輪代、葬祭料などには、相続税は課されません。

ただし、「弔慰金の非課税の範囲」を超える部分は退職手当金等として相続税が課されます。

ことば

弔慰金：被相続人の死亡により、勤務先の会社などから受ける見舞金。

出る

弔慰金の非課税の範囲

 業務上の事由による死亡のとき	被相続人の死亡当時の普通給与の3年分に相当する額 **死亡時の普通給与額×36カ月分**
業務外の事由による死亡のとき	被相続人の死亡当時の普通給与の半年分に相当する額 **死亡時の普通給与額×6カ月分**

● **生命保険金・死亡退職金の非課税限度額**：相続人が生命保険金や死亡退職金を受け取ったときは、生命保険金や死亡退職金のそれぞれについて、次の限度額までは非課税です※。相続税の課税対象が**限度額以下なら申告は不要**です。

※生命保険金が相続税の非課税対象となる場合の契約形態は、契約者（保険料負担者）と被保険者がともに被相続人、受取人が配偶者あるいは子のとき。

非課税限度額 ＝ 500万円 × 法定相続人の数

各相続人の非課税限度額は、各相続人が受け取った保険金の割合に応じて按分されます。

各人の非課税限度額 ＝ 非課税限度額 × $\frac{\text{その相続人が受け取った保険金}}{\text{全相続人が受け取った保険金合計額}}$

なお、**相続を放棄**した人が被相続人の死亡により取得した生命保険金・死亡退職金は相続税が課税※されます。

※みなし相続財産である保険金は相続放棄者も受け取れる。相続放棄者は法定相続人にカウントするが、そのために増える相続税の非課税金額は相続放棄者本人には適用されないので、受け取った保険金全額が相続税の課税対象となる。

そのほか、次のものには相続税は課されません。

- 相続税の申告期限までに**国に寄附（贈与）**したもの
- 自動車事故の**加害者が加入していた対人賠償保険契約**に基づいて、**被害者の遺族**が保険会社から受け取った**保険金**

4 法定相続人の数

相続税では、法定相続人の数は次のように決まります。

相続税の計算における法定相続人の数

- 相続放棄者も法定相続人の数に含める。
- 被相続人に**実子がいる場合、法定相続人に加える養子の数は1人まで。**
- 被相続人に**実子がいない場合、法定相続人に加える養子の数は2人まで。**

次の場合は、養子でも実子とみなしてすべて法定相続人の数に含める。

- **特別養子縁組により養子**となっている者（実父母との親子関係を断った養子）。
- **代襲相続人で、かつ被相続人の養子**となっている者。
- **配偶者の実子で、かつ被相続人の養子**となっている者。

5 債務控除

被相続人の債務などは、相続財産から控除できます。※

出る

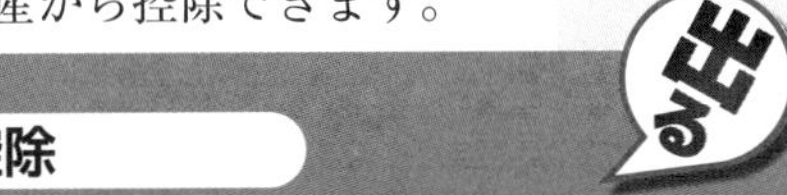

相続財産からの控除

控除できるもの	控除できないもの
○**債務**：被相続人の借入金 ○**未払いの税金**、未払いの医療費	×被相続人が買った墓地・墓石の未払い金 ×弁護士に支払った**遺言執行費用**
○通夜、葬儀（お布施、戒名料、読経料）、火葬、納骨の費用	×**香典返戻費用（香典返し）** ×初七日・四十九日に行った**法要の費用**

※相続時精算課税を受けていて、相続・遺贈で財産を取得していない特定納税義務者の場合、国内居住者であれば、相続時精算課税で取得した国内外すべての財産が相続税の課税対象となり、相続時精算課税で取得した国内外すべての財産に係る債務が債務控除の対象となる。

6 相続税の申告と納税義務者

相続、遺贈、死因贈与により財産を取得した個人は相続税の納税義務者となります。また、人格のない社団・財団法人、持分の定めのない法人（353ページ）は、個人とみなされて相続税がかかる場合があります。

申告のポイントは次のとおりです。

相続税の申告の出題ポイント

- 相続税の課税価格の合計額が基礎控除額以下の場合は申告不要。
- 配偶者に対する相続税額の軽減や小規模宅地等の評価減の特例を受ける場合は、納付額が０円でも申告必要。
- 申告書の提出先は、死亡した被相続人の納税地（住所地）の所轄税務署長。
- 相続税の申告書の提出期限は、原則として相続人が相続の開始があったことを知った日の翌日から10カ月以内。
- 準確定申告（死亡した被相続人の分の確定申告）の提出期限は、相続人が相続の開始があったことを知った翌日から４カ月以内。

相続税の納税義務者は、住所や国籍の有無により、課税財産の範囲が異なります。日本国内に住所を有していない者でも、相続税の納税義務者となることがあります。

居住 無制限納税義務者	財産取得時に日本国内に住所を有する者 →国内外の制限なく取得財産全部が課税対象
非居住 無制限納税義務者	日本国内に住所を有しない者で、①相続開始前10年以内に日本国内に住所がある日本国籍の個人、②相続人は日本国籍を有しないが、被相続人が相続開始時に国内に住所がある →国内外の制限なく取得財産全部が課税対象
制限納税義務者	日本国内に住所を有しない者（非居住無制限納税義務者以外） →国内の財産のみ課税対象

スピード理解!!
被相続人が国内に住所ありなら、相続人の国籍・住所の有無に関係なく、全部課税対象！

7 相続税の納付

相続税の納付は、申告書の提出期限内に金銭一括納付が原則ですが、要件を満たせば**延納**が認められています。

相続税延納（分割納付）の要件

- 金銭一括納付が困難であること。
- 相続税額が10万円を超えていること。
- 相続税の申告期限までに、延納申請書を提出すること。
- 延納税額と利子税額相当の担保の提供が必要（相続人自身の財産や、相続で取得した不動産を担保とすることができる）。延納税額が100万円以下で、かつ、延納期間が3年以下である場合は担保は不要。
- 相続財産のうち不動産価額の割合が75%以上あるとき、延納期間最長20年。

延納でも金銭納付が困難な場合は、相続税の申告期限までに**物納申請書**を提出することで、**物納**も認められています。

相続税物納の出題ポイント

- 物納財産の収納価額は相続税評価額（特例適用後の価額）となる。
- 物納の許可日の翌日から1年以内であれば、物納の撤回ができる。
- 物納財産の引渡し、所有権移転登記等により第三者対抗（自分のものと主張できる）要件を満たしたときに、物納での納付がされたと認められる。
- 相続開始前3年以内に被相続人から暦年課税による贈与により取得した財産で、相続税の課税価格に加算されたものは、所定の要件を満たせば物納できる。
- 物納に充当できる財産は、相続税法に以下の順位が規定されている。

第1順位：不動産・船舶・国債証券・地方債証券・上場株式等
第2順位：非上場株式等
第3順位：動産

なお、相続税が期日までに納付されなかった場合には、**延滞税**が加算されます。

過去問トレーニング

次の質問に答えなさい。

問1 次の費用等のうち、相続税の課税価格の計算上、相続財産の価額から債務控除することができるものを選びなさい。なお、相続人は債務控除の適用要件を満たしているものとする。 ◀2021年9月学科

ア 被相続人が団体信用生命保険に加入して金融機関から借り入れていた住宅ローンで、相続開始直前にローン残高があるもの

イ 被相続人が生前購入した墓碑の購入代金で、相続開始時点で未払いのもの

ウ 遺言執行者である弁護士に支払った被相続人の相続に係る遺言執行費用

エ 特別寄与者に支払った特別寄与料で、特別寄与者に係る相続税の課税価格に算入されるもの

問2 和代さんは、会社員の夫、雅敏さんと子供3人の5人家族である。先月、雅敏さんが病死したため、雅敏さんの勤務先の会社から死亡退職金1,800万円を受け取った。この死亡退職金に対する税務上の取扱いに関する次の記述のうち、最も適切なものはどれか。なお、死亡時点における雅敏さんの勤続年数は29年10カ月である。 ◀2014年1月資産

ア 死亡退職金は、退職所得として他の給与所得、不動産所得と合わせて確定申告をしなければならない。

イ 死亡退職金は、所得税および住民税とも、勤務先で退職所得に係る税額を源泉徴収されて課税関係は終了し、確定申告をする必要はない。

ウ 死亡退職金1,800万円は相続税が課税されるので、他の相続財産と合わせて相続税の申告をしなければならないが、所得税および住民税については確定申告をする必要はない。

エ 死亡退職金1,800万円は相続税の課税対象となるが、非課税限度額以下であるため相続税は課税されず、所得税および住民税についても確定申告をする必要はない。

問3 相続財産に関する次の記述の正誤を答えなさい。

◀2019年9月・2020年9月・2021年9月・2022年1月学科

❶ 被相続人の死亡によって相続人に支給される弔慰金は、被相続人の死亡が業務上の死亡である場合、被相続人の死亡当時における普通給与の５年分に相当する金額まで相続税の課税対象とならない。

❷ 被相続人が交通事故により死亡し、加害者が加入していた自動車保険契約に基づき、相続人が受け取った対人賠償保険の保険金は、相続税の課税対象となる。

❸ 契約者（＝保険料負担者）および被保険者を被相続人とする生命保険契約に基づき、相続の放棄をした者が受け取った死亡保険金は、相続税の課税対象となる。

❹ 被相続人がその相続開始時に有していた事業上の売掛金は、相続税の課税対象となる。

❺ 被相続人に支給されるべきであった退職手当金で、被相続人の死亡後３年以内に支給が確定したものは、相続税の課税対象となる。

❻ 相続または遺贈により財産を取得しなかった者が、相続開始前に被相続人から相続時精算課税制度の適用を受けて贈与により取得した財産は、相続税の課税対象とならない。

❼ 老齢基礎年金の受給権者が死亡し、その者に支給すべき年金給付で、死亡後に支給期の到来する年金を、生計を同じくしていた受給権者の子が受け取った場合、当該年金は相続税の課税対象とならない。

❽ 契約者および被保険者を相続人とする生命保険契約の保険料を被相続人が負担していた場合、被相続人が負担していた保険料に対応する生命保険契約に関する権利は、契約者である相続人が相続または遺贈により取得したものとみなされ、相続税の課税対象となる。

❾ 被相続人から相続開始前３年以内に暦年課税による贈与により取得した上場株式は、その者が相続や遺贈により財産を取得したかどうかにかかわらず、相続税の課税対象となる。

❿ 被相続人から相続時精算課税制度による贈与により取得した現金は、その者が相続や遺贈により財産を取得したかどうかにかかわらず、相続税の課税対象となる。

問4 次の相続事例（2024年1月30日相続開始）における相続税の課税価格の合計額として、正しいものをア～エから選びなさい。なお、記載のない条件については一切考慮しないこと。 ◀2022年9月資産（改）

〈課税価格の合計額を算出するための財産等の相続税評価額〉

土地　　　　　　　：4,000万円（小規模宅地等の評価減特例適用後：800万円）
建物　　　　　　　：1,000万円
現預金　　　　　　：5,500万円
死亡保険金　　　　：2,500万円（生命保険金等の非課税限度額控除前）
債務および葬式費用：1,200万円

〈相続人関係図〉

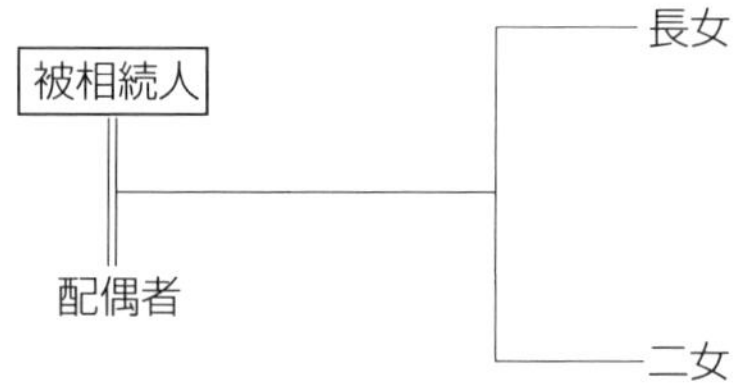

※小規模宅地等の評価減特例の適用対象となる要件はすべて満たしており、その適用を受けるものとする。
※死亡保険金はすべて配偶者が受け取っている。
※すべての相続人は、相続により財産を取得している。
※相続開始前に被相続人からの贈与により財産を取得した相続人はいない。
※相続時精算課税制度を選択した相続人はなく、相続を放棄した者もいない。
※債務および葬式費用は被相続人の配偶者がすべて負担している。

ア 7,100万円
イ 8,300万円
ウ 8,600万円
エ 10,300万円

答え

問1 エ

特別寄与者とは、相続人ではない被相続人の親族で、被相続人の財産の維持又は増加について特別の寄与をした者（例えば、被相続人である義父母の看護をしていた相続人の配偶者など）をいう。相続開始後に特別寄与者が相続人に対して特別寄与料を請求し、相続人がこれを支払った場合、特別寄与料相当額が債務控除の対象になる。

問2 エ

「500万円×法定相続人の数」まで非課税。法定相続人は4人で、死亡退職金は1,800万円なので、相続税の課税対象＝1,800万円－500万円×4人＝－200万円（相続税は課税されない）

また相続税の課税対象は、所得税や住民税について確定申告する必要はない。なお、相続税の対象となる死亡退職金では、所得税・住民税の源泉徴収は不要。

問3 相続税の課税、非課税に関する問題。

❶ ×　被相続人の死亡によって受ける弔慰金は、死亡理由により一定限度額まで相続税がかからない。①業務上の事由による死亡：被相続人の死亡時の普通給与の3年分相当額まで　②業務上以外の事由による死亡：被相続人の死亡時の普通給与の半年分相当額まで

❷ ×　自動車事故の加害者が加入していた対人賠償保険契約に基づいて、被害者の遺族が保険会社から受け取った保険金は相続税の課税対象外。

❸ ○「みなし相続財産」として、全額が相続税の課税対象。

❹ ○　❺ ○　❻ ×　相続時精算課税の適用を受けていた贈与財産は相続税の課税対象となる。加算価額は贈与時の価額を適用する。

❼ ○　❽ ○　❾ ×　相続・遺贈で財産を取得していない場合には、相続時精算課税を選択した場合を除き、被相続人から相続開始前3年以内（2024年以降、最長7年まで順次延長）に贈与を受けていても、相続税の課税価格に加算されない。　❿ ○

問4 ア（7,100万円）

相続税の課税価格に関する問題。相続人が生命保険金を受け取った場合、「500万円×法定相続人の数」までが非課税。法定相続人は、妻、長女、二女の3人なので、500万円×法定相続人数（3名）＝1,500万円

土地は、小規模宅地等の評価減の特例適用後の価格で計算する。また、債務および葬儀費用は、債務控除として相続財産から差し引くことができる。従って、相続税の課税価格は、

800万円＋1,000万円＋5,500万円＋（2,500万円－500万円×3人）－1,200万円＝7,100万円

6 相続税の計算

課税遺産総額と相続税額の計算問題が頻出！

- 基礎控除額＝3,000万円＋600万円×法定相続人の数
- 配偶者に対する相続税額の軽減の適用は申告書提出が必要。
- 配偶者の相続税控除は1億6,000万円か法定相続分まで。

1 相続税の計算の流れ

相続税の計算は、次のような流れで行います。

Step 1　課税価格の算出
各相続人の課税価格を算出し、合計して課税価格の合計額を求める。

Step 2　課税遺産総額の算出
課税価格の合計額から遺産に係る基礎控除を差し引いて、課税遺産総額を算出する。

Step 3　相続税の総額の算出
課税遺産総額をいったん法定相続分で分割してから各人の相続税額を求め、合計して相続税の総額を算出する。

Step 4　相続税額の按分
相続税額を各人の相続分に按分して、各人の税額を求める。

「Step 1▸課税価格の算出」は「5　相続税のしくみ」（380ページ）で解説しました。ここからは【具体例】をもとにして、相続税の算出手順を見ていきます。

【具体例】相続人３人と各人の課税価格（合計額３億円）

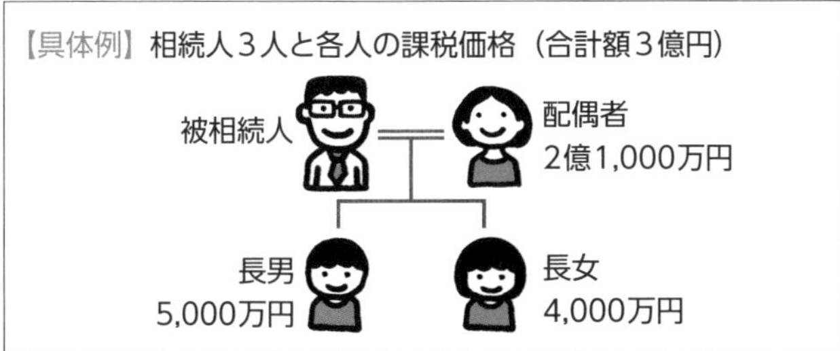

2 Step 2 ▸ 課税遺産総額の算出

課税遺産総額は、課税価格の合計額から**遺産に係る基礎控除額**を差し引いた額です。

「遺産に係る基礎控除額」の計算式

遺産に係る基礎控除額＝3,000万円＋600万円×法定相続人の数※

※相続放棄者も加える。法定相続人が０人なら基礎控除額は3,000万円のみ。

【具体例】課税遺産総額の算出

課税遺産総額＝課税価格の合計額－遺産に係る基礎控除額

課税価格の合計額＝２億1,000万円＋5,000万円＋4,000万円＝３億円
遺産に係る基礎控除額＝3,000万円＋600万円×３人＝4,800万円
課税遺産総額＝３億円－4,800万円＝２億5,200万円

3 Step 3 ▸ 相続税の総額の算出

相続税額を次の手順で算出します。

❶ 課税遺産総額を各相続人の法定相続分で分割して「法定相続分に応ずる取得金額」を求める。
❷ 「相続税の速算表」の税率を掛け、控除額を差し引いて、各人の相続税額を求める。
❸ 各人の相続税額を合計して、相続税の総額を算出する。

【具体例】相続税の総額の算出

❶ 課税遺産総額＝2億5,200万円を法定相続分（妻1/2、子1/2）で分割すると、
妻＝2億5,200万円×1/2＝1億2,600万円 ← 法定相続分に応ずる取得金額
長男＝2億5,200万円×1/4＝6,300万円 ← 法定相続分に応ずる取得金額
長女＝2億5,200万円×1/4＝6,300万円 ← 法定相続分に応ずる取得金額

❷〈相続税の速算表〉の税率を掛け、控除額を差し引く。
妻＝1億2,600万円×40%－1,700万円＝3,340万円 ← 相続税額
長男＝6,300万円×30%－700万円＝1,190万円 ← 相続税額
長女＝6,300万円×30%－700万円＝1,190万円 ← 相続税額

〈相続税の速算表〉

法定相続分に応ずる取得金額	税率	控除額
1,000万円以下	10%	－
1,000万円超 ～ 3,000万円以下	15%	50万円
3,000万円超 ～ 5,000万円以下	20%	200万円
5,000万円超 ～ 1億円以下	30%	700万円
1億円超 ～ 2億円以下	40%	1,700万円
2億円超 ～ 3億円以下	45%	2,700万円
3億円超 ～ 6億円以下	50%	4,200万円
6億円超	55%	7,200万円

相続税の速算表は検定で提示されるので、赤い線以外は覚えなくてOK。

❸ 各人の相続税額を合計する。
3,340万円＋1,190万円＋1,190万円＝5,720万円 ← 相続税の総額

4 Step 4 ▶ 相続税額の按分

相続税額の按分をします。各人の相続税額を合計した相続税の総額を、今度は各人が実際に取得した課税価格の割合で按分して各人の税額を求めます。

配偶者や1親等の血族（子、父母）以外の人※が、相続ま

※兄弟姉妹・祖父母（2親等）、甥・姪（3親等）。また、養子にした孫（被相続人の生存中の実子の子）も2割加算の対象。

【具体例】相続税額の按分

各人の税額＝相続税の総額 × $\frac{\text{各人の課税価格}}{\text{課税価格の合計額}}$

妻＝5,720万円× $\frac{\text{2億1,000万円}}{\text{3億円}}$ ＝4,004万円 ← 税額（ここから控除される）

長男＝5,720万円× $\frac{\text{5,000万円}}{\text{3億円}}$ ＝953.3万円 ← 税額

長女＝5,720万円× $\frac{\text{4,000万円}}{\text{3億円}}$ ＝762.7万円 ← 税額

たは遺贈によって財産を取得した場合、ここで算出された各人の税額に**2割**相当額が加算されます。これを**相続税額の2割加算**といいます。なお、子を代襲して孫が相続人となった場合は2割加算の対象にはなりません。

5 配偶者に対する相続税額の軽減

相続税には各種の税額控除がありますが、検定では**配偶者に対する相続税額の軽減**が頻出しています。これは、配偶者が相続した財産の**法定相続分**※まで、または**1億6,000万円以下**まで、相続税が控除される制度です。

※例えば課税遺産総額が5億円で配偶者と子で相続する場合、配偶者の法定相続分である2分の1＝2億5,000万円までは課税されない。

配偶者の相続税額軽減の出題ポイント

$$配偶者の税額軽減額＝相続税の総額×\frac{❶と❷のいずれか低い金額}{課税価格の合計額}$$

❶ 課税価格の合計額×配偶者の法定相続分、または1億6,000万円の高い方
❷ 配偶者の課税価格（実際の取得額）

【具体例】相続税の総額＝5,720万円、課税価格の合計額＝3億円、配偶者の法定相続分1/2、配偶者の課税価格2億1,000万円のときは、

$$配偶者の税額軽減額＝5,720万円×\frac{1億6,000万円}{3億円}＝30,506,667円$$

【適用要件】

- 被相続人と法律上の婚姻関係にあること（**婚姻期間は問わない**）。
- **内縁関係にあった者は適用不可**。
- 遺産分割がなされて相続財産が確定していること。

※相続税の申告期限までに未分割の相続財産がある場合でも、①「申告期限後3年以内の分割見込書」を税務署に提出して申告期限から3年以内に分割した場合、②やむを得ない事情があり、税務署長の承認を受けて、その事情がなくなった日の翌日から4カ月以内に更正の請求を行い、遺産分割協議が成立した場合は適用可能（小規模宅地等の評価減の特例（402ページ）も同様に適用可）。

- **配偶者の納付額が0円になっても、相続税の申告書を提出することが必要。**

◆ポイント

- **相続人が被相続人の配偶者のみの場合**、相続により取得した財産額の多寡にかかわらず、原則として**配偶者が納付する相続税額は0円となる**。
- **死亡保険金を受け取った被相続人の配偶者が、相続放棄をした場合も適用可能。**

6 その他の税額控除

配偶者に対する相続税額の軽減のほかに、２級検定では**贈与税額控除**、**未成年者控除**が出題されます。

贈与税額控除と未成年者控除

贈与税額控除	相続開始前７年以内に被相続人から贈与を受けていた場合、贈与時に支払った贈与税額（相続時精算課税の適用を受けた際の贈与税額も同じ扱い）を相続税額から控除する制度。対象者は、相続人ほか、遺贈で財産を取得した者。
未成年者控除	未成年者（18歳未満）の相続税額から一定金額を控除する制度。控除しきれない部分は、扶養義務者の相続税額から控除できる。 控除額：(18歳－相続開始時の年齢) ×10万円

また、検定ではあまり出題されませんが、次のような相続税の税額控除もあります。

障害者控除	・法定相続人である障害者が相続した場合 控除額：(85歳－相続開始時の年齢) ×10万円 ・法定相続人である特別障害者が相続した場合 控除額：(85歳－相続開始時の年齢) ×20万円
相次（そうじ）相続控除	・10年以内に相続を２回以上受けた場合 １回目の相続税額の一定額を２回目に控除できる。

例題 ◀2014年9月学科

・次の記述の正誤を答えなさい。

未成年者控除額が未成年者の相続税額から控除しきれない場合、その控除しきれない部分の金額は、当該未成年者の扶養義務者で、同一の被相続人から相続または遺贈により財産を取得した者の相続税額から控除することができる。

例題の答え

○

過去問トレーニング

次の質問に答えなさい。

問1 相続税の計算に関する次の記述の正誤を答えなさい。

◀2022年5月学科

❶ 法定相続人が相続の放棄をした場合、その放棄をした者の人数を「法定相続人の数」に含めずに、相続税の計算における遺産に係る基礎控除額を計算する。

❷ すでに死亡している被相続人の子を代襲して相続人となった被相続人の孫は、相続税額の2割加算の対象とならない。

❸ 相続開始時の法定相続人が被相続人の配偶者のみで、その配偶者がすべての遺産を取得した場合、「配偶者に対する相続税額の軽減」の適用を受ければ、相続により取得した財産額の多寡にかかわらず、配偶者が納付すべき相続税額は生じない。

❹ 「配偶者に対する相続税額の軽減」の適用を受けることができる配偶者は、被相続人と法律上の婚姻の届出をした者に限られ、いわゆる内縁関係にある者は該当しない。

問2 下記の親族関係図において、Aさんの相続が開始した場合の相続税額の計算における「遺産に係る基礎控除額」として、最も適切なものを**ア**〜**エ**より選びなさい。

◀2023年5月学科

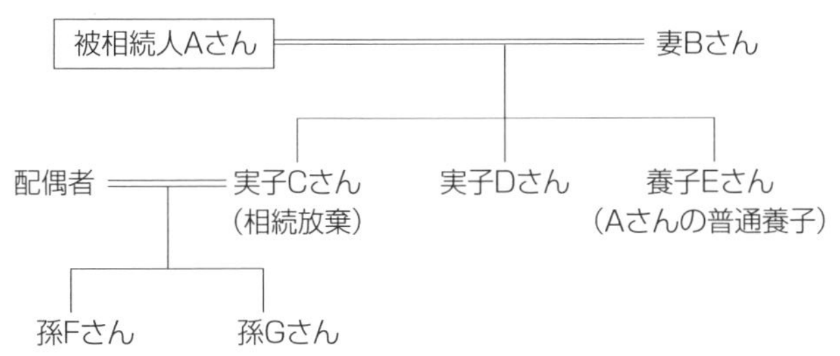

ア 4,200万円　　**イ** 4,800万円

ウ 5,400万円　　**エ** 6,000万円

6 相続・事業承継

問3 次の設例文を読んで、現時点（2024年4月23日）においてAさんの相続に係る相続税の総額を計算した下記の表の空欄❶～❹に入る最も適切な数値を求めなさい。なお、問題の性質上、明らかにできない部分は□□□で示してある。

◀2022年1月生保（改）

〈設例〉

非上場会社であるX株式会社の社長であるAさん（73歳）の推定相続人は、妻Bさん（72歳）、長男Cさん（48歳）および長女Dさん（45歳）の3人である。

〈相続税の速算表〉（一部抜粋）

法定相続分に応ずる取得金額	税率	控除額
1,000万円以下	10%	－
1,000万円超　～　3,000万円以下	15%	50万円
3,000万円超　～　5,000万円以下	20%	200万円
5,000万円超　～　1億円以下	30%	700万円
1億円超　～　2億円以下	40%	1,700万円

(a) 相続税の課税価格の合計額	3億3,000万円
(b) 遺産に係る基礎控除額	（　❶　）万円
課税遺産総額（a－b）	□□□万円
相続税の総額の基となる税額	
妻Bさん	（　❷　）万円
長男Cさん	□□□万円
長女Dさん	（　❸　）万円
(c) 相続税の総額	（　❹　）万円

答え

問1

❶ × 相続税の基礎控除の計算上では、法定相続人は相続放棄があっても、「相続放棄はなかったもの」として扱われる。

❷ ○ 代襲相続人となった被相続人の孫は、相続税額の２割加算の対象とならない。配偶者や１親等の血族（子、父母）以外の人が、相続または遺贈によって財産を取得した場合、ここで算出された各人の税額に２割相当額が加算される。

❸ ○ 「配偶者に対する相続税額の軽減」は、配偶者が相続した財産の法定相続分まで、または１億6,000万円以下まで、相続税が控除される制度。

❹ ○ 「配偶者に対する相続税額の軽減」の適用対象となる配偶者とは、被相続人と法律上の婚姻関係にあること（婚姻期間は問わない）であり、内縁関係にあった者は対象外。

問2

ウ 5,400万円

相続税の基礎控除は、3000万円＋法定相続人の数×600万円。法定相続人の数に加える養子の数は、実子がいる場合は１人まで、実子がいない場合は２人まで。また、実子Ｃさんは相続放棄しているが、基礎控除の計算上は「相続放棄はなかったもの」として人数に加える。つまり、法定相続人は、妻Ｂさん、実子Ｃさん、Ｄさん、養子Ｅさんの４人。相続税の基礎控除＝3000万円＋４人×600万円＝5400万円

問3

❶ **4,800**　❷ **3,940**

❸ **1,415**　❹ **6,770**

本問における法定相続人は、妻Ｂさん、長男Ｃさん、長女Ｄさんの３人。
相続税の基礎控除額＝3,000万円＋600万円×法定相続人の数　なので、
3,000万円＋600万円×3人＝4,800万円… ❶の解答
問題の表より、相続税の課税価格の合計額は３億3,000万円なので、
課税遺産総額＝３億3,000万円－4,800万円＝２億8,200万円
妻Ｂさんの法定相続分は1／2、長男Ｃさん・長女Ｄさんの法定相続分は1／4（1／2÷2）。
相続税の速算表を使って、妻Ｂさん、長男Ｃさん、長女Ｄさんのそれぞれの法定相続分の相続税額を求める。
妻Ｂ：2億8,200万円×1／2×40%－1,700万円＝3,940万円… ❷の解答
長男Ｃ：2億8,200万円×1／4×30%－700万円＝1,415万円
長女Ｄ：2億8,200万円×1／4×30%－700万円＝1,415万円… ❸の解答
したがって、相続税の総額は、
相続税の総額＝B＋C＋D＝3,940万円＋1,415万円＋1,415万円＝6,770万円… ❹の解答

7 財産の評価

宅地の評価額の計算が超頻出！

- 宅地の評価額＝路線価×奥行価格補正率×地積
- 非上場の大企業の株式は類似業種比準方式で評価する。
- 国債は中途換金額、生命保険は解約返戻金の額で評価する。

1 宅地の評価

ことば

財産の評価：相続税法で明示されている財産の評価方法は、地上権（他人の所有する土地を使用する権利）および永小作権、配偶者居住権、定期金の給付権利、立木だけ。ほとんどは国税庁の財産評価基本通達で定められている。

宅地とは、建物の敷地として用いられる土地をいいます。市街地にある宅地の評価は**路線価方式**、路線価が定められていない、郊外地や農村部などにある宅地の評価は**倍率方式**で行います。どちらの方式を採用するかについて、納税者が任意に選択することはできません。

● **路線価方式**：**路線価**とは、路線（道路）に面する標準的な宅地の**1㎡**当たり、**千円単位**で表示される価格です。おおむね同一と認められる一連の宅地が面する路線ごとに、**国税局長**が**毎年1月1日**を評価時点として定めており、**毎年**、評価替えが行われます。路線価方式の評価額は、路線価に地積（土地の面積）を掛けて算出します。

評価額＝路線価×地積（土地の面積）

● **倍率方式**：その宅地の固定資産税評価額に、**国税局長**が**一定の地域ごとに定めた倍率**を掛けて評価額を算出する評価方法です。

なお、宅地の価額は利用単位である**1画地**（かくち）ごとに評価されます。つまり、登記上は2筆の土地でも、これを一体として利用している場合は、1画地として評価されるわけです。

スピード理解!!

1筆の宅地に自宅と貸家がある場合には、自宅部分と貸家部分、つまり2画地として評価される！

2 宅地の分類と評価額

宅地の分類と、評価額の算出方法は以下のとおりです。

●**自用地**：自分で使用している自分の宅地を自用地といいます。宅地は、奥行きの長短や地区区分によって利用効率に差があるため、路線価に**奥行価格補正率**などで補正をします。これが宅地の路線価方式の基本式となります。

出る

路線価方式による宅地の評価額

評価額＝路線価×奥行価格補正率×地積

【例】路線価200D※、奥行価格補正率：0.9、地積500㎡

200×0.9×500＝90,000千円

※千円単位なので、200＝200千円（＝200,000円）

（Dは借地権割合の記号。自用地では無関係）

2方向が道路に面している宅地は、正面のみ路線に面している宅地より利用しやすいため、評価額が高くなります。

出る

正面と側面が道路に面している場合

評価額＝{（正面路線価×奥行価格補正率）＋（側方路線価×奥行価格補正率×側方路線影響加算率）}×地積

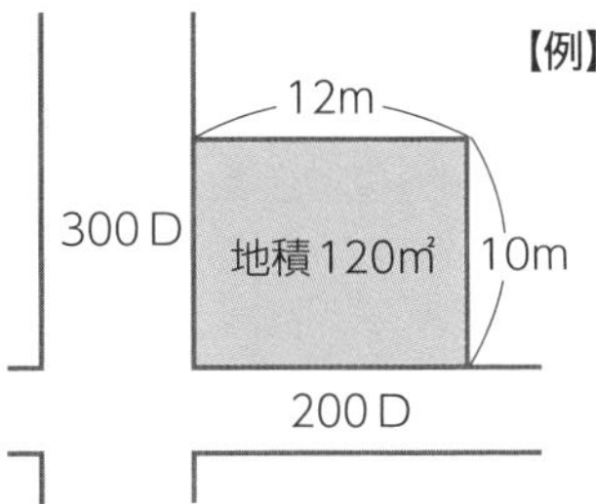

【例】「路線価×奥行価格補正率」の高い方が正面

・奥行12mの奥行価格補正率：1.0

・奥行10mの奥行価格補正率：0.99

300×1.0＞200×0.99で、300Dが正面

・側方路線影響加算率：0.03

{(300×1.0)＋(200×0.99×0.03)}×120

＝36,712.8千円

正面と裏面が道路に面している場合

評価額＝{(正面路線価×奥行価格補正率)＋(裏面路線価×奥行価格補正率×二方路線影響加算率)}×地積

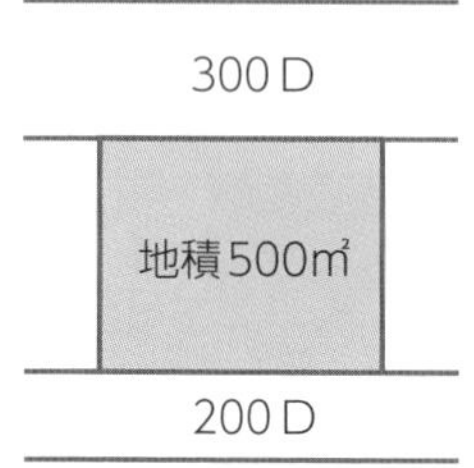

【例】「路線価×奥行価格補正率」の高い方が正面
300＞200で、300Dが正面
・奥行価格補正率：1.0
・二方路線影響加算率：0.03
{(300×1.0)＋(200×1.0×0.03)}×500
＝153,000千円

このほか、路線価方式では、不整形地であるような場合に**不整形地補正率**を乗じます。

なお、倍率方式で評価する宅地では、評価に当たって補正率を用いて補正はしません。

● **借地権**：人から賃借している土地の借地権（土地だけ借りて使用する権利）の評価額は次のとおりです。

ことば

借地権割合：各国税局が借地事情が似ている地域ごとに設定。一般に地価が高い地域ほど借地権割合も高くなる。

借地権評価額＝自用地評価額×借地権割合

【例】路線価200D、奥行価格補正率：0.9、地積500㎡、
右表より、借地権割合Dは60％
200×0.9×500＝90,000千円←自用地評価額
90,000×0.6＝54,000千円←借地権評価額

［借地権割合］

記号	借地権割合
A	90%
B	80%
C	70%
D	60%
E	50%

なお、次の場合の借地権の評価額は0円になります。

● **使用貸借**：地代を取らないため、借地権の価値がゼロとなり、自用地として評価されます。

● **土地の無償返還に関する届出書**：借主もしくは貸主が法人で「土地の無償返還に関する届出書」を税務署に提出している場合、借地人は権利金を支払わなくてもよく、地代についても、低額もしくはまったく払わないことができます。

ことば

使用貸借：地代を取らずに土地の使用権を貸し与えること。親の宅地に、地代を払わないで子がアパートを建てて賃貸しているような場合。

●**貸宅地**（かしたくち）：**借地権**が設定されている宅地（住宅用地）を**貸宅地（底地）**（そこち）といいます。貸宅地評価額は、自用地評価額から借地権を差し引いた分になります。

貸宅地評価額＝自用地評価額×（１－借地権割合）
【例】路線価200、奥行価格補正率：0.9、地積500㎡、借地権割合D：60%
200×0.9×500＝90,000千円←自用地評価額
90,000×(1－0.6)＝36,000千円←貸宅地評価額

賃貸割合：貸している床面積割合のこと。賃貸割合が高いほど貸家建付地の評価額は低くなる。

●**貸家建付地**：**自己所有の貸家**を建てた**自己所有の土地**を**貸家建付地**といい、借地権割合、**借家権割合（全国一律30%）**、賃貸割合を考慮して評価されます。貸家が空き家の場合は、**自用地**として評価されます。

貸家建付地評価額＝自用地評価額×（1－借地権割合×借家権割合×賃貸割合）
【例】自用地評価額90,000千円、借地権割合：60%、借家権割合：30%、賃貸割合：60%
90,000×(1－0.6×0.3×0.6)＝80,280千円

●**私道**：私道は、利用者により評価方法が異なります。

私道利用者	私道の評価
宅地の所有者のみ	自用地評価額（自用地として評価）
特定の者	**自用地評価額×30%**
不特定多数	評価額0円（財産として評価しない）

●**地積規模の大きな宅地**：三大都市圏においては500㎡以上、三大都市圏以外の地域においては1,000㎡以上の地積の宅地をいいます。土地面積が広すぎて、そのままでの土地活用が困難なことから、規定の各種補正率※により減額評価されます。

※路線価に、奥行価格補正率、不整形地補正率、規模格差補正率等を乗じて求めた価額に、地積を乗じて計算した価額によって評価する。

3 小規模宅地等の評価減の特例

小規模宅地等の評価減の特例※は、遺産分割が確定した被相続人の居住地や事業用地について、相続税の**評価額のうち80%または50%が減額**されるものです。特例の適用には、納付税額が**0円でも相続税の申告**が必要です。

※この適用を受けた宅地等を物納するときの収納価額は、原則として、この特例適用後の価額となる。

小規模宅地等の評価減の特例

- **特定居住用宅地等**：自宅の敷地（被相続人等の居住用宅地）を
①**配偶者が相続したもの（居住・保有の要件なし。第三者への賃貸も可）**。
②同居親族が相続したもの（相続税申告期限まで**宅地所有、居住継続が必要**）。
③被相続人に配偶者・同居親族がなく、別居親族が相続したもの（相続税申告期限までの宅地所有が必要）。相続開始前３年以内に、その別居親族またはその配偶者が国内に所有する家屋（持家）に居住したことがないことが要件。
➡評価減の対象限度面積330㎡、減額割合80%
〈特定居住用宅地等と他の宅地との併用〉
・**特定事業用宅地等と併用**する場合の**対象限度面積は330＋400＝730㎡**。
・**貸付事業用宅地等と併用**する場合は、特例を適用する敷地面積に応じて適用対象面積の**調整計算が必要**。

- **特定事業用宅地等**※：店舗等（被相続人等の事業用宅地）を一定の親族が相続したもの（相続税申告期限まで**宅地所有・事業継続が必要**）。**相続開始前３年以内に新たに事業の用に供された宅地等を除く**。
※特定同族会社事業用宅地を含む。
➡評価減の対象限度面積400㎡、減額割合80%

- **貸付事業用宅地等**：被相続人等の貸付事業（不動産貸付業、駐車場業、自転車駐車場事業等）に使用されていた土地（または借地権。ただし貸駐車場のうち、**土地の上に構築物のない青空駐車場は対象外**。）を一定の親族が相続したもの（相続税申告期限まで貸付け・保有継続が必要）。ただし、**相続開始前３年以内に新たに貸付事業の用に供された宅地等を除く**。
➡評価減の対象限度面積200㎡、減額割合50%

- 親族間での共同相続の場合、本特例の**適用要件の判定は各相続人ごと**に行う。

- **特例により減額される金額の計算式**

宅地等の評価額×（限度面積／その宅地等の敷地面積）×減額割合

4 建物の評価

費用現価：課税時期までに建物に投下された建築費用を、課税時期の現在価値に直したもの。

●**自用家屋**：評価額は、固定資産税評価額と同一です。

自用家屋評価額＝固定資産税評価額×1.0
建築途中の家屋の評価額＝費用現価の額×70%

設備や構築物の評価

●電気設備や給排水設備など、家屋と構造上一体となっている設備の価額
　→**家屋の価額に含めて評価**
●庭園設備（庭木、庭石、庭池）
　→「**その庭園設備の課税時期における調達価額×70%**」で評価
●構築物（駐車場の舗装路面、広告塔、煙突等）
　→「**（再建築価額－償却費の合計・減価額）×70%**」で評価

●**貸家**：評価額は、次の計算式で求めます。

貸家評価額＝自用家屋としての評価額×（1－借家権割合×賃貸割合）

5 株式の評価

スピード理解!!
貸家の評価額は、自用家屋より低い！

上場株式は、❶～❹のうち最も低い価格で評価します。

❶ 相続開始日（例：8月5日死亡）の最終価格（8月5日の最終価格）
❷ 相続開始日の月の毎日の最終価格の平均額（8月の月平均額）
❸ 相続開始日の前月の毎日の最終価格の平均額（7月の月平均額）
❹ 相続開始日の前々月の毎日の最終価格の平均額（6月の月平均額）

非上場株式には、次の評価方式があります。

●**原則的評価方式（同族株主［経営権を握る株主］が持つ株式の評価方式）**

類似業種比準方式	上場している類似の企業と比較し、配当金額・利益金額・純資産価額の３つの要素を勘案して決める。
純資産価額方式	会社が保有する純資産を発行済株式数で割り、１株当たりの価格とする。

●**特例的評価方式（同族株主以外の株主等が持つ株式の評価方式）**

配当還元方式	過去２年間の配当金の平均額から株価を算定する。

評価方式の選択は、原則として次のように行います。

評価方式の選択

大会社	類似業種比準方式（純資産価額方式も可）
中会社	類似業種比準方式と純資産価額方式の併用方式
小会社	純資産価額方式（併用方式も可）

※（　）内の方式といずれか低い方で評価できる。

- 土地保有特定会社（土地保有割合70%以上）、または株式保有特定会社（株式保有割合50%以上）の株式を取得した場合は、純資産価額方式となる。

ことば

土地保有特定会社： 会社の総資産価額に占める土地保有割合（相続税評価額ベース）70%以上の会社。

株式保有特定会社： 総資産に対する株式保有割合50%以上の会社。

6 非上場株式評価の計算式

類似業種比準方式による１株当たりの評価額は、類似業種の配当金額、利益金額、純資産価額と比較します。

類似業種比準方式の1株当たりの評価額

A…類似業種の株価

b、c、d…評価会社の１株当たりの配当金額、利益金額、純資産価額（簿価）

B、C、D…類似業種の１株当たりの配当金額、利益金額、純資産価額（簿価）

斟酌率＝大会社0.7、中会社0.6、小会社0.5

$$評価額 = A \times \frac{\frac{b}{B}+\frac{c}{C}+\frac{d}{D}}{3} \times 斟酌率 \times \frac{1株当たりの資本金額}{50円}$$

大会社→A×{(b/B+ c/C＋d/D)／3}×0.7×1株当たりの資本金額／50円

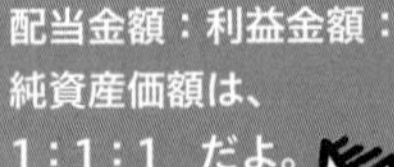

計算式を丸暗記する必要はありません。赤い文字の部分だけ覚えておけば試験には対応できます。

純資産価額方式、配当還元方式の計算式も次にあげておきます。こちらも暗記する必要はありません。

●純資産価額方式の１株当たりの評価額

評価額＝(総資産－総負債[※1]－評価差額に対する法人税率等の相当額[※2])÷発行済株式数

※１ 総資産・総負債、共に相続税評価額により算出

※２ 相続税評価額と帳簿価額による純資産価額の差額の37％(法人税の実効税率)

●配当還元方式の１株当たりの評価額

評価額＝(年平均配当金額[※3]÷10％)×(1株当たりの資本金等の額[※4]÷50円)

※３ 直前期末以前2年間の配当金額÷２

※４ 直前期末の資本金等の額

7 国内金融資産等の相続税評価

金融資産については、次のように評価します。

財産評価の出題ポイント

国債	中途換金した場合の価額
生命保険契約	課税時期の解約返戻金の価額
普通預金	相続開始時の既経過利子額[※]が少額であれば、課税時期の預金残高　※預入日から相続開始日までの利子。
定期預金	課税時期の預入残高＋源泉徴収後の利子額
上場されている利付公社債	課税時期の最終価格(市場価格)＋源泉徴収後の利子額
証券投資信託	課税時期に解約請求(または買取請求)を行った場合に支払われる価額(基準価額から解約手数料を差し引いた額)
外貨建て財産	課税時期でのTTBレートで円換算して評価
ゴルフ会員権	課税時期での取引価格の70％の価額
上場不動産投資信託(J-REIT)	上場株式の評価方法に準じて評価する

なお、相続税法22条では、「相続・遺贈、または贈与により取得した財産の価額は、当該財産の取得のときにおける時価[※]による」と定められており、贈与を受けた財産の価額は、**贈与を受けた時の時価**で評価します。

※財産評価基本通達では、時価とは課税時期において、財産の現況に応じ、不特定多数の当事者間で自由な取引が行われる場合に成立する価額をいう。

過去問トレーニング

次の質問に答えなさい。

問1 相続税額の計算における土地や家屋等の評価に関する次の記述の正誤を答えなさい。 ◀2021年9月・2022年1月学科

❶ 自己が所有する土地の上に自宅を建築して居住していた場合、この土地は自用地として評価する。

❷ 自己が所有する土地に建物の所有を目的とする賃借権を設定し、借地人がこの土地の上に自宅を建築して居住していた場合、この土地は貸宅地として評価する。

❸ 子が、親の所有する土地を使用貸借で借り受け、自宅を建築して居住していた場合、この土地は貸宅地として評価する。

❹ 自己が所有する土地の上に店舗用建物を建築し、当該建物を第三者に賃貸していた場合、この土地は貸家建付地として評価する。

❺ 自用家屋の価額は、原則として、「その家屋の固定資産税評価額×1.0」の算式により計算した金額によって評価する。

❻ 貸家の価額は、「自用家屋としての価額×借家権割合×賃貸割合」の算式により計算した金額によって評価する。

問2 下記の自宅の敷地（自用地）について、路線価方式による相続税評価額を計算しなさい。なお、解答に当たっては、解答用紙に記載されている単位（万円）で答えること。 ◀2016年5月資産

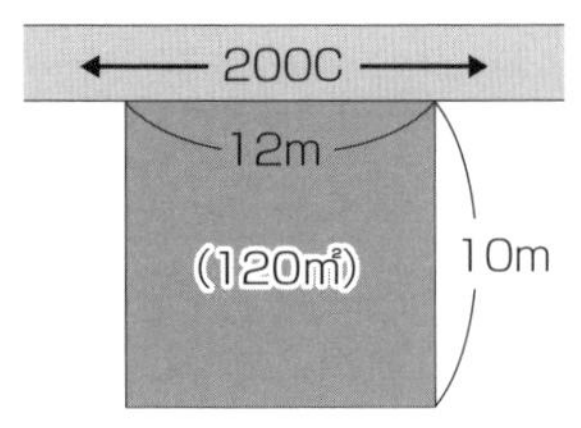

［借地権割合］

記号	借地権割合
A	90%
B	80%
C	70%
D	60%
E	50%
F	40%
G	30%

注１：奥行価格補正率10m以上12m未満1.00
注２：借地権割合30%
注３：その他の記載のない条件は、一切考慮しないものとする。

問3 下記の資料に基づくA社株式の1株当たりの類似業種比準価額として、最も適切なものはどれか。 ◀2014年1月学科（改）

〈A社および類似業種のデータ〉 A社の業種：食料品製造業
A社の会社規模：大会社 A社の1株当たりの資本金等の額：50円

	A社	類似企業
株価	−	200円
1株（50円）当たりの年配当金額	8円	4円
1株（50円）当たりの年利益金額	40円	20円
1株（50円）当たりの簿価純資産価額	600円	300円

ア 200円×[(4円/8円+20円/40円+300円/600円)/5]×0.9×50円/50円=54円
イ 200円×[(8円/4円+40円/20円+600円/300円)/3]×0.7×50円/50円=280円
ウ 200円×[(8円/4円+40円/20円+600円/300円)/3]×0.9×50円/50円=360円
エ 200円×[(8円/4円+40円/20円+600円/300円)/5]×0.7×50円/50円=168円

問4 国内金融資産等の相続税評価に関する次の記述の正誤を答えなさい。 ◀2023年5月学科（改）

❶ 類似業種比準方式における比準要素は、1株当たりの配当金額、1株当たりの利益金額および1株当たりの純資産価額である。
❷ 会社規模が小会社である会社において、中心的な同族株主が取得した株式の価額は、原則として、類似業種比準方式によって評価する。
❸ 同族株主のいる会社において、同族株主以外の株主が取得した株式の価額は、その会社規模にかかわらず、原則として、配当還元方式によって評価する。

答え

問1 ❶ ○ ❷ ○ ❸ × 地代を取らない使用貸借で借り受けた土地に、自宅を建築して居住する場合の相続税評価額は、自用地となる。❹ ○ ❺ ○ ❻ × 貸家の評価額＝自用家屋評価額×（1－借家権割合×賃貸割合）。

問2 （2,400万円）宅地の自用地評価額＝路線価×奥行価格補正率×敷地面積。路線価図の「200C」は200千円／㎡。奥行き価格補正率は1.00。敷地面積は120㎡なので、200,000円×1.00×120㎡＝2,400（万円）

問3 イ

問4 ❶ ○ ❷ × 中心的な同族株主（経営権を握る株主）が取得した株式は原則的評価方式で評価されるため、小会社であれば純資産価額方式もしくは、併用方式のいずれかで評価される。❸ ○

8 相続対策／事業承継対策

事業承継対策の具体的な方法が出題される。

- 役員退職金で株式の相続税評価額を下げることができる。
- 贈与税の納税猶予の要件は贈与時の雇用を80％以上維持。
- 遺留分侵害額請求権の行使を回避して自社株等の散逸を防ぐ。

1 相続税対策

円滑な相続のために、遺言や生前贈与などによって準備しておくことを**相続対策**といいます。相続財産が相続税の納付対象となるような人は、**相続税対策**が必要になります。

相続税対策の出題ポイント

不動産	●不動産（評価額は市場価格より低い）を購入する。 ●土地等を相続人の間で分割がしやすい資産に代えておく。 ●自用地を貸宅地や貸家建付地にして評価額を下げる。 ●**貸宅地（底地）と借地権を等価交換して「固定資産の交換の特例」の適用を受ける**。交換に伴う譲渡所得には課税されない。 ●相続で取得した土地を延納の担保として提供する。
生命保険	●相続人に**保険料相当額の金銭を贈与**して、契約者および死亡保険金受取人を相続人、被保険者を被相続人とする生命保険に加入。
資産の売却	●**相続により取得した土地・建物・株式などを一定期間内**※**に譲渡し、相続税額のうち一定金額を取得費に加算できる「相続財産を譲渡した場合の取得費の特例」を受ける**。
借入	●不動産を相続して延納を選択すると、不動産所得の計算で必要経費とならない利子税が課される。**延納に代えて借入金により相続税を一括納付**し、不動産収入で借入金を返済。借入金の利子を不動産所得の必要経費に算入して節税を図ることができる。

※相続開始のあった日の翌日から相続税の申告期限の翌日以後３年以内。

2 事業承継対策

後継者がスムーズに会社経営を継続できるように承継を図ることを**事業承継対策**といいます。

事業承継対策の出題ポイント

類似業種比準方式や純資産価額方式の相続税評価額を引き下げる方法

- **役員退職金を支給して、利益と純資産を下げる。**
- **低配当、または無配にする。**
- **高収益部門を分社化**して、会社の利益を減少させる。
- **不良債権を処理して償却費を損金計上**し、純資産価額を下げる。

※時価よりも相続税評価額が低い資産（土地・家屋などの不動産）の購入には、実質的な資産価値は変えずに、純資産価額方式による相続税評価額の引き下げに効果があるとされる。しかし、自社が相続開始前３年以内に取得した土地・家屋等は、通常の取引価額で評価するため、直ちに純資産価額の引き下げ効果が発生するとは言えないため、計画的な相続・事業承継対策が必要。

後継者の納税資金を確保する方法

- 後継者の給与額を増やす。
- **経営者を被保険者**、**会社を契約者・死亡保険金受取人**とする逓増定期保険などに加入し、**死亡・引退時の退職金の支払い原資を確保**する。
- **経営者を契約者・被保険者**、**後継者を死亡保険金受取人**とする生命保険に加入し、**代償交付金の原資を確保**する。後継者が他の相続人に死亡保険金を相続財産の代わりに交付できる。→代償分割（372ページ）
- 相続人が**相続した自社株を会社が買い取って相続税の納税資金を確保**する。

×**自社株の過半数を社外取引先等に分散譲渡させてしまうと、後継者が経営権を維持できず、事業継続が難しくなる。**

- 後継者が前経営者から生前贈与された自社株その他の事業用資産について、**遺留分侵害額請求権の行使を回避できる民法の特例を利用**することで、自社株式や事業用資産の散逸を回避する。

3 遺留分に関する民法特例

中小企業の後継者※が、生前贈与された自社株式を遺留分算定基礎財産から除外することで、自社株の分散防止など、事業承継を円滑に行うことができます。これを**遺留分に関する民法特例**といいます。この特例により、同族会社株式

※一定の要件を満たす個人事業主の後継者も適用可。なお、本特例は上場企業は対象外。

を遺留分対象の財産から除外することを**除外合意**といい、算入する価額を合意時の時価に固定することを**固定合意**[※1]といいます。この特例を利用するには、遺留分を有する推定相続人および後継者全員の書面による合意を得て、合意について経済産業大臣の確認を受けた日から一定期間内に申立てし、家庭裁判所の許可を得ることが必要です。

※1 固定合意により、のちに自社の株価が上昇しても、遺留分の額に影響せず、上昇分は遺留分侵害額請求権の対象外となる。

4 非上場株式等の納税猶予制度

非上場の中小企業の円滑な事業承継のために、**非上場株式等についての贈与税の特例**、および**非上場株式等についての相続税の納税猶予の特例**があります。[※2]

※2 2018年1月1日から2027年12月31日までの贈与税・相続税に適用。

贈与税の納税猶予の特例では、後継者が前経営者からの贈与により、非上場株式を取得した場合、**株式の贈与税の全額が猶予**されます。そして前経営者（被相続人）の相続が開始したとき、贈与税の納税猶予を受けていた贈与税は免除され、代わりに**贈与時の評価額**が相続税の課税対象になります。そして一定の要件を満たす場合に、今度は相続税の納税猶予制度の適用を受け、**相続税の課税価格の全額が猶予**されます。

スピード理解!!
取得した全ての株式が贈与税・相続税の全額猶予の対象になるよ。

納税猶予制度の要件

- 2026年3月31日までに会社が特例承継計画を都道府県知事に提出し、要件を満たしていることの認定を受けること。
- 贈与時（相続開始時）の雇用を80％以上維持すること。
  ※維持できない場合は都道府県に申告することで猶予継続が可能。
- 贈与者は、発行済議決権株式総数の50％超の株式を保有し、かつ同族内で筆頭株主である前経営者、もしくは特例適用後５年以内に贈与をした前経営者以外の者。複数人も可。
- 後継者は、総議決権数の10％以上を保有する上位３位以内の者（3人まで可）。

なお、「非上場株式等についての贈与税の納税猶予の特例」と「非上場株式等についての相続税の納税猶予の特例」は、「小規模宅地等の評価減の特例」（402ページ）とそれぞれ併用が可能です。※

※「非上場株式等についての贈与税の納税猶予の特例」は、2018年1月から2027年12月31日までの10年間の特例措置として、60歳以上の贈与者から、18歳以上の受贈者への贈与について、「相続時精算課税制度」との併用が可能となった。なお、後継者である受贈者は子・孫・推定相続人以外も可。

5 個人事業主の事業承継制度

個人事業主が事業承継者に、**特定事業用資産**を贈与した場合、その資産の課税価格に対する贈与税・相続税が猶予・免除される制度が「**個人事業者の事業承継に係る贈与税・相続税の納税猶予制度**」です。2019年1月から2028年12月31日までの贈与が対象で、特定事業用宅地等にかかる「小規模宅地等の評価減の特例」といずれかの選択が可能です。

この制度の要件として、個人事業の後継者は、2026年3月31日までに個人事業承継計画を都道府県知事に提出し、確認を受けることが必要です。

ことば

特定事業用資産：贈与者・被相続人が個人事業に使っている財産で、規定範囲内の土地や建物、固定資産税や自動車税等の課税対象となる減価償却資産。

6 会社法

会社設立に関する問題の主なポイントは以下の通りです。

会社設立のポイント

- **株式会社**に関して…①設置の際の**最低資本金の準備は不要**（資本金1円でも設立可）。②取締役会を設置する場合、**3人以上の取締役が必要**。③特定の株主から自己株式を有償で取得する場合、**株主総会の特別決議が必要**。
- **株式譲渡制限会社（非公開会社）**に関して…①**株主総会の設置が必要**。②取締役会を設置する場合は、**3人以上の取締役（任期は最長10年）が必要**だが、設置しない場合は**取締役は1人でも可**。定款に特段の定めがない場合、株主でない者が**株式譲渡制限会社の取締役になることができる**。
- **公開会社**とは、**発行する株式の全部または一部が譲渡制限のない株式会社**のこと。金融商品取引所への上場の義務付けはなし。

過去問トレーニング

次の質問に答えなさい。

問1　非上場企業における役員（死亡）退職金を活用した相続税の納税資金対策および事業承継対策に関する次の記述について、正しいものまたは適切なものには○、不適切なものには×をしなさい。

◀2022年9月学科

❶　死亡退職金の原資の準備として、契約者（＝保険料負担者）および死亡保険金受取人を法人、被保険者を経営者とする生命保険に加入することが考えられる。

❷　経営者の死亡直後に遺族が支給を受けた死亡退職金は、相続税の納税資金に充てることができる。

❸　経営者が死亡した場合に遺族が支給を受けた死亡退職金で、相続税額の計算上、退職手当金等の非課税限度額の適用対象となるものは、その死亡後5年以内に支給額が確定したものである。

❹　経営者が死亡した場合の遺族への死亡退職金の支給は、相続税額の計算上、純資産価額方式による自社株式の評価額を引き下げる効果が期待できる。

答え

問1　相続税の納税資金対策・事業承継対策に関する問題。

❶　○　経営者を被保険者、会社を契約者・死亡保険金受取人とする生命保険に加入することで、死亡・引退時の退職金の支払い原資を確保することができる。

❷　○　会社が支払う役員退職金は、適正な額であれば、損金算入できるため、死亡退職金を支給することは、税負担を軽減すると同時に相続時における納税資金に充てることができて、納税資金対策の有効な手段となる。

❸　×　遺族が受け取る死亡退職金で、被相続人の死亡後3年以内に支給が確定したものは、みなし相続財産として相続税の対象となり、「500万円×法定相続人の数」まで非課税となる。死亡後5年以内は誤り。

❹　○　役員退職金の支給は、会社の利益や純資産が減少することにより、純資産価額方式や類似業種比準方式による自社株式の相続税評価額の引き下げに有効な方法といえる。また、相続税は現金納付が原則なため、相続時における納税資金の確保にもつながる。

索引

英字

あ行

か行

さ行

た行

な行

は行

ま行

や行

ら行

わ行

おわりに

オフィス海は、30年以上、各種試験の対策教材、参考書の企画執筆に携わってきたメンバーを中心に活動する出版物の企画制作会社です。

私たちは本書を企画するに当たって、FP検定というものがどういうものなのか、どういった対策本が市販されているのか調査をしました。FP検定の過去問題は問題集やネットで公表されていますから、市販教材で学習した場合、覚えるべき内容が頭に入ってくるか、試験でどのくらいの点数が取れるのかを自分たち自身で確かめてみたのです。結果、「もっと良い本ができる」という確信を持つことができたため、本書の制作に取りかかりました。

私たちが試験対策教材を作る場合は、第一に合格点が確実に取れることに主眼を置きます。そのためには、過去問題の徹底的な分析が欠かせません。一般に検定試験というのは年度によって合格率が変わることを嫌うため、頻出する問題を核として、毎年少しずつ問題が変わっていきます。またFP検定は法律改正と出題が連動しているため、10年前の検定と現在の検定では、頻出問題も違っています。そうしたことを考慮しつつ過去問題を分析したところ、直近5年間の試験問題を「解く力」を身に付ければ、確実に合格できることがわかりました。

「解く力」は、過去問題の暗記では養われません。膨大な過去問題を整理統合して、分野・項目ごとに出題知識を覚えやすい形で学習して初めて身に付きます。本書は、こうした編集方針に基づいて制作されています。

ただし、試験偏重の内容になるあまりFPが身に付けておくべき基本的な知識を漏らしてはいけません。また専門的、法律的な間違いがあってはいけません。そこで、テレビ・ラジオ、講演会など、第一線でご活躍されているファイナンシャル・プランナーの高山一恵さんに、専門家の立場から監修をしていただきました。心より感謝申し上げます。また、校正者の皆さんには多大な校正の労をお取りいただきました。この場を借りて、厚く御礼申し上げます。

オフィス海

・FP検定合格後、後輩受検者の方々に本書をご推薦いただけましたら幸いです。

◉監修者紹介

高山 一恵（たかやま　かずえ）

ファイナンシャル・プランナー（CFP®、１級ファイナンシャル・プランニング技能士）／㈱Money & You取締役。

東京都出身。慶應義塾大学文学部卒業。2005年に女性向けFPオフィス、(株)エフピーウーマンを創業。10年間取締役を務めた後、現職へ。女性向けWEBメディア『FP Cafe®』や『Mocha』を運営。また、『Money & You TV』や「マネラジ。」などでも情報を発信している。全国での講演活動、執筆、マネー相談を通じて、女性の人生に不可欠なお金の知識を伝えている。明るく、親しみやすい講演には定評がある。

主な著書・監修

『はじめての新NISA&iDeCo』（成美堂出版）
『1日１分読むだけで身につく　お金大全100』（自由国民社）
『やってみたらこんなにおトク！ 税制優遇のおいしいいただき方』（きんざい）

原稿・取材・出演

日本経済新聞、聖教新聞、シティリビング、プレジデント、ダイヤモンド、AERA、東洋経済、日経マネー、日経WOMAN、日経ビジネス、日経ヴェリタス、日経DUAL、週刊ポスト、女性自身、女性セブン、VERY、Oggi、FRaU、CHANTO、LEE、MORE、with、美ST、おともだち、All About、東証マネ部！、MONEY PLUS、ビジネスジャーナル、マネー現代、OTONA SALONE、フジテレビ、TBS、TBSラジオ、日経CNBC、大手小町（読売新聞）、Suits-Woman、NHKニュースウォッチ9など

講演

日経新聞、朝日新聞、シティリビング、中央労働金庫、楽天証券、イオン銀行、紀陽銀行、電通アイソバー、朝日ネット、@type、パレット共済、明治安田生命、ライフネット生命、ソニー生命、マネーフォワード、サンワード貿易、日商エステム、ジーイークリエーション、日本財託、TAPP、アセットリード、共立女子大、Schoo（スクー）、FP養成機関、高島屋ファイナンシャル・パートナーズ、マネックス証券、電気連合組合、レンドリース・ジャパンなど

株式会社Money&You：https://moneyandyou.jp/
FP Cafe®：https://fpcafe.jp/
Mocha：https://fpcafe.jp/mocha
Money&You TV：https://fpcafe.jp/mocha/features/mytv
マネラジ。：https://fpcafe.jp/mocha/features/radio

監修協力　賴藤太希：㈱Money&You代表取締役社長
編集協力　内田ふみ子（１級ファイナンシャル・プランニング技能士）、國安誠人、國安陽子、佐伯のぞみ、中村由利子、西川亘、松村敦子、松浦文彦、三浦久美子、㈱聚珍社
イラスト　㈱ぽるか 坂木浩子
図表作成　catblack 佐々木恵利子
編集担当　梅津愛美（ナツメ出版企画株式会社）

◉著者紹介

オフィス海（おふぃす・かい）

◉──資格試験対策本、学習参考書、問題集、辞典等の企画執筆を行う企画制作会社。1989年設立。「日本でいちばんわかりやすくて役に立つ教材」の制作に心血を注いでいる。著書に『史上最強の漢検マスター準1級問題集』『史上最強一般常識＋時事一問一答問題集』『史上最強SPI＆テストセンター超実戦問題集』『史上最強の宅建士テキスト』（ナツメ社）等がある。

一般社団法人金融財政事情研究会　ファイナンシャル・プランニング技能検定2級学科試験、ファイナンシャル・プランニング技能検定2級実技試験（個人資産相談業務、生保顧客資産相談業務）平成31年4月許諾番号1904K000002

日本FP協会　2級ファイナンシャル・プランニング技能検定学科試験、2級ファイナンシャル・プランニング技能検定実技試験（資産設計提案業務）平成31年4月許諾番号1904F000031

本書に関するお問い合わせは、書名・発行日・該当ページを明記の上、下記のいずれかの方法にてお送りください。電話でのお問い合わせはお受けしておりません。

・ナツメ社webサイトの問い合わせフォーム
　https://www.natsume.co.jp/contact
・FAX（03-3291-1305）
・郵送（下記、ナツメ出版企画株式会社宛て）

なお、回答までに日にちをいただく場合があります。正誤のお問い合わせ以外の書籍内容に関する解説・受験指導は、一切行っておりません。あらかじめご了承ください。

ナツメ社Webサイト
https://www.natsume.co.jp
書籍の最新情報（正誤情報を含む）はナツメ社Webサイトをご覧ください。

史上最強のFP2級AFPテキスト　24-25年版

2024年6月20日　初版発行

監修者　**高山一恵**
著　者　**オフィス海**
発行者　**田村正隆**

発行所　**株式会社ナツメ社**
東京都千代田区神田神保町1-52　ナツメ社ビル1F（〒101-0051）
電話　03(3291)1257（代表）　FAX　03(3291)5761
振替　00130-1-58661

制　作　**ナツメ出版企画株式会社**
東京都千代田区神田神保町1-52　ナツメ社ビル3F（〒101-0051）
電話　03(3295)3921（代表）

印刷所　**株式会社リーブルテック**

ISBN978-4-8163-7565-1　Printed in Japan

〈定価はカバーに表示してあります〉　〈落丁・乱丁本はお取り替えします〉

24-25年版

史上最強のFP
2級AFPテキスト

頻出問題チェック集

赤シートで解答・解説を隠しながらチェックできる！

ナツメ社

Part 1 ライフプランニングと資金計画

▼ 次の文章の正誤を答え、間違っている場合には間違っている箇所・理由を指摘しなさい。➡本文参照ページ

No.	問題	解説	正誤
01	弁護士資格を有しないFPが、顧客の任意後見人となった。	任意後見人になるのに資格は不要。 ➡p.3	○
02	税理士資格を有しないFPが、セミナーにおいて参加者個人の納税額の計算をした。	顧客の税額計算は税理士でないとできない。 ➡p.3	×
03	「簡易生命表」、「家計調査」、「家計の金融行動に関する世論調査」、「子どもの学習費調査」、FPがこれらの資料を配布する場合に、許諾は不要である。	国や公共団体の資料の利用に許諾は不要。 ➡p.7	○
04	キャッシュフロー表に記入する可処分所得とは、年収から所得税、住民税、社会保険料を引いた額のことである。	可処分所得＝年収－（所得税＋住民税＋社会保険料） ➡p.9	○
05	増改築の資金1,000万円を10年間、年利3.0%で毎年末に元利均等返済をする場合の毎年の返済額を求めたい。これに用いる係数は減債基金係数である。	減債基金係数ではなく、資本回収係数を用いる。 ➡p.11	×
06	毎年末に120万円を積み立てて年利1.0%、期間20年で複利運用をする場合の20年後の合計額を求めたい。これに用いる係数は年金現価係数である。	年金現価係数ではなく、年金終価係数。 ➡p.11	×
07	財形住宅貯蓄は、自宅の取得、または増改築の資金を5年以上積み立てる制度で、一定の要件を満たせば、財形年金貯蓄と合わせて、元利合計500万円までの利息が非課税となる。	500万円ではなく、550万円。 ➡p.16	×
08	財形住宅融資は、財形貯蓄残高の10倍以内で4,000万円まで、また持家、土地の取得、整備費用の合計額、または住宅の改良に要する費用の90%以内までが融資の上限である。	財形住宅融資は借換えは対象外。 ➡p.17	○
09	フラット35の融資額は、100万円以上8,000万円以下で、住宅購入価格の90%までである。	90%まででではなく、100%まで。借換えも対象。 ➡p.17	×

Part 1 Part 2 Part 3 Part 4 Part 5 Part 6 ライフプランニングと資金計画

No.	問題	解説	答
10	住宅ローンでは金利が高いときは変動金利が有利とされており、固定金利選択型住宅ローンでは、固定金利期間が長いほど金利は低くなる。	固定金利期間が長いほど金利は高くなる。 ➡p.18	×
11	返済期間短縮型の繰上げ返済は、返済額軽減型の繰上げ返済よりも、利息軽減効果が大きい。	返済期間を短縮する方が、利息をより多く減らせる。 ➡p.20	○
12	団体信用生命保険（団信）は、住宅ローンの債務者が死亡、または病気などで就業不能となった場合に、生命保険会社が住宅ローン残高を債権者（銀行）に支払う保険である。	病気などで就業不能の場合は給付の対象外。 ➡p.21	×
13	返済期間30年、金利2.7%（全期間固定）、100万円当たりの毎月返済額4,055円、元利均等で2,500万円の住宅ローンを借りた場合の年間返済額は1,216,500円である。	4,055 × 25 × 12 ＝1,216,500円 ➡p.21	○
14	使い道が自由な満期祝金や入学祝金を受け取ることができる学資（こども）保険だが、中途解約した場合は、解約返戻金が既払込保険料総額を下回ることがある。	解約返戻金が既払込保険料総額を下回ることがある。 ➡p.24	○
15	学資（こども）保険では、契約者が死亡した場合や被保険者が死亡した場合は死亡保険金が受取人に支払われて、保険契約が消滅する。	一般に契約者が死亡すると保険料払込みが免除され契約は続く。➡p.24	×
16	日本学生支援機構の第一種奨学金は、在学中・卒業後ともに無利息だが、返済が遅れると延滞金が課される。	第二種奨学金の方は在学中は無利息、卒業後に利息が付く。 ➡p.25	○
17	同居している配偶者が健康保険の被扶養者となるには、年収が被保険者の年収の２分の１以下で、かつ被扶養者が年収130万円未満という条件がある。	２分の１以下ではない。２分の１未満。 ➡p.28	×
18	国民健康保険で医療費を一部負担する割合は、小学校入学前が２割、70歳未満が３割となっている。	負担率は、健康保険と同様。 ➡p.29	○
19	１カ月の支払額が自己負担限度額を超えた場合の高額療養費の給付は、先進医療にかかる一定の費用は対象内だが、食費、差額ベッド代は対象外となっている。	先進医療にかかる費用も対象外。 ➡p.30	×

No.	問題	解説	解答
20	健康保険の自己負担限度額は、5つの所得区分に分かれていて、「約770万円～1,160万円」の年収で、「80,100円＋（医療費－267,000円）×1%」が限度額である。	167,400円＋（医療費－558,000円）×1％が限度額。 ➡p.30	×
21	傷病手当金は、休業1日に対して「支給開始日以前の継続した12カ月間の各月の標準報酬月額の平均額÷30日」の3分の2が休業4日目から通算1年支給される。	通算1年でなく、通算1年6カ月。 ➡p.31	×
22	産前産後休業期間と育児休業期間は、被保険者が申出をすれば、健康保険・厚生年金保険の保険料（被保険者分と事業主分）は徴収されない。	被保険者ではなく、事業主が申出書を提出する。 ➡p.32	×
23	出産手当金の支給対象期間は、出産前の42日間＋出産後の56日間＝合計98日のうちの仕事を休んだ日数分である。	仕事を休んだ日数分（産前産後休業期間）について支給。 ➡p.32	○
24	健康保険の任意継続被保険者となるには、「被保険者期間が継続して2カ月以上あること」、「退職日の翌日から30日以内に申請すること」が必要である。	30日以内ではなく、20日以内。 ➡p.36	×
25	75歳になると加入する後期高齢者医療制度では、都道府県ごとに医療費の自己負担割合が異なる。	自己負担割合は全国共通で1割。 ➡p.37	×
26	公的介護保険の要支援者は、予防給付として施設サービスと在宅サービス等が受けられる。	要支援者は予防給付として在宅サービスが受けられる。 ➡p.38	×
27	介護保険の第1号被保険者の保険料は、年金額が16万円以上の場合、年金から特別徴収される。	16万円以上ではなく、18万円以上。 ➡p.38	×
28	労災保険の傷病補償年金では、療養開始から1年6カ月を経過して一定の障害が残った場合、業務上災害では傷病補償年金、通勤災害では傷病年金が支給される。	1年6カ月の経過期間が必要。 ➡p.43	○
29	雇用保険の基本手当の受給期間は、病気、出産・育児、介護等で30日以上継続勤務できない場合、最長2年延長でき、本来の受給期間1年を含めると受給期間は合計3年間となる。	最長3年延長でき、受給期間合計4年となる。 ➡p.44	×

No.	問題	解説	解答
30	雇用保険の基本手当の受給日数は、被保険者期間20年で定年退職の場合は150日、被保険者期間20年で会社倒産の場合は最長300日となっている。	300日ではなく、330日。 ➡p.45	×
31	雇用保険の基本手当の支給日数を2分の1以上残して、安定した職業に就き、一定要件を満たした場合に再就職手当が支給される。	2分の1以上ではなく、3分の1以上。 ➡p.46	×
32	厚生労働大臣指定の教育訓練を修了した場合に支給される教育訓練給付のうち、専門実践教育訓練は最大で訓練経費の70%が支給される。	訓練経費の50%に、資格取得等で20%を追加支給。 ➡p.46	○
33	高年齢再就職給付金は、雇用保険の基本手当を受給後、受給日数を2分の1以上残して60歳以後に再就職した者に支給される。	2分の1以上ではなく、100日以上。 ➡p.47	×
34	育児休業を取って給料が支払われなくなった者に支給される育児休業給付は、産前休業開始日等の前2年間に、みなし被保険者期間が通算で12カ月以上あることを必要とする。	2年間の半分（12カ月）が必要。 ➡p.47	○
35	国民年金の第3号被保険者となるには、本人ではなく、第2号被保険者である配偶者が年金事務所に届け出る必要がある。	年金事務所に届け出るのは配偶者の事業主（勤務先）。 ➡p.51	×
36	国民年金の第2号被保険者が退職や死亡した場合、扶養されていた配偶者は、国民年金の第3号被保険者資格を喪失するため、第3号から第1号への種別変更が必要となる。	正しい。その際、国民年金保険料は翌月末日までに納める。 ➡p.51	○
37	第2号被保険者である会社員が、退職などによって第1号被保険者になる場合は、住所地の市区町村役場等で種別変更の手続きが必要である。	14日以内に種別変更の手続きが必要。 ➡p.51	○
38	国民年金には、65歳になるまで任意で加入できる。また受給資格期間を満たしていない場合には、70歳になるまで加入できる。	国民年金の任意加入制度。 ➡p.52	○
39	出産予定日または出産日の月の前月から4カ月間の国民年金保険料が免除される。この免除期間は、老齢基礎年金の年金額の計算の際に、2分の1の期間として計算される。	産前産後の免除期間は、保険料納付済期間に算入される。 ➡p.53	×

No.	問題	解説	解答
40	公的年金の給付には、65歳になったときに給付される老齢給付、障害の状態になったときに給付される障害給付、遺族に給付される遺族給付の3つがある。	国民年金では基礎年金、会社員は基礎年金と厚生年金。➡p.56	○
41	公的年金受給の請求手続き（年金請求）をすれば、受給権が発生した月の翌月から2カ月に1回、年6回（奇数月）給付される。	奇数月ではなく、偶数月。➡p.56	×
42	老齢基礎年金の年金額の計算式では、2009年3月までの期間分の半額免除月数には3分の2を、2009年3月までの期間分の全額免除月数には2分の1を掛ける。	全額免除月数には3分の1を掛ける。➡p.58	×
43	Aさんが66歳到達月に老齢基礎年金の支給繰下げの請求をした場合、Aさんが受給する老齢基礎年金の額は6%増額される。	繰下げした月数×0.7%増額なので、12×0.7＝8.4% ➡p.58	×
44	昭和34年4月2日から36年4月1日までの間に生まれた男性の場合、特別支給の老齢厚生年金（報酬比例部分のみ）の支給開始年齢は、原則63歳である。	63歳ではなく、64歳。➡p.63	×
45	加給年金は、厚生年金加入期間が20年以上あり、65歳未満の配偶者または18歳の年度末までの子がいる場合、加入者本人の老齢厚生年金に支給される。	配偶者が65歳になると、加給年金は終わる。➡p.65	○
46	配偶者が65歳になって配偶者に老齢基礎年金が支給されるようになると、加給年金は終わるが、代わりに配偶者に振替加算が支給されるようになる。	振替加算額は、配偶者の生年月日に応じて決められる。➡p.65	○
47	老齢厚生年金の繰上げ・繰下げをしても加給年金と振替加算の支給時期（65歳）に変更はなく、減額・増額もない。	繰下げをすると加給年金と振替加算は同時に繰下げになる。➡p.66	×
48	60歳以降も企業で働いている場合、年金の基本月額と総報酬月額相当額の合計額に応じて、老齢基礎年金と老齢厚生年金が減額や支給停止になる制度を在職老齢年金という。	老齢基礎年金は全額支給される。➡p.67	×
49	障害認定日とは、原則として障害の原因となった傷病の初診日から1年6カ月を経過した日（1年6カ月以内に傷病が治った場合は傷病が治って障害が残った日）をいう。	障害認定日に各障害等級に該当することが障害給付の受給要件。➡p.71	○

No.	問題	解説	解答
50	遺族基礎年金の年金額は、「816,000円＋子の加算額」で、加算額は第１子が234,800円、第２子以降が78,300円である。	234,800円は第２子まで。78,300円は第３子以降。 ➡p.74	×
51	寡婦年金は夫が死亡した妻に支給され、死亡一時金は遺族基礎年金を受給できない遺族に支給されるが、両方を受給することはできない。	寡婦年金と死亡一時金の同時受給は不可。 ➡p.75	○
52	遺族厚生年金の年金額は、老齢厚生年金の報酬比例部分の５分の３で、被保険者期間の月数が300月に満たない場合は一定の要件の下に300月として計算する。	５分の３ではなく、４分の３。 ➡p.76	×
53	長期要件による遺族厚生年金については、死亡した夫の厚生年金保険の被保険者期間が原則として20年以上なければ中高齢寡婦加算は加算されない。	中高齢寡婦加算は、40～65歳未満の子のない妻に支給。 ➡p.77	○
54	遺族厚生年金は遺族基礎年金と併給でき、65歳以降ならば老齢基礎年金、障害基礎年金とも併給できる。	複数の年金が重なる場合、併給調整が行われる。 ➡p.80	○
55	雇用保険の高年齢雇用継続基本給付を受給している間は、老齢厚生年金（在職老齢年金）は標準報酬月額の5%を限度に減額となる。	５%ではなく６%。 ➡p.81	×
56	国民年金基金の掛金は、加入員が確定拠出年金の個人型年金（iDeCo）に加入している場合、個人型年金加入者掛金と合わせて月額68,000円が上限となる。	付加年金または国民年金基金と合算して月額6.8万円が上限。 ➡p.85	○
57	確定拠出年金の個人型年金加入者の掛金は、小規模企業共済等掛金控除の対象となり、運用益も非課税、給付金も控除対象（一時金は退職所得控除、年金は公的年金等控除）である。	掛金、給付金が控除対象。運用益は非課税。 ➡p.86	○
58	小規模企業共済に加入できるのは、従業員20人以下の企業の事業主と従業員で、掛金は加入者本人が負担する。	事業主と従業員ではなく、事業主と役員。 ➡p.86	×
59	私募債とは、特定少数の投資家が直接引き受ける社債のことで、親族、取引先などの縁故者（50人未満）が直接引き受ける無担保のものを少人数私募債という。	対して公募債は不特定多数の投資家を対象として募集する社債。 ➡p.87	○

Part 2 リスク管理

▼ 次の文章の正誤を答え、間違っている場合には間違っている箇所・理由を指摘しなさい。➡本文参照ページ

No.	問題	解説	正誤
01	保険契約に関するルールを定めた保険法の規定よりも、保険契約者、被保険者、保険金受取人に不利な内容の約款の定めは無効となる。	これを片面的強行規定という。 ➡p.90	○
02	契約者が法人である自動車保険契約、火災保険契約は、損害保険契約者保護機構による補償の対象である。	損害保険契約者保護機構では、法人の火災保険は補償の対象外。➡p.91	×
03	クーリング・オフは、契約申込日、または契約申込みの撤回等に関する事項を記載した書面を受け取った日のうち、遅い方の日から７日以内に書面（電磁的記録含む）で行う。	７日以内ではなく、８日以内。 ➡p.91	×
04	保険会社が告知義務違反を知ってから１年を経過しても解除しない場合、解除権は消滅する。	１年ではなく、１カ月。 ➡p.95	×
05	保険料払込みの猶予期間中に保険事故が発生した場合でも、保険金や給付金は支払われるが、未払込保険料は差し引いた額となる。	月払いの猶予期間は払込日の翌月初日～翌月末。 ➡p.96	○
06	年払いの保険料払込猶予期間は、払込日が４月25日であれば、５月１日から６月25日までとなる。	年払いの猶予期間は払込日の翌月初日～翌々月の応当日。 ➡p.96	○
07	自動振替貸付制度は保険会社が保険料を立て替えて契約を持続させる制度、契約者貸付制度は融資を受けられる制度で、どちらも解約返戻金の範囲内で、利息が付く。	どちらも解約返戻金の一定範囲内で貸付をする制度。 ➡p.96	○
08	保険料の払込みを中止して、解約返戻金をもとに特約を含む保険契約を継続できる制度に払済保険と延長保険がある。	特約は消滅する。 ➡p.97	×
09	保険の契約転換には、医師の診査・告知が必要で、保険料は転換時の年齢・保険料率により計算されるため、保険料が高くなることもある。	責任準備金と積立配当金を転換価格として、新契約に充てる。 ➡p.98	○

No.	問題	解説	答
10	解約返戻金が満期・死亡保険金額と同額まで増えていく貯蓄性の高い保険は、生死混合保険に属する養老保険である。	養老保険は、終身保険、定期保険に比べて貯蓄性が高い。 ➡p.103	○
11	収入保障保険の歳満了年金タイプは、死亡保障が一定額の定期保険より保険料が高めだが、年金総額は被保険者の死亡時期が早いほど多くなる。	死亡保障が一定額の定期保険より保険料が割安。 ➡p.104	×
12	利率変動型積立終身保険では、契約者が積立金部分を口座から引き出すことができる。	アカウント型保険ともいう。 ➡p.104	○
13	定期保険特約付終身保険の更新型では、更新時に診査や告知は不要だが、保険料が再計算されて高くなっていく。	定期保険特約は、一定期間保障の厚くなる定期の保険特約。 ➡p.105	○
14	契約時に定めた年金受取期間中、被保険者の生死にかかわらず、被保険者（または遺族）に年金が入る個人年金保険は、確定年金である。	年金受取期間は、被保険者が死亡しても、遺族に年金あり。 ➡p.106	○
15	一般の生命保険料控除と介護医療保険料控除の対象は、保険金受取人が自分自身か配偶者である生命保険の保険料に限定されている。	保険金受取人が自分自身・配偶者・その他の親族。 ➡p.111	×
16	介護医療保険料控除の対象となる保険には、入院特約、先進医療特約、所得補償保険などがある。	入院・通院等の給付部分に係る保険が対象。 ➡p.112	○
17	個人年金保険料控除には、終身年金、または被保険者の年金受取り開始時の年齢が60歳以上で、かつ年金受取り期間が５年以上の確定年金・有期年金であることが必要である。	５年以上ではなく、10年以上。 ➡p.113	×
18	被保険者本人や配偶者が受け取る入院給付金・手術給付金・通院給付金・疾病（災害）療養給付金・がん診断給付金・先進医療給付金はすべて非課税である。	入院や治療のための給付金、保険金は非課税。 ➡p.115	○
19	契約者と死亡した被保険者が同一で、死亡保険金の受取人が法定相続人（配偶者や子）の場合、300万円×法定相続人の数の金額が非課税となる。	300万円ではなく、500万円。 ➡p.116	×

No.	問題	解説	正誤
20	保険契約者が夫、被保険者が妻の場合の死亡保険金は、受取人が夫なら所得税・住民税、受取人が子なら相続税が課される。	受取人が子の場合は贈与税。 ➡p.117	×
21	会社が契約者・保険金受取人で、会社役員が被保険者の終身保険の保険料200万円の仕訳は、【借方】に「保険料積立金200万円」、【貸方】に「現金・預金200万円」と記帳する。	貯蓄性のある終身保険、養老保険の保険料は保険料積立金。 ➡p.123	○
22	2019年7月8日以後に法人が契約した、最高解約返戻率85%超で保険期間3年以上の定期保険では、当初10年間の保険料×最高解約返戻率の90%を資産計上する。	最高解約返戻金率が85%超の定期保険の資産計上ルール。 ➡p.124	○
23	2019年7月7日以前に法人が契約した、長期平準定期保険では、前半5割に相当する期間の保険料の2分の1を損金算入することができる。	前半6割の期間、保険料の2分の1を損金算入できる。 ➡p.125	×
24	ハーフタックスプランは、被保険者と満期保険金受取人を全役員・従業員、死亡保険金受取人を法人とする法人契約の養老保険をいう。	満期保険金は法人、死亡保険金は被保険者の遺族が受け取る。 ➡p.126	×
25	ハーフタックスプランでは、支払保険料の2分の1を「保険料積立金」として資産計上、残りの2分の1を「福利厚生費」として損金算入する。	保険料積立金と福利厚生費を借方に記帳。 ➡p.126	○
26	従業員死亡時の死亡退職金に備える総合福祉団体定期保険でヒューマンバリュー特約を付加した場合は、死亡保険金の受取人は被保険者の遺族に限定される。	被保険者の遺族ではなく、契約者である法人に限定。 ➡p.127	×
27	火災保険では、保険金額が保険価額の90%以上なら実損てん補、90%以下なら比例てん補となる。	90%ではなく、80%。 ➡p.131	×
28	火災保険では1個（1組）の価額が20万円を超える貴金属、美術品、有価証券等の補償には別途明記が必要で、補償上限は100万円までである。	20万円ではなく、30万円。 ➡p.131	×
29	地震保険の保険金は、建物の損害の割合によって「全損＝100%、大半損＝60%、小半損＝30%、一部損＝10%」に分かれており、いずれも保険価額を限度とする。	一部損の保険金額は、10%ではなく、5%。 ➡p.132	×

Part 1 Part 2 Part 3 Part 4 Part 5 Part 6 リスク管理

	問題	解説	答
30	地震保険の基本料率は、建物の構造や耐震性能、所在地によって異なり、割引制度には、建築年割引、耐震等級割引、免震建築物割引の３種類がある。	耐震診断割引もあるので、全部で４種類。 ➡p.132	×
31	自賠責保険の保険金上限額は、被害者１人当たり、死亡事故では3,000万円、後遺障害のある傷害事故では75万円〜3,000万円となっている。	傷害事故では75万円〜4,000万円。 ➡p.133	×
32	対人賠償保険は、自分の家族以外の他人を死傷させた場合を対象とした保険で、飲酒運転でも自賠責保険で支払われる額を超える分が支払われる。	対人賠償保険と対物賠償保険は飲酒運転の事故も補償される。➡p.134	○
33	人身傷害補償保険は、自動車事故で死傷した場合、示談を待たずに損害額全額が支払われる保険だが、自身の過失部分については補償されない。	自身の過失部分も含めて損害額全額が支払われる。 ➡p.134	×
34	別居している未婚の子が、旅行中のケガで破傷風に感染して入院した場合は、家族傷害保険の補償対象外である。	別居している未婚の子も補償対象。 ➡p.135	×
35	バリ島へ旅行するために成田空港へ行く途中、地震による落下物でケガをした。この場合、海外旅行傷害保険の補償対象となる。	海外旅行傷害保険では細菌性食中毒、地震・噴火・津波も補償。➡p.135	○
36	友人から借りていたカメラを川に落として水濡れで故障させてしまった。この場合の損害賠償は、個人賠償責任保険の補償対象となる。	借りている物や家族の物は、補償対象外。 ➡p.136	×
37	客から預かった荷物を盗まれてしまった。この場合の損害賠償は、受託者賠償責任保険の補償対象となる。	客から預かった物の焼失・破損・紛失・盗難等を補償する。 ➡p.136	○
38	店舗休業保険補償によって、火災による飲食店の休業損失が補償された。この保険金は事業所得となる。	店舗休業保険の保険金は事業所得。 ➡p.137	○
39	工場の機械が火災によって損傷を受けた。この場合の損害は、機械保険の補償対象となる。	火災による損害は補償対象外。 ➡p.137	×

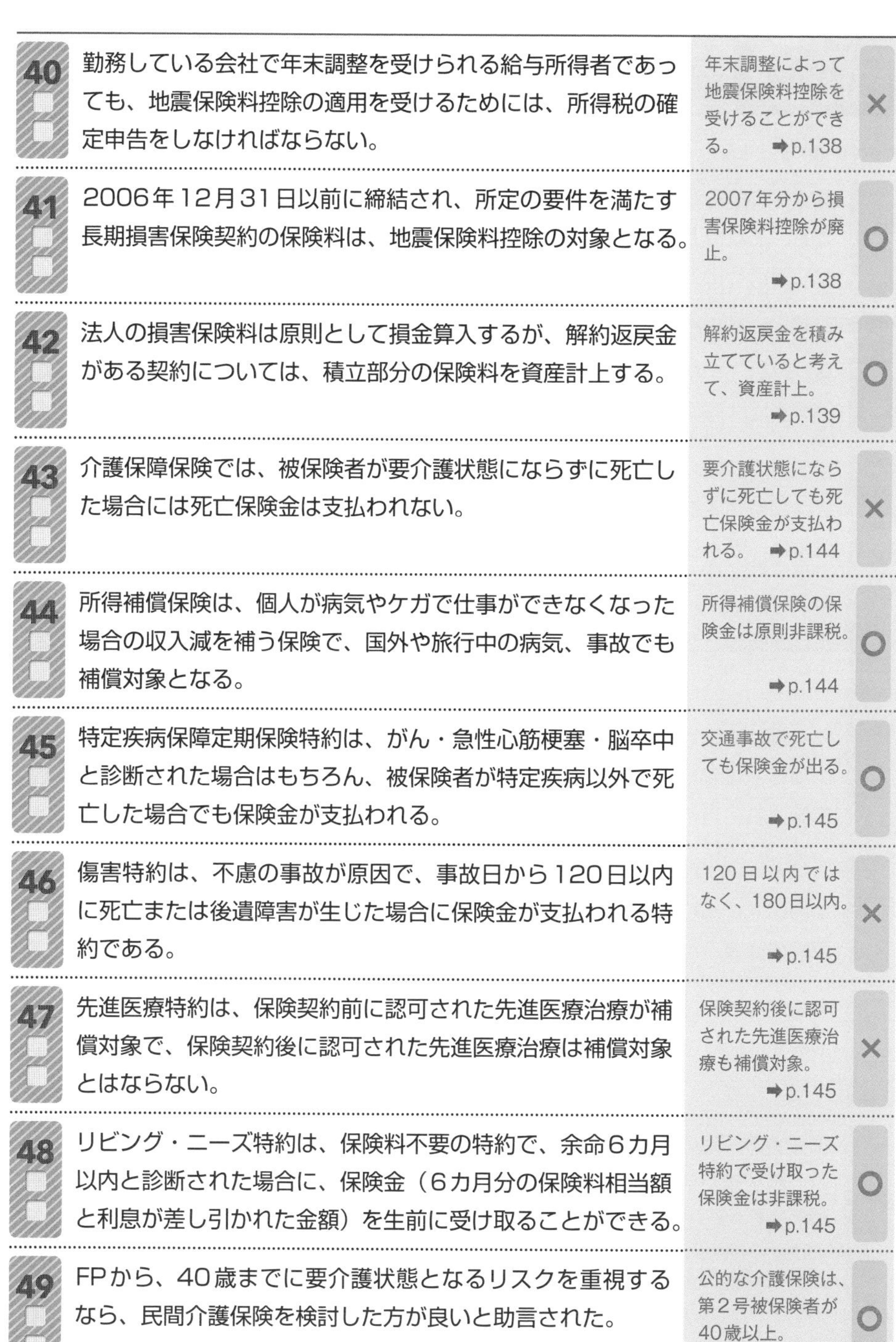

No.	問題	解説	解答
40	勤務している会社で年末調整を受けられる給与所得者であっても、地震保険料控除の適用を受けるためには、所得税の確定申告をしなければならない。	年末調整によって地震保険料控除を受けることができる。 ➡p.138	×
41	2006年12月31日以前に締結され、所定の要件を満たす長期損害保険契約の保険料は、地震保険料控除の対象となる。	2007年分から損害保険料控除が廃止。 ➡p.138	○
42	法人の損害保険料は原則として損金算入するが、解約返戻金がある契約については、積立部分の保険料を資産計上する。	解約返戻金を積み立てていると考えて、資産計上。 ➡p.139	○
43	介護保障保険では、被保険者が要介護状態にならずに死亡した場合には死亡保険金は支払われない。	要介護状態にならずに死亡しても死亡保険金が支払われる。 ➡p.144	×
44	所得補償保険は、個人が病気やケガで仕事ができなくなった場合の収入減を補う保険で、国外や旅行中の病気、事故でも補償対象となる。	所得補償保険の保険金は原則非課税。 ➡p.144	○
45	特定疾病保障定期保険特約は、がん・急性心筋梗塞・脳卒中と診断された場合はもちろん、被保険者が特定疾病以外で死亡した場合でも保険金が支払われる。	交通事故で死亡しても保険金が出る。 ➡p.145	○
46	傷害特約は、不慮の事故が原因で、事故日から120日以内に死亡または後遺障害が生じた場合に保険金が支払われる特約である。	120日以内ではなく、180日以内。 ➡p.145	×
47	先進医療特約は、保険契約前に認可された先進医療治療が補償対象で、保険契約後に認可された先進医療治療は補償対象とはならない。	保険契約後に認可された先進医療治療も補償対象。 ➡p.145	×
48	リビング・ニーズ特約は、保険料不要の特約で、余命6カ月以内と診断された場合に、保険金（6カ月分の保険料相当額と利息が差し引かれた金額）を生前に受け取ることができる。	リビング・ニーズ特約で受け取った保険金は非課税。 ➡p.145	○
49	FPから、40歳までに要介護状態となるリスクを重視するなら、民間介護保険を検討した方が良いと助言された。	公的な介護保険は、第2号被保険者が40歳以上。 ➡p.38、148	○

Part 3 金融資産運用

▼ 次の文章の正誤を答え、間違っている場合には間違っている箇所・理由を指摘しなさい。➡本文参照ページ

No.	問題	解説	正誤
01	実質経済成長率は、前年に比べて名目経済成長率がマイナスでも、それ以上に物価が下落していればプラスとなる。	物価が下がれば、購買力はプラスになる。 ➡p.154	○
02	新設住宅着工床面積と長短金利差は先行指数、有効求人倍率（除学卒）と鉱工業生産指数は一致指数、完全失業率と家計消費支出は遅行指数である。	いずれも景気動向指数に使われる主な指標。 ➡p.155	○
03	企業物価指数は、企業間の取引や貿易取引における商品とサービスの価格変動を表した指数で、国内企業物価指数、輸出物価指数、輸入物価指数から構成される。	サービスの価格変動は含まない。 ➡p.156	×
04	金利を高めに誘導したいときは、売りオペや預金準備率の引下げが有効とされている。	金利を高めに誘導するのは預金準備率引下げではなく、引上げ。 ➡p.157	×
05	預金保険制度では、定期預金、普通預金、金融債、民営化後のゆうちょ銀行の貯金は最大元本1,000万円とその利息が保護され、当座預金、無利息型普通預金は全額が保護される。	預金者1人当たり1,000万円とその利息が保護される。 ➡p.162	○
06	金融サービス提供法は、金融商品販売業者等の損害賠償責任について定められている法律で、被害者が個人でも法人でも保護の対象となる。	顧客（個人・法人）に対する損害賠償責任を定めている ➡p.163	○
07	金融商品販売法では、金融商品取引業務は内閣総理大臣の登録を受けた者でなければ行うことができないと定められている。	金融商品販売法ではなく、金融商品取引法。 ➡p.164	×
08	事業者の一定の不適切な行為により自由な意思決定が妨げられ、誤認または困惑をして契約を締結した場合には、消費者契約法によって契約の取消しができる。	契約の取消権は契約締結時から5年で消滅する。 ➡p.164	○
09	契約締結前の書面交付、広告の規制、適合性の原則について定めている法律は、金融商品取引法である。	金融商品取引法は、投資家を保護する法律。 ➡p.164	○

No.	問題	解説	正誤
10	預貯金の利子には、利子所得として20.315%（所得税15%＋復興特別所得税0.315%＋住民税5%）の源泉分離課税が課される。	利子所得に対しては、20.315%の源泉分離課税が課される。➡p.168	○
11	決済用普通預金は、法人のみが利用できる、全額が預金保険制度の保護対象となる無利子の決済用口座である。	個人も利用できる。➡p.170	×
12	スーパー定期預金の半年複利型を利用できるのは、預入期間が２年以上の個人のみとなっている。	預入期間は２年以上ではなく、３年以上。➡p.170	×
13	ゆうちょ銀行の１人当たりの預入限度額は、郵政民営化前と郵政民営化後の貯金（通常貯金、定額貯金、定期貯金等）を合計して2,600万円である。	2019年4月から2,600万円となった。➡p.171	○
14	債券は、発行時には発行価格で、償還期限まで保有すると額面金額で返済されるため、アンダーパー発行の債券を発行時に購入して償還まで保有すると償還差損が発生する。	償還差損ではなく、償還差益。➡p.174	×
15	最終利回りは、償還までの残存期間が短い債券の方が長い債券よりも高くなる。	残存期間が短い方がより短期で差益を得られる。➡p.175	○
16	表面利率1.0%の固定利付債券を、額面100円当たり102円で購入し、２年後に101円で売却した場合の所有期間利回りは0.49%である。（小数点以下第３位を四捨五入）	(1.0−0.5)÷102×100=0.49019≒0.49%。➡p.177	○
17	一般に、業績が好調な会社の債券は、リスクが少ないために利回りが上昇する。	市場価格が上昇し、利回りは低下する。➡p.178	×
18	個人向け国債は、発行後に購入した翌日から換金可能で、その際は国が額面金額で買い取る。	発行後１年経過すれば、いつでも換金可能。➡p.179	×
19	円建て外債（サムライ債）には為替変動リスクはないが、カントリーリスクはある。	円建てなので為替レートは無関係。➡p.180	○

No.	問題	解説	正誤
20	格付がBBB以下の債券を非投資適格債券（投資不適格債券、ハイ・イールド債またはジャンク債）という。	BBB以下ではなく、BB以下。 ➡p.181	×
21	金利上昇局面では、短期債よりも中長期債を中心に保有するポートフォリオで運用することが適切である。	短期債よりも中長期債ではなく、中長期債よりも短期債。 ➡p.182	×
22	順イールドの場合、残存期間の長い債券の利回りより残存期間の短い債券の利回りの方が高くなる。	順イールドでは残存期間の長い債券ほど利回りが高い。 ➡p.183	×
23	一日にその市場で取引が成立した数量（株数）のことを売買高（出来高）といい、1,000株の売り注文に1,000株の買い注文で取引が成立すると、売買高は2,000株となる。	この場合の売買高は1,000株。 ➡p.187	×
24	7月7日(月)に株式売買が約定(やくじょう)すると、7月10日(木)に決済(受渡し)が行われる。	約定日7月7日を含めて3営業日目の7月9日に決済。 ➡p.188	×
25	信用取引の委託保証金は、原則として買建株の約定価額の30%以上で、委託保証金維持率割れとなった場合は、追加保証金を差し入れなければいけない。	信用取引は委託保証金を証券会社に担保として預ける。 ➡p.189	○
26	信用取引の現物決済では、買いの場合は現引き、売りの場合は現渡しとなっている。	現引きは証券会社に現金を払って株を引き取る。 ➡p.190	○
27	東証株価指数は、株価を加重平均して算出する株価指数であるため、株価の大きい銘柄の値動きの影響を受けやすい。	「株価」ではなく、「時価総額」。 ➡p.191	×
28	EPSが上昇すれば、PERが下降し、株価が割高になる。	割高ではなく、割安になる。 ➡p.192	×
29	配当金額が一定の場合、当期純利益が増えると配当性向は低くなる。	配当性向(%)＝配当金／当期純利益×100。 ➡p.193	○

No.	問題	解説	正誤
30	投資信託の交付目論見書と運用報告書は委託会社が作成する。また、基準価額も委託会社が算出する。	基準価額は投資信託の時価のこと。 ➡p.197	○
31	投資信託の換金時には、換金代金から信託報酬と信託財産留保額が差し引かれる。	信託報酬は信託財産から日々差し引かれる。 ➡p.197	×
32	株式投資信託には債券を組み入れることもできるが、公社債投資信託には株式を組み入れることはできない。	株式投資信託では株式を組み入れなくてもよい。 ➡p.199	○
33	インデックス運用は、効率的市場仮説の考え方に基づいたパッシブ運用の一種である。	パッシブ運用は、ベンチマーク連動を目指す運用スタイル。 ➡p.199	○
34	指標から見て割安と判断される株式に投資する手法が、グロース投資である。	グロース投資ではなく、バリュー投資。 ➡p.200	×
35	追加型公社債投資信託は、追加型でクローズドエンド型の公社債投資信託で、運用実績に応じて分配金が支払われる実績分配型投信である。	クローズドエンド型ではなく、オープンエンド型。 ➡p.200	×
36	ETFはほとんどが契約型で、アクティブ運用を目指す投資信託である。	アクティブ運用ではなく、パッシブ運用。 ➡p.201	×
37	上場株式の配当所得を総合課税にすると、配当控除の適用を受けることができるが、配当金と上場株式等の譲渡損失との損益通算はできない。	総合課税は他の所得と合算して課税。 ➡p.205	○
38	個別元本10,000円、決算時の基準価額10,400円、分配金600円の場合、分配落ち後の基準価額は9,800円となり、元本払戻金200円が非課税となる。	普通分配金400円、元本払戻金200円。 ➡p.207	○
39	2024年からの新NISAの年間投資枠は、成長投資枠240万円、つみたて投資枠120万円の合計360万円までとなり、非課税保有期間も無期限になった。	非課税保有限度額は、買付金額ベースで1,800万円。 ➡p.208	○

No.	問題	解説	解答
40	外貨預金は、預金保険制度の対象外で、預入時より円高になると為替差損、預入時より円安になると為替差益が生じる。	外貨預金の通貨の種類や為替手数料は取扱金融機関で異なる。 ➡p.213	○
41	国内委託取引では、国内の証券取引所に上場されている外国企業の株式を円または外貨で取引する。	円または外貨ではなく、円で取引する。 ➡p.214	×
42	リバース・デュアル・カレンシー債とは、払込みは円で、利払いと償還は外貨で行う債券である。	払込みと償還は円、利払いは外貨。 ➡p.215	×
43	外貨建てMMFの利子・収益分配金の譲渡益・償還益（為替差益を含む）は、20.315%の申告分離課税で上場株式等と損益通算・繰越控除が可能です。	外貨預金に比べると利回りが高めで、為替手数料が低い。 ➡p.216	○
44	デリバティブ取引のオプション取引では、売り手の利益はプレミアムに限定、損失は無限大となる。	買い手の損失はプレミアムに限定、利益は無限大。 ➡p.220	○
45	外国為替証拠金取引（FX取引）では、高金利通貨を売却して低金利通貨を購入した場合にスワップ金利を受け取ることができる。	逆。低金利通貨を売却して高金利通貨を購入。 ➡p.221	×
46	輸出型企業の株式に加えて輸入型企業の株式に投資することによって、為替相場の変動によるリスクを緩和する効果が期待できる。	分散投資の一種。 ➡p.224	○
47	相関係数は、ポートフォリオに組み入れる資産や銘柄の値動きの関連性を表す指標で、相関係数が＋１未満であれば、ポートフォリオのリスク低減効果が期待できる。	＋1（同じ値動き）ならば、リスクは低減されない。 ➡p.225	○
48	ポートフォリオの収益率が期待収益率を上回るか、下回るかの確率は同じで、理論上、収益率は約２分の１の確率で「期待収益率±標準偏差」の範囲内に収まる。	約2分の1ではなく、約68%（約3分の2）。 ➡p.228	×
49	シャープレシオは、超過収益率を標準偏差で除して求められる数値で、大きいほどパフォーマンスがよい（低いリスクで高いリターンを上げた）ことを表している。	標準偏差は低いほど、シャープレシオは高いほどよい投資。 ➡p.228	○

Part 4 タックスプランニング

▼ 次の文章の正誤を答え、間違っている場合には間違っている箇所・理由を指摘しなさい。➡本文参照ページ

No.	問題	解説	正誤
01	消費税は、納税義務者と税金の負担者が異なる間接税である。	国に納付する国税でもある。 ➡p.234	○
02	所得税は、原則として、1月1日から12月31日までの期間に生じた個人の所得に対して課される賦課課税方式の税金である。	賦課課税方式ではなく個人が計算し納付する申告納税方式。 ➡p.235	×
03	社会政策上考慮して、非課税となる所得には、本人が受け取る生命保険の入院給付金、遺族が受け取る損害賠償金のほか、保険の解約返戻金や満期保険金がある。	保険の満期保険金や解約返戻金は一時所得として課税対象。 ➡p.235	×
04	宝くじの当選金は非課税所得だが、競馬・競輪の払戻金やサッカーくじの払戻金は一時所得として課税対象である。	サッカーくじの払戻金は非課税。 ➡p.235	×
05	所得税法上の居住者は日本国内に住所がある、または現在まで引き続き1年以上居所を有する個人であり、原則、国内で生じたすべての所得について、所得税の納税義務を負う。	国内外で生じたすべての所得に対して納税義務を負う。 ➡p.236	×
06	預貯金や一般公社債の利子などの利子所得は、20.315%（所得税15%＋復興特別所得税0.315%＋住民税5%）が源泉徴収される源泉分離課税である。	ただし、特定公社債等の利子や分配金は、申告分離課税。 ➡p.242	○
07	配当所得は、株式の配当金や投資信託（公社債投資信託を除く）の収益分配金などによる所得で、申告分離課税であるため、必ず確定申告が必要となる。	原則総合課税。上場株式等の配当金は申告分離課税を選べる。 ➡p.242	×
08	上場株式の1銘柄につき1回支払われる配当金が5万円以下の少額配当ならば、確定申告の必要はない。	10万円以下であれば確定申告は不要。 ➡p.242	×
09	不動産の売却による収入を不動産所得といい、その金額は、「総収入金額－必要経費」の算式により計算される。	不動産の貸付による収入。売却による収入は譲渡所得。 ➡p.243	×

No.	問題	解説	解答
10	家賃や地代、礼金、更新料、借地権料、共益費のほか、敷金や保証金のうち賃借人に返還を要しない部分が不動産所得の総収入金額に含まれる。	後で返還するものは含まれない。 ➡p.243	○
11	不動産所得の必要経費には、固定資産税、都市計画税、不動産取得税、火災保険料、減価償却費のほか、所得税や住民税も含まれる。	所得税、住民税は必要経費にならない。 ➡p.243	×
12	事業所得の必要経費には、売上原価や販売費用、給与等が含まれるが、広告宣伝費や固定資産税は含まれない。	広告宣伝費、固定資産税も必要経費となる。 ➡p.244	×
13	総合課税である給与所得は、原則、確定申告は不要だが、給与等の収入金額が2,000万円超の人、給与所得および退職所得以外の所得が50万円超の人は確定申告が必要となる。	50万円ではなく20万円超の人。 ➡p.245	×
14	勤続年数が20年以下の場合の退職所得控除額の計算方法は、「40万円×勤続年数（最低80万円）」の算式により計算される。	20年超と20年以下とで計算式が違う。 ➡p.246	○
15	分離課税の対象となる土地・建物の譲渡所得の税率は、一律20.315%（所得税15%＋復興特別所得税0.315%＋住民税5%）である。	長期譲渡所得は、20.315%。短期譲渡所得は、39.63%。➡p.247	×
16	一時所得の金額は、一時所得に係る総収入金額から、その収入を得るために支出した金額を控除し、その残額から最高50万円の特別控除額を控除して計算される。	正しい。 ➡p.248	○
17	総合課税である一時所得金額は、所得税の計算を行う際、その全額を総所得金額へ算入する。	算入するのは、2分の1の金額 ➡p.248	×
18	譲渡所得の取得費が不明な場合や、譲渡収入金額の10%相当額を下回る場合は、譲渡収入金額の10%相当額を概算取得費とすることができる。	概算取得費は、譲渡収入金額の5%相当額。 ➡p.248	×
19	公的年金等に係る雑所得の金額の計算方法は、「公的年金等の収入金額－必要経費」である。	「公的年金等の収入金額－公的年金等控除額」 ➡p.249	×

No.	問題	解説	答
20	上場株式の譲渡により生じた損失の金額は、同一年の株式等の譲渡所得や確定申告を要件として申告分離課税を選択した配当所得とは損益通算できる。	特定公社債等も含む。 ➡p.253	○
21	不動産所得の金額の計算上生じた損失のうち、土地の取得に要した借入金とその負債の利子に相当する部分の金額は、他の各種所得の金額と損益通算ができる。	土地の取得に要した借入金の利子は損益通算不可。 ➡p.253	×
22	別荘、宝石など、生活に必要のない資産の譲渡損失や、株式等の譲渡損失は、他の所得との損益通算ができない。	一定の居住用財産以外の土地･建物の譲渡損失も損益通算不可。➡p.253	○
23	所得税の基礎控除の控除額は、一律36万円である。	基礎控除の控除額は一律ではない。 ➡p.258	×
24	2024年分の所得税で、控除対象扶養親族のうち、控除を受ける年の合計所得金額が48万円を超える場合（給与収入のみで年収103万円を超える場合）、扶養控除は適用されない。	正しい。 ➡p.259	○
25	19歳以上23歳未満の扶養親族を特定扶養親族といい、1名につき58万円の扶養控除額が適用される。	特定扶養親族の控除額は63万円。 ➡p.259	×
26	納税者と生計を一にし、同居している72歳の母親で、合計所得金額が30万円であった場合、納税者の扶養控除の対象者として、48万円の扶養控除が適用される。	同居している老人扶養親族の扶養控除金額は58万円。 ➡p.259	×
27	2024年分の所得税で、納税者本人の合計所得金額が1,000万円以下で、配偶者の合計所得金額が48万円超～133万円以下ならば、配偶者特別控除が適用される。	正しい。 ➡p.260	○
28	医療費控除額は、その年に支払った自己負担の医療費 から、保険金などで補填された金額と、10万円（総所得金額が200万円未満の人はその5%）を差し引いて求める。	控除上限額は毎年200万円。 ➡p.260	○
29	通院のための車のガソリン代、駐車場代、タクシー代等も医療費控除の対象となる。	公共交通機関の交通費、緊急時のタクシー代以外は対象外。 ➡p.260	×

No.	問題	解説	参照	解答
30	納税者と生計を一にする父親（64歳）が負担すべき国民年金基金の掛金を納税者が支払った場合、それは納税者の社会保険料控除の対象とならない。	支払った全額が控除される。	➡p.261	×
31	住宅建物に収容される家財（生活用動産）のみを補償の対象とした地震保険に加入して支払った場合の保険料は、地震保険料控除の対象にはならない。	控除対象となる。	➡p.262	×
32	災害や盗難による損失額は、所得控除の対象となるが、詐欺や恐喝による被害、骨とうや貴金属、別荘など、生活に通常必要でない資産の損失は雑損控除の対象外となる。	雑損控除の適用には、給与所得者でも確定申告が必要。	➡p.262	○
33	給与所得者が住宅ローン控除の適用を受けるために、最初の年に確定申告書を提出するが、翌年以降は年末調整により適用を受けることができるため、確定申告が不要となる。	正しい。	➡p.268	○
34	住宅ローン控除の対象となる家屋は、納税者が専ら居住の用に供する家屋に限られており、店舗併用住宅は対象とならない。	居住用住宅だけでなく店舗併用住宅も対象となる。	➡p.269	×
35	住宅ローン控除の適用を受けるには、住宅取得日から3カ月以内に入居し、控除を受ける年の12月31日まで引き続き居住することが必要である。	入居が必要なのは、住宅取得日から原則6カ月以内。	➡p.269	×
36	上場株式等の配当金を受け取った場合、申告分離課税か確定申告不要制度を選択することで、配当控除の適用を受けることができる。	総合課税を選択して確定申告を行う必要がある。	➡p.270	×
37	課税所得金額が1,000万円以下の場合の配当控除額は、配当所得金額に10%を乗じた金額となる。	正しい。	➡p.270	○
38	納税者が1年間（1月1日～12月31日）の所得から算出した税額を、翌年2月16日～3月20日の間に申告・納付する手続きを確定申告という。	確定申告の法定申告期限は3月15日。	➡p.276	×
39	確定申告は、申告書を納税地（住所地）を管轄する税務署長へ持参するか、または郵送することでのみ可能である。	インターネットを利用する電子申告（e-tax）でも可。	➡p.276	×

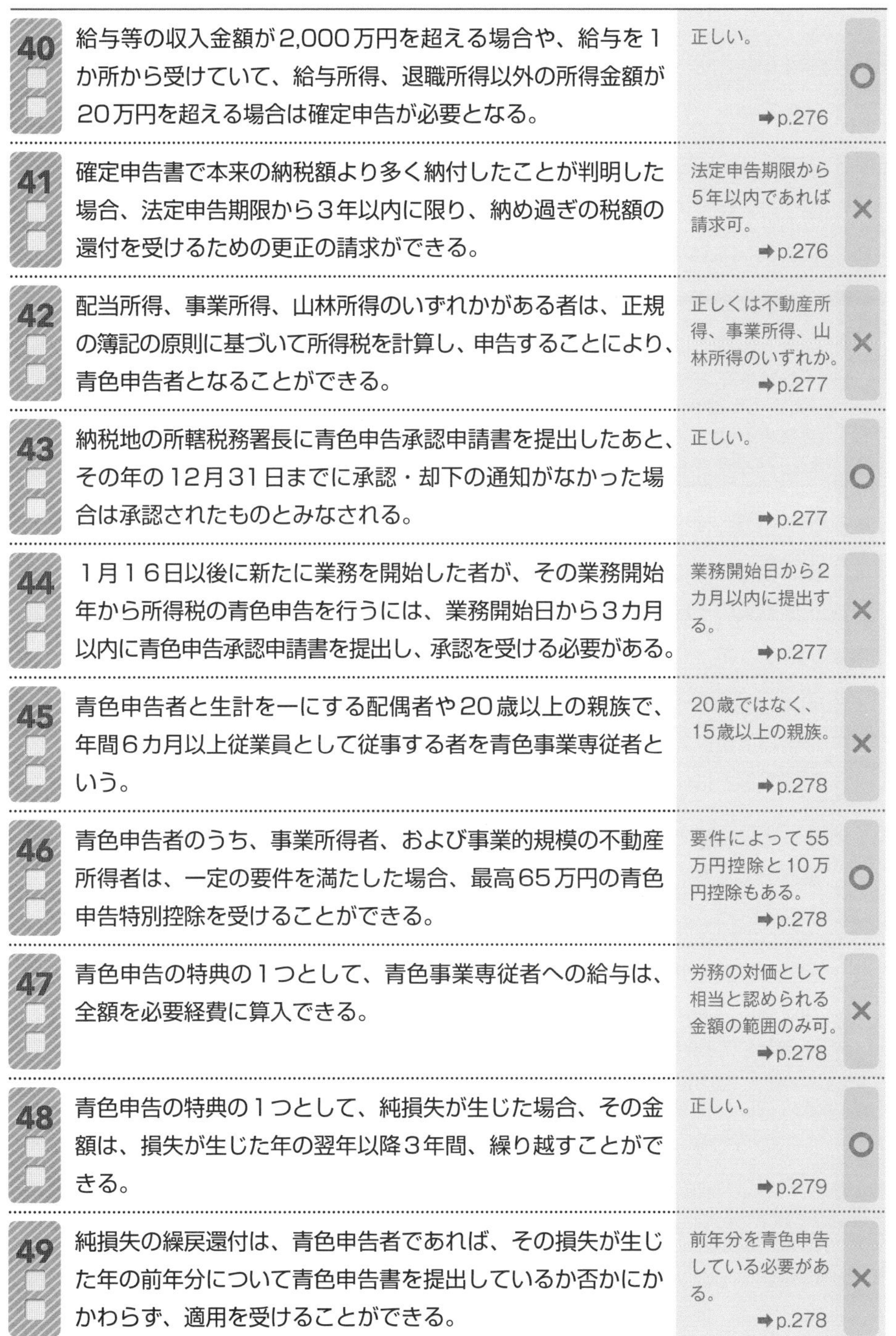

No.	問題	解説	正誤
40	給与等の収入金額が2,000万円を超える場合や、給与を1か所から受けていて、給与所得、退職所得以外の所得金額が20万円を超える場合は確定申告が必要となる。	正しい。 ➡p.276	○
41	確定申告書で本来の納税額より多く納付したことが判明した場合、法定申告期限から3年以内に限り、納め過ぎの税額の還付を受けるための更正の請求ができる。	法定申告期限から5年以内であれば請求可。 ➡p.276	×
42	配当所得、事業所得、山林所得のいずれかがある者は、正規の簿記の原則に基づいて所得税を計算し、申告することにより、青色申告者となることができる。	正しくは不動産所得、事業所得、山林所得のいずれか。 ➡p.277	×
43	納税地の所轄税務署長に青色申告承認申請書を提出したあと、その年の12月31日までに承認・却下の通知がなかった場合は承認されたものとみなされる。	正しい。 ➡p.277	○
44	1月16日以後に新たに業務を開始した者が、その業務開始年から所得税の青色申告を行うには、業務開始日から3カ月以内に青色申告承認申請書を提出し、承認を受ける必要がある。	業務開始日から2カ月以内に提出する。 ➡p.277	×
45	青色申告者と生計を一にする配偶者や20歳以上の親族で、年間6カ月以上従業員として従事する者を青色事業専従者という。	20歳ではなく、15歳以上の親族。 ➡p.278	×
46	青色申告者のうち、事業所得者、および事業的規模の不動産所得者は、一定の要件を満たした場合、最高65万円の青色申告特別控除を受けることができる。	要件によって55万円控除と10万円控除もある。 ➡p.278	○
47	青色申告の特典の1つとして、青色事業専従者への給与は、全額を必要経費に算入できる。	労務の対価として相当と認められる金額の範囲のみ可。 ➡p.278	×
48	青色申告の特典の1つとして、純損失が生じた場合、その金額は、損失が生じた年の翌年以降3年間、繰り越すことができる。	正しい。 ➡p.279	○
49	純損失の繰戻還付は、青色申告者であれば、その損失が生じた年の前年分について青色申告書を提出しているか否かにかかわらず、適用を受けることができる。	前年分を青色申告している必要がある。 ➡p.278	×

No.	問題	解説	解答
50	個人住民税は、前年の所得に対して課税され、全国一律3,000円の均等割と、前年の所得金額に税率10%をかけて算出する所得割とで合算した金額を納付する。	均等割は全国一律5,000円。 ➡p.279	×
51	給与所得者の住民税は、6月から翌年5月までの12回に分割され、毎月の給与から徴収される特別徴収で納付する。	税額は前年の所得に基づく。 ➡p.279	○
52	法人税は、内国法人の場合は国内外すべての源泉所得に、外国法人の場合は、国内源泉所得に対してのみ課税され、本店または主たる事務所の所在地の所轄税務署長に納付する。	正しい。 ➡p.285	○
53	得意先との1人5,000円以下の飲食費、会議用の茶菓子・弁当などの飲食費、カレンダーや手帳作成のための費用（広告宣伝費）は、会計上交際費等に含まれる。	飲食費や広告宣伝費等は交際費に含まれず、損金算入できる。➡p.286	×
54	資本金が1億円を超える法人の場合、年間交際費のうち、接待飲食費の支出額はすべて損金に算入できる。	支出額の50%が損金算入限度額。 ➡p.287	×
55	租税公課のうち、固定資産税、法人事業税、都市計画税などは全額損金算入できるが、法人税、法人住民税の本税、加算税、延滞税などは、損金不算入となる。	登録免許税、不動産取得税も損金算入可。 ➡p.287	○
56	役員の退職給与は、金額の多寡にかかわらず、原則、税務署長への届出なく損金算入ができる。	不相当に高額な部分については損金不算入となる。 ➡p.288	×
57	会社が役員に時価より低い価額で資産を売却するなど、会社が役員に経済的利益を供与した場合、法人税では役員の給与所得として課税対象となる。	時価と売却価額の差額が役員給与とされる。 ➡p.289	○
58	法人税は比例税率が課されるが、中小法人の場合には、所得金額のうち年1,000万円以下の部分については軽減税率が適用される。	1,000万円ではなく800万円以下の部分が軽減税率となる。➡p.290	×
59	特定期間の給与の支払合計額と売上高がどちらも1,000万円を超える法人は、基準期間の売上高が1,000万円以下であっても、消費税の免税事業者となることはできない。	免税事業者は、消費税の支払いが免除される事業者。 ➡p.296	○

Part 5 不動産

▼ 次の文章の正誤を答え、間違っている場合には間違っている箇所・理由を指摘しなさい。➡本文参照ページ

No.	問題	解説	正誤
01	不動産登記記録（登記簿）は、法務局（登記所）で登記事項証明書の交付申請をすることにより、誰でも記載事項を確認できる。	正しい。 ➡p.300	○
02	法務局では、一筆または数筆の土地ごとに作成されている公図の写しを取得して土地の所有者等について確認できる。	公図では土地の位置関係等について確認できる。 ➡p.300	×
03	不動産登記の申請をした名義人に対して法務局から通知される登記識別情報は、一度通知されると原則として再通知は不可である。	正しい。 ➡p.300	○
04	不動産登記記録は、土地の所在、地番、地積、建物の所在などに関する事項が記載された表題部と、建物の所在、家屋番号等が記された権利部から構成される。	所有権や抵当権など、権利に関する事項が権利部に記載。 ➡p.301	×
05	マンションの専有部分の床面積は、登記記録では壁芯面積で記録されており、水平投影面積（内法面積）で表示される広告などの床面積よりも狭い。	登記記録は内法面積で、広告は壁芯面積で表記される。 ➡p.301	×
06	不動産登記には公信力がないため、登記記録を正しいものと信用して取引を行い、その登記記録の内容が真実と異なっていた場合には保護されない。	正しい。 ➡p.302	○
07	公的な機関が発表する土地の価格のうち、相続税評価額（路線価）は国土交通省が決定する。	国土交通省ではなく、国税庁が決定機関。 ➡p.302	×
08	家賃や売却価格など、不動産が将来生み出すであろう純収益（収益－費用）を基準に価格を求める方法を原価法といい、その１つがDCF法である。	原価法ではなく収益還元法。DCF法、直接還元法がある。 ➡p.303	×
09	自分が所有するアパートの賃貸を、自ら業として行う場合は、国土交通大臣または都道府県知事に申請し、宅地建物取引業の免許を取得する必要がある。	所有する建物の賃貸を自ら業として行う場合は必要ない。 ➡p.306	×

No.	問題	解説	正誤
10	土地や建物売買において、契約成立前の借主や買主への重要事項の説明や、重要事項説明書（35条書面）への記名といった業務は、宅地建物取引業者の社員に義務付けられている。	社員ではなく、宅地建物取引士の独占業務。 ➡p.306	×
11	宅地建物取引業者は、都市計画法の開発許可や建築基準法の建築確認等を受ける前は、宅地や建物の広告を開始できず、売買契約を締結することはできない。	正しい。 ➡p.307	○
12	専属専任媒介契約では、依頼者が他の業者に売買の媒介を依頼することはできないが、特約がない限り依頼者自らが見つけた相手方との売買契約を締結することはできる。	他の業者への依頼も自己発見もできない。 ➡p.307	×
13	宅地建物取引業者が、貸主・借主双方から受け取れる仲介手数料の合計額の上限は、賃料の１カ月分＋消費税までと決められている。	売買・交換の報酬限度額は売買代金の価格により変わる。 ➡p.307	○
14	宅地建物取引業者は、自らが売主となる不動産の売買契約で、取引相手が宅地建物取引業者でない場合、代金の３割を超える額の手付金を受け取ることはできない。	２割を超える額の手付金受領不可。 ➡p.308	×
15	土地の売買契約において、実際に測量した面積と登記簿に記載されている面積とが違っていても、「面積差による精算を行わない」という特約を付けることができる。	正しい。 ➡p.308	○
16	一般定期借地権において、もっぱら居住の用に供する建物の所有を目的とするときは、存続期間を30年として設定することができる。	一般定期借地権は、存続期間50年以上で用途制限なし。 ➡p.310	×
17	事業用定期借地権等は、口頭、書面のどちらでも契約ができるが、利用目的が事業用の建物に限られており、居住用建物には設定できない。	口頭は不可。公正証書での契約が必要。 ➡p.310	×
18	普通借家契約では、貸主が正当事由をもって期間満了の３カ月前までに借主に通知すれば解約が可能である。	３カ月ではなく、６カ月前までの通知が必要。 ➡p.311	×
19	都市計画法では、自然環境を残すため、用途を定めずに市街化を抑制すべき区域を市街化調整区域と定めている。	正しい。 ➡p.316	○

No.	問題	解説	正誤
20	市街化区域内や市街化調整区域内において開発行為を行う場合は、開発の規模にかかわらず、都道府県知事の開発許可が必要となる。	市街化区域内なら1,000㎡以上の規模の場合必要。 ➡p.317	×
21	開発許可を受けた開発区域内の土地に当該開発許可に係る予定建築物を建築する場合は、その規模にかかわらず、建築基準法上の建築確認は不要である。	建築基準法の建築確認が必要。 ➡p.317	×
22	都市計画法で定める用途地域のうち、工業専用地域内では住宅や図書館、老人ホームの建築が禁じられている。	工業地域であれば制限を受けない。 ➡p.317	○
23	２項道路では、道路の中心線から２ｍ下がった線を境界線とみなして、道沿いの建物を建て直すときはこの境界線まで下がって建て直さなければならない。	正しい。 ➡p.318	○
24	建築基準法第４２条第２項の道路に面している敷地のうち、道路と道路境界線とみなされる線までの間の敷地部分は、容積率や建蔽率の算定上、敷地面積に算入されない。	セットバック部分は敷地面積には入らない。 ➡p.319	○
25	指定建蔽率が異なる用途地域にまたがって建物を建てる場合、建蔽率は建築面積の大きい方を使って計算する。	加重平均で計算する。 ➡p.319	×
26	指定建蔽率の上限が70%で、かつ防火地域内に耐火建築物を建てる場合は建蔽率の制限を受けない。	制限なしは、上限80%の地域。 ➡p.320	×
27	建築物の延べ面積の敷地面積に対する割合は、原則として、都市計画によって定められた容積率以下でなければならず、前面道路の幅員が１２ｍ未満の場合はさらに制限される。	幅員が12m以上であれば指定容積率が適用される。 ➡p.321	○
28	指定容積率が異なる用途地域にまたがって建築する場合、容積率は加重平均で求める。	容積率も建蔽率と同様、加重平均で求める。 ➡p.320	○
29	建築基準法上、防火地域内においては、原則として、階数が３以上または延べ面積が200㎡を超える建築物は耐火建築物としなければならない。	延べ面積が200㎡ではなく、100㎡超の場合。 ➡p.322	×

番号	問題	解説	正誤
30	農地を農地以外に転用する場合は、例外なくすべて、都道府県知事の許可が必要である。	市街化区域内の一定の農地については届出により許可不要。 ➡p.323	×
31	土地区画整理事業の施行者は、土地所有者等である個人でもなることができ、換地処分を行う前に仮換地の指定をすることができる。	施行者は宅地の所有者、借地権者であれば個人でも可能。 ➡p.324	○
32	不動産取得税の課税標準（固定資産税評価額）となるべき額が10万円未満の土地を取得した場合には、不動産取得税は課税されない。	新築・増改築の家屋なら1戸につき23万円未満で非課税。 ➡p.328	○
33	「不動産取得税の課税標準の特例」により、賃貸アパートの独立的に区画された1室ごとの価格から最高1,200万円を控除した額を不動産取得税の課税標準とすることができる。	正しい。 ➡p.329	○
34	不動産取引のうち、建物の譲渡には消費税がかからないが、土地の譲渡や貸付は課税される。	建物の譲渡は課税取引、土地の譲渡・貸付は非課税取引。 ➡p.331	×
35	小規模住宅用地に対する固定資産税の課税標準は、当該土地に係る固定資産税の課税標準となるべき価格の3分の1の額となる。	3分の1は一般住宅用地。正しくは6分の1。 ➡p.332	×
36	固定資産税には、新築住宅の床面積120㎡までの部分について、新築後3年間（新築中高層建築物は5年間）、固定資産税が2分の1に軽減される特例がある。	正しい。 ➡p.333	○
37	都市計画税における小規模住宅用地（住宅用地で住宅1戸当たり200㎡以下の部分）の課税標準については、課税標準となるべき価格の3分の2とする特例がある。	正しくは価格の3分の1とする。 ➡p.333	×
38	不動産の取得費とは、売った土地や建物の購入代金、手数料、建築代金、設備費、改良費などの合計額から、減価償却費相当額を差し引いた金額である。	取得時の登録免許税、不動産取得税も。 ➡p.336	○
39	不動産の譲渡所得金額は、総収入金額－取得費－特別控除の計算式で求められる。	総収入金額－（取得費+譲渡費用） ➡p.336	×

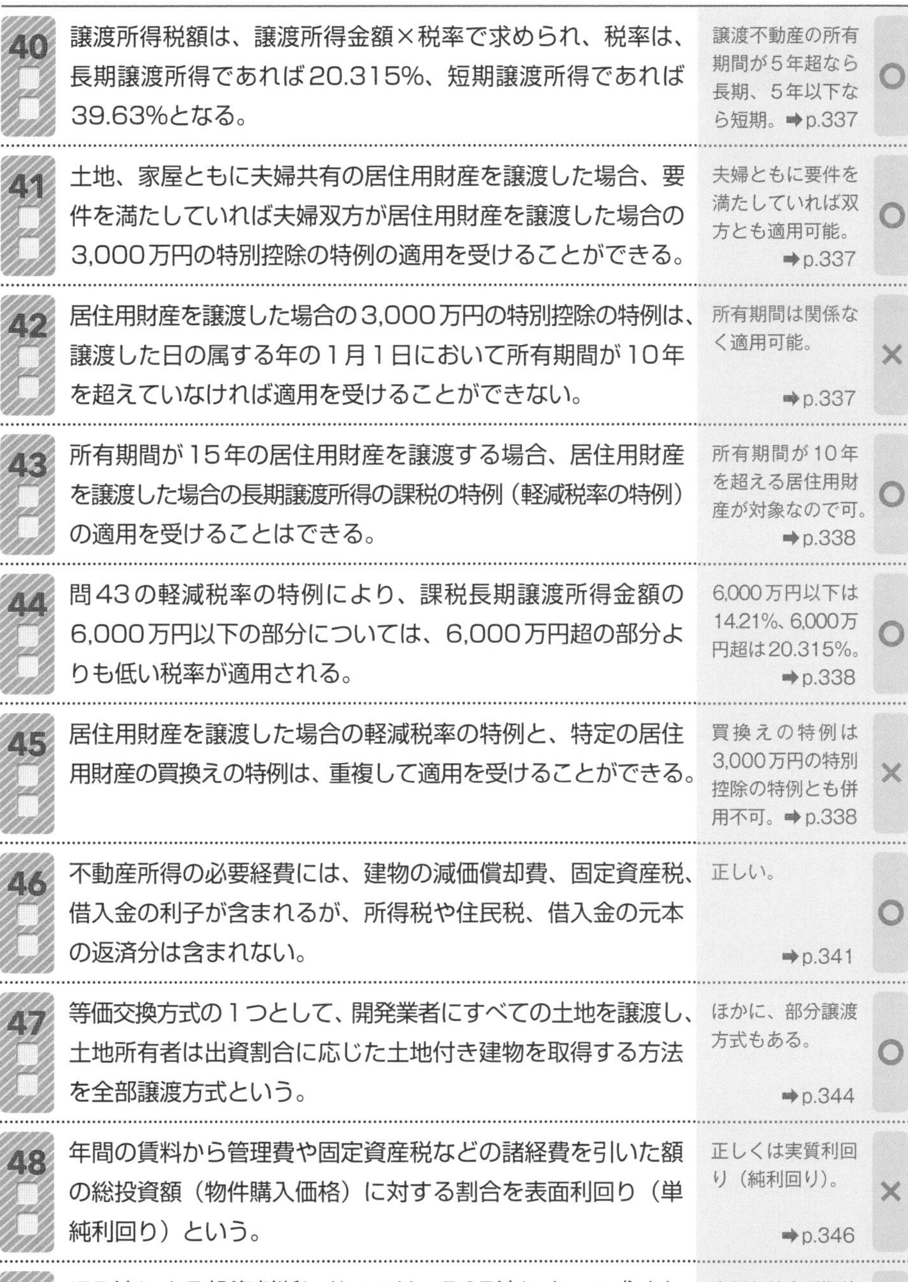

No.	問題	解説	解答
40	譲渡所得税額は、譲渡所得金額×税率で求められ、税率は、長期譲渡所得であれば20.315%、短期譲渡所得であれば39.63%となる。	譲渡不動産の所有期間が５年超なら長期、５年以下なら短期。➡p.337	○
41	土地、家屋ともに夫婦共有の居住用財産を譲渡した場合、要件を満たしていれば夫婦双方が居住用財産を譲渡した場合の3,000万円の特別控除の特例の適用を受けることができる。	夫婦ともに要件を満たしていれば双方とも適用可能。➡p.337	○
42	居住用財産を譲渡した場合の3,000万円の特別控除の特例は、譲渡した日の属する年の１月１日において所有期間が10年を超えていなければ適用を受けることができない。	所有期間は関係なく適用可能。➡p.337	×
43	所有期間が15年の居住用財産を譲渡する場合、居住用財産を譲渡した場合の長期譲渡所得の課税の特例（軽減税率の特例）の適用を受けることはできる。	所有期間が10年を超える居住用財産が対象なので可。➡p.338	○
44	問43の軽減税率の特例により、課税長期譲渡所得金額の6,000万円以下の部分については、6,000万円超の部分よりも低い税率が適用される。	6,000万円以下は14.21%、6,000万円超は20.315%。➡p.338	○
45	居住用財産を譲渡した場合の軽減税率の特例と、特定の居住用財産の買換えの特例は、重複して適用を受けることができる。	買換えの特例は3,000万円の特別控除の特例とも併用不可。➡p.338	×
46	不動産所得の必要経費には、建物の減価償却費、固定資産税、借入金の利子が含まれるが、所得税や住民税、借入金の元本の返済分は含まれない。	正しい。➡p.341	○
47	等価交換方式の１つとして、開発業者にすべての土地を譲渡し、土地所有者は出資割合に応じた土地付き建物を取得する方法を全部譲渡方式という。	ほかに、部分譲渡方式もある。➡p.344	○
48	年間の賃料から管理費や固定資産税などの諸経費を引いた額の総投資額（物件購入価格）に対する割合を表面利回り（単純利回り）という。	正しくは実質利回り（純利回り）。➡p.346	×
49	IRR法による投資判断においては、DCF法によって求めた投資不動産の収益価格が実際の投資予定額の現在価値を上回っている場合、その投資は有利であると判定できる。	内部収益率が期待収益率を上回ると、その投資は有利と判定。➡p.347	×

Part 6 相続・事業承継

▼ 次の文章の正誤を答え、間違っている場合には間違っている箇所・理由を指摘しなさい。➡本文参照ページ

No.	問題	解説	正誤
01	夫婦間でした贈与契約は、原則、婚姻中は取り消すことができない。	第三者の権利を害しない限りいつでも取消し可能。 ➡p.352	×
02	負担付贈与は、受贈者に一定の債務を負わせることを条件にした贈与契約で、受贈者が債務を履行しない場合、贈与者は負担付贈与契約を解除できる。	正しい。 ➡p.353	○
03	受贈時に日本国籍を持っておらず、日本国内に住所のない個人は、受贈した国内外の財産について納税義務がある。	国内財産についてのみ納税義務がある。 ➡p.353	×
04	暦年課税において、贈与税の申告義務は、贈与財産の合計額が基礎控除額の110万円を超えた場合に生じるが、110万円以下なら非課税となって申告も不要となる。	正しい。 ➡p.354	○
05	孫が祖父から時価と比較して特に低い価額で財産を譲り受けた場合、その差額は非課税財産となる。	みなし贈与財産として、贈与税の課税対象となる。 ➡p.354	×
06	親が所有する土地の名義を、対価なく子へ変更した場合は、原則として、親から子に対し土地の贈与があったものとして贈与税の課税対象となる。	親から子への無料の名義変更はみなし贈与となる。 ➡p.355	○
07	離婚にともなう慰謝料や財産分与、扶養義務者から扶養家族への生活費、教育費は、原則、贈与税の課税対象となる。	社会通念上相当な範囲内の場合、贈与税の非課税財産となる。 ➡p.355	×
08	配偶者から居住用不動産の贈与を受け、贈与税の配偶者控除の適用を受けた場合、贈与税の課税価格から基礎控除と合わせて最高2,000万円を控除することができる。	控除額は、2,000万円＋110万円で、最高2,110万円。 ➡p.359	×
09	配偶者から居住用不動産（相続税評価額1,200万円）の贈与を受け、贈与税の配偶者控除の適用を受けた場合、限度額に満たない金額については、翌年に繰り越すことができる。	同一の配偶者からの贈与で特例を受けられるのは1回のみ。 ➡p.359	×

	問題	解説	正誤
10	父からの贈与については、相続時精算課税を選択し、母からの贈与については、暦年課税を選択するというように、贈与者ごとに選択することができる。	正しい。 ➡p.360	○
11	相続時精算課税を選択した場合、その年分の基礎控除額110万円を除いた上で、残る財産の累計2,000万円までが非課税となり、非課税分を超えた金額に一律20%が課税される。	原則、累計2,500万円までが非課税。 ➡p.360	×
12	「直系尊属から住宅取得等資金の贈与を受けた場合の贈与税の非課税」は、暦年課税の基礎控除、または相続時精算課税の特別控除のいずれかと併用できる。	正しい。 ➡p.361	○
13	問12の特例の対象となる贈与とは、受贈者の父母からの贈与だけでなく、受贈者の配偶者の父母からの贈与も対象となる。	配偶者の直系尊属からの贈与は不可。 ➡p.361	×
14	「教育資金の一括贈与に係る非課税措置の特例」を受けた贈与財産のうち、受贈者が30歳に達した日に充当し切れず残った金額は、その年の贈与税の課税対象となる。	受贈者が在学中などの場合は30歳以降40歳まで特例対象。➡p.362	○
15	法定相続人の第1順位に当たる被相続人の子には、非嫡出子や胎児も含まれるが、養子は含まれない。	養子も第1順位に含まれる。 ➡p.366	×
16	相続人の欠格事由に該当した者の直系卑属には、代襲相続は認められない。	相続人が相続権を失っても、その直系卑属は代襲相続できる。➡p.367	×
17	欠格・廃除者の子は代襲相続が可能であるが、相続を放棄した人の子は代襲できない。	正しい。 ➡p.367	○
18	普通養子となった者、特別養子となった者、どちらも養親および実親の両方に対して相続権を有する。	特別養子は、養父母のみの相続人になる。 ➡p.367	×
19	夫婦が未成年者を養子とするには、家庭裁判所の許可が必要であり、原則として、夫婦共同で縁組をしなければならない。	自分または配偶者の直系卑属を養子にする場合は許可不要。 ➡p.368	○

20 限定承認をしようとする場合、相続の開始があったことを知った時から原則として３カ月以内に、相続人のうちの１人がその旨を家庭裁判所に申述する。

相続人全員が共同で家庭裁判所に申述する。 ➡p.368 ×

21 共同相続人に特別受益者がいる場合、特別受益分を被相続人の遺産の額から控除して各共同相続人の相続分を算出する。

特別受益分をいったん被相続人の遺産に加算して分配する。 ➡p.371 ×

22 適法に成立した遺産分割協議については、共同相続人全員の合意があったとしても、当該協議の解除や再分割協議をすることは認められない。

協議成立後も共同相続人全員の合意があれば可能。 ➡p.372 ×

23 代償分割は、共同相続人のうち特定の者が被相続人の遺産を取得し、その代償としてその者が他の相続人に対して、自己の固有財産を交付する分割方法である。

相続財産が分割が困難な場合に利用される。 ➡p.372 ○

24 被相続人は、遺言により、相続開始の時から10年を超えない期間を定めて、遺産の分割を禁ずることができる。

禁止できる期間は相続開始時から最長５年間。 ➡p.372 ×

25 公正証書遺言の原本は公証人役場に保管されるため、遺言者が正本の一部を破棄しても遺言撤回とはみなされない。

正しい。 ➡p.375 ○

26 嫡出でない子の認知は、遺言によってすることはできず、生前に届出によってしなければならない。

非嫡出子の認知は遺言によっても可能。 ➡p.376 ×

27 遺留分権利者が相続開始後に遺留分を放棄するためには、相続開始前と同様に、家庭裁判所の許可を得なければならない。

相続開始後は手続き不要。 ➡p.377 ×

28 成年後見人や保佐人、補助人は家庭裁判所が選任するが、後見開始の審判の申し立ては、本人と配偶者に限られる。

ほかに４等親内の親族、後見人など複数が申立権者となる。 ➡p.377 ×

29 契約者と被保険者が異なる場合の生命保険において、保険期間中に被保険者より先に契約者が死亡したときは、解約返戻金額が相続税の課税対象となる。

正しい。 ➡p.381 ○

No.	問題	解説	解答
30	相続人が相続開始前７年以内に被相続人から財産の贈与を受け、暦年課税を選択した場合、相続または遺贈により財産を取得しなかったとしても、当該財産は相続税の課税対象となる。	相続放棄などで相続財産を取得していない場合は課税対象外。➡p.381	×
31	死亡保険金や死亡退職金の非課税限度額の計算に当たっては、相続放棄者は「法定相続人の数」に加えない。	相続放棄はなかったものとして数に加える。➡p.383	×
32	法定相続人に加える養子の数は、被相続人に実子がいる場合は１人まで、実子がいない場合は、２人までとなる。	特別養子は実子とみなしてすべて加える。➡p.383	○
33	配偶者に対する相続税額の軽減や小規模宅地等の評価減の特例を受ける場合は、納付額が０円でも相続税の申告を行う必要がある。	正しい。➡p.384	○
34	準確定申告（死亡した被相続人の分の確定申告）の提出期限は、相続人が相続の開始があったことを知った翌日から３カ月以内に行う。	３カ月ではなく４カ月以内。➡p.384	×
35	相続税の延納を選択する場合、延納の担保として提供することができる財産は、相続または遺贈により取得した財産に限られる。	相続・遺贈による財産に限らない。➡p.385	×
36	「小規模宅地等についての相続税の課税価格の計算の特例」の適用を受けた宅地等を物納するときの収納価額は、この特例を適用する前の価額である。	相続税評価額（特例適用後の価額）となる。➡p.385,402	×
37	配偶者が相続を放棄した場合でも、その配偶者が死亡保険金を受け取ったときには、配偶者の税額軽減の適用を受けることができる。	正しい。➡p.393	○
38	相続人が被相続人から相続開始前７年以内に贈与を受け、相続税の課税価格に加算された贈与財産について納付していた贈与税額は、その者の相続税額から控除することができる。	経過措置として３年以内→７年以内に順次延長。➡p.394	○
39	宅地の評価方法として、路線価方式と倍率方式のうち、どちらの方式を採用するかについては、納税者が任意に選択することができる。	納税者が自由に選択することはできない。➡p.398	×

No.	問題	解説	答
40	宅地の評価は、原則として 、市街地的形態を形成する地域にある宅地については路線価方式により、それ以外の宅地については倍率方式による。	正しい。 ➡p.398	○
41	路線価方式での自用地の価額は、その年分の相続税路線価（評価時点はその年の1月1日）にその年の1月1日から相続開始日までの地価変動率を乗じて評価する。	「路線価×奥行価格補正率×地積」で求める。 ➡p.399	×
42	土地所有者が所有する宅地の上に、賃貸アパートを建て、地代を取らずに息子に土地の使用権を貸し与えている場合、その宅地は自用地価額の80%相当額で評価する。	借地権の価値がゼロとなり、相続税評価額は、自用地となる。 ➡p.400	×
43	貸家建付地は、「自用地価額×借地権割合×（1－借家権割合×賃貸割合)」の算式により評価する。	自用地評価額×（1－借地権割合×借家権割合×賃貸割合） ➡p.401	×
44	土地所有者が、所有する宅地の上に賃貸アパートを建築して賃貸の用に供している場合、その宅地は貸家建付地として評価する。	借地権割合、借家権割合、賃貸割合を考慮して評価する。 ➡p.401	○
45	宅地の所有者のみの通行の用に供されている私道は、自用地として評価されるが、不特定多数の者の通行の用に供されている私道の価額は財産として評価しない。	特定の者が使用する私道の評価額は自用地評価額の30%。 ➡p.401	○
46	規模区分が中会社と判定された評価会社の株式を取得した場合、株式の価額は原則、類似業種比準方式により評価する。	類似業種比準方式と純資産価額方式の併用方式で評価する。 ➡p.404	×
47	国内金融資産のうち、普通預金は、相続開始時の既経過利子額が少額であれば、相続開始時の預金残高で評価する。	正しい。 ➡p.405	○
48	事業承継対策として、経営者を被保険者、会社を契約者・死亡保険金受取人とする逓増定期保険などに加入し、死亡・引退時の退職金の支払原資を確保する方法がある。	後継者の納税資金確保に役立つ。 ➡p.409	○
49	贈与税の納税猶予の特例の要件の1つとして、会社が事業承継の取組みを計画的に行っていることについて、国税庁の確認を受ける必要がある。	国税庁ではなく、都道府県知事。 ➡p.410	×